臺灣歷史與文化 研究輯刊

三 編

第 8 冊

日據時期臺灣人對日本文化之迎拒：
殖民性、現代化與文化認同

蔡 素 貞 著

花木蘭文化出版社

國家圖書館出版品預行編目資料

日據時期臺灣人對日本文化之迎拒：殖民性、現代化與文化認
同／蔡素貞 著 — 初版 — 新北市：花木蘭文化出版社，2013
〔民 102〕
目 2+274 面；19×26 公分
（臺灣歷史與文化研究輯刊 三編：第 8 冊）
ISBN：978-986-322-469-3（精裝）
1. 文化認同 2. 日據時期
733.08 102017304

ISBN-978-986-322-469-3

9 789863 224693

臺灣歷史與文化研究輯刊
三 編 第 八 冊
ISBN：978-986-322-469-3

日據時期臺灣人對日本文化之迎拒：
殖民性、現代化與文化認同

作　　者　蔡素貞
總 編 輯　杜潔祥
出　　版　花木蘭文化出版社
發 行 所　花木蘭文化出版社
發 行 人　高小娟
聯絡地址　235 新北市中和區中安街七二號十三樓
　　　　　電話：02-2923-1455／傳眞：02-2923-1452
網　　址　http://www.huamulan.tw 信箱 sut81518@gmail.com
印　　刷　普羅文化出版廣告事業
初　　版　2013 年 9 月
定　　價　三編 18 冊（精裝）新臺幣 40,000 元

日據時期臺灣人對日本文化之迎拒：
殖民性、現代化與文化認同

蔡素貞　著

作者簡介

蔡素貞

學經歷

中國文化大學史學研究所 博士

臺北市松山社區大學 校長

臺北市政府 101 年度社教有功個人獎

教育部終身學習推展委員會 委員

教育部非正規教育課程認證委員會 委員

社團法人社區大學全國促進會 常務理事 副理事長

輔仁大學全人教育課程中心 兼任助理教授

開學文化事業股份有限公司 董事長

國立政治大學社區學習研究發展中心 諮詢委員

中華民國社區教育學會 理事

財團法人漢光教育基金會 董事

公民監督國會聯盟 理事

臺北市松山區健康促進協會 常務理事

中國文化大學史學系校友會 會長

臺北市政府民政局全市績優里長 96 ～ 100 年度評選委員

臺北市松山區志編纂主持人

提　　要

　　乙未割臺在臺灣的文化史上，是一個相當大的轉折點。從整個近代中國的文化發展軌跡來說，中國人一直在模仿日本人的現代化工作。五四運動的基本訴求，乃至新生活運動的內容，都以日本明治維新為藍本。可是當臺灣被日本佔領，在臺漢人從原先對日本現代化的仰慕者，變成必須面對日本現代化壓力的被壓迫者。為了把臺灣變成日本的一部分，把臺灣人變成日本臣民，日本殖民政府開始一連串的施政措施，如曆法改制、廢漢文、寺廟整理、正廳改善等。在抗日的大纛下，臺灣的漢人從原先的武裝抗日，逐漸轉變成文化上的抗日。這種對抗的情勢，當日本人戰敗而撤退時，他們苦心經營的日本文化，如神社信仰、過新曆年、日本戲劇等，也跟著因政治不正確被掃除。而能留下的大都是攸關民生現代化的部分，如醫療衛生的改良、現代教育體系。

　　當代美國人類學家柯利佛格‧格爾茨（Clifford Geertz）認為文化是多層性的，當兩種文化相接觸時各層的反應是不一樣的，與文化價值有關的部分是最不容易撼動，與生活利益有關的部分，比較容易改變。我們依循這個理論來看日據時代的同化運動，發現凡是能成功改變或現代化的項目大都是與生活利益有關的；反之，不能成功的，都是文化抗日下的尖兵，都與文化價值有關。

本文便試圖從醫療、教育二個與生活利益、與現代化有關的範疇，來看現代化引力下臺灣人的接受度與因應之道。至於與文化價值有關的宗教這個部分，則看它如何成為文化抗日的尖兵。也試圖探討在現代化外衣下，殖民者如何透過資源掌握，操作其殖民同化政策，與形塑差別式的統治政策。而臺灣人在面對現代醫學、現代教育與現代宗教時，對原有傳統，是採什麼樣的對待態度？漢日文化在交鋒過程中，除競爭、摩擦外，是否也有相互融合相互影響處？

　　本書是筆者博士論文《日據時期臺灣人對日本文化之迎拒：殖民性、現代化與文化認同》微修之作。全書得以出版誠摯感謝宋光宇教授的推薦，及花木蘭文化出版社總編輯杜潔祥先生的鼎力支持及協助付梓，讓本書有機會出版。謹將本書獻給敬愛的師長、社大夥伴，若無您們一路的鼓勵、支持與提攜，淺學非才如筆者，恐難以在工作繁重下順利完成博士論文，也讓我在工作之餘，仍能在史學路上闊步向前。謹藉此出書機會，表達筆者由衷之謝忱。

謝　辭

　　這篇論文得以在期限內完成，首先要感謝宋光宇教授的指導。九年來，由於工作冗繁，進度甚爲緩慢。老師不因我未能專注論文寫作，不因我資質駑頓而放棄，仍耐心指導，不斷的給予鼓勵。老師常自己調侃，不知是我寫論文還是他寫論文，因爲他比我還焦急。老師與我師徒緣已近二十載，亦師亦友，不僅是學業，在生活智慧與日常關懷上，老師惠我良多。當然在論文撰述過程中，無論是研究方法、資料收集、撰述方向，皆能在老師宏觀的歷史氣度與專業嚴謹的治學態度下，讓自己的歷史專業不斷精進。

　　除指導老師外，更要感謝系所老師一直以來的鼓勵與照顧。王吉林所長、王綱領老師、戴國煇老師、蔣義斌老師、王大智老師、李朝津老師、陳清香老師等的啓發，讓素貞得以一路從大學到博士，悠遊於史學瀚海中。其中戴國煇老師，更是此篇論文方向的啓蒙者，可惜戴師已逝，無法看見此篇論文的完成。同窗好友，湘釩、瑋靜學姐、藹雲學姐、家禎助教等人的協力與鼓勵，更讓自己在撰述過程中順遂許多。

　　在論文審核過程中，口試委員王吉林所長、王綱領教授、賴澤涵教授、陳鵬仁教授，更是不時提出寶貴意見，甚至協助提供補充資料，讓論文得以更臻完善。

　　此外，我要感謝松山社大所有同仁，在我論文撰述最後階段，得以體諒與支持，負擔了所有校務工作，讓我能無後顧之憂。最後，僅以此論文獻給在我生命中關心我照顧我的朋友們，以及我親愛的家人，因這一切支持與愛，讓我得以渡過身心困厄完成這本論文。

目

次

第一章 緒 論

第一節 基本論點與問題

　　乙未臺灣割讓給日本後，在臺灣的文化史上，是一個相當大的轉折點。從整個近代中國的文化發展軌跡來說，中國人一直在模仿日本人的現代化工作。五四運動的基本訴求，乃至新生活運動的內容，都以日本明治維新爲藍本。可是，臺灣卻被日本人佔領了，在臺灣的漢人立刻從原先對日本現代化的仰慕者地位，變成必須面對日本現代化壓力的「被壓迫者」地位。日本在臺灣的殖民政府所推動的政策，終究是要把臺灣變成日本的一部分，把臺灣人變成日本臣民。在這種情勢下，而有一連串的施政措施。這些措施有些嚴重干擾到臺灣漢人的日常生活，如曆法改制、廢漢文、寺廟整理、正廳改善等，在抗日的大纛下，臺灣的漢人從原先的武裝抗日，逐漸轉變成文化上的抗日。這種對抗的情勢，當日本戰敗而撤退時，他們苦心經營的日本文化，如神社信仰、過新曆年、日本戲劇等，也跟著被掃除。留下的大都是攸關民生現代化的部分，如醫療衛生的改良、現代教育體系。

　　當代美國人類學家柯利佛格・格爾茨（Clifford Geertz）曾透過深描法（Thick Description）對文化做詮釋：他認爲文化是多層性的，當兩種文化相接觸時各層的反應是不一樣的，與文化價值有關的部分是最不容易撼動，與生活利益有關的部分，比較容易改變。〔註1〕我們依循這個理論來看日據時代

〔註 1〕柯利佛格・格爾茨（Clifford Geertz）著，韓莉譯，《文化的解釋》，南京：譚林出版社，1999 年，頁 2。

的同化運動，發現凡是能成功改變或現代化的項目大都是與生活利益有關的；反之，不能成功的，都是文化抗日下的尖兵，都與文化價值有關。

　　本文試圖從醫療、教育二個符合吉爾茲所謂與生活利益、與現代化有關的範疇，來看現代化引力下臺灣人的接受度與因應之道。至於與文化價值有關的宗教這個部分，則看它如何成為文化抗日的尖兵。也試圖探討在現代化外衣下，殖民者如何透過資源掌握，操作其殖民同化政策，與形塑差別式的統治政策。而臺灣人在面對現代醫學、現代教育與現代宗教時，對原有傳統，是採什麼樣的對待態度？漢日文化在交鋒過程中，除競爭、摩擦外，是否也有相互融合相互影響處？

　　以下便是本文試圖探討與延續的研究課題：

一、現代化糖衣下殖民的操作與代價

　　臺灣社會的現代化，在十九世紀末期劉銘傳就曾嘗試過有關現代化的工程實驗，傳教士也曾攜來現代醫療與教育，然而那只停留在表面、點狀階段。日本殖民者以武力的方式把臺灣社會推入現代化的漩渦，是一種透過強力介入與徹底的改造方式。處在轉型期的臺灣人，是在「痛苦」中嘗到現代化的滋味。在殖民地時期，現代化對臺灣社會而言，代表的是啓蒙、進步，或是蒙蔽、傷害，對當時的臺灣人而言，是痛苦的抉擇。許佩賢曾有此比喻：「日治時代學校如同電影哈利波特的魔法學校一般，是極具吸引力的場域，學校是通往文明的窗口，但是卻有二重、三重迷宮，有許多臺灣人在此受到挫折，迷失了方向，甚至引發認同危機」。﹝註 2﹞所謂現代化，不但隱含著日本化的傾向，更暗藏著殖民化與文化認同的玄機。

　　1920 年發行的《臺灣青年》趣意書一開始就提醒當時的知識份子：「抗拒世界潮流的人是文明的落伍者」。臺灣知識份子所體會的現代性，是一種精神上解放的意涵，但其立場顯然與殖民者不同，日本所理解的現代性是爲了更有效的開發臺灣島上的資源，以利日本資本主義的再擴張。而臺灣人在追求日本人注入的現代文明時，卻也落入日本的同化陷阱中。如臺灣人的歷史記憶便是在現代化的過程中遭到抽樑換柱，而淪爲空白的主體，皇民史觀也才能順利的在空白中源源注入。日本也透過語言、宗教文化的操弄，讓日本話、

﹝註 2﹞ 許佩賢，《殖民地臺灣的近代學校》，臺北：遠流出版社，2005 年，頁 19。

日本神道佛教信仰，成為進步、尊嚴、優越的代表，為讓自己認同日本人身份，部分臺灣人喪失了自己的語言、宗教，也喪失了自己的文化主體，同時他的歷史記憶也在過程中被日本人改寫了。但不管再怎麼日本化，臺灣人還是無法超越血緣關係，等同於日本人，日本也從未真心對臺灣人「一視同仁」過，這是臺灣人不能擦拭的印記，他的根還遺留在祖國原鄉的土地與文化根源上，這正是殖民地知識份子心靈扭曲的寫照。

陳芳明便認為，殖民者在從事現代化啓蒙工作之餘，並未同時引導臺灣人去認識現代的民主政治與自由經濟，日本人帶給臺灣人的啓蒙，只是展現殖民者身份的威嚴與優越。透過知識傳播的掌握，臺灣人還是無法完全擺脫傳統社會的封閉狀態。〔註3〕此外為追求現代化的醫療、衛生與教育，臺灣人必須忍受差別待遇的不公平、公衛防疫措施的粗暴與衝擊、歷史記憶的被改寫、身體與精神的規訓等代價。

二、同化於現代化與同化於異民族的思考

日本殖民者在統治臺灣之際，將現代性轉化為文化優越性，使得被殖民的漢人知識份子錯覺地以為現代性等同於日本性，這種混淆與困惑，在一定程度上使許多知識份子發生認同的危機。有些人被現代化的假象所蒙蔽，以為要達到現代化的捷徑，便是改造自己，讓自己升格為日本人。他們似乎遺忘了在現代化與日本化之間，還存在一個殖民化的過程。〔註4〕但也有許多知識份子，仍積極介入現代化的追求，但他們非常清楚殖民化與現代化的弔詭，從而更明確理解到臺灣要擺脫殖民體制，除現代化之外別無他途。於是臺灣人在追求現代化的過程中，反能擺脫寄生式的現代化方式，以現代文明的手段與知識，來向統治者爭取更多的現代文明。

臺灣成為日本殖民地，由於殖民母國與殖民地的不同待遇，衍生出本島人與內地人的差異，這種差異是整體的，整體的本島人（臺灣人）與內地人（日本人）的區分。但臺灣在種別上是漢民族，本島人與內地人的殊異又容易轉化成漢民族與大和民族的差異。臺灣自此形成民族認同與國家認同的分

〔註3〕 陳芳明，《殖民地摩登：現代性與臺灣史觀》，臺北：麥田出版公司，2004年，頁112。

〔註4〕 陳芳明，《殖民地摩登：現代性與臺灣史觀》，頁12。

裂，及民族方面以中國為祖國，國家方面卻認同日本是自己的國家。〔註5〕如臺灣人以保存漢文，做為識別漢民族一份子的標籤，臺灣人在改姓氏潮流中，改日本姓氏者僅佔總人口 2%，這其中還包含形式應付者，如將姓的部首拆解，或以祖籍地取名者。都可見臺灣人不願認同日本民族的立場。這種文化認同的多元取向，確實是特殊臺灣歷史經驗下的產物。

因之，當我們在判定「親日」與「反日」時，對「同化於現代」或「同化於異民族」，當有更深的思考。對人格形成階段正好處於殖民地時期之所謂「純粹殖民地世代」身體上所受深刻「皇國日本」烙印的問題，應跳脫表象「抵抗」與「屈從」二分法，來判定協力者、親日派與民族英雄之迷失，重新去理解殖民統治所帶來的精神創傷。

三、在操作同化下的曖昧情結

日本殖民臺灣時，即使是在晚期推動皇民化運動，也不可能將臺灣人改造成日本的大和民族，日本殖民者一方面跳過自己，直接引入西方的現代，自己好像只扮演轉介角色；另一方面卻又猶豫於能否信任臺灣人對日本母國的忠誠，因而，始終無法真正一視同仁的對待非日本血統之被統治者。但臺灣人的主體性與漢文化，雖有殖民者的打壓，卻能在殖民者的前項情結夾縫中保存下來，而不至於被日本的「同化」完全摧毀。〔註6〕

後藤新平儘管倡議並實踐以「科學殖民及文明開化」來治理臺灣。相對於政治治理上的差異，臺灣既不是純粹的中國，而在種族層次上，臺灣則是日本的他鄉。如總督府的《警察沿革志》的敘述便揭明：同化政策只是掩蓋了以對立與抵觸為中心的統治論述。更進一步說，同化是為應付臺灣人的反抗策略。〔註7〕如後藤新平對臺灣的同化與現代化教育，一直是小心翼翼、疑忌重重的，他曾說：「教育不可一日或瘦，但若漫然注入文明潮流，養成權利義務學說盛行之風氣，則將有陷新附民於不可控御之弊害」。〔註8〕

〔註5〕 李永熾，〈中國意識、臺灣意識與歷史思惟〉，《當代》，第 224 期，2006 年 4 月，頁 25。

〔註6〕 顧忠華，〈臺灣的現代性——誰的現代性？哪種現代性？〉，《當代》，第 221 期，2006 年 1 月，頁 82。

〔註7〕 王維資，〈歷史編撰的臺灣：1920 年代殖民論述與國家敘事〉，《當代》，第 212 期，2005 年 4 月，頁 58～64。

〔註8〕 吉野秀公，《臺灣教育史》，臺灣日日新報社，1927 年，第 120 頁。

加上臺灣人因無法享受和日本人的平等待遇，此種分類反造成臺、日人鮮明的對立和隔閡，激發臺人的民族自決和認同，成為反同化主義的動力，阻礙了臺人對日本人的認同，與日本人同化的深度。

四、傳統漢文化在文化變遷過程中的競爭、協調與轉化

雖說日本殖民主義是殖民者以同化方式強壓殖民地接受外來文化，而殖民地文化的被迫改變或扭曲通常遠大於殖民者文化所經歷的變遷，二者並非處在平等交流的狀態。然而不可否認的，這種機會也提供兩種不同文化碰撞的機會。殖民者雖以同化為手段，但不一定能達成其同化目的，因為殖民地內部民眾有其生存法則，及捍衛保存傳統文化的因應之道。

面對殖民者的同化政策，殖民地人民並非以「親日、仇日」二分法來面對，而是和日本人、日本文化保持不同遠近、親疏的關係，才是臺灣島民的生存之道。

例如面對日本現代教育及打壓漢文書房政策，大正時期便曾興起一股書房熱，與現代教育形成競爭關係，後來雖在打壓及追求文明風氣下，臺灣人漸漸接受新式教育，書房漸減，或為求存而轉為為改良書房，但傳統漢文化，仍透過漢文運動，及和殖民者維持友善互動關係的儒教與詩社，做為維繫漢文化的據點；傳統醫療也是在殖民者的打壓下，依存於漢藥房，繼續為臺灣人的健康服務；佛教齋教儒教的遊走中、日、臺，也是為保存固有傳統信仰而周旋於殖民者間。

五、戰後日本殖民文化的再現與放大

臺灣年長一代，受日本統治教育的臺灣人，對日本殖民政府的統治，尤其是民生政策的落實，如醫療衛生設施的現代化、社會秩序的良善以及守法誠實精神，大都持肯定態度。但對於強迫參拜神社、改姓氏、差別待遇、禁說臺語、廢除農曆年俗、寺廟整理、正廳改善等皇民化思想，則多持否定態度。從整個日據時期，臺灣人在民族、文化層面，與日本人是存在抗衡關係的；但在現代化的經濟、技術層面則大都傾向協調或接受。

臺灣人於戰後接受殖民者帶來的現代化之進步與便利，以及對當時社會秩序與生活的懷念，這並不代表他們認同日本，而是一種「相對壓迫」下的肯定，尤其是二二八事件時，國民政府的粗暴統治讓原本對祖國充滿憧憬的

臺灣人，產生認同危機，並藉著重新選擇記憶，透過對日本的認同，做爲反抗國民政府統治的意識武器。此時所有記憶被重新塑造，殖民統治不愉快的諸多記憶被刻意隱藏。這才是讓臺灣島民肯定、懷念日本時代的關鍵所在。而原本在日據時期並不普遍存在臺灣人生活圈的文化模式，反而在此時流行了起來，成了對抗國民政府、中國文化的武器。

六、殖民文化的延續與複製

　　1945 年日本戰敗，國民政府收復臺灣後，雖急於剷除日本殖民文化的影響，但事實上，國民政府沿用了許多日據時期殖民政府所建構的治理制度與方法，包括學校教育、戶籍制度等，都深深烙印著殖民印記。這種因習爲常，而把殖民地經驗內化爲主體的一部分，只是受到國民政府意識形態的影響，不願公開承認罷了！〔註9〕

　　日據時期曾雷厲風行「國語運動」，禁止臺灣人說臺語知臺灣事，以資做爲人民意識形態的形塑。國民政府接收臺灣後，同樣爲了消除日本在臺灣人民的形象和影響力，讓臺灣人心歸祖國，也成立國語（北京話）推行委員會，1956 年更推行「說國語運動」，訂出各種獎懲方法，禁止學生說方言，如講臺語就要罰錢，及「說臺語，不愛國」的懲罰牌。現在四十歲以上的人，記憶中都還殘存「禁說臺語的恐懼感」。日本政府和國民政府的語言政策，如出一轍，都忽略了在地的歷史和文化，也違背了多元文化相互寬容的精神。

　　我們再從教育談起，日本人講究身份、家世的傳承與團隊合作，並以考試和學校來表示一個人能力的高下和社會地位的高低。臺灣的入學考試就是沿用日本的辦法，依學習能力把學生分等級。第一級就進日據時期日本人所就讀的那二十幾所高中，其他就照著學校的社會排名依序進入。這種作法也正符合中國人傳統社會價值觀。我們看現代臺灣教育中，許多明星學校，不都是日據時期所創建的？因其保存特有歷史校風及社會豐厚的畢業校友人脈網絡，迄今仍是學子及家長們，夢寐以求的明星校園。直至這幾年，教育界又深受美國普及教育的影響，反過來看日本制度時，就覺得樣樣都不對，於是教育改革之聲四起，主張以公立學校的普及教育概念，去改革日本式以人才分級爲主的教育基礎，於是臺灣教育政策便陷在普及教育與菁英教育的矛盾中。

〔註 9〕顧忠華，〈臺灣的現代性——誰的現代性？哪種現代性？〉，《當代》，頁 82。

我們再看現在學校的風景，從校園圍牆、一入門的「禮義廉恥」校訓、教室穿堂上公告的各種規訓德目、教室裡頭整齊的桌椅、教室外掛著幾年幾班的牌子及功課表、校園裡不可少的升旗台、操場、禮堂，早上舉行升旗典禮，聽著校長的訓話，每學期在操場舉辦運動會，在禮堂舉辦開學及畢業典禮……，這些場景，與六十年前殖民時期的校園景象，並無太大的變化。文化的變遷，在此得到最佳的詮釋。

第二節　研究動機與目的

戴國煇教授曾不止一次告訴筆者，對待東鄰日本的態度，應是「知日為上，親日次之，仇日揚棄，嫌日不必，媚日該止」，這個觀點深深影響筆者。對日本人、日本情結、日本殖民統治等主題，開始產生研究興趣。尤其近年，日本情結儼然成為激化族群對立的重要因素之一，不同生長背景的老一輩間存在著「親日」與「仇日」情結之糾葛，而年輕一代，則因為日本商品、日本戲劇的形象包裝，在哈日風潮的引導下，對表象日本文化和產品，瘋狂追逐，看在老一輩長者的眼裡，「日本殖民」陰影，又再次復現。

對日據時期臺灣殖民地現代化的理解與評價，隨著研究者在政治認同及理論立場上的差異，也成為近年來臺灣學術辯論及公共論述的重要場域，於是先後發生《認識臺灣》教科書與《臺灣論》歷史漫畫的爭議。但爭論過後，並未產生研究的深化與解釋的創新，各研究場合仍多半是個別專題的研究，少見對於宏觀比較與問題分析的深入討論。〔註10〕如何重新建構這段殖民記憶，透過認識與反省，讓臺灣可以真正走向「去殖民化」，是臺灣史研究的重要課題。

由於對這段歷史產生高度興趣，於是將研究重心轉向臺灣史研究。面對日據時期留下來的大量文本，如何重新閱讀，並重新評估在文本中暗藏的殖民性與現代性態度。本論文即企圖透過醫療、衛生與宗教三個文本，嘗試從文化認同與抵抗文化兩個議題，重新去挖掘殖民者現代化外衣下的殖民操作與手段。

〔註10〕張隆志，〈殖民現代性分析與臺灣近代史研究：本土史學史與方法論芻議〉，收入若林正丈、吳密察主編，《跨界的臺灣史研究——與東亞史的交錯》，臺北：播種者文化，2004 年，頁 134。

第三節　文獻探討與研究成果回顧

　　關於日據時期臺灣史的研究，過去較著重於抗日運動與政治經濟的研究。1970 年代後，隨著社會政治結構變動，及保釣運動、退出聯合國等國際局勢的轉變，造成戰後新生代對本土文化認同的傾向，於是紛紛投入臺灣鄉土人物研究，1977 年後更激盪成鄉土文學論戰。解嚴以來，隨著臺灣本土意識之抬頭，臺灣史之研究成了顯學，這股臺灣史「歷史熱」，漸漸引動許多年輕學者，投入臺灣史的研究，尤其是殖民史的研究，有越來越細微，越來越多元的論述與討論。

　　以下就各階段各主題對日據時期臺灣史的研究特徵與重心，尤其是醫療、教育與宗教三領域，做一初步整理。

一、戰前有關臺灣殖民時期的醫療、教育與宗教研究重心

　　戰前有關日據時期的教育研究偏重於制度的描述。如吉野秀公之《臺灣教育史》和臺灣教育會編的《臺灣教育沿革志》，可說是戰前臺灣教育研究最完整的資料，前者是以教育制度的變遷為中心，敘述教育事業的發展；後者是收集有關臺灣教育之相關法令、規章等，並依學校予以區分。二者皆著重制度的描述，而有關學校教育內容、課程、教材的分析研究則缺乏。另外許多日據時期臺灣教育資料多屬臺灣總督府行政官僚彙編、教育工作者撰述等，要不是綜合性的研究，就是統計資料的堆積或羅列，對影響教育的諸多社會因素，皆避而不談，且忽視臺灣歷史的主體性，如刊登於《臺灣教育會雜誌》和《臺灣教育》內的許多資料。尤其是這些研究或資料都是殖民地臺灣與宗主國日本間之關聯，容易變成提供掩飾帝國主義本質的資料，或具濃厚的意識形態色彩。

　　戰前有關日據時期的宗教研究偏重於制度的描述與資料的調查。丸井圭治郎的《臺灣宗教調查報告書》（1919 年），可說是日據時臺灣宗教研究的第一手文獻資料。該書是臺灣民間信仰的首次實態調查；書中提示了臺灣民間信仰的各種分析概念，如對儒教的定義。唯本書是為方便殖民統治者的殖民分配，故對漢人傳統的宗教信仰多視為幼稚且迷信。在《臺灣宗教調查報告書》後臺灣民間信仰研究逐漸盛行，片岡巖出版了《臺灣風俗誌》（1921 年），內容除一般風俗誌中常見的年節習俗、人生禮儀外，還有演劇、怪譚等，可說較貼近下層庶民的生活。鈴木清一郎出版的《臺灣舊慣婚喪喜慶與年節習

俗》（1934 年）書中有關年節習俗不單是全島性的共同活動，也介紹了地方祠廟的傳說。增田福太郎則展開了臺灣民間信仰論的研究，他主要研究成果有《臺灣本島人的宗教》（1937 年）、《臺灣的宗教——以農村爲中心的宗教研究》（1939 年），在他的論文中除記錄漢人的民間信仰及宗教實踐態度，也對各種宗教加以定位與法治化，如對齋教的定位及寺廟管理人制度的建構。曾景來的《臺灣宗教與迷信陋習》（1938 年），則深感有必要重新檢討民間信仰的迷信陋習。另外池田敏雄的《民俗臺灣》則促成社會上重視民俗風氣，透過《民俗臺灣》也爲臺灣戰後培育出不少民俗學者。

但不可否認這些資料，在日本舊慣調查風氣與研究精神，仍是研究日據時期殖民史不可或缺的第一手資料，如日據時期總督府公文類纂，就提供研究者相當詳細的第一手醫療、教育與宗教政策資料。

二、戰後有關臺灣殖民時期的醫療、教育與宗教研究

戰後有關日據時期的醫療研究：李騰嶽編修的《臺灣省通志》〈政事志‧衛生篇〉中，對公共衛生的史料曾加以整理彙編，提供研究者不少一手史料。莊永明的《臺灣醫療史》，對百年來的臺灣醫療有深入的探討，算是比較完整而全面的醫療研究。范燕秋在其《疫病、醫學與殖民現代性：日治臺灣醫學史》、《日本帝國發展下殖民地臺灣的人種衛生（1895～1945）》兩書中，對日據時期的衛生工作給予較正面評價，並以人種衛生概念，探討日本政府的熱帶醫學理論。陳君愷〈光復之疫：臺灣光復初期衛生與文化問題的巨視性觀察〉除檢視日據時期衛生觀念的推展，更直陳衛生觀念僅存於少數知識份子，一般大眾較不受影響。

戰後有關日據時期的教育研究：日據時期臺灣教育研究先驅當屬派翠西亞‧鶴見（E.P.Tsurumi），鶴見的論證與調查，在許多方面都有開創性的見解，她分析小學校與公學校國定教科書的差別，前者強調個別進取，後者強調誠實與和睦相處能力的培養，他認爲較諸其他殖民國家，日本的殖民教育是較爲普及與平等，但仍不離爲殖民政策配合前提。〔註 11〕另外有關臺灣日據時

〔註 11〕 E.P.Tsurumi，Japanese Colonial Education in Taiwan，1895～1945，Cambridge Mass，U.S.A and London，England；Harvard University Press，1977。中文版，派翠西亞‧鶴見（E.P.Tsurumi）著，林正芳譯，《日治時期台灣教育史》，宜蘭：仰山文教基金會，1999 年。

期教育研究中，著重在教育內容研究者，有林茂生《日本統治下臺灣的學校教育》、許佩賢《塑造殖民地少國民——日據時期臺灣公學校教科書之分析》、何義麟《皇民化期間之學校教育》等。許佩賢經由對教科書的內容分析，發現殖民政府在教科書編輯上呈現強烈的意識型態；何義麟則將公學校讀本教材內容加以分析，指出教材配合殖民統治的企圖；林茂生的研究特點則在他以教育實證的研究，提供總督府做為教育改進意見。至於對日本統治時期的學制創設、教育行政、教育政策有深入探討研究者，首推李園會，他的系列著作《日據時期臺灣教育史》、《日據時期臺灣師範教育制度》、《日據時期臺灣初等教育制度》，詳細的分析各項教育制度。

戰後有關日據時期的宗教研究：李添春編纂的《臺灣省通志稿》，卷 2〈人民志宗教篇〉（1956 年）對齋教有詳細說明，內容偏重齋教典籍和源流，並進一步將齋教定位為在家佛教。有關齋教的研究宋光宇、鄭志明與林萬傳，以其一貫道研究背景，投入齋教發展研究。王見川與李世偉相互合作，對臺灣齋教、儒教與鸞堂研究也做了相當多的努力，如王見川、李世偉《臺灣的寺廟與齋堂》（2004 年），王見川、江燦騰《臺灣齋教的歷史觀察與展望》（1994 年）等。有關佛教四大法脈研究，瞿海源在《臺灣省通志》卷 3〈人民志宗教篇〉（1992 年）將觀音山凌雲寺、大崗山超峰寺和臺南開元寺劃歸為一派，成了日據時期的三大派。至於對教團發展背景、組織和結合方式都有探討的要屬江燦騰，他在其著作《臺灣佛教百年史之研究》（1996 年）、《日據時期臺灣佛教文化發展史》（2001 年）、《臺灣近代佛教的變革與反思——去殖民化與臺灣佛教主體性確立的新探索》（2003 年），對佛教源流發展有相當深闢的論述。有關臺灣民間宗教的研究有劉枝萬對醮的研究、瘟神的研究、祭典科儀的研究，見其《臺灣民間信仰的由來》（1983 年）、《臺灣民間信仰論集》。對祭典醮儀投入研究的，還有李豐楙對王船祭、中元祭的研究，蔡相煇對祠祀與信仰的研究。有關祭祀圈的研究，以日人岡田謙起了開端，戰後有些人類學家如劉枝萬、許嘉明、阮昌銳、林美容等，對漢人社會特有祭祀圈文化投入調查研究，如林美容的《媽祖信仰與漢人社會》（2000 年）專書就有許多祭祀圈的研究。有關臺灣寺廟古蹟研究，有卓克華《寺廟與臺灣開發史》、李乾朗的《臺灣的廟宇》（1986 年）、《廟宇建築》（1983 年）等對臺灣廟宇風格與流派，都有深入研究。

三、近年來學者對殖民地時期臺灣史的研究新動向

　　近年來日據時期臺灣史研究已經揚棄過去殖民史研究的主要兩個取向：反帝民族主義與殖民主義肯定論兩極評價論述，也不再只鑽研政治與經濟等面向，而是傾向更多元的歷史解釋方向與不同的理論立場，史料的選擇也開始注意那些不曾發聲的底層小歷史。研究的重心由過去政治觀點，轉移至文化、生活觀點來研究殖民地；研究的主體也從國家層次轉移至共同體層次或個人層次；研究的取向也從過去單向的殖民強權控制，到殖民地本身逆向對殖民者的回應、抵抗、融合與競爭關係。

　　就殖民性現代化的研究，學者在描述日本殖民政府在引進現代文明時，並未忽略現代文明與臺灣本土社會接觸時的磨合過程。如呂紹理在介紹日本政府引進世界標準時間制度時，亦指出其與傳統農業時間及漢人節慶習俗並存的社會意義。〔註 12〕如劉士永在探討日治時期臺灣醫學時，除追溯日本現代醫學改革與德國衛生學的關連外，也分析何以熱帶醫學成爲臺灣殖民醫學研究的主軸之風土及社會背景。〔註 13〕許佩賢在分析殖民地臺灣近代學校教育的誕生時，也探討臺灣在被捲入近代世界文化體系時，曾經歷殖民地化與現代化的雙層歷史，形成臺灣特殊的重層現代化。〔註 14〕陳培豐在研究日治時期臺灣的語言政策、現代化與認同時，更以「同床異夢」爲隱喻，凸顯在日本同化政策表象下，臺灣殖民地菁英李春生、林獻堂到蔡培火等人，面對西方文明與日本文化之間的不同抉擇與因應之道。〔註 15〕范燕秋在其《疫病、醫療與殖民現代性》研究中，一方面承認日本對臺的衛生政策，有其母國的利益要求；相同的也認爲防疫衛生工作改善了臺人的衛生習慣，亦使臺灣防疫效能增強。她也認爲日本殖民政府把新醫學做爲一種操控的手段，以衛生行政的體系、日警監控系統，對臺人產生規範，以保護殖民者的活動，藉此鞏固國家統治機能。〔註 16〕戴國煇則認爲日本的現代化是以劉銘傳爲首的新

〔註 12〕呂紹理，《水螺響起：日治時期臺灣社會的生活作息》，臺北：遠流出版社，1998 年。

〔註 13〕劉士永，〈一九三〇年代以前日治時期臺灣醫學的特質〉，《臺灣史研究》，第 4 卷第 1 期，1999 年，頁 97～148。

〔註 14〕許佩賢，《殖民地臺灣的近代學校》，臺北：遠流出版社，2005 年。

〔註 15〕陳培豐，《「同化」の同床異夢：日治時期臺灣的語言政策、現代化與認同》，臺北：麥田出版公司，2006 年。

〔註 16〕范燕秋，《疫病、醫療與殖民現代性：日治臺灣醫療史》，臺北：稻鄉出版社，2005 年。

政措施，爲日本殖民者提供了「臺木」，方便他在臺灣移花接木，展開臺灣式殖民地形態的經濟成長。〔註17〕

　　就日本殖民同化議題的研究，周婉窈在殖民地教育系統的研究中指出，「日本的歷史一開始就被當成臺灣人的『我國歷史』來教」，臺灣歷史在鄉土教育教材裡，是被刻意排除的。〔註18〕陳培豐的研究也指出施行於臺灣的「國語教育」，是爲彌補日本國體論一體施行於臺灣之上所遭遇之殖民地差異的統治破綻，因而，同化的核心更在於國語政策的實踐與推行。〔註19〕許佩賢從總督府編撰的修身、歷史、地理、國語教科書的內容分析，發現日本統治者以道德教育爲名，用無所不在的意識形態，把臺灣兒童教育成守規矩、服從的好兒童。陳君愷的研究中，提出日本殖民者以近代醫學取代傳統醫學，促進社會菁英份子現代化的同時，已落入「同化」的陷阱，因此產生一般民眾傳統文化和菁英份子現代化的對立。〔註20〕吳文星則認爲，由於臺灣人無法享受和日本人的平等待遇，此種分類反造成臺、日人鮮明的對立和隔閡，激發臺人的民族自決和認同，成爲反同化主義的動力，阻礙了臺人對日本人的認同。〔註21〕

第四節　研究方法與章節架構

一、研究方法

　　本論文以醫療、教育、宗教與日常生活爲研究範疇，並以殖民性、現代化與文化認同爲問題框架及論述中心，透過收集日據時期有關教育、醫療、宗教與日常生活研究的相關官方公報、檔案、文獻、報紙、期刊、論文、中英日專書等資料，加以彙整，並從中耙梳本論文立論所需資料，用以建構、支持全文論述。也利用當時人的日記、回憶錄和口述歷史，以做爲本論文的輔佐資料。其中借用比較研究之歷史研究方法，探討不同時期殖民教育、衛

〔註17〕戴國煇，《臺灣史探微：現實與歷史的相互往還》，臺北：南天書局，1999年。
〔註18〕周婉窈，《海行兮的年代——日本殖民統治末期臺灣史論集》，臺北：允晨文化，2004年。
〔註19〕陳培豐，《「同化」の同床異夢：日治時期臺灣的語言政策、現代化與認同》。
〔註20〕陳君愷，〈光復之疫：臺灣光復初期衛生與文化問題的巨視性觀察〉，《思與言》，第31卷第1期，1993年3月。
〔註21〕文星，〈日據時期臺灣總督府推廣日語運動初探（下）〉，《臺灣風物》，37：4。

生醫療與宗教政策的形成背景，以及在差別待遇下，臺灣人對殖民教育、醫療、宗教與日常生活的接受程度、方式與結果。並探討現代醫療、衛生與宗教的建構過程中，背後含藏的殖民性與差別性。

針對近年新史料的整理與研究，本文資料來源除現有研究成果外，將大量使用原始史料（含已翻印的史料），及官方文書報告、日據時期的報刊雜誌、傳記等，透過史料的分篇整理，來架構此一中心論述。並透過現有研究成果，透過理論論述，來扣緊全文，來區隔現有研究。

二、章節架構安排

本論文以日據時期醫療、教育、宗教爲主題，去掉第一章緒論、第五章結語，主要的篇章有三章，各六節。以下就醫療、教育宗教等各章的內容鋪排，以及想到探討問題，做一摘述。

第一章「緒論」：說明本書基本論點與問題、研究動機與目的、文獻探討與研究成果回顧、研究方法與章節架構、相關概念的釐清。

第二章「醫療與衛生：傳統醫療 vs.現代醫學」：一共六節。

第一節「傳道醫療：西方醫學的移植」：同樣是西方醫學的移植，同樣是夾帶帝國武力的助力，一個是藉醫療做爲傳道工具，一個是以醫療做爲帝國工具。從傳道醫療切入，再回歸到日據時期的殖民醫學，從而探討一樣是西方醫學的移入，兩者在移植過程中，所面臨的挑戰與因應。臺灣社會剛開始在面對西方醫學與傳教勢力的入侵是排斥與懷疑的，臺灣人對代表「科學」與「進步」的西醫，並不買單。這讓殖民者在早期來臺傳教醫療的過程中吃足苦頭，並非如時下一般人所想像那樣一帆風順。本節便試著從傳統漢人文化與西方傳教醫療遭逢時，所引發之衝突與矛盾，來看兩個異文化相接觸時難以避免的謀合過程，以及西方醫療如何在此過程中漸爲臺灣人民所接受與信任的環境緣由？而這其中又有多少是夾帶帝國武力之助力？

第二節「現代醫學的殖民性格」：日據時期的現代醫學是在日本吸收、轉化之後，以特定目的在臺灣推展，唯日本國內這套國家醫療衛生體系並非全盤移植，而是後藤新平所謂：「生物學原理」的因地制宜，但其因地制宜也非以臺灣本土需求爲考量，而是爲營造一個適宜日本人居住的環境，可以吸引日本內地人移民臺灣的前提。加上臺灣地理環境多風土瘴癘，殖民政府爲確保殖民統治的成功，預防熱帶風土對日本人種健康發育產生不良影響，在此

考量下，提出種種有別於臺人的衛生醫療措施。不論是醫療病院與醫療教育，處處見其差別待遇。殖民政府當初設立醫學校的目的，是為了解決日籍醫師不願來臺，在臺灣公醫數及醫師人數不足無法維護日人健康的難題。故其想培育的是那些可以照護日人健康的「町醫者」，而非臺灣的基礎醫學人才。但諷斥的是，日人的無心插柳，卻造就一批反撲殖民體制最堅強的力量，扭轉了日本殖民醫學教育的原初價值。本節試圖從熱帶風土馴化切入，看日本為突破熱帶地區殖民，如何以強力的國家警察醫療衛生體制介入臺灣社會？其醫療病院與教育建構的目的性為何？臺灣社會的接受與因應態度又為何？這些現代醫學教育出身的臺籍醫生，他們是「同化於現代化」亦或是「同化於日本民族」？何以他們積極追求殖民政府現代醫學知識後，反化為一股本土關懷與社會改造力量？這股力量的背後社會基礎又是什麼？

第三節「公共衛生之運作：背後含藏的暴力性與差別性」：日本對臺衛生政策，在殖民母國利益及日本人優先的考量下，衛生政策執行的過程中，充滿「異地」、「異己」與「不潔」的歧視觀念。相較日本人有潔癖的國民性，臺灣人在日本人眼中是「不潔」的他者，因此要區隔兩者的居住環境。由於對臺灣衛生環境感到骯髒與不屑，因而必須假借國家力量、警察體系，強制建構一個日人可以接受的「清潔」空間，全無視執行過程中臺灣人的無奈與辛酸。雖達到了規範衛生行為之目的，但這是在警力強力介入下完成，所以說日據時臺民有衛生行為無衛生觀念。而此項成果卻是日本政府最引以為傲的殖民價值，因為他們改造了「不文明」、「嘸衛生又不識字」的臺灣人。本節試圖從日本人潔癖的民族性，在對照殖民地異地、異己與不潔的的歧視觀時，如何將不潔的臺灣人隔離開內地人的生活空間？如何透過衛生警察系統，將清潔、衛生等「文明」要素，置入臺灣人的生活世界？面對各項強制的防疫公衛措施，臺灣人如何因應？對臺灣民眾又造成多大的衝擊與不安？

第四節「傳統漢醫與民俗醫療」：當「脫亞入歐論」論成了明治維新之後，廢除漢方醫學西化的方針，也成為日本現代醫學體系建構的重點。總督府以醫生免許規則（證照）與取締政策來打壓漢醫，使臺灣合法漢醫逐年減少，以達扼殺本土文化的企圖。但漢醫漢藥在西方醫學、及殖民政策箝制的夾擊中，因臺人的醫療習慣、中西藥價的差別、漢藥店的依存關係，仍是壓不扁的玫瑰花，不論是在對岸大陸還是在臺灣都得以持續生存。本節將試圖探討殖民政府是如何刻意打壓漢醫？臺灣民間傳統醫療行為為何？面對西醫夾

擊，臺灣傳統漢醫學，如何從不科學、落伍的負面評價下，殺出重圍，力圖振作？

第五節「鴉片之漸禁與民間扶鸞戒煙」：鴉片、纏足、辮髮是日本人眼中臺灣人的三大陋習，但「新鴉片特許令」讓總督府的鴉片「漸禁政策」，演變為「漸進政策」。也許是當局嚴禁日人吸食鴉片，因此鴉片與在臺日人健康關係不大，加上總督府為增加財政收入，一而再、再而三的容納新的許可，並不斷提高鴉片煙膏的售價，如此搖擺不定，變相搾取的鴉片政策，以及罔顧臺灣人的身體健康，將臺民視同二等公民的舉措，引發臺灣人的普遍不滿，許多不耐日本鴉片政策之煙癮者，紛紛加入各地扶鸞祈禱降筆戒煙活動。而反煙人士，則投入全臺的反煙抗訴熱潮。臺灣民報甚至將當局鴉片特許漸禁政策，視作日本政府弱化臺灣種族競爭一石二鳥的陰謀。本節將探討殖民政府的鴉片政策何以搖擺不定？臺灣民間又怎麼看待當局的鴉片政策？面對當局消極的鴉片政策，杜聰明的醫療解煙與民間鸞堂扶鸞祈禱戒煙運動，在鴉片治療上扮演的角色為何？殖民政府的態度又如何？

第六節「先生媽與產婆：文化脈絡下的抉擇」：回首臺灣近百年接生行為，由宗教禮儀到醫療行為；由鄰居間熟稔的年長老婦，到新式產婆，再到現代的婦產科醫師；接生地點由自家到醫院；接生也由過去女性助產到現在以男性醫師為主的婦產科；甚至連坐月子也由企業化經營的坐月子中心扮演。這反映了臺灣人傳統生育禮俗、人際網絡、女性性觀念及自主性的轉變，其間過程是漫長的。日據時期雖由國家強行介入西醫接生行為，但其對於產婆制度的推動與接受率的提高，始終有心無力。這最大原因在臺灣傳統社會關係建構及生育禮俗與禁忌，這是臺灣女性身體保守的抵抗，不是短時間所能撼動的。本節試圖探討臺灣社會傳統生育禮俗，如何影響臺灣民間接生行為？社會對傳統接生的先生媽與新式產婆的接受度為何？何以先生媽能維持其不墜的接生率？面對戰後婦產科的崛起，與接生婆、助產士的沒落，我們當怎麼看待？

第三章「殖民教育與傳統漢學教育之周旋」：一共六節。

第一節「臺灣傳統漢學教育」：連橫在《臺灣通史》開場白便言：「臺灣故無史也，荷蘭起之、鄭氏作之、清代營之……」。臺灣社會從荷蘭時傳教士透過傳教，將文字帶進臺灣，啟迪未開化之人心，可說是臺灣啟蒙教育之濫觴。清領時期，官辦府縣儒學、書院，及民間啟蒙教育社學、義學、書房等

大爲普及，爲臺灣教育、地方文風奠下基礎。自道光以降，臺灣移墾社會，已漸從武質色彩，轉化爲儒化的文質社會，又因科舉考試的循序舉行，強化了大陸和臺灣的關係，讓原本居於邊陲的臺灣完全成爲大清王朝的一部分。本節將探討臺灣日據時期傳統漢學醞釀的歷史背景爲何？陳永華對東寧儒學科舉的奠基角色爲何？清朝時臺灣科舉考試與大陸內地依存關係？清朝時臺灣儒學、書院、社學、義學、書房的發展及其對臺灣社會文風與教育的影響？相較日據時現代學校校園空間，傳統文廟、書院建築的人文精神空間與風水的要求爲何？

第二節「殖民地教育之軌跡」：日本政府統治臺灣之初，認爲臺民沐浴皇化時間尚淺，乃高唱「教育爲具兩面刃之劍」，對臺灣的殖民教育，是採同化主義、差別教育。雖歷任總督教育政策皆因時而異，但語言同化之中心方向，不曾游離過。由標榜國家主義、無方針主義、漸進主義到內地延長主義、日臺共學，再到皇民化教育，日本據臺五十年的教育政策演變，都不脫「雙軌」的差別教育，雖是內臺共學，不過是國王的新衣，在「共學」、「同化」外衣下，拉大內臺的不平等。日據時期另一教育現象是臺灣人對於近代文明有著近似貪婪的興趣。公學校教育的持續成長，與出國留學的人數不斷增高，均告訴我們臺灣人對近代文明不僅有迅速的認識，而且也意識到其重要性。臺灣人甚至以接受教育同化作爲抵抗工具，以接受近代文明的手段，來向統治者爭取更多的近代文明。隨著對近代文明的追求，臺灣人的抵抗開始帶有自省的色彩，跳脫「漢賊不兩立」的二元情緒對立框架，逐漸轉換成打破舊慣陋習和文化啓蒙，及追求政治上的平等。本節將探討伊澤修二對日據時期教育方針與內容的影響？何以他會將語言同化列爲臺灣教育最重要內容？他又如何利用語言來彌補國體論在統治上的破綻？後藤新平與持地六三郎的「無方針主義」何以成了「不實施教育的方針」？何以造成學校成長的停滯？名爲取消差別待遇的「內臺共學」，何以會讓臺灣學生的教育機會處在更不公平的境遇？皇民化時代義務教育何以成了徵兵的隱含目的？

第三節「漢文書房之發展」：日本對臺灣的漢文化政策是有差別對待的，對教育體制內的文化活動嚴以律之，對儒教結社活動寬以待之。爲消弭漢人的「我族意識」，並形塑新的日本國民精神，日本領臺後對清代所有儒家教育體系如府縣儒學、書院，皆破壞翻新，對民間書房則漸進壓制，最後進而廢止，新式教育得以夾同化之姿，取代傳統漢學教育。相對的對於體制外的儒

教結社活動，日本當局則採放任甚至積極籠絡的態度，特別是臺灣詩社在當局刻意扶持運作下，如雨後春筍紛紛成立。此一發展是日本政府考量武裝抗日層出不窮，對社會仕紳遺老實有籠絡安撫之必要，一則運用其影響力安定地方，二則是藉各詩社仕紳的政治表態，來穩定政局。一切都是在殖民政治的考量下，並非真心支持兩族共有之漢文化經驗，何況他們深知舊文學、傳統文人不足以構成威脅。於是在皇民化運動漢文一片消聲中，儒教人士所辦的刊物《孔教報》、《詩報》、《風月報》以及各種鸞書，依舊以漢文面貌出版發行，維繫漢文命脈於一方。本節將探討日據時期的漢文政策如何從懷柔、漸禁到廢止？書房教育如何在殖民者打壓下走向改良書房以求存？臺灣民間何以從書房教育的支持者轉而向現代教育靠攏？漢文何以在日本當局的打壓下，反激發出一股強烈的振興力量？殖民政府何以獨對儒教與詩社極盡籠絡與獎掖？儒教與詩社向當局靠攏，是風骨不再？還是為固守漢土於一方？書房在遭打壓後，如何借鸞堂、廟宇外殼以倖存？

第四節「國語教科書的同化課題：語言政策與認同」：日本在明治維新後，逐步形成「進步的日本」與「落後的亞洲」意識，並認為藉實施日語教育可以開化「落後的亞洲」，而有「現代化的日語」的提出。日本據臺後，又進一步轉化為「同化的日語」，以為藉日語教育可以同化異民族成為日本國民。〔註22〕伊澤修二很明白的表示，臺灣的教育並非單純的教育，而是具有同化臺灣人成為日本人的目的，因此國語普及運動遂成為總督府最重要的擬血緣同化手段。本節企圖透過殖民政府的國語政策，來看殖民者的教育操作。探討何以日本一反世界殖民國家的統治政策，獨唱「國語同化政策」？國語教材的轉變，如何從「近代文明」智育的涵養，轉向「殖民同化」德育的涵養？殖民者如何透過教材的編撰權，操弄沒有歷史的「臺灣鄉土教材」？如何將統治神話內化到國語教材中？在殖民論述下，少數幾位出現在教材的臺灣人物，何以成了教化典範？當教科書全成了皇國史觀，對臺灣人的國家與民族認同，會有什麼影響？

第五節「學校體系內的『修身』與『公民』教育」：對老一輩的臺灣人民而言，「日本經驗」多少都潛藏在他們的精神底層，不論這經驗是正面或負面。而這些經驗也進而內化成為他們的思考與生活習慣。尤其日本長達五十年的

〔註22〕 吳文星，〈日據時期臺灣總督府推廣日語教育初探（上）〉，《臺灣風物》，第37卷第1期，1987年3月，頁4～5。

殖民教育，經由教育內容的控制、各種儀典的舉行、學校生活的規範，進而強行灌輸意識形態，形塑臺灣人的日本國民性。而為了教育臺灣人成為忠良國民，公學校不論是「修身科」、「國語科」、「歷史科」無不以涵養國民精神為依歸，把臺灣孩童教育成守規矩、服從的好兒童。其中「修身」科更是直接透過德行的規訓，強化兒童國民性的實踐。相對於內地人的小學校「修身」科中並未特別標榜「從順」、「服從」等德目，卻比公學校多了「長進取之氣象」等鼓勵個人成就的內容，這是殖民者對日本兒童與臺灣兒童的兩極期待，殖民者從不期待臺灣人的個性發展與快速崛起，日本統治者藉修身科不是為培養「真的日本人」，而是在塑造臺灣人服從、勤勉的「日本臣民」形象。本節欲透過小學校與公學校在修身科教材上的差別探討，來分析殖民者的殖民教育心態。日本人是如何藉由修身科與學校生活的道德規範，讓臺灣學童在不知不覺中接受日本皇國觀念？又如何透過無所不在的社會教化網絡，引導臺灣民眾同化於日本？

第六節「身體規訓下的學校體操科」：若林正丈曾就被殖民者的身體被賦予政治意義提出他的看法，他認為透過規律、訓練進行控制的統治機制，乃是藉由學校教育、運動會等媒介，創造具有「臣民」意義的順從「身體」。將這個概念用在日據時期臺灣教育中的學校「衛生、身體檢查」及「體操科」，可清楚點出日據時期總督府是如何操作其對被殖民者的身體權力，並賦予身體不同的政治目的與意義。本節欲探討殖民者是怎麼看待臺灣人的身體？又怎麼透過體操，打造殖民者需求的臺灣人身體？皇民化時期，日本統治者如何透過體操科，強化皇國民精神？活絡於日據時期的學校運動會，如何成為社會教化的一環？在什麼樣的鋪排下，遠足與修學旅行全成了教化工具？

第四章「宗教與廟會：激烈抗爭與懷柔安撫」：一共六節。

第一節「從觀察、調查到彈壓的宗教政策：西來庵事件之轉折」：日據初期，各地抗日事件不斷，臺灣局勢仍處動亂不安，對殖民者來說，如何平息抗日情緒，如何穩定局勢，乃首要任務，視宗教問題為民俗的改善或文化的傳播，為輔助角色非主要政策考量對象。加上初期殖民當局對臺灣傳統宗教信仰並不瞭解，無法貿然制訂長期成熟的宗教政策，故過渡期臺灣總督府對臺灣的宗教是採觀察放任之寬鬆政策。及至西來庵事件爆發，很多寺廟庵堂被牽連在內，日本政府為避免反日力量藉宗教組織來凝聚，於是展開大規模的宗教調查，將調查從原來的寺產、所有權之臺帳，轉而著力於信仰心態、

宗教目的之調查研究。進入統治末期的皇民化運動，總督府展開「寺廟整理」，將傳統寺廟與信仰組織，或廢或併，臺灣民間信仰在這一波淨化過程（往神道與佛教信仰改造）中遭受極大的破壞。

　　第二節「日本佛教與臺灣傳統信仰：認同與選擇」：日據時期的臺灣佛教與傳統信仰，在殖民統治下面對日本佛教、中國佛教與臺灣傳統信仰，如何適應與選擇？在殖民統治下，雖然臺灣佛教根源於中國，但在遭遇日本佛教與殖民環境的衝擊下，在傳統與現代的取捨抉擇，臺灣宗教尤其是佛教，如何在此拉扯下，定位自己？而其中的認同是為求存而對環境的暫時妥協？抑或是對異文化的認同？我們從日據時期的中教闘佛事件，反對僧侶娶妻食肉，可知日據時期佛教深處殖民環境，其不能不受到日本佛教的影響，然而他具足傳統宗教文化在向日本佛教靠攏的過程中，有一條無法跨越的鴻溝。

　　第三節「日本神道信仰：戰前戰後兩樣情」：當日本政府推動神道信仰與奉祀神宮大麻政策時，寺廟與臺灣人家庭正廳供奉的祖先神佛，便成了最大絆腳石，為了使神道信仰進入臺灣社會與家庭的精神中心，於是有所謂「正廳改善」及「寺廟整理」，這兩項運動不僅使臺灣人傳統信仰遭到嚴重破壞，也引發臺灣人極大的反彈。戰前統制者強力推行神道信仰，隨著戰爭結束，神社失去了他存在的意義，紛紛遭到遺棄與破壞，或拆或毀或改建，大都僅餘殘磚破瓦任憑風吹雨淋，完整保存者並不多，這些殖民遺跡正訴說著戰前戰後兩種截然不同的命運。

　　第四節「廟會與戲劇：日本政府對廟會的利用與態度」：殖民初期，為避免騷動，當局對臺灣本土宗教避免干涉，甚至放任。大正年間各寺廟之迎神賽會、建醮、祭典之活動，非但未遭到禁止，反受到官方鼓勵，各地祭典地方首長亦親自參與，顯示對臺灣傳統宗教的懷柔策略。臺北霞海城隍祭典，歷屆總督夫婦幾乎都親臨參觀迎神儀式。日本為對臺灣進行宗教之同化，除透過各種方法強化臺灣人對日本神道與佛教的信仰外，也透過對臺灣宗教活動的認同或贊助，來籠絡與融合內台人民意識。

　　第五節「齋教的轉型與頓挫」：所謂齋教是明末清初社會崩解混亂下一連串「救世主」運動中的三個重要支派──龍華教、金幢教、先天教。日據初期齋教仍延續清代傳統，屬秘密宗教，西來庵事件後當局展開對宗教的調查，齋教不得不以更開放態度的「在家佛教」身份公開在大眾前，齋堂彼此有了連結，甚至出現與佛教同化現象及齋教的空門化。光復後，為代表地位和層

次的提升，齋堂內聘出家師父主持堂務，甚至轉變成佛寺、道堂、私廟和民宅，新成立的齋堂少之又少，進而日漸萎縮。

第六節「儒教與鸞堂：依附屈服 VS.文化對抗」：在儒家的傳統中包含著「華夷之辨」的民族思想，故割台初期儒生參與武裝抗日便是此一思想的激發。武裝抗日受到慘烈鎮壓後，儒生便將戰場轉到鄉間，書房、詩社成了新據點，維繫漢文化，使免於滅絕，成了儒生退而求其次的目標。另一方面，由於時移勢轉，日據時期儒教界為了得到日本當局的認同支持，使其感受到儒教的政治與社會效用，於是透過不同立論與行動來強化彼此關係，更藉此來維繫漢文化的命脈。相對的日本當局對儒教的政治效用，也感同身受，除翼贊佛教人士的祭孔活動外，還不時大費心機透過揚文會等來籠絡仕紳，公開宣誓建立儒教正統地位，並藉儒教進行文化統戰。雙方各取所需，讓臺灣儒教在「依附屈服」抑或「文化對抗」，顯的曖昧不清。

第五章「結論」：含括變與不變：文化認同的選擇；研究課題之回應：同化於現代化或同化於異民族；續行研究課題：重新審視臺灣族群認同三大部分，也為前面章節，做一總結論述。

第五節　相關概念的釐清

一、在文章用詞方面之釋義

1. 文化的迎拒

是指兩個不同的文化接觸之後，經過一段時日後，兩者相互採借適應，彼此都產生變化的現象。外來文化從傳入→衝突→接受→創造的過程，〔註23〕以接受社會立場來看，外來文化進入之前，社會內部已具吸納外來文化的條件，然而接受社會之於外來文化，並非照單全收，接受社會可能會因大量接受外來文化，而造成其文化的變形；也可能是全盤抗拒外來文化；或部份接受並加以重新建構、轉化成另一文化形貌。

2. 殖民現代性的意涵

殖民現代性（colonial modernity）一詞，是由美國學者 Tani Barbow 提出，

〔註23〕邱淑雯，〈「文化變容」的取徑：殖民史研究的另類觀點〉，《當代》，第154期，2000年6月，頁109。

以取代傳統帝國主義論，重新檢視現代性一詞在東亞歷史經驗中的意涵，並強調殖民主義在塑造殖民者與被殖民者的現代經驗的重要性，以及現代性引介過程中與在地社會文化體系的互動關係。〔註24〕並修正過去統治 vs.抵抗、殖民者 vs.被殖民者二元對立的架構，強調挖掘邊緣底層人民的聲音，重建被殖民者的文化主體性。臺灣在日本的統治下，經歷殖民地化與現代化的雙重歷史歷程。殖民地化代表負面的經驗；現代化則代表正面的評價。臺灣人的殖民經驗除了不平等與被壓迫面向外，也包括現代性帶來的進步與便利。

3. 日本文化的範圍

日本雖是殖民者，但與西方殖民者不同的是，日本在臺灣的許多軟硬體設施，是承接日本「脫亞入歐」的作法，無異是種「轉手」的西化。日本並不是照他自己的形象來造殖民地，而是以西方為範本，他也不是現代性的原創者，因此他自己在接受西方文明洗禮時，其主體性也顯的曖昧不明，形成某種複製情節〔註25〕。既認為只有西化才符合現代，但又害怕自己的主體性完全被西化淹沒，於是有「和魂洋才」的作法，以做為維繫日本傳統文化認同的基石，這點和中國清末的「中學為體西學為用」是同樣情境下的產物。故本文所謂日本文化是含括日本已吸納的西方文明。

二、內容慣用詞方面之釋義

本文中所用「國語」一詞，指的是日本語，為反應當時的普遍用法，故以原貌呈現。由於行文的關係，不再以刮號附註：國語（日本語）。在制度上，日本的國語正式成立於甲午戰後的明治 33 年（1900 年），在此之前，日本各地語言南轅北轍，無法言文一致，更談不上所謂國語。明治 33 年（1900 年）文部省，頒佈小學校令改正時，將原本讀書、作文、習字三門科目合成一門「國語科」，正式編入初等教育中，至此「國語教育」才算正式成立。但「國語」之定型化和制度化，是在明治政府依臺灣總督府制訂的內容和方針，漸

〔註24〕張隆志，〈殖民現代性分析與臺灣近代史研究：本土史學史與方法論芻議〉，收入若林正丈、吳密察主編，《跨界的臺灣史研究——與東亞史的交錯》，頁151。
〔註25〕顧忠華，〈臺灣的現代性——誰的現代性？哪種現代性？〉，《當代》，第 221期，頁82。

次將國語從觀念迅速推進到行政制度的軌道後。〔註 26〕故臺灣這個新領土，對日本國語的誕生，扮演舉足輕重之角色。殖民統治隔年，即明治 29 年（1896年）總督府就以敕令 94 號公佈直轄學校官制，設置國語傳習所及國語學校。至此國語教育，成了日本殖民教育的中心。

〔註 26〕陳培豐，《「同化」の同床異夢：日治時期臺灣的語言政策、現代化與認同》，頁 44～45。

第二章　醫療與衛生：現代化的展現

　　臺灣社會剛開始在面對西方醫學與傳教勢力的入侵是排斥與懷疑的，臺灣人對代表「科學」與「進步」的西醫，並不買單。這讓殖民者在早期來臺傳教醫療的過程中吃足苦頭，並非如時下一般人所想像那樣一帆風順。這點我們從傳統漢人文化與西方醫療遭逢時，所引發之衝突與矛盾，可看出兩個異文化相接觸時難以避免的謀合過程，以及西方醫療如何在此過程中漸為臺灣人民所接受與信任的環境緣由？而這其中又有多少是夾帶帝國武力之助力？

　　日據時期的現代醫學除現代化的面貌，更充滿殖民性格。日本施行在殖民地臺灣的國家醫療衛生體系，並非以臺灣本土需求為考量，而是為營造一個適宜日本人居住的環境，可以吸引日本內地人移民臺灣的前提。故不論是醫療病院、醫療教育與衛生政策，處處見其差別待遇與粗暴。但諷斥的是，日人的醫學教育，卻造就一批反撲殖民體制最堅強的力量，扭轉了日本殖民醫學教育的原初價值。故我們可以知道，這些現代醫學教育出身的臺籍醫生，他們是「同化於現代化」而非「同化於民族（日本）」。他們積極追求殖民政府現代醫學知識後，反化為一股本土關懷與社會改造力量，而這股力量的背後社會基礎又是什麼？值得我們深思。此外日本對臺衛生政策，在殖民母國利益及日本人優先的考量下，衛生政策執行的過程中，充滿「異地」、「異己」與「不潔」的歧視觀念。故執行過程中完全無視臺灣人的無奈與辛酸。

　　當傳統遇上現代，臺灣傳統漢醫漢藥在西方醫學、及殖民政策箝制的夾

擊中，因臺人的醫療習慣、中西藥價的差別、漢藥店的依存關係，仍是壓不扁的玫瑰花，不論是在對岸大陸還是在臺灣都得以持續生存。如日據時期的流行疫情及鴉片療治，都可見傳統醫療發揮的力量。日據時期的西醫接生，雖由國家強行介入，但其對於產婆制度的推動與接受率的提高，始終有心無力。這最大原因在臺灣傳統社會關係建構及生育禮俗與禁忌，這不是短時間所能撼動的。

第一節　醫療傳道：西方醫學的移植

　　自從法國醫生巴斯德（Lious Pasteur，1822～1895）提出「細菌病源論」之後，歐洲的醫學大幅改變，在麻醉知識、細菌致病、醫療消毒與外科手術，有長足的進步。另外歐洲人藉由美洲土人那裡學得的金雞那樹皮，提煉成「奎寧」，用以有效醫治瘧疾。有了這些利器，西方傳教士兼醫師，一手拿著聖經，一手拿著聽診器，在殖民地對異教徒傳教同時，也將西方醫療傳進殖民地。薩伊德（Edward Said）在東方主義一書中，便說到：「那些以東方為事業的西方殖民者，夾著外科利器與奎寧白粉，行走東方一帆風順」。〔註1〕

　　相較十九世紀下半葉的臺灣，從1860年中法條約淡水開港，開始受到殖民帝國勢力之影響，西洋人的那套西學也隨之傳入。面對西方醫學與傳教勢力的入侵，臺灣人視這些洋教士，猶如野蠻人，加上臺灣人因中法戰爭的仇外心理，對其醫療方法更是排斥與懷疑。這讓薩伊德口中的「行走東方一帆風順」殖民者，在早期來臺傳教醫療的過程中吃足苦頭，甚至喪命，並非如時下一般人所想像那樣的順利。本節便試著從傳統漢人文化與西方傳教醫療遭逢時，所引發之衝突與矛盾，來看兩個異文化相接觸時難以避免的過程，以及西方醫療如何在此過程中漸為臺灣人民所接受與信任的環境緣由？而這其中又有多少是夾帶帝國武力之助力？

一、帝國武力下的半殖民醫療

1. 臺灣南部的傳道醫療

　　1860年中法黃埔條約，清朝政府被迫開放門戶，並接受基督教來華傳教。

〔註1〕薩依德（Edward W. Said）著，王志弘、王淑燕、郭苑玲、莊雅仲、游美惠、游常山譯《東方主義》，臺北：立緒文化，1999年。

教會組織也趁著帝國主義擴張之際，爲傳教活動打開空間。此時美國南北戰爭結束國土統一，傳統上對「印地安人的境外傳教」工作，也因領土的拓展不得不向太平洋西岸傳佈，這是歐美教會爭相進入中國與臺灣傳教的根本動力。前述荷、西殖民臺灣時期，教會便已進入臺灣南北殖民區。中國開放傳教後，英國長老教會首先在廈門建立傳教據點。由於廈門與臺灣語言相通，臺灣開港後，該教會便把台灣視爲拓展教務的理想地點。

　　1865 年英國長老教會馬雅各（James Laidlaw Maxwell，1836～1921）〔註2〕醫生，在配藥助手黃嘉智隨行下，從打狗上岸，展開臺灣傳教活動。並將醫療與傳教合一，基督教傳教史稱爲「路加之門」。〔註3〕《臺灣基督長老教會百年史》對此曾有記載：

> 自從傳教活動的開始，無論在南或北，山地或平地，醫療傳道確實是傳教活動中的一主要部門。即大多數情況下，福音的傳入往往是藉醫療而開始進行的。因醫療的事工往往有助於排除本地人對傳教師及基督教的偏見與反感，獲得不少人的感謝和思念，而這些都是直接或間接地有助於傳教之工。〔註4〕

馬雅各一行人來臺後，選在臺灣府城（台南）傳教，並於 6 月 16 日在海關官吏馬威廉（Mr.William Majwell）幫助，頂讓其在大西門外看西街的民房做爲醫館，稱看西街醫館（此即新樓醫院的前身），開始施醫與佈道。而這一天也成爲英國長老教會在臺設教的紀念日。他將看西街的房子，前落做佈道用，後落做醫館和藥局，爲當地病患進行免費醫療服務，也吸引不少病人。但隨即有謠言指控馬雅各施行邪術，控訴揭帖貼在各處牆上，導致民眾包圍攻擊診所和傳教士，因此醫館只開辦了 23 天，不得不退回英國領事館保護下的旗後（今高雄旗津），另闢傳道據點。他在旗後租一民房，作爲傳道與醫療點，並逐漸與當地人生活在一起。1866 年馬雅各在旗後向呂魁「永遠」租用的平房建造禮拜堂〔註5〕，並在新建教堂對面設立醫館，馬雅各在打狗的醫療工

〔註2〕馬雅各，習醫於愛丁保大學，曾在伯明罕總醫院擔任醫師，他是英國長老教會第一任駐台傳教師，來臺時 29 歲。見莊永明《台灣醫療史──以台大醫院爲主軸》，臺北：遠流出版公司，1998 年，頁 33。

〔註3〕路加是新約聖經〈路加福音〉和〈使徒行傳〉的作者，也是一名醫師。

〔註4〕臺灣基督長老教會，《臺灣基督長老教會百年史》，1965 年。

〔註5〕此爲長老教會在臺興建的第一間禮拜堂，呂魁將此屋永遠租給馬雅各，任憑其起蓋禮拜堂厝。莊永明《台灣醫療史──以台大醫院爲主軸》，頁 35～36。

作，因獲得海關醫官萬巴德〔註6〕的協力，醫療事業得以順利進展。而這所小型醫院，賴永祥稱許這是臺灣西式醫院的誕生。〔註7〕

　　1868 年 12 月，馬雅各醫生與助手重返臺灣府城，並於次年在府城二老口租到一間大厝（許厝），做為傳道中心及醫館。此屋教士會一直使用至 1900 年，民間俗稱舊樓或許厝。〔註8〕馬雅各以此為據點，展開了民間傳道醫療工作，因救治不少瀕危病患，漸漸為漢人所接納，求醫者日眾。1871 年馬雅各在行醫六年後返回英國，英國長老教會派德馬太（Dr.Mathew Dickson）與安彼得（Dr.Peter Anderson）〔註9〕醫生繼任。二人接手後即著手購地規劃興建新院址，但遭附近居民阻擋，纏訟七年，迄 1900 年新醫院才落成，因是新建故稱新樓醫院，民間俗稱為「耶穌教醫生館」。其全盛期（1901～1930）不論在結核病治療或兒童病房，都有相當口碑，並打下南部現代醫學基礎。〔註10〕

2. 臺灣北部的傳道醫療

　　相較於南臺灣的馬雅各醫師，加拿大長老教會第一任傳教師馬偕（Rev.George Leslie Mackay D.D.）博士則選擇北臺灣做為其傳教地。他於 1871 年 12 月 30 日較甘為霖牧師晚 20 天抵達打狗，第二年即與李庥（Rev.Hugh Ritchie）牧師一同搭船北上。3 月 9 日船在淡水下錨，同行的李牧師告訴他：「此地是你的教區」，而據他自己日後回憶，彷彿冥冥中自有牽引。〔註11〕他在這裡成家、傳道、教育，終其一生。為了積極打入臺人社會，他從結交臺

〔註6〕 萬巴德醫生於馬雅各返回府城時繼續其在旗後的醫館運作，1871 年他轉往廈門服務，1883 年到香港，並於 1886 年創設香港醫學會，1898 年設立倫敦熱帶病醫學校。萬巴德由於長年投入熱帶醫學研究，被尊為「熱帶醫學之父」，杜聰明在創辦高雄醫學院時曾說到學校之所以選在高雄，六大主因之一便是為紀念這位熱帶病學之父萬巴德。萬巴德的弟弟萬大衛（Dr.David Manson）醫生，曾來臺接替其兄職務，其後由梅醫師接替其職並完成萬大衛紀念醫院，即後來的慕德醫院。見莊永明《台灣醫療史——以台大醫院為主軸》，頁 39。

〔註7〕 賴永祥，《教會史話》，第一輯、第二輯，臺北：臺灣教會公報社，1992 年。

〔註8〕 此屋為許建勳所設之金繼成商號改建。

〔註9〕 安彼得醫生於 1901 年將新樓醫院交由馬雅各二世後，即轉往打狗接任慕德醫院院長，直到 1910 年，在臺服務長達 31 年。而慕德醫院也因著力培養醫事人員，被稱為臺灣西式醫學之濫觴。

〔註10〕 新樓醫院 1935 年底由基督教長老會南部大會接手經營，第一任臺人院長為楊雲龍醫生。見許雪姬等註解，〈林獻堂先生《灌園先生日記（十二）》〉，中央研究院臺灣史研究所、近代史研究所，2006 年，頁 107～108。

〔註11〕 莊永明，《台灣醫療史——以台大醫院為主軸》，頁 43～44。

人小孩開始，苦學台語、讀四書。但初期的傳教工作並非如此順利，他被當成「外國鬼子」、「蕃仔」叫罵，被丟磚塊、吐唾沫，但他仍秉持長老教會「焚而不燬」精神，每日出門開拓教區。馬偕雖不是醫師，但他深知醫療傳道的功能。在他的回憶錄中便提到：

> 醫療傳教的重要性不需再強調，瞭解現代傳教歷史的人都知道其重要性。我們一開始在臺灣工作，就特別強調上帝所做的事及所說的話，並透過醫療工作，而開啓了馬上可以助人的大門，在我所受各種預備訓練當中，最實用助人的莫過於在多倫多及紐約所受的醫學訓練，我發現人們因各種疾病而遭受痛苦，若能夠解除其痛苦並醫治其疾病，會使傳教工作獲得朋友及支持者，並得到他們的感激。
>
> 〔註12〕

馬偕最有名的醫療服務不外是他流傳於民間與傳教士間的傳奇拔牙故事。他無論所到何處都帶著專門治療瘧疾的特效藥「白藥水」（奎寧加檸檬汁）及拔牙鉗子。他的拔牙技術極為高超，據他自稱常在不到一小時內便可拔取一百顆牙齒。他對拔牙有如此敘述：

> 漢人很勇敢很能忍耐手術時的痛苦。我們在全國巡迴旅行的習慣是，找一處空廣的地方，往往是廟宇的石階上，唱一兩首聖歌，然後開始拔牙，接著講道傳福音。牙痛的人接受拔牙手術時，通常是站著。拔出來的牙齒就放進他們手中，因為我們若把牙齒保留起來，會遭來漢人對我們的猜忌。我有好幾個學生都很會用鉗子，我們常常不到一個小時就可以拔掉一百顆牙齒，自一八七三年到現在我拔掉的牙齒超過兩萬一千顆。〔註13〕

從上面的情境，我們可以發現馬偕的拔牙模式，並非在私人診療室，而是在大庭廣眾下結合聖歌等宗教儀式來進行，透過集體公開觀看，及相互制約催眠效能，來減少拔牙痛楚，讓拔牙產生戲劇性的效果，也同時增強其宗教的可信度，我們不妨稱其為宗教醫療。

　　高超的拔牙技術及白藥水，的確為馬偕的傳教事業帶來巨大幫助，讓他

〔註12〕馬偕博士原著，林晚生漢譯，鄭仰恩教授校注，《福爾摩沙紀事：馬偕臺灣回憶錄》，臺北：前衛出版社，2007年，頁297。本書前已有兩漢譯本，林耀南譯的《臺灣遙寄》及周學普譯的《臺灣六記》。

〔註13〕馬偕博士原著，林晚生漢譯，鄭仰恩教授校注，《福爾摩沙紀事：馬偕臺灣回憶錄》，頁303。

及其生徒得以上山下海，往來於漢人及原住民地區傳教。1873 年他為能接納更多病人，在滬尾租屋作為滬尾醫館，到 1875 年教會派了華雅各（J.B.Fraser）醫師加入醫療行列。1879 年馬偕得到美國一位與他同姓之馬偕船長遺孀為紀念其船長丈夫的捐款，建造北臺灣最早的西式醫院──「滬尾偕醫館」。中法戰爭時偕醫館就因救助傷兵而得到劉銘傳的讚揚。1879 年馬偕與林格（Dr.Ringer）醫師，〔註 14〕在解剖屍體時還發現第一例活在人體內的「肺蛭蟲」，轟動全球醫界。1880 年當馬偕第一次回加拿大述職時，他已建立了二十間教會、培養二十名臺籍傳道師、並擁有三百名信徒。這在西洋傳教師裡，其成果可說十分驚人。〔註 15〕1901 年馬偕病逝淡水。偕醫館因之關閉四年，1905 年宋雅各（J.Y. Ferguson）醫師來臺重新整頓開業，宋醫師為圖擴大服務，爭取加拿大母會撥款，於 1912 假臺北牛埔仔（今雙連），興建完成馬偕紀念醫院，奠立北臺灣教會醫療事業，迄今源遠流長。

3. 臺灣中部的傳道醫療

自馬雅各開啓臺灣醫療傳道之路，英國長老教會分別在臺灣南北設立傳教點。1888 年再派盧嘉敏（Dr.Gavin Russell）醫師開拓中部醫療傳道據點。1890 年盧嘉敏於大社創設大社教會，〔註 16〕並以禮拜堂作為醫館。1892 年盧醫師因患傷寒蒙主召歸。為了接續盧醫師在大社的醫療傳道工作，長老會再派蘭大衛（David Landsborough M.A.）醫生和梅監霧（Rev.Campbell N.Moody）牧師來臺。蘭大衛於 1896 年開始在彰化醫館工作，此時傳道醫療在臺灣已有三十幾年歷史，在病患口耳相傳下，民眾對現代醫療不再那麼排拒。蘭醫師在來臺第二年即染上瘧疾，但仍不改其留在彰化服務之心，由於其外科手術聞名全臺，求診病患激增。為應付越來越多的門診病患，他開始招收學生傳授醫療技術，開啓臺灣醫學教育先鋒。時值日據初期，臺灣人還無法接受新式教育，總督府醫學校的生員，至少四分之一是來自基督教徒的子弟，此其來有自。1914 年大戰爆發，蘭醫師夫婦離開臺灣，1919 年大戰結束後，再攜全家回到彰化，重新彰化醫館工作。1928 年為救治學童周金耀，蘭夫人毅然捐出自己的右大腿四片皮膚，移植到病患身上。此義舉深得彰化人的感佩，

〔註 14〕英國領事公醫。
〔註 15〕馬偕博士原著，林晚生漢譯，鄭仰恩教授校注，《福爾摩沙紀事：馬偕臺灣回憶錄》，頁 340。
〔註 16〕今臺中豐原市附近。

而周金耀不僅被蘭氏夫婦收養，日後且成了知名牧師。〔註 17〕蘭大衛的仁心仁術，不僅奠下中部現代醫學基礎，從彰化流行諺語：「南門有媽祖，西門有蘭醫師」，可看出彰化人對他的感念。1936 年他返回英國時，送行人數達千人以上，若非其視病如親精神，要打破中西隔閡達此境界，實屬不易。

二、民衆的阻抗與民教衝突

　　教會醫療，爲臺灣社會引進了代表「科學」與「進步」的西醫，也爲醫療資源不足的臺灣及許多落後地區帶來免費醫療。這項慈善舉動，理應受到臺灣人的歡迎才對，但我們從馬雅各等人來臺的醫療傳道過程中，引發的衝突，甚至導致流血死亡意外，可看出並非如此順暢。從傳統漢人文化與西方傳道醫療遭逢時，所引發之衝突與矛盾，便可預見異文化相接觸時難以避免之謀合過程。我們從以下數例衝突即可見一般：

1865 年 7 月 9 日——

　　謠傳馬雅各施行邪術，挖取人心、內臟和眼睛來煉製藥物，衆口鑠金，導致民衆包圍診所，拆醫館和教堂，知縣得訊，始親臨調解，惟官方知民怨難壓，通知馬雅各必須在三日內遷離。〔註18〕

1868 年 4 月——

　　教徒高長在埤頭遭人指控在檳榔和茶水中下迷藥，導致婦女程林便涼發瘋。高長先在當地遭民衆追打後又遭官府逮捕下獄。〔註19〕

1868 年 4 月——

　　信徒莊清風信奉基督教之後，他的妻子不肯入教，兩人常爲此爭執，莊清風爲此經常動手毆打妻子。許云涼不堪毆辱而逃回娘家，莊清風追至後和當地人發生衝突被持刀殺死。〔註20〕

1868 年 9 月——

　　民衆到縣府指控馬雅各殺人煉藥行邪術，群衆在神轎指引下，從教

〔註17〕彰化醫館在二次大戰期間，日本政府不讓西洋傳教士留台，醫館乃捐給臺灣基督長老教會南部大會，即今彰化基督教醫院。見莊永明《台灣醫療史——以台大醫院爲主軸》，頁 50～52。
〔註18〕李尚仁，〈謠言疑雲與帝國夾縫間：臺灣早期傳道醫療與民教衝突〉，《臺灣醫療四百年》，頁 52～54。
〔註19〕《臺灣醫療四百年》，頁 52～54。
〔註20〕《臺灣醫療四百年》，頁 52～54。

堂院子挖出一些人骨，一時群情激憤，情勢更爲緊張。〔註21〕

1877 年 12 月——

> 有數百人把他們的辮子綁在頸子上，而且身著藍衫，表示他們已經
> 決定要一決輸贏。有一個人彎下去拾起一塊石頭丟向屋子，他們立
> 刻都大叫起來，聲音震耳欲聾，有的爬到屋頂上，有的在屋內，有
> 的在屋外，一個房子就這樣被拆成碎片，並被帶走一點都不剩。甚
> 至連地基的石頭，都被用手挖起來，並在地上吐口水。〔註22〕

以上所引例子是馬雅及馬偕的遭遇。面對群眾衝突，馬雅各自己就曾提到「傳
道士在臺灣，每個地方都會遭遇到神棍、街頭醫師以及排外官員的敵意。」。
不僅是民眾深信教士用邪術和迷藥害人，連清政府官員都對此深信不疑。總
兵曾元福抱怨馬雅各，用人體製藥已觸犯大清法律；高長遭拘禁後，鳳山知
縣凌樹荃也要求英國官員約束馬雅各不要再用迷藥害人。〔註23〕十九世紀民
教衝突中帶頭滋事者不見得都是無知民眾，許多往往是地方仕紳。對他們而
言基督教違反儒家道統，因而總能運用傳統文化資源對抗傳道醫療。對民間
傳統漢醫與宗教團體的敵對，我們也可從西方醫療傳教爲對抗挑戰地方傳
統，常藉其高明醫術來力措其銳氣，這也引來二者衝突。就民間而言，傳教
士偏好以充滿戲劇效果的外科手術來吸引病人，這種動刀切割人體的行爲，
常會被誤以爲是在施展妖術，而其對死人屍體施行解剖，更會引來恐懼和憤
怒。加上其醫療場域常結合宗教氛圍，更容易被誤以爲是在藉助神力以施法。

三、從懷疑、不信任到接納：背後的帝國力量

我們從前述傳道醫療可看出，民眾對現代西醫的醫療效果與折服，是建立
在傳教士個人的信任，是附著於對西藥、手術的信服。這跟日本殖民政權的西
醫建構，是立基於社會組織與社會制度，民眾對其現代醫療信任也是建構在此
制度下，是不一樣的。有關福音的傳入往往是藉醫療而開始進行，信任的建構，
也往往是從醫療開始。我們可從下列幾則十九世紀西洋人的記載得知：

〔註21〕《臺灣醫療四百年》，頁 52～54。人骨應是醫學解剖屍體後殘留。
〔註22〕馬偕博士原著，林晚生漢譯，鄭仰恩教授校注，《福爾摩沙紀事：馬偕臺灣回憶錄》，頁 156。
〔註23〕李尚仁，〈謠言疑雲與帝國夾縫間：臺灣早期傳道醫療與民教衝突〉，《臺灣醫療四百年》，頁 54。

甘為霖（Campbell，W.）〔註24〕乃英國長老教會第二代傳教師，他並非醫生，但他以其醫藥常識，卻也為他贏得友誼，並得以順利傳播福音。以下就是一則他為原住民大頭目阿力治熱病的過程。

> 多虧一個同事的先見，我儲備了大量奎寧，結果非常有用。我們經常碰到一群來做實物交易的生番，那些發燒的人，就給他們服用奎寧。然因此而得到邀請，則相當出乎我預料。有些酋長 A-rek 的族人，吃了我的藥病好了。酋長要我去其居住地，替那些病的無法離開小屋的人醫治。〔註25〕

這則來自「甘為霖牧師福爾摩沙的野蠻人」紀錄，讓我們看到西方傳教士，在臺灣傳道行程中，是如何漸獲信任，也看到西方醫學是從過程中取得個人信任，進而至社會信任。

泰勒（George Taylor）在「福爾摩沙的原住民」中也記載著──

> 不過打狗的梅爾醫生（Dr.Myers）現在派遣巡迴醫療隊對墾民與野蠻人都提出警告，要防止假疫苗。每天有很多漢人和野蠻人得到免費的預防注射，梅爾醫生更進一步地對願意上他醫院的原住民給予免費治療，這將贏得此深知感恩然被忽視的種族永久的感念。〔註26〕

西醫的療效，配合著慈善醫療，慢慢便建立口碑，贏得民眾信任。

另外因病獲得醫治而改信基督的例子，也有不少紀錄。

史蒂瑞（Joseph Beal Streere）「來自福爾摩沙的信件」記載著──

> 這是一個老人，深受胃潰瘍之苦，漂泊南下到臺灣府，進入傳教所的醫院就醫，結果治癒。同時也學到一些福音，走了一百多英里回到自己族民那裡。拋棄偶像與祖先的靈牌，跟其家人開始做基督教的禮拜，很快就有鄰居加入。〔註27〕

馬偕回憶錄中也提到──

> 一位婦人她的女兒病倒了，到處求神看病都沒有效，她傷心欲絕，

〔註24〕甘醫師不僅投入傳教工作，他更積極投入臺灣盲人教育工作事業，本於真心與善業，啟動臺灣殘障醫療先河。

〔註25〕費德廉、羅效德編譯，《看見十九世紀臺灣──十四位西方旅行者的福爾摩沙故事》，臺北：大雁文化，2006年，頁121～126。

〔註26〕費德廉、羅效德編譯，《看見十九世紀臺灣──十四位西方旅行者的福爾摩沙故事》，頁269～288。

〔註27〕費德廉、羅效德編譯，《看見十九世紀臺灣──十四位西方旅行者的福爾摩沙故事》，頁74～87。

有人建議看西醫，我被請去開藥方，這個女孩服藥後，她的瘧疾發
燒就好了。這位母親的心這時也軟化並變的開朗，所以她的兒子就
不再有困難繼續做我的學生，不久兒子、母親和女兒都有分享基督
福音的盼望，成爲基督家庭，直到今天依舊忠信不移。〔註28〕

傳教士的使命是傳教，醫療只是手段而已。教會派醫療傳教士到落後地區工
作，廣設醫院，絕非爲了懸壺濟世，最終目的還是爲了傳教。馬偕對自己的
醫療傳教，也有如此評論：「很多人本來很反對福音，最後不得已才來找外國
人，但後來卻由敵人變成朋友。」。早期臺灣民眾對西醫從陌生、懷疑和不信
任，到嘗試和口傳，靠的是體驗和直觀。口耳相傳和個人經驗的傳播重點不
在醫療觀念，而在療效。民眾透過試試看的態度來接納西醫，但過程是充滿
疑慮的。因而醫療傳教士往往也需小心翼翼，因此若有任何謠傳，馬上變成
大小衝突。

傳道與醫療緊密結合後，不僅將西方現代醫學帶進臺灣，也透過醫療助
手與信徒的結合，爲臺灣第一代西醫（西藥師）紮下了根基。如馬雅各的三
位助手，黃嘉智在埤頭開設西藥房、高鳳翔在臺南開仁和堂；北臺灣偕牧師
牛津學堂的學生，都得到基本醫療常識的訓練，其門徒中如陳能、林清火、
柯新約等，後來都得到正式醫師開業執照；彰化蘭大衛的彰化醫館的助手中，
不乏成爲一代名醫的，如高再得、林進生、洪專、顏振聲等。〔註29〕

當我們看到傳道醫療終能在臺灣克服阻抗落地生根時，卻也不能不換另一
個角度思考，那就是成功背後的帝國武力之威逼。傳教士得以在臺灣有立足之
地，剛開始都是靠當時已在臺有貿易據點的外商之協助。如馬雅各看西街房舍
就是透過英國海關官吏提供，其從安平退回打狗，也是考量英國領事館的保
護；當馬雅各的傳教於 1868 年 12 月爆發民教衝突時，正值樟腦紛爭事件，英
國新任領事吉必動（John Gibson），派遣戰艦砲轟安平，清政府被迫屈辱妥協。
和談條件包含：向傳教士致歉、嚴懲滋事者、賠償傳教士的損失及公開勒令當
地民眾不得侵擾教士與信徒。同年十月，北臺灣的多德洋行職員也因樟腦事件
被臺人痛毆，引起李仙得將軍（C.W.Le Gendre）的美國砲艦進駐淡水港示威。

〔註28〕馬偕博士原著，林晚生漢譯，鄭仰恩教授校注，《福爾摩沙紀事：馬偕臺灣回
憶錄》，頁 130。
〔註29〕張苙雲，〈從不穩定的口碑到主要的求醫場所：臺灣西醫的制度信任建構〉，《國
家科學委員會研究彙刊：人文及社會科學》，八卷一期，民國 87 年 1 月，頁
161～183。

〔註30〕從這背景我們也可藉以判斷，爲什麼馬雅各於 1865 年來臺南傳教會遇到那麼多的困阻，而 1871 年甘爲霖與 1872 年馬偕在南北的傳教，得以較爲順利與活躍，1868 年樟腦事件列強武力的展示應佔有重要地位。我們也可從馬偕北臺灣傳教，其教堂常邀請停泊淡水的軍艦艦長、水手等人來做禮拜，〔註31〕對那些圍繞教堂四周的臺灣民眾，具有宣示效果。而馬偕得以在重重阻力下拿下艋舺，靠的也是淡水領事館及清朝官府的力量。我們可以說傳道醫療與帝國武力作了最佳結合，成就了臺灣早期現代醫學。

　　早期現代醫學是在此情況下推展，進入日本殖民時期，現代醫學發展更爲快速，而且是殖民政府最引以爲豪的事蹟，也是部分被殖民臺灣人日後回憶中給予肯定的文明價值。但當我們重新檢討反省這段殖民醫學，我們可以看到其背後較傳道醫療更爲複雜與糾結的關係。

第二節　現代醫學的殖民性格

　　甲午戰後，日本現代化的國家醫療衛生體系也被移植到臺灣社會，唯其並非全盤移植，而是如後藤新平所謂：「生物學原理」的因地制宜，但其因地制宜也非以臺灣本土需求爲考量，而是爲營造一個適宜日本人居住的環境。加上臺灣地理環境多風土瘴癘，殖民政府爲確保殖民統治的成功，預防熱帶風土對日本人種健康發育產生不良影響，而提出種種有別於臺人的衛生醫療措施。不論是醫療病院與醫療教育，都處處見其差別待遇。日本當局當初設立醫學校的目的，主要也是爲了解決日籍醫師不願來臺，及解除在臺灣公醫數及醫師人數不足的難題，無法維護日人健康。其想培育的是那些可以照護日人健康的「町醫者」，而非臺灣的基礎醫學人才。但諷刺的是，日人的無心插柳，卻造就一批反撲殖民體制最堅強的力量，扭轉了日本殖民醫學教育的價值。

一、抑中揚西：明治維新脫亞入歐論下的泰西醫學

　　日本從明治維新把自己推向近代國家開始，將其「強者崇拜」的桃太郎

〔註30〕李尚仁，〈謠言疑雲與帝國夾縫間：臺灣早期傳道醫療與民教衝突〉，《臺灣醫療四百年》，頁 54。

〔註31〕傅大爲，〈臺灣的半殖民醫療——從馬偕博士談帝國勢力下清末北臺灣的傳道醫療〉，《臺灣醫療四百年》，頁 60～61。

精神，發揮得淋漓盡致。當中國強盛時，日本先後多次向中國派遣留學生（僧），全面吸收引進光輝燦爛的唐代文物制度，大至文官制度小至生活習俗。當中國衰弱時她轉向仿效西方，欺負起中國來。當福澤諭吉提出「脫亞入歐」理論之後，舉國進入向西方大量學習的氛圍，此刻彷彿只有西方人比日本人更高級、更值得模仿，亞洲幾乎是不存在的。即便日本承認中國文化與文明對他們影響深遠，但我們卻可清楚的感受到近世以來日本是多麼渴望擺脫中國的束縛。

明治維新政府在維新之後的明治 4 年（1871 年），以右大臣岩倉具視為大使帶領新政府官員（岩倉使節考察團），展開長達兩年橫渡歐美十二國的視察之旅。這種全國高官傾巢而出的取經行徑，世所罕見。至此而後，日本朝野紛紛引進西方思潮與制度，當西歐文明全面進入日本社會各個領域時，日本帝國的國家架構也漸次建立，而其中又以醫學轉型最為迅速。

面對列強開國的壓力，日本政府最為急切的課題便是「富國強兵」，加上日本明治開國後，霍亂疫情一直困擾著日本社會，這也刺激日本國家衛生體系的建立。

在此前提下西洋醫療進而取代傳統「皇漢醫學」的養生論，成為國家醫學的準據。明治 3 年（1870 年）在「醫道改正御用掛」岩佐純與相良知安的建議下，引進德國醫學體制，並延攬多位德國軍醫官，協助建構日本近代國家醫療。〔註 32〕至此從衛生制度至醫學教育，德國模式成了重要依歸。而建構近代日本國家衛生系統的三個關鍵人物：長與專齋、後藤新平與森林太郎。（長與專齋是建構日本國家衛生體系的創始人；後藤新平是國家衛生原理的創始人；森林太郎（森鷗外）則是主倡衛生警察與軍隊的衛生管理制度。）此三人不僅形塑日本近代國家衛生體系，也直接、間接帶動日後其殖民地臺灣衛生體系的建立。〔註 33〕為全面推行西洋醫學，日本國內於 1868 年公布醫師考試法，凡從事醫業的醫師必須經過考試，1883 年又公布醫師免許（證照）規則，規範漢醫資格，全面實施西醫制度。1886 年衛生事務轉由警察行政管理，1893 年衛生警察制大抵確立。換言之，日本建立類似德國衛生制度，以國家行政權強力介入的衛生警察制度。

〔註 32〕林呈蓉，《近代國家的摸索與覺醒——日本與臺灣文明開化的進程》，臺北：吳三連臺灣史料基金會，2005 年，175～176。
〔註 33〕林呈蓉，《近代國家的摸索與覺醒——日本與臺灣文明開化的進程》，頁 169。

　　1895 年臺灣成了甲午戰爭的戰利品之一，日本現代化的轉型模式也被拿來套用到臺灣社會。加上臺灣地理環境多風土病，日本衛生行政系統正好可以臺灣社會為實驗舞台。而其中最關鍵點是後藤新平，從領台之初便以衛生顧問，參與臺灣衛生行政的規劃，日後擔任民政長官更全面落實其「國家衛生原理」於臺灣這片土地上。

二、風土馴化下的熱帶醫學：牡丹社事件與征臺之役的衝擊

　　有關日據時期臺灣醫學的發展，出現最頻繁的字眼不外：衛生體系、疫病防治、熱帶醫學，由此可見日據時期臺灣醫療發展的內涵與性格。近代殖民地大都位於熱帶，當殖民國欲深入殖民地時，難免會遭遇熱帶疾病，尤其殖民國大都位於寒、溫帶，對熱帶氣候環境適應力至為薄弱，佔領時人員的損失大都讓殖民者付出慘痛代價。這讓殖民母國於殖民初期不得不特別著力於殖民地的公共衛生與醫療推展，以建構適宜殖民者生存的環境，以確保殖民的成功。

　　日本與臺灣熱帶風土病的遭遇最早是在明治 7 年（1874 年）的牡丹社事件（征台之役）。明治 4 年琉球宮古島漁民因颱風漂流到臺灣東南，遭牡丹社原住民殺害，時正值日本國內「征韓論」及佐賀叛亂事件引發不少爭執 [註34]，為轉移國內不滿聲音，日本於明治 7 年（1874 年）4 月決定向臺灣原住民興師問罪，並派西鄉從道為都督，率領遠征軍攻台，直至 12 月 27 日凱旋返國。這期間據《明治七年征蠻醫誌》記載遠征軍共 3658 人，其中除戰死者 12 名、受傷者 17 名外，熱病死亡者共 561 名。[註35] 從數字上可明顯看出日軍在征臺之役上，最大的耗損並非戰鬥傷亡，而是風土病的肆虐。

　　我們略舉其中數日記載：

6 月 1 日　　這天社寮的衛兵中有 62 位罹病。

6 月 2 日　　當天馬醫補菊地宗造罹患腸傷寒去世，腸炎、間歇熱、弛張熱 [註36]、腸傷寒等有流行的前兆。

〔註34〕落合泰藏著，下條久馬一註，《明治七年征蠻醫誌》（賴麟徵譯，〈明治七年牡丹社事件醫誌〉，《臺灣史料研究》，第 5 號，1995 年 2 月，頁 87～88）。

〔註35〕林呈蓉，《近代國家的摸索與覺醒──日本與臺灣文明開化的進程》，頁 177。有關人數記載「征台軍人墓碑」則云：「全軍四千五百餘其死於戰者十二人，死於病者五百五十餘人」，略有不同。

〔註36〕此處所謂弛張熱所指的應是瘧疾。

7月29日　前些日軍醫試補半井直道罹患弛張熱，今天軍醫試補齋藤義範也因弛張熱住院。

8月7日　目前病患越來越多，有不知何日停止之勢。

8月11日　軍醫……都罹患弛張熱，能工作的醫官、看護兵越來越少，唯恐醫療工作人員的不足而發生問題，院長向國內請求召募更多的醫官。

8月14日　病患增加的快，已約佔全軍的十之八、九，其中弛張熱約佔十之七、八，傷寒次之。究其原因有二：第一個是目前的營地，自上古以來一直都是草原，今初墾，遂有毒分子浮游於空氣中。另一個是日本人不習慣於熱帶的生活，因爲原住民罹患此種病症者很少。

9月16日　這時候離 100 公尺外的臨時埋葬所已墓碑林立。

9月23日　當時醫官通通生病，沒有一人能工作。〔註37〕

　　這些記錄顯示一個很奇怪的事實，漢醫傳入日本已有千年，對於「瘟病」應當有一定的認識，對明末的「瘟病論」應不會很陌生，明末初年雖然要學習德國醫學，但總不至於到忘記原有的漢醫，怎麼會有如此奇怪專死醫師的現象？莫非日本地處溫帶，一直沒有與熱帶接觸，鮮有瘟病發生，以致日本醫者不知如何處理瘟病。

　　從參與征臺之役軍醫落合泰藏的回憶錄中，我們可以清楚的看到當時日軍與疫病奮戰的慘烈過程，以及剛引進泰西醫學的日本醫療，在面對臺灣風土病的認知與處置。當時不僅病患與日遽增，連醫官也一個個病倒，到無人可用困境，此景況迄凱旋歸國爲止，毫無改善。再從日誌上我們也可判斷當時日本醫界對風土病仍停留在瘴癘之氣與水土不服上，對細菌學一無所知，更不知道弛張熱（瘧疾）是由瘧蚊傳染。〔註38〕不過征臺之役對日本政府而言絕對是一次寶貴經驗。

　　雖有征臺之役面對惡疫的經驗，但 1895 年領台之役仍再度受到來自疫病的侵襲。1895 年臺灣尚未割讓之前，日軍即在 3 月 23 日於澎湖搶灘登陸，此役日軍僅用四天即佔領澎湖，但戰死與感染霍亂死亡者近千人，其中病死者

〔註37〕落合泰藏著，下條久馬一註，賴麟徵譯，〈明治七年牡丹社事件醫誌〉，頁 93～109。

〔註38〕傷寒係由細菌所引發要到 1903 年才由掘內次雄在臺灣首先檢驗出；瘧疾是由瘧蚊傳染也要到 1897 由英籍熱帶病研究者羅斯證實。引自莊永明《台灣醫療史——以台大醫院爲主軸》，頁 119～128。

居多，代價不可謂不大。5 月 29 日日軍登陸澳底，進行臺灣接收。整個甲午戰爭中，日軍在臺，死於疫病的將士、軍夫總數四千六百四十二名，被送回日本本土療養者有二萬一千七百四十八人，殘留臺灣的病院接受治療者有五千兩百四十六人，而實際死於戰役者僅有一百六十四人，負傷者不過五百一十五人。〔註 39〕連日本陸軍中將北白川宮能久親王，也在攻臺過程中病死於台南，根據日本官方宣布是罹患瘧疾。我們從戰歿者與病歿者比例，相較牡丹社之疫情況似乎好些，但慘狀依舊。

　　兩次面對臺灣疫癘的經驗，日軍登陸後的首要課題並非應付反抗勢力，而是如何杜絕惡疫流傳，加上 1895 年臺灣霍亂侵襲、隔年鼠疫與瘧疾又相繼流行，在細菌學研究尚未發達前，這些疫癘比反抗勢力更讓總督府頭疼。因此總督府採行「衛生第一主義」，致力於環境衛生與醫療的改善。然而由於日人缺乏殖民統治經驗，在面對殖民地臺灣時，不得不引進近代歐洲熱帶殖民經驗之「熱帶風土馴化」概念，來論述臺灣自然環境與殖民問題。十九世紀歐洲學者以生物學說為基礎，提出溫帶人種如何移植至熱帶地區，以適應不同自然環境問題，並提出「熱帶風土馴化」概念，欲借人為措施，戰勝自然，以確保殖民統治的成功。〔註 40〕范燕秋從殖民者在控制「異地」、「異己」概念上，來界定殖民者如何透過「熱帶風土馴化」來強化自我認同與殖民競爭力。〔註 41〕在面對「異地」、「他者」，並為防熱帶氣候風土對在臺日人人種、發育產生不良影響，日本殖民政府乃提出各種有別於臺人的衛生、教育等措施，以維護日人健康。

　　由於殖民者遠離本國移民到風土不同的他鄉，如何適應殖民地生活，是殖民政府之首要課題。日本據臺之初，日本國內報刊便為文主張臺灣開發的第一要務在使台灣成為適宜居住之地，首先宜派遣衛生委員隊至臺灣做衛生

〔註39〕見井出季和太原著，郭輝編譯，《日據下之臺政》（一），臺北：臺灣省文獻委員會，1956 年，頁 24。另外松井利彥，《軍醫森鷗外——統帥權と文學》，也提出同樣數據。東京：楓櫻社，1991 年，頁 223。引自前揭書《近代國家的摸索與覺醒——日本與臺灣文明開化的進程》，頁 182～183。

〔註40〕1899 年「臺灣協會」的「臺灣協會會報」雜誌，曾譯述「風土馴化及熱帶地衛生論」一文，詳論歐洲學者對風土適應的研究。引自范燕秋，《疫病、醫學與殖民現代性：日治臺灣醫學史》，臺北：稻鄉出版社，2005 年，頁 15。

〔註41〕范燕秋，《疫病、醫學與殖民現代性：日治臺灣醫學史》，頁 11～64。

調查，以區別出健康、不健康的地方，及預防撲滅風土病的方法。〔註 42〕後藤新平擔任民政長官時，更標舉「生物學原則」做爲治臺方針，且提出「瘴癘風土」是治臺阻力之一。他呼籲日本醫學者投入這場與大自然的競爭。因此總督府於 1899 年即組成「臺灣地方病及傳染病調查委員會」，同時也開始加強人爲的「風土馴化」措施，著手預防傳染病與改善環境衛生。明治 39 年（1906 年）《臺灣日日新報》所編《日本人的健康法》冊子即說：如果日本人無法適應臺灣風土，那麼所謂「帝國的膨脹」口號，便是空洞的。〔註 43〕因之熱帶醫學研究頗受關注。1907 年改定醫學校規則時，即加入熱帶醫學研究的條文。1918 年於臺灣總督府醫學校設置「熱帶醫學專攻科」，1939 年爲配合南進軍事行動，再獨立設置「熱帶醫學研究所」，強調以華南及南洋熱帶醫學研究的重要性。

三、中央集權的醫療衛生體制

　　日據之初，臺灣的衛生醫療體制和行政體制相同，皆由中央掌理。由於日本近代醫學西化過程中，呈現出強烈的德式社會進化論觀點，尤其是在醫學發展與公共衛生改善上，特別強調國家介入的必要性。這點我們可由總督府醫療與衛生行政之建構體系看出：1895 年總督府官房設衛生事務所主管臺灣衛生事務，並將衛生事務分爲保健和醫事，前者由民政局內務部警察課管理，後者由陸軍軍部主管；1896 年實施民政，除軍隊衛生工作外，所有保健醫務歸民政局負責，並於局內總務部設衛生課管理一切衛生行政工作；1901 年行政大改革，總督府民政部下設警務本署等五局，衛生課隸屬民政部警察本署；1909 年廢警察本署衛生課改屬內務局；1911 年警察本署又復重置，衛生課再予歸建。由於總督府官制屢有變更，衛生課隸屬時有更動，直至 1911 年衛生課隸屬警務局才不再變動。〔註 44〕日據時期衛生課掌管事務範圍極廣，包括傳染病衛生、醫制與藥制、公立醫院等醫療衛生工作；下水道等規劃之環保衛生工作；取締鴉片之警務工作；熱帶

〔註 42〕吳文星，〈東京帝國大學與臺灣「學術探檢」之展開〉，《臺灣史研究一百年：回顧與研究》，臺北：中研院臺灣史研究所籌備處，1997 年，頁 23～40。

〔註 43〕《臺灣醫療四百年》，頁 282。

〔註 44〕臺北市文獻委員會編印，《日據前期臺灣北部施政紀實衛生篇大事記》，臺北市文獻委員會，1986 年，頁 2。

醫學等研究工作。衛生課歷經改制，最後還是將其隸屬於警務局下，欲藉由警察公權力，控制與動員民間力量，達到改善臺灣衛生目的。基本上日據時期五十年統治中，中央層級的衛生課被納入文官系統只有七年八個月，其餘時間都被納入警務系統，至於地方衛生行政組織則自始自終都被置於警務組織之下。〔註45〕

　　1896年後藤新平被臺灣總督府聘任為「衛生顧問」，負責規劃殖民地的醫療衛生制度，他隨即引入公醫制度與官立醫院，透過公醫制度建構臺灣醫療網，並將府立醫院朝集中管理以節省經費及加強專業發展。1898年後藤以「臺灣統治急救案」獲得日本中央肯定，並授與總督府民政局長之職。為處理傳染病流行問題，後藤開始整備近代衛生制度及醫療系統，並公布環境衛生法，進行市區環境改善。就整頓醫療系統方面，主要在設置「臺灣總督府醫院官制」，設立「總督府醫學校」，創辦殖民地新式醫學教育，培養臺籍醫師，並於1901年頒佈「臺灣醫師免許規則」整頓漢醫。〔註46〕將整個殖民醫療系統朝集權、專業、西化推展。

四、醫療病院與醫學教育的建構：日臺差別待遇

　　日據時期官立、公立醫院普設，但從官方文書與民間記載，都可見這些病院的服務是以日人病患為多，且其中日臺患者的差別待遇，廣受臺人批評。無怪乎臺人，譏諷公立醫院是「專為日人而立」。再就醫學教育與醫學校的設立，從初期臺人不願子弟接受日本的西醫教育，到學醫成了日據時期臺人最嚮往的出路，其中的社會環境轉折，實堪深究。

　　另外醫學教育體系中，臺籍學生原是少數族群，直至「內台共學」臺灣子弟就讀醫學校才日漸增多，這其中的臺日差別待遇，也值得探討。以下就日據時期官立醫院的設置，臺人與官立醫院、私立醫院的互動，醫院組織及醫療人員給臺灣人的觀感，臺灣人的就醫行為；以及醫學教育中，日臺差別待遇與歧視，臺人習醫觀念的轉變，臺灣西醫師躋身社會菁英、政治運動者的另一種殖民醫學價值轉化，分述於下。

〔註45〕 許賜慶，〈明治時期臺灣總督府中央衛生行政組織之變革〉，收錄於總督府檔案專題翻譯（十）衛生系列之二，《臺灣總督府公文類纂衛生史料彙編》（明治30年1月至明治34年12月），臺灣省文獻會印行，2001年，頁340。
〔註46〕 范燕秋，《疫病、醫學與殖民現代性：日治臺灣醫學史》，頁70～72。

（一）醫療病院與臺人的醫病關係

日本領台之初，頻受流行病的侵襲，始政第四天即於臺北大稻埕千秋街設立「大日本臺灣病院」，病院草創時期，可說因陋就簡，與野戰式的醫院無異。1896 年臺灣病院後因民政的實施，改名「臺北病院」〔註47〕，1897 年再改稱「臺北醫院」，同時於滬尾及基隆設置分院。臺北病院首創之初，只設內科及外科，由於匆促間設立，規模自然不敷需求。1897 年遷址臺北城內，1898 年木造的臺北醫院落成，1912 年再拆除改建成紅磚鋼筋水泥混合建築。1936 年臺北帝國大學創設醫學部後，臺北醫院正式移交為臺北帝大附屬醫院，成了名符其實的教學醫院。除臺北病院外，日本赤十字社，也在 1905 年設立「日赤醫院」，並由醫學校校長高木友枝兼任院長，〔註48〕因此成了醫學校教學醫院。〔註49〕另外為因應醫療需求及各地方首長陳情，相繼於淡水、基隆、新竹、宜蘭、鹿港、苗栗、雲林、埔里（台中）、嘉義、台南、打狗（高雄）、鳳山（屏東）、澎湖等設立病院，在恆春、台東則設立診療所。據 1897 年的統計，當時共有官營醫院 17 家、私營 12 家，計 29 家。至 1934 年增為 217 家，官營 15 家、公營 20 家、私營 182 家。〔註50〕

在病院普設的同時，臺灣社會上的醫病關係卻並不和諧，在許多史料的記載與報導，卻處處可見批評之聲，我們試著從《臺灣民報》報導來分析。大正 14 年（1925 年）8 月 9 日，「不平鳴」：

> 新竹某公醫，對一般患者極不親切，視富人則禮貌殷勤，視貧者則非常傲慢，彼善諂媚故僥倖博得公醫之地位，而愛財如命乏惻隱心，遂為竹人所鄙焉。〔註51〕

大正 15 年（1926 年）5 月 9 日，「官公、立醫院的改造」：

> 試就臺北醫院而言：這個宏壯的、設備完全的，有東洋第一之稱的臺北醫院，二百四十萬的建築費，以及當年的費用，這是誰的錢？不消說是臺灣人的。政府設立的這個醫院的目的，當然是為臺灣一

〔註47〕臺北病院成了日後臺灣人對台大醫院的「口頭語」（俗稱）。
〔註48〕由於後藤新平把醫療衛生大任，都寄託在他身上，有人便私底下戲稱他為衛生總督。
〔註49〕日赤醫院於 1939 年遷至泉町（今鄭州路），1945 年改稱「國立臺灣大學醫學院第二附屬醫院」，1947 年改組為省立臺北醫院，後再改稱中興醫院。
〔註50〕《臺灣醫療四百年》，頁 85。
〔註51〕《臺灣民報》，第 64 號，頁 13，大正 14 年 8 月 9 日，「不平鳴」。

般患者的健康，然而試探其內容，則不得不駭然大驚其爲純粹的日本人本位的。其內部的設備和人的配置，以及一切對患者的待遇，可以決定臺北醫院（恐怕一切官、公立醫院都是這樣）完全是爲日本人而設的——把大多數臺人置之不顧。難道是眞正如一般人所說，臺北醫院是爲獎勵移民而設的嗎？

凡欲到臺北醫院領藥的人，第一要會操日本話，不然就要弄得不得要領。裡頭還有幾科竟完全不置一個臺人看護婦，尤其產婦人科，常常有臺灣婦女在那裡和看護婦指天劃地，而且看護婦們特地對於台灣人非常不親切，尤其是對於不識日語的人。至於住院者所受的差別待遇，所受的氣才多呢！如三等病室有大、小間之別，臺人要住小的是不成，不問你什麼病狀，也一定要住一間二、三十人大病房，用院內的器具，凡是臺人又不得不特別受干涉，院內的臺灣醫師，也常爲差別問題和主任衝突。據說院內幹部，竟有敢公然說臺北醫院是專爲日本人而設的。〔註52〕

昭和 2 年（1927 年）1 月 30 日，「官僚醫院的弊害」：

對臺北醫院的種種非難，已老早就有聞過，但我們還不敢盡信其官僚化的弊害，有達到那樣可鄙的程度。……如這次入院中的周某，已在危篤時，看護他的朋友隨告給主治醫，而那主治醫診察了後，也知道病勢危急，向某醫長相商，那某醫長卻很從容地回答說『周君年紀尚壯能夠維持的過也未可知，我明日診察時，便可明白，請不要介意。』，這醫長是要牢守醫院內規，非自己的診察日，是不要給一看的，及過午而周某之病更加倍危急，再由主治醫診察，並且看護他的親友去託主治醫，轉懇某醫長請其診察處置，這時候他的答覆，卻是說經過一時間，就可往，而自一時待至三時二十分，白白等候，徒見周某飲恨死去，而那醫長還沒有一步踏到病室。〔註53〕

昭和 2 年（1927 年）6 月 5 日，「臺北病院的惡看護辱罵入院的臺人患者」：

臺灣的官立醫院對受診及入院的日臺患者的差別待遇，不但是醫員就是事務員以致於看護婦都是一樣的。……甚至時常以不雅的言動侮辱謾罵，倘若對於不解日語的本島患者或者不生忿怒，但是這般

〔註52〕　《臺灣民報》，第 104 號，頁 1，大正 15 年 5 月 9 日，「官公、立醫院的改造」。
〔註53〕　《臺灣民報》，第 142 號，頁 4，昭和 2 年 1 月 30 日，「官僚醫院的弊害」。

> 惡婦對有教育的臺灣人也是如此。如這回臺中清信醫院主蔡阿信女
> 士，因染病在台北醫院入院治療中，於五月二十三日有一內地人的
> 附添婦對她吐出無數辱罵的話，罵他說什麼清國奴也不惜本分敢來
> 與內地人患者入在同一病室起臥，土人性甚喧騷污穢兼有盜癖等耳
> 不堪聞的暴言，這些話那般惡婦卻是平常說慣了，但蔡女士怎忍得
> 住，在橫臥中也就翻起來責備他的無理，但是那個惡婦還不肯認錯
> 閉口，更行了一場的亂報。〔註54〕

由以上四則報導，我們可以明顯感受到臺人面對無助病痛時，進到官立醫院還需忍受不平等的差別待遇。不僅語言不通時得受氣，醫院內設備使用也有日臺差別，更甚者病勢危急時仍等不到救命的醫療服務。無怪乎臺人直謂臺北醫院是為獎勵移民而設的。的確為了獎勵移民，總督府不僅在環境、醫療、衛生改善上，得建造適合日人居住的環境，為避免種族弱化及帝國競爭力，內地人的健康維護成了政府施政與醫療要件。蔡阿信女士一則報導，看護婦口出清國奴、喧騷、污穢、盜癖等暴言，殖民者對被殖民的「他者」——不潔、不文明、落後的負面印象，是深刻於大部分內地人的心裡深處。甚至在《內地人健康法》中，直指土人（臺灣人）的生活黑暗面多、淫風盛、家庭不健全，對內地人構成無形的精神壓力。〔註55〕總督府熱帶風土馴化，不僅是要從環境下手，土人（臺灣人）的文明改造更是其殖民課題。

（二）醫學教育與社會新階層

日據初期臺灣社會衛生條件差、傳染病多，加上近代醫療人員不足，如何推動醫療教育，已成為後藤新平據以為「衛生制度完成的原動力」。1897年後藤便委託山口秀高創辦「土人醫師養成所」（醫學講學所），開臺灣官設近代醫學教育之先河。對漢人醫學教育，山口提出他的看法：「在臺灣推展文明的醫術，基於人種的情感，日籍醫師絕非臺籍所能及；但傳統醫生又缺乏近代醫學知識，流弊頗大。日籍醫師因臺灣風土的關係，無法長久居留，養成臺人醫士，既可接替日本醫師之職，又可扮演輸入日本文明的角色。」〔註56〕

〔註54〕《臺灣民報》，第160號，頁7，昭和2年6月5日，「臺北病院的惡看護辱罵入院的臺人患者」。

〔註55〕「內地人健康法」，《臺灣日日新報》，1906年。引自，《疫病、醫學與殖民現代性：日治臺灣醫學史》，頁35。

〔註56〕臺北醫專編，《創立廿五周年紀念祝賀記事》，臺北：臺北醫專，1925年，頁1～4。

然新式醫療教育剛開始招生，並不順利。因當時清朝學制不同於日本，且臺人對醫學教育不瞭解，連西醫的出路也無所知，因此根本沒有人來應考。甚至還有人不願子弟接受日本教育，因爲當時謠傳：「有一天清朝會來反攻，屆時受日本教育者會被處死，並且罪及三族。」〔註57〕在沒有學生狀況下，總督府只好強調給予生活費和津貼作爲誘因，但成效不彰，最後在社會有力者的勸誘下，方有三十幾名入學。

1899年3月，總督府敕令第九十五號公布「臺灣總督府醫學校官制」，正式開辦新式醫學教育，並由山口秀高擔任醫學校校長，臺灣第一所醫學校終告創立。

醫學校創辦頭兩年，是來者不拒，然此窄門想擠進來的越來越多，對此現象矢內原忠雄認爲：「1919年前醫學校爲臺灣唯一的專科學校，⋯⋯官界及實業界的出路，全爲日本人所壟斷，乃是驅使臺灣人競相習醫之主要原因。」〔註58〕由於醫學校是當時殖民地政府開放給臺人有限的上升管道，逐漸獲得臺灣社會支持。當時習醫成了大家最嚮往的出路，不論在官立醫院就職或自己開業，均受到社會的尊重，考上醫學校成了臺灣當時的「新科舉」。時人有一句諺語：「第一醫生，第二賣冰」，臺灣人家庭無不希望子女能習醫，或嫁給剛畢業醫師做先生娘。總知迄1919年爲止，醫學校總計培養544名臺籍醫師，在任職動態上以回到地方開業最多，其次是在官、公立醫院，少部分隨日本政府國家力量活躍於南洋、滿州等地。〔註59〕中村孝志在〈大正南進與臺灣〉一文中也提到截至大正十二年（1923），醫學校634名畢業生中，其中到華南開業的有17人，奉職（有官職）的有六人，在南洋開業的2人，奉職的5名。〔註60〕1919年臺灣總督府醫學校，改制爲日臺共學的醫學專門學校，由堀內次雄〔註61〕擔任校長，爾後畢業生才能稱爲臺灣醫學士，但仍不具到

〔註57〕 據臺灣總督府醫學校第六屆 1907 年畢業生葉在淵的回憶。《台灣醫療史——以台大醫院爲主軸》，頁 243。
〔註58〕 《台灣醫療史——以台大醫院爲主軸》，頁 248。
〔註59〕 臺灣總督府醫學專門學校編，〈畢業生任職統計〉，《臺灣總督府醫學專門學校一覽》，大正 11 年（1922），頁 162。
〔註60〕 中村孝志著，卞鳳逵譯，〈大正南進與臺灣〉，《中村孝志論文集》，臺北：稻鄉出版，2002 年 4 月，頁 18。有關日據時期臺灣醫生在海外活動，可參見許雪姬，〈日治時期臺灣人的海外活動——在滿州的臺灣醫生〉，《臺灣史研究》，第十一卷第二期，臺北：中央研究院臺灣史研究所，2004 年 12 月，頁 1～75。
〔註61〕 堀內次雄擔任校長時間長達二十年之久，可說是主持臺灣醫學教育時間最久，影響最大的日籍學人。

內地開業資格。1936 年臺北帝大醫學部成立，畢業生取得醫學士資格，開業地點才不再受限制。而這些醫學院畢業生，除成為臺灣社會新菁英外，許多醫師更以社會改革者自居，在在都使臺灣醫師在懸壺濟世，荷包豐收之餘，成為社會景仰對象。

當醫學教育獲得臺灣社會青睞的同時，我們是否也看得到其背後的殖民性與差別待遇呢？1918 年總督府發佈醫學校官制改正，參考日本本土醫學專門學校制度，以敕令公告新設置醫學專門部，其修業年限為四年，但只招收日本人子弟。1919 年改稱為臺北醫學專門學校。由於規劃以日人為主，臺籍學生少之又少，一直要到 1922 年，實施內地延長主義，公布日臺共學新教育令，規定「內、台各半」，臺灣子弟才有機會投考醫學專門學校。但若以臺人及日人人口比來看，二者入學率仍有懸殊差距。再如臺北醫院設立的「看護婦養成所」，每年錄取名額約 30 人，也因種族差別待遇，臺灣人僅可上榜五名而已，其他的入學者都是日本人。除入學差別待遇外，醫學校教師也清一色以日本人為主，當年杜聰明在被聘任為臺北帝國大學醫學專門部教授前，就有人以「杜聰明是臺灣人，臺灣最高學府引用台灣人是否得當？」等理由，掀起反對聲浪。就連臺灣設立帝國大學及其附設的醫學部，也有其背後殖民理由：日本當局原不許臺灣有高等教育機關，但考量住在臺灣的日本人子弟增加，有設置高等教育機構的需要，以藉此培養經營殖民地的日本人才。更重要的是想以此收容殖民地青年，以免他們赴日本內地或外國留學後，受到反日或赤化思想影響，危及殖民統治。〔註62〕

對醫學校的殖民「成績」，戴國煇教授也有獨到見解：

> 後藤在臺灣開辦醫學校的目的，不是在搞慈善事業，更不是為了臺灣島民的真正健康、福利來辦的。他的真正目的在於為日本資本家準備健康的投資地，為資本家提供既健康又高效率的勞動者，卻非靠臺灣人醫生不可，……試想「瘴癘之地」有何資本家肯前來投資，若殖民地的基層勞動力通通是病弱不堪者，要從何種人的勞動來榨取剩餘價值呢？〔註63〕

他一直以來即強調，殖民地支配畢竟是要以支配者與被支配者之間一定的差別為前提來實施的。的確，後藤新平推動的醫學制度，是為保護日人在異地

〔註62〕《台灣醫療史──以台大醫院為主軸》，頁 294。
〔註63〕《台灣醫療史──以台大醫院為主軸》，頁 249～250。

活動，即醫學主要是在研究異地風土，其引進衛生健康保健觀念，也是爲維護日本人種的健康。日本當局當初設立醫學校的目的，主要是爲了解決日籍醫師不願來臺，以致公醫數及醫師人數不足的難題，其想培育的是那些可以照護日人健康的「町醫者」，而非基礎醫學研究人才。

五、殖民體制下的臺灣民族醫師：日本精神臺灣魂

日據前期總督府開放臺人中等以上教育管道，僅國語學校（師範教育）與醫學校，其中醫學校在出路、待遇或社會地位，都較師範教育優厚。因此醫學校成了臺灣最高學府，優秀青年的最佳出路。小說家赤子就曾以略帶嘲諷口吻道出此一現象。

> N 記者不是醫生爲什麼要穿「醫生鞋」呢？因爲現在這種鞋是很時髦的，差不多個個好漂亮的男子都喜歡穿來模仿醫生派頭。這總虛榮心或許是因爲欣慕醫生的好名頭，賺錢又多，而且近來 T 島的醫生大都加上了個社會運動家的好頭銜。尤其是最值得人欣羨的，就是那一班高女畢業的漂亮姑娘，個個都喜歡嫁給醫生做先生娘。所以醫生的飯碗，不單是成年的男子欣慕，就是連那乳臭未離不知長短的小朋友，個個的腦中也無時浮著要做醫生！賺大錢，買田園，討嬌妻，娶美妾念頭。〔註64〕

由上面小說生動的描述，我們可知當時臺灣人對醫生的世俗觀感。當然這是在佔領 25 年之久後，方才有這種同化效果。無論開業、醫療救人、從事社會運動，都獲社會信賴與尊重，因此在 1910 年代臺灣社會領導階層之中醫師佔23.8％，已成爲社會中堅份子。〔註65〕

醫師新階層來自殖民體制的設計，但弔詭的是，1920 年代臺灣人民族思潮澎湃洶湧的時期，這群菁英份子卻成爲民族運動的主幹，深信這絕非殖民政府所能預見。會有此社會現象，我們探其時空條件，可能與下列幾點有所關連：殖民體制的差別待遇激發醫師的反殖民行動；大正民主思潮的時代背景；醫師養成教育中「士」的概念與「上醫醫國」的精神。

〔註64〕 赤子，〈擦鞋匠〉，收錄於葉石濤、鍾肇政主編，《光復前臺灣文學前集》（3. 豚），臺北：遠景出版公司，1997 年，頁 45～46。
〔註65〕 吳文星，《日據時期臺灣社會領導階層之研究》，臺北：正中書局，1992 年，頁 151～157。

（一）殖民體制的差別待遇激發醫師的反殖民行動

有關醫學教育與醫療體制的差別待遇前一節已有所論述，本節再舉幾位參與民族運動醫師的感受。日據時期投身文協、劇運，抗日反帝的臺南韓石泉醫師，在初入台南醫院任職時便受到不平待遇。他回憶當年他擔任醫務助手，在編制上，上有醫補官、醫官、醫長，權限劃分十分明白，身為醫務助手，僅僅擔任抄處方、檢查、問病歷等工作，並不負責診療。另外，當時民族感情各據一方，院內台籍職員和日籍職員形成對立形勢，日人中不乏有民族優越感者，差別觀念很深，認為臺灣人就是他們統治下的子民，屬於次一等國民。〔註66〕臺灣新文學之父賴和在其自傳體短篇小說《阿四》中也敘述他從醫師到投入社會運動的轉折。

> 阿四到醫院受命的那天，他覺得他在學校中所描繪的理想事業，將有破滅的危險，他便把神經特別地緊張著，想和這環境鬥爭一下看。他的奉給使他吃驚不小，不及同時拜命的日本人一半，又且事務長向他說，宿舍因內地人醫員增了人，你們沒處可住了，自己去租。……翌日院長又向同時任命的臺灣人說，你們一兩年後是要去開業的，到醫院來說是給醫院服務，勿寧說醫院供你們實習較實在，我也認定你們是來實習的。……阿四的自尊心，給這番話破壞到無餘了，醫院簡直不承認我們是一個完全的醫生。……阿四傷心了，還希望執到實務以後，能有改善的機會，一月過了一月，將過了一年，他所執的事務依然是筆生（抄寫員）和通譯的範圍，他不能忍受了，翌年捉到了機會，便向院長提出希望，對主任陳述要求。結果非僅不能見容，並且生出意見的衝突。……兩年後他決定把研究慾拋掉，把希望縮小，也曉得他所理想的事業，是不易實現了，就把醫院的職務辭去。他回到家裡，周圍的人都勸他開業，……誰想開業後不自由反而更多，什麼醫師法、藥品取締規則、傳染病法規、鴉片取締規則、度量衡規則，處處都有法律干涉，時時要和警力周旋。……因為以前他所抱的不平，所經驗的痛苦，所鬱積的憤怒，一旦曉得其所以然，心胸頓覺寬闊許多。阿四此後變成為一個熱心的社會運動者，文化講演會，也常看見他在講壇上比手劃腳，也曾得到民眾

〔註66〕莊永明，《韓石泉醫生的生命故事》，臺北：遠流出版公司，2005年，頁100～102。

熱烈拍手的歡迎。阿四這時候總覺得他前所意想的事業盡屬虛幻，
只有爲大眾服務才是正當的事業、光榮的事業。〔註67〕

從以上兩位醫師的案例，我們可看到臺灣醫師因面對殖民地差別待遇，而參
與民族運動的心裡轉折與覺醒。

（二）大正民主思潮的時代背景

隨著日本資本主義在 1920 年代快速成長，加上第一次世界大戰後西方思
潮的引領，日本立憲精神逐漸發展，奠定所謂「大正民主主義」發展的社會
基礎。相應這樣的變化，加上大戰後美國威爾遜總統發表十四點原則，倡言
民族自決、民主自治，與臺灣同爲日本統治的朝鮮，也在 1919 年爆發「萬歲
事件」。受到 1920 年代這些新時代思潮的啓發與鼓舞，乃有林茂生、蔡式穀
等人，在東京成立「東京臺灣青年會」，發行機關雜誌《台灣青年》，又有林
獻堂、林呈祿等人成立「臺灣新民會」，推行文化運動與臺灣民族自決運動。
隨著民主思潮回流臺灣以後，開始了「海內外」合作，一致對殖民當局進行
反抗。《阿四》一文中如此描述著：

時代進行著，不斷地向著善的美的途上，時事的潮流，用排山倒海
的勢力，掀動了世界，人類解放的思想，隨著空氣流動，潛入人人
的腦中。臺灣雖被隔絕在太平洋的一角，思想的波流卻不能被海洋
所隔斷，大部分的青年，也被時潮所激動，由沈昏的夢裡覺醒起來。
又且有海外的留學生，臺灣解放運動的先覺，輸進來世界的思潮，
恰應付著社會的需求，迄今平靜沈悶的臺灣海上，翻動了第一次風
波。〔註68〕

林呈祿在〈新時代に處する台灣青年の覺悟〉（處於新時代臺灣青年的覺悟）
一文中，也呼籲空前的大戰爲歷史轉機，進入世界改造，人類解放的新文化
運動的時代。凡弱勢階級者，包括臺灣青年必有所覺醒。〔註69〕

（三）醫師養成教育中「士」的概念與「上醫醫國」的精神

日本近代醫學走德國路線，總督府醫學校的日籍教授皆曾先後赴德深

〔註67〕〈阿四〉，收入張恆豪編，《賴和集》（臺灣作家全集，短篇小説卷，日據時代
　　　　1），臺北：前衛出版社，1992 年，頁 244～247。

〔註68〕〈阿四〉，收入張恆豪編，《賴和集》，頁 246。

〔註69〕林呈祿，〈新時代に處する台灣青年の覺悟〉，《台灣青年》，1（1），1920 年（大
　　　　正9年）7月，頁 29～40。

造，這使得臺灣醫學教育於日據時代也朝德國模式傾斜。加上日本領台初期主導臺灣衛生醫療專業人員與啓蒙臺灣醫學教育的幾位重要級人物，大都來自陸軍醫官，這些醫界先師他們對「士」的概念，無形中影響了臺灣醫療菁英的價值意識。如臺灣首位醫學博士杜聰明在其回憶錄中，提到高木友枝校長每年畢業典禮都會強調「醫師ニナル前ニ人ニナレ」（爲醫者之前先學爲人），這也成爲他日後在高醫畢業典禮上必做的訓詞。〔註70〕後藤新平在給長與專齋書簡中也曾敘述到：「良相良醫豈其異乎」〔註71〕，醫國醫人的概念也被醫學校學生傳承下去。

這些近代殖民醫學體制培養出的時代菁英，投入社會運動成爲他們責無旁貸的責任。1921 年 10 月 17 日，台灣文化協會在大稻埕舉行創立大會，揭示「謀台灣文化之向上」。擔任其組織領導者爲「大安醫院」的蔣渭水醫師。蔣渭水的政治熱發源甚早，1913 年他和醫學校先後期同學杜聰明、翁俊明，在得知袁世凱做皇帝的消息，義憤塡膺，決定暗殺此破壞民主政體的元兇，於是推舉杜聰明、翁俊明二人前往北京，謀害袁世凱，後失敗折返。1921 年春，重燃其政治熱，促成文化協會的成立。並於會報上發表一篇以診斷書爲文體的文章〈臨床講義〉，把台灣當作病患加以診斷並提出處方，此文成了臺灣非武裝抗日民族運動的重要文獻。台灣文化協會重要成員盡爲醫師，除蔣渭水外，賴和、韓石泉、吳海水、李應章等，都是協會的活躍份子。另外長達十四年的臺灣議會設置請願運動，參與運動的關係人物中有三分之一是醫生，如王受祿、吳秋薇、韓石泉、林篤勳等。1923 年治警事件中，被認爲有罪的被告醫生有蔣渭水、韓石泉、林篤勳、吳海水等六位，也占被告中的三分之一強。〔註72〕

總結來說，從 1920 年代開始，臺灣醫生以蔣渭水爲中心，積極參與各式各樣抗日運動，甚至被起訴坐牢而無怨無懼。這群乙未新世代的醫生，不僅受過日本新式醫學教育，也吸收大正民主主義時代新思潮，成爲其投身臺灣政治運動最重要的力量來源。他們醫治的不僅是個別病人，他們更診斷臺灣殖民壓制與不公，並從文化啓蒙、議會請願等方面開處方，試圖扭轉臺灣殖民命運。他們的社會地位與知識建構，來自殖民政府，但他們卻轉化了殖民醫學教育的價值，成爲反撲殖民體制的最堅強力量。

〔註70〕杜聰明，《回憶錄》，臺北：龍文出版社，1989 年，頁 56。
〔註71〕北岡伸一著，魏建雄譯，《後藤新平傳》，臺北：商務印書館，2005 年，14。
〔註72〕陳永興，《臺灣醫療發展史》，臺北：新自然主義，2003 年，頁 85～91。

第三節　公共衛生之運作：背後含藏的暴力性與
　　　　差別性

　　日本對臺衛生政策，在殖民母國利益及日本人優先的考量下，衛生政策執行的過程中，充滿「異地」、「異己」與「不潔」的歧視觀念。相較日本人潔癖的國民性，臺灣人在日本人眼中是「不潔」的他者，因此要以之來區隔兩者的居住環境，也因對臺灣衛生環境感到骯髒與不屑，因而必須假國家權力、警察體系，強制建構一個日人可以接受的「清潔」空間，全無視執行過程中臺人的無奈與辛酸。雖達到了規範衛生行為之目的，但這是在警力強行介入下完成，所以說日據時臺民有衛生行為無衛生觀念。反諷的是此項成果卻是日本政府最引以為豪的殖民價值，因為他們改造了「不文明」、「嘸衛生又不識字」的臺灣人。

一、日本：一個潔癖之邦

　　一般人提到日本國民性，第一個印象大都是「潔癖」二字。在日本潔癖不只是單純的生活習性，它已滲透到人的精神世界，深刻影響到這個民族的美學觀、道德觀乃至文化心理。

　　我們到日本隨處可見林立街頭的「錢湯」（公共澡堂），對日本人來說寧可捨吃飯而取洗澡，絕非玩笑話。這從日本在中國與臺灣行軍打仗之餘，得先設法過一下洗澡癮，那怕是在缺水或疫病頻傳之地。中日戰爭電影場景中常見：裝滿熱水的柏油桶前，一群脫的光溜溜的日本士兵，在寒冷冬天排隊等著洗澡的景象。牡丹社事件，日本登陸後即面對風土病，全軍發病死亡情況相當慘烈，面對此惡劣環境，醫院向本部所做建議第四條為：各隊每週定一天為洗衣日，必須洗襯衣，而且隔日洗溫水澡。本部批示如下：溫水浴則配合澡盆運到後施行。〔註73〕戰爭是如此，地震天災依舊洗澡第一，1995年阪神大地震，日本人對災後最感不便的回答幾乎全是「不能洗澡」，接著我們便在街上看到不少災民，步行幾十里，在「移動風呂」前排著長隊等洗澡。

　　除洗澡與生活環境的生活潔淨習慣外，在日語裡美麗（うつくしい＝き

〔註73〕落合泰藏著，下條久馬一註，《明治七年征蠻醫誌》（轉引自賴麟徵譯，〈明治七年牡丹社事件醫誌〉，《臺灣史料研究》，第 5 號，1995 年 2 月，頁 100～101）。

れいだ）這個詞兼有潔淨意思，換句話說在日本人的審美意識中，潔淨占著重要位置，對照中國畫渾厚華麗的粗獷味，日本畫則是秀氣、清爽，畫面講究絕對乾淨。日語裡粗話髒話甚少，講究禮貌的敬語更是高度發達，用以表示日本的文明，並對照旁人的野蠻不開化，這也是語言的潔癖。另外日本人的精細、追求完美、工作的認眞勁，也都是一種潔癖的心理，連武士切腹，縱然痛苦至極，十字刀口拉的到位不到位，漂亮不漂亮，能否高潔從容的赴死，這關係到武士生命價值的最後實現。〔註74〕

　　日本這種潔癖的國民性，在許多日本人論中舉目可見。如宗教學者岸本能武太在其筆記〈日本人的五項特質〉中，標榜的第一個特點便是：潔癖忌諱不淨。〔註75〕而潔癖的另一面向，當然是極端排他的，因爲「他人不潔」的感覺從小就在日本人心中紮根。移民歸化日本國籍的中國人、臺灣人、韓國人，經過多少代，至今仍受排斥，因日人試圖保存日本文化的純粹化心理。賀柏特・畢克斯（Herbert P. Bix）在《裕仁天皇と近代の日本の形成》一書中敘述裕仁巡視地方時各地的前置作業：

> 他搭乘的禮車先消毒、舉行儀式，他坐的火車車廂皇家火車頭甚至連火車站也莫不如此。有時候，火車鐵軌也加以擦拭並噴上消毒劑，特別是他要下車的地方。使裕仁途經之路一塵不染且全無細菌，這種過份到近乎病態的需求，以及使他的現身不被看見（所有人都要低頭，不得直視），讓我們得以窺知神道信仰背後的一些假設。天皇的登基儀典以及他爲此而做的旅行，許多都是過度的二元論：乾淨與不乾淨，純潔與不純潔，自我與他者。這些概念與情緒的二元論在一九三〇和四〇年代初期，自然而然會產生這種想法：我們日本人係以一種族純潔的國家來對抗世界；因之我們的戰爭乃是正義而神聖的，我們的勝利將締造東亞之「新秩序」。〔註76〕

他人不潔、異地、異己的觀念，不僅擴充爲侵略思維，對佔領統治地的制度建構，也繫於此。

〔註74〕李兆忠，《曖昧的日本人》，香港：三聯書店，2006年，頁138～153。
〔註75〕南博著，邱淑雯譯，《日本人論：從明治維新到現代》，臺北：立緒文化，2005年，頁58。
〔註76〕賀柏特・畢克斯（Herbert P. Bix）著，林添貴譯，《裕仁天皇》，臺北：時報出版公司，2003年，頁161～164。

二、「不潔」的臺灣人與「衛生」的日本人

　　日本對臺衛生政策，在殖民母國利益及日本人優先的考量下，衛生政策執行的過程中，充滿「異地」、「異己」與「不潔」的歧視觀念。相較日本人潔癖的國民性，臺灣人在日本人眼中是「不潔」的他者。這點以下幾位學者都持相同看法。如脇村孝平在〈植民地統治と公眾衛生──インドと台灣〉一文中，認爲日本政府是從身體的角度來區別「衛生」的日本人和「不潔」的臺灣人，來作爲居住環境區隔的準則。〔註77〕黃蘭翔也從「日本人優先的考量」來看日本人的市區改正，他指出日本人所有都市排水計畫，都僅限於日人居住的城內，而「不潔」的臺灣人居住在萬華、大稻埕；「衛生」的日本人則集中居住於城內。〔註78〕同樣，許多日本人，即使移民海外，也同樣是過著一種全封閉、日本式的生活，儼然如國中之國。日人自認爲：「是非常潔癖的民族，只要有日本人的地方，必定清掃乾淨，無論任何東西都非常亮麗清潔。」〔註79〕，因此日人的居住環境必須與「不潔」的本地人隔絕。

　　我們再從以下幾則日本據臺初期對臺灣衛生環境的描述，來看日本人的臺灣觀感。

　　據日本衛生隊實查記錄云：

　　　　臺府街市，房屋周圍或院內，流出活水，又到處潛流成沼，或人與犬豚雜居，雖有公共廁所之設備，而往往到處散放糞便，唯市中日本人鑿井之噴水，以鐵管供給飲用水，而其桶器極爲不潔。娼婦到處暗出，其染惡性梅毒已入第三期，侵蝕至骨者，市內甚多。又臺南府地方雜亂廢棄物自不庸論，即糞尿亦到處散放堆積，衛路兩旁之排水溝污水積滯，惡臭衝鼻，由城外頓入城內時，爲臭氣刺激幾至嘔心。〔註80〕

明治28年（1895年）樺山資英在領台時寄給雙親的家書提及雞籠風景：

〔註77〕脇村孝平，〈植民地統治と公眾衛生──インドと台灣〉，《思想》，第878號，1997年8月。

〔註78〕黃蘭翔，〈日據初期臺北市的市區改正〉，《臺灣社會研究季刊》，第18期，1995年2月。

〔註79〕中橋德五郎，〈殖民政策衛生〉，《臺灣大觀（一）》，臺北：成文出版社，1985年。

〔註80〕井出季和太著，郭輝譯，《日據下之臺政》，臺北：臺灣省文獻委員會編行，1956年，頁25。

很難相信這是人所居住之處，街路上只見糞汁流竄，泥濘不堪的現象
彷彿地獄一般，我這一生恐怕不會再遇到如此不潔的城市吧！〔註81〕

明治28年（1895年）《近衛師團軍醫部征台衛生彙報》記錄有：

市街不潔，人畜排泄物在街上到處溢流，被亂跑的豬隻掃食，家屋
為防土匪的攻擊，幾乎都沒窗戶，因此通風採光皆不良，造成陰暗
多穢氣，又犬、雞、豬和人雜居，其糞便臭氣充滿屋內。〔註82〕

小田俊郎《臺灣醫學五十年》也引述作家西川滿對基隆港的描述：

肚皮漲著快觸及地面的豬仔，伸長著鼻子，在路旁的垃圾堆中覓食；
在屋後水井邊洗菜的姑娘，旁邊老婦人正在沖洗便桶。〔註83〕

總督府技師岩田清三郎於明治30年（1897年）對鹿港的調查報告指出：

本地人尤其有不潔習慣，室內幾乎全無採光，污物呈堆積狀態，令
人見之噁心；欲在此等不潔之室內進行消毒，其困難程度非筆墨所
能形容。〔註84〕

由以上文字描述，可知日本據臺初期，一般日本人對臺灣衛生環境均感骯髒
與不屑，對臺灣人不潔的衛生習慣不僅無法容忍，且倍感恐懼。因為相對於
臺人的髒亂，日人的潔癖習慣讓他們更難適應臺灣環境。

三、後藤新平「國家衛生原理」與衛生警察系統

1898年兒玉源太郎出任第四任臺灣總督，他一上台，便任命後藤新平為
副手，出任民政長官。他在上任前已提出《臺灣統治急救案》。就任後他鑑於
前三任總督統治失敗的原因，為減少阻抗，為因應臺灣自然環境及人文特性，
力倡「生物學原則」以為統治根據，成立「臨時臺灣舊慣調查會」，展開大規
模的臺灣風俗民情調查。同時他先前提出的「國家衛生原理」，強調國家是完
成「生理圓滿」的最高有機體論點也在他上任後得到實現。後藤建構以生物
學說為基礎的「國家衛生論」，即個人的衛生必須藉助國家力量以求得保障，

〔註81〕 樺山資英傳刊行會編，《樺山資英傳》，臺灣大學圖書館所藏，1942年。
〔註82〕 《近衛師團軍醫部征台衛生彙報》，1896年5月，頁11～79。
〔註83〕 小田俊郎，《臺灣醫學五十年》，日本東京：醫學書院，1974年。莊永明，《台
灣醫療史——以台大醫院為主軸》，頁72～73。
〔註84〕 許賜慶編譯，總督府檔案專題翻譯（四）衛生系列之一，《臺灣總督府公文類
纂衛生史料彙編》（明治29年4月至明治29年12月），V00148／A005，臺
灣省文獻會印行，2000年，頁147。

強調增強國家衛生機能的重要，由此可知日本近代衛生建構與國家發展、殖民地的鞏固有很大關係。

　　爲體現「國家衛生原理」，鞏固殖民地的統治成效，他在臺灣建立特有的警察制度，並納編清代留下的自治組織「保甲制度」，以作爲操控生物體行爲的機制，二者的結合成就了後藤綿密的「衛生警察系統」與統治臺灣的暴力基礎。「警察、保甲組織」不僅形成強制的監控系統，以執行地方衛生事物，更是廣泛的基層行政組織。警察之於衛生事務所扮演的巡守角色，被落實於殖民地臺灣的衛生行政中。前文中已提及日本據臺五十年，地方衛生行政組織與業務，自始自終都被置於警務系統下。而保甲組織的運作，舉凡戶口調查、監視出入者、傳染病預防、戒除鴉片吸食、預防蟲害獸疫、勞動服務、選拔壯丁團等，都在保甲規約範圍內。〔註 85〕警察成了所有衛生工作的監督者，而保正乃是其中介者，以基層保甲制度作爲貫徹、普及及內化力量，以確保衛生組織的有效運作。

　　1898 年總督府爲處理傳染病流行問題，開始整備近代衛生制度。於 1899、1900 年公布「環境衛生法規」。爲解決衛生經費不足問題，後藤創設「公共衛生費」，將民營市場、屠宰場及渡船頭等諸項公共事業，規劃爲街庄經營，徵收租用費，以充當衛生設施和傳染病防制費等。1902 年又規定各地所屬衛生經費，全由地方稅支中撥付。1900 年公布「臺灣家屋建築規則」和「臺灣污物掃除規則」，用以改善市區環境衛生；1904 年推動「市區改正」，拆城牆建下水道，以改善城內日人居住環境衛生；1905 年再以訓令第二三四號公布「大清潔法施行規程」，明令每年春季及秋季二次，施行全台定期的大掃除。〔註 86〕在嚴刑峻法下，透過警務系統的指揮與衛生行政的配合，要將臺灣社會打造成爲一個「清潔」空間。

　　後藤透過衛生行政，以清潔、衛生等「文明」要素，試圖改造「無知」、「不潔」的多數臺灣人，讓日本人眼中「嘸衛生又不識字」的臺灣人，在基礎教育與衛生觀念的提升下，得到改造。的確，近代臺灣社會，識字與衛生已成爲「文明」的重要標竿，也符膺「國家衛生原理」：「衛生之變遷即文明之變遷」的概念。〔註 87〕

〔註85〕鈴木斗人，《臺灣の保甲制度》，臺灣總督府警務局，1940 年，頁 8～12。
〔註86〕莊永明，《台灣醫療史──以台大醫院爲主軸》，頁 88～89。
〔註87〕《近代國家的摸索與覺醒──日本與臺灣文明開化的進程》，頁 206～209。

四、市區改正與屬行大清潔法：適宜日人居住的考量

　　日據時期衛生工作中，影響臺灣人最巨的，不外「市區改正」，及「大清潔法施行規程」。而這兩項公衛措施，是建構在適宜日本人居住之前提下。殖民統治之初，各地傳染病頻傳，統治當局認為係因環境不佳，道路狹窄、排水不良，家屋構造及衛生不佳，以及缺乏上下水道。故於統治初期即積極進行市區改正。1901 年日本醫務局長小池正直來臺，考察各地街區後建議，對於市區規劃主張以種族隔離為原則，劃分出土人與內地人街區，內地人住宅、街道、通路、上下水道設施等，應先設定建築規則，建造模範市街；至於土人街區，盡量不破壞原有習慣，施行部分衛生設施。〔註 88〕大抵而言，1900年代，日本地方行政官廳與駐屯部隊營區，皆區隔於臺人傳統市街之外，建立屬於日本人衛生而安全的空間。一以隔離不潔的臺灣人，另一方面也恐懼受到臺灣人傳染病傳染，故採日臺人市街分區的原則。並在此原則下，重新規劃市街衛生環境。

　　1896 年民政局內設臨時土木部，直接管轄全島土木工事。同年後藤新平聘請英人技師巴爾頓為衛生顧問，規劃臺北自來水及下水道工程。〔註89〕1898年，總督府成立「臺北市市區計畫委員會」，並於 1904 年擬定「市區改正」計畫，針對不潔、傳染病流行及人口擁擠地區，進行衛生改革。對疫病流行地區，進行家屋拆除及重建〔註 90〕1910 年市區改正計畫正式頒佈於全台，隨即於 25 個市街施行，原委員會也擴大為「臺灣總督府市區改正委員會」，成為全台市區改正主要機關。改正計畫配合「下水道規則」、「給水規則」、「大清潔法」、「家屋建築規則」、「污物掃除規則」等計畫進行。〔註 91〕當時的官方報紙對市區改正的成效頗多讚許：

> 改正以還則有軒豁之光而無鬱蒸之氣，且其溝水井泉因是激濁揚清，悉忠良法可勿慮或留污垢，以為引毒之媒、衛生之效。〔註92〕

〔註88〕小池正直，〈臺灣衛生視察〉，《台灣日日新報》，1072 號，明治 34 年 11 月 27日。

〔註89〕巴爾頓為探勘水源，跋山涉水，為風土病所侵，於 1899 年病逝東京，為臺灣衛生土木工事犧牲的第一人，享有「臺灣自來水之父」美譽。

〔註90〕《臺北廳誌》，1919 年，頁 495。

〔註91〕董宜秋《帝國與便所：日治時期臺灣便所興建及污物處理》，臺北：國立編譯館，2005 年，頁 25。

〔註92〕《台灣日日新報》，第 1030 號，明治 34 年（1901）10 月 6 日，「市區改正論」。

市區改正都市計畫工程最大、影響也最大的首推「亭仔腳」的設置及「臺北城垣」之拆除。基於亞熱帶烈日及暴雨氣候，日治初期總督府延續劉銘傳於臺北城內施行的「亭仔腳」規定，在 1900 年「臺北城內市區計畫」公布後，隨即指定臺北城內計畫道路，規定道路兩側需設置寬度 12 尺（3.64 公尺）之步道，此即今日騎樓之起源。〔註93〕「臺北城垣」之拆除於 1900 年已確定，1904～1906 年間城垣全面拆除。城垣部分地基編入鐵道用地，餘遺留土地則開發爲「三線道路」，臺北之城內地區遂成爲臺北之都心，清末臺北市街三核心之都市結構：艋舺、大稻埕、城內，由於城垣拆除遂快速連結成一體，此在臺灣都市發展上有其重要意義。〔註94〕

我們綜觀日據時期市區改正相關制度與工事，如 1896 年「家屋建築規則」，首創「建築行爲許可制」，但其適用對象只限內地人（日本人）居住之家屋的新建、增建、改建，餘違規定者可科以罰金。〔註95〕由於市區改正之先後是以日人居住區爲首要，故「臺北城內市區計畫」係因應殖民地統治之政治目的，爲應急之局部性計畫，尙無暇顧及艋舺及大稻埕地區之整體計畫。《臺灣新民報》論述臺北市三大問題時，就點出此一現象。

> 內地人和臺灣人的住居區域，顯然的分開地域，內地人都居住城內和艋舺，臺灣人則居住大稻埕和艋舺。……一出城門到大稻埕來看看，眞有天堂地獄的感慨，房屋雖然還整齊，因爲街道太壞，被塵土所洗禮，都現灰黃的色彩，人聲車影，塵粉遍飛，各店戶的窗飾貨品，滿沾著黃色的顏色，眞正是「無風三尺土，有雨一街泥」的都市。……反照城內的市場罷！新起町的市場是多麼美麗完備！裡面的設備都用科學的合於衛生原則的設備。同一樣的市民，怎麼在市政的施設上這樣的不平等呢？〔註96〕

而觀殖民當局整體都市計畫受西方文明強力影響，絕少以本土傳統文化做爲決策思考之基點，也是不爭的事實。連其拆除臺北城牆改建俗稱三線路大馬路的舉措，也非全爲臺灣都市計畫考量，多少是後藤新平爲瓦解清國餘威而爲。但直至今日爲方便認清方位跟地理環境，居民還是繼續沿用西門、北門、

〔註93〕黃武達，《日治時代 1895～1945，臺北市之近代都市計畫》，臺北：臺灣都市史研究室，1997 年，頁 68。
〔註94〕黃武達，《日治時代 1895～1945，臺北市之近代都市計畫》，頁 54。
〔註95〕黃武達，《日治時代 1895～1945，臺北市之近代都市計畫》，頁 65。
〔註96〕《臺灣新民報》，第 324 號，昭和 5 年（1930）8 月 2 日，頁 2。

南門的稱呼，後藤新平的智慧依然無法打倒根深蒂固的文化傳統。

此外，由官方制訂，於每年春、秋兩季實施的大清潔活動，經由體制化的殖民權力，深入家家戶戶，對臺灣社會衝擊更大，造成的反彈、怨言也最多。大清潔活動官方是配合瘧疾、鼠疫等防治需要，在疫病猖獗的季節中，展開數日的「大清潔」，並動員街庄警察、保甲組織到各戶各家檢查，貼上區分清潔、不清潔的分類標籤，並要求不清潔住家再清掃，直到檢查合格為止。住家「拼掃」、疏濬水溝、驅除鼠類、整修廚房、住宅補漏、維護井蓋等都是大清潔法檢查項目。日方報紙也大事宣揚「大清潔法」的成效：「唯衛生狀態之改善，惡疫撲滅上之大進步，不只與市區之改正相需，而為本市大發達之資，此則吾儕之所確信也。」〔註97〕對於大清潔日臺灣人的反應我們從以下幾例可知一二。

戴秀麗女士在口述歷史中說道：

> 二姑丈呂宏輝之所以會到廈門定居，則是因為澎湖發生鼠疫那年，日本人為了怕疫情擴大，特將澎湖每戶人家噴灑消毒一番，並於消毒作業完畢的民宅牆壁上打×作為記號，以便有所區別；沒想到我二姑丈從外頭回來，不知此事，且嫌它難看，二姑丈就動手把記號擦掉，剛好被從隔鄰完成消毒作業的日本兵看到就不由分說地上前給了二姑丈一巴掌，二姑丈一氣之下，就帶著家眷搬到廈門去住。
> 〔註98〕

賴和在短篇小說〈補大人〉中用嘲弄的語氣揣摩補大人執行大清潔法的不近人情：

> 他行到自己的門外，看見比較別人家分外骯髒，也就仿著初學說土話的口吻，手打著門環，喊著說：「開門！開門！門口掃掃！」。他母親原不曾受到這樣的督責，所以不疑惑那幾聲，「開門開門」就是在喊伊自己，使打門的補大人，連喊了幾次總沒有應過一聲。補大人的顏面被觀看熱鬧的行人弄得面紅耳赤，遂把怒氣發在來應門的母親身上：「掃掃門口，聽不見嗎？」被激怒的母親也不甘示弱：「死

〔註97〕《台灣日日新報》，第2773號，明治40年（1907）8月1日，「家屋建築施行細則改正」。

〔註98〕中央研究院近代史研究所「口述歷史」編輯委員會編，《日據時期臺灣人赴大陸經驗》，《口述歷史》第6期，臺北：中央研究院近代史研究所，1995年，頁101～102。

> 囝仔！替你娘掃一掃，就不當嗎？」這時補大人自覺當官的威嚴已
> 被母親踐踏，而感到失神惆悵。旁人卻起閧著說：「侵犯做官的威嚴，
> 打嘴巴，打！該打！」這位補大人像是受到催眠般，真的就服從那
> 人的指令，一個巴掌朝他母親臉上打下去。〔註99〕

以上兩則，一則對臺灣殖民政府權威行使的不滿，而舉家遷離；一則是反映
日據時期統治策略，運用嚴密警察體系，來監控島民生活與思想，這中間所
衍生的反倫理反價值，雖達到規範衛生行為之目的，卻灼傷了臺灣社會。有
些學者認為日本政府將臺灣打造成為一個清潔空間，而國民政府來臺後公共
衛生全盤崩潰，所有傳染病全回來了，以此來評比兩者。對此，筆者並不認
同，因為日據時期所有衛生工作，是在嚴密警察系統監控下完成，縱使人民
表現出對警察的服從，其實是恐懼心態多於守法觀念，這應該才是光復後臺
灣人在日本統治瓦解時，衛生觀念與衛生工作產生變化的最大因由，所以說
日據時期臺民有衛生行為無衛生觀念。另外從歷史事實來看流行病，大都跟
「變革」、「混亂」有關，光復後流行病的擴大也是此原因，與清潔衛生無太
大關係。下一節將就《臺灣民報》數則報導，來看臺灣老百姓面對大清潔法
及防疫措施的無奈與怨言。

五、從《臺灣民報》看臺灣人對公衛措施的不平之鳴

　　日本殖民時期，不論是各項防疫措施，或公共衛生工作的執行與落實，
地方警察都扮演相當吃重的角色。由於執行的強制力，加上臺人習於傳統醫
療方式和習俗，自1896年防疫措施施行以來，對臺人造成極大的衝擊、不安、
無奈與怨言。讓我們試著從《臺灣民報》的相關報導史料，一探日本殖民時
代一直引以為豪的成就背後，蘊藏著多少辛酸與悲哀。

大正14年（1925年）5月11日云：

> 吾處要行大清潔，因雨延期，到好天之時重行斯事，及清潔之日之
> 早晨，甲長才通知各戶，我適足疾不能起床，屋裡雖行洗掃，而我
> 所臥之一方地未照施行，意欲對巡查請恕求免，此乃因病之不得已
> 也，檢視之巡查到舍監視時，我將原委說明，欲求其恕免，誰知那

〔註99〕〈補大人〉，收入林瑞明主編，《賴和全集》（卷一：小說卷），臺北：前衛出
　　　　版社，2000年，頁73～78。

個巡查半言不聽，且以惡言責罵，……宣告罰金二圓也。〔註100〕

大正15年（1926年）2月21日標題「防疫警察是眞了不得」云：

> 不知道瘟疫的厲害要用什麼方法可以消毒預防，不過知道若有了疾
> 病較異於普通的病症的時就被嚴酷的警官禁斷了種種的自由，身體
> 上就要吃苦，或被罵，或被辱，照這樣看起來，當局的意雖好，因
> 下級官吏不會體貼，以致防疫的對於民心不但無功且反成有害，這
> 樣事不但中埔庄，全島是處處皆然的，這樣的防疫警察是眞眞了不
> 得的。〔註101〕

大正15年（1926年）4月18日云：

> 近來嘉義管轄的車店山子頂兩個派出所的警官，稱是奉著課長的命
> 令要撲滅「麻啦里亞」〔註102〕，將各處農家所栽培樹林盡行伐光，
> 堆積起來放火燒去。果樹竹林乃是老百姓的飯碗，您們毀去那些，
> 豈不是把老百姓的飯碗捽碎了一樣嗎？撲滅「麻啦里亞」保護人民
> 的健康，確是要緊，難道不砍樹木，其外就沒有法子可以廓清病菌
> 嗎？〔註103〕

大正15年（1926年）5月16日標題「『大清潔』日下雨人民就要受罰」云：

> 桃園街去月廿五日施行大清潔，是早天氣清朗，家家戶戶皆依命將
> 家具盡搬出，並洗掃家屋內外，及至午前十一時忽然天氣變了，黑
> 雲密佈，沛然下雨，街民不得不將所搬出的家具搬入來，某巡查看
> 著清掃不完全，便告發了三十多名，翌日召喚至警察課受司法警部
> 的大說諭又各處以罰金，若能即刻繳納便罷，不然就立刻要拘留。
> 〔註104〕

昭和5年（1930年）8月16日標題「當局沒有親切的宣傳人民都有冤枉的怨
言」云：

> 但在庄民的方面，有的說籬笆全毀，於境界上習慣上有很多的不便，
> 當局不指示拆毀後的對策給人民，這點有不適當，設使要新建造別
> 個東西，細民哪有經費？有的說假使人民有不知而未拆毀的，警察

〔註100〕《臺灣民報》，第3卷第14號，大正14年（1925）5月11日，頁9。
〔註101〕《臺灣民報》，第95號，大正15年2月21日，頁10。
〔註102〕麻啦里亞即瘧疾。
〔註103〕《臺灣民報》，第101號，大正15年4月18日，頁12。
〔註104〕《臺灣民報》，第105號，大正15年5月16日，頁6。

也不該馬上就將他處罰，總要徹底的宣傳其主旨，使人民領會然後
穩健的施行才是云云。〔註105〕

昭和5年（1930年）8月30日標題「市糞便汲取市民皆非難」云：

> 台北市衛生課，在來對於市內的糞便的汲取，因係與農民包辦，故
> 皆在早晨人家起居尚靜的時候掃除汲取。近因收歸直營，不但沒有
> 改良，反比從前更壞，也不慣巨舖顧客買賣，或是朝食午餐，任意
> 出入，全無顧慮，至臭穢撲鼻使人難堪。〔註106〕

昭和6年（1931年）10月31日標題「利用清潔法迫納神社建築費」云：

> 因景氣不況的關係，大溪神社建築的寄附金很多不得納付，以登前
> 報。其後街役場竟藉警察的權力，於街民演戲的時候起了種種刁難。
> 這回又再利用秋季大清潔日，以某警部補和巡查部長爲先導，一行
> 五六名像要補緝凶犯的樣子，到了人家就問神社費納完否？因此小
> 老百姓怕被罰金，多向鄰右借來繳納，然無處可借的不計其數云。
> 因此本季大清潔被告發的件數比往年多得很。〔註107〕

從以上各篇報導，我們可知在大清潔法與公共衛生的厲行下，全無顧及臺灣
人的感受，報導中也言及：「當局的意雖好，但因施行者不體貼，使防疫對民
心不但無功反成有害」。爲了防疫農家身家財產果樹竹林全被砍光，農舍周圍
栽種的竹籬也被拆毀，大清潔法無視天候變化與人民身體狀況，未照著施行，
便得換來罰金、拘留或一陣責打，更甚者利用大清潔法的告發威脅小老百姓
繳納神社建築費。面對日人眼中「不識字又沒衛生」的臺灣人，衛生法是在
強制與取締下施行，全無顧及臺人風俗習慣，此乃殖民性格之最佳寫照。

六、防疫與漢醫：防疫措施對臺灣漢人的衝擊

　　日據初期傳染病流行，瘧疾、鼠疫、霍亂等惡疫，蔓延數年，有一發不可
收拾之勢，著實威脅日人的殖民統治。殖民政府各地方官廳，雖依據傳染病防
治規則，施行檢疫隔離等各種防疫措施，但臺人則以各種方法逃避、抗拒，視
爲新政府的暴政。臺人不僅對日人檢疫方式大爲恐慌，對防疫消毒及其醫療更
爲排拒，視搜檢如臨大敵，視醫院爲送命所。《臺灣新報》對此出現以下描述：

〔註105〕《臺灣新民報》，第326號，昭和5年8月30日，頁5。
〔註106〕《臺灣新民報》，第328號，昭和6年10月31日，頁8。
〔註107〕《臺灣新民報》，第388號，昭和6年10月31日，頁8～9。

> 醫官用白灰避疫藥水者，乃用冷水害人；死於疫者用火葬，乃謂燒
> 人身屍，使人無葬身之地；醫官之剖葬法，乃謂破人屍身。〔註108〕

這充分顯示臺灣人對統治者的不信任及強烈抗拒，何況若是誠實報官，不但住屋會被封鎖，個人也會被隔離，另一方面也因對西洋醫學的不信任，寧可接受漢醫療法或求助於神佛，害怕一但去到醫院反倒送了性命。〔註109〕臺人因恐懼檢疫，乃將病患藏匿鄉間，隱匿不報，故入院患者較實際為少。當時艋舺紳商公會還在《臺灣新報》，刊載「懇諭」，規勸同胞注意衛生，預防傳染，勿得隱匿。〔註110〕由是官方措施不得不因應民間態度而有所轉變。在總督府《公文類纂》明治29年11月（1896年）一份衛生課業務報告，課長加藤尚志即說道：

> 本地人沐浴皇化之日尚淺，且大都無知無識，不知衛生為何物，亦不知日新月異之醫術功能，徒戀舊習視草根樹皮為妙方，對國內外藥典所載良藥反而嫌惡，亦有對我方隔離病院之處理患者方式不放心之情形，以致甚至於本地人中德高望重之輩有提出陳情書者。臺北縣知事亦斟酌本地人之習慣，訂定臺灣人鼠疫病死者埋葬規則……此外又在東門外第二隔離病院之鄰近設臺灣人黑死病治療所，在日本人醫師監督下，置傳統之本地人醫師，若有本地人患者不希望接受日本人醫師之治療，則收容於該所，另艋舺、大稻埕之本地人等請求在該地各設一處本地人隔離病院，將視疫情而定開設之。〔註111〕

基於漢人複雜心理狀況，而不肯配合殖民政府的種種防疫措施，為發揮成效，殖民政府只能調整態度，適應臺人醫療習慣，以求平息疫情。台北縣廳首先發佈「衛生組合規則」，鼓勵民間組織設置衛生組合，協助官廳執行衛生工作。因此而發起的組織有臺人之「艋舺衛生會」、「大稻埕地區衛生組合」。另一方面也利用臺人的保甲組織，並延攬漢醫，投入防疫工作。〔註112〕

〔註108〕《臺灣新報》，第54號，明治29年11月6日，「檢疫所見」。
〔註109〕臺人有此顧忌也非全為無知，許多檢疫診斷與隔離措施，確也因未查明，而有草菅人命與擾民之事發生。
〔註110〕《臺灣新報》，第53號，明治29年11月5日，「公會懇諭」。
〔註111〕許賜慶編譯，總督府檔案專題翻譯（四）衛生系列之一，《臺灣總督府公文類纂衛生史料彙編》（明治29年4月至明治29年12月），V00154／A001，臺灣省文獻會印行，2000年，頁68。
〔註112〕范燕秋，〈鼠疫與臺灣之公共衛生 1896～1917〉，《國立中央圖書館臺灣分館館刊》，第1卷第3期，1995年，頁62。

　　因而殖民政府雖極力打壓漢醫，但面對本土難題，一來臺灣民眾仍相信漢醫，難以接受西醫，二來面對疫情，西醫人才欠缺，所以先採合作，並延攬臺人漢醫協助防疫。在總督府面對疫情的無助下，漢醫自發的追求新進醫學知識，投入防疫工作。漢醫黃玉階就率先邀集大稻埕市街二十餘名漢醫，研討傳統漢醫藥方，亦聘請日籍公醫相與研究西醫療法，進而主動參與防疫工作。爾後不少漢醫繼之而起，組成醫療院所參與防疫事務。〔註113〕如漢醫黃玉階、葉鍊金、黃守乾等，都曾投入霍亂、鼠疫的防治工作。黃玉階為遏阻鼠疫，除撰述《黑死病疙瘩瘟治法新編》、《霍亂吊腳痧醫書》等有關霍亂、鼠疫療治醫書，免費分贈四方外，也建議總督府當局，設立「黑死病醫療所」，由漢醫擔任隔離、醫療工作。並受任為台北縣黑死病治療所醫務囑託、仁濟院囑託、百斯篤（鼠疫）預防組合組合長、艋舺保安醫院傳染病隔離所醫務主任，協助日本官方搶救疫情。〔註114〕黃守乾亦曾任艋舺保安醫院傳染病隔離所主任醫師。彼等漢醫對日據初期北臺灣的傳染病防治工作貢獻良多。

　　在這數年瘟疫流行期間，日本官方醫事制度尚未完善，對許多傳染病的致病原因與醫療方法，還未清楚前，漢醫在臺灣風土癘疫之防治上，有其獨到療法、活人新方。如漢醫黃玉階在鼠疫治療上就力排眾議，倡涼劑療法。《台灣日日新報》上便記載著：

> 領臺後一二年，臺人鼠疫大起，死者相望，漢醫獨黃玉階氏，首倡
> 涼劑可治。所用石膏有一服至數兩者，同道中人爭著論非之，至有
> 目之為石膏先生者。玉階終不恤乎人言，日與其徒鼓吹之，一時所
> 活者果甚眾，而駁之者，謂是五運六氣。適值是年，特偶中耳，未
> 可執為定例也，玉階雖著疙瘩新篇以曉之，而疑信者終半焉。〔註115〕

漢醫全力投入防疫工作，確也發揮其效，不僅緩和習於漢醫的臺人，對於新式防疫措施之排斥與恐懼，也反應臺人積極處理傳染病的態度，及傳統仕紳將社會救濟精神轉化為防疫工作的過程。這讓日據初期防疫工作得以較順利施行有效控制，日人面對此，初也研議拔擢醫術較佳的良醫、儒醫，接受公

〔註113〕《台灣日日新報》，第940號，明治34年6月22日，「保安醫議」；947號，
　　　　明治34年6月30日，「輪選醫士」。
〔註114〕參照《臺灣歷史人物小傳——明清暨日據時期》，國家圖書館編，2003年，
　　　　頁600。
〔註115〕《台灣日日新報》，明治42年（1909）8月8日，「活人新方」。

立醫院之短期訓練而後給予許可，但實際上並未實施，這可看出日人延攬漢醫，只爲解決危急疫情，而非眞心想提振漢醫。並於其醫學校與醫學人才數量日增後，對漢醫予以無情打壓，利用完後就翻臉不認人，與其明治維新對待漢學態度，如出一轍。漢醫自此進入打壓與求存的境地。

第四節　傳統漢醫與民俗醫療

當「脫亞入歐論論成了明治維新之後，近代日本躋身強國之林最重要的方向，廢除漢方醫學西化的方針，也成爲日本現代西學體系建構的重點。總督府以醫生免許規則（證照）與取締政策來打壓漢醫，使臺灣合法漢醫逐年減少，以達扼殺本土文化的企圖。但漢醫漢藥在西方醫學、及殖民政策箝制的夾擊中，因臺人的醫療習慣、中西藥價的差別、漢藥店的依存關係，仍是壓不扁的玫瑰花，不論是在對岸大陸還是在臺灣都得以持續生存。

然臺灣傳統漢醫學，面對西醫夾擊，如何從不科學、落伍的負面評價下，殺出重圍，力圖振作，是關心漢醫學人士的共同目標，不論是杜聰明的漢藥研究或日據時的漢醫復興運動，都已警覺到漢醫現代化的重要。但漢醫現代化，並不代表漢醫需向西醫靠攏，與日本同屬東方人的臺灣社會，不應一味媚外，當能自珍懷璧，獨力發展出一套體用兼備的中醫學，不必樣樣東施效顰。西醫、中醫本就有不同的發展環境與理論，中國文化的整體觀（宏觀）與西方文化的解析觀（微觀）本就大異其趣，因此中西醫在基本思維的取捨上，從開始就已分道揚鑣，中醫學若硬要提倡科學化，將會喪失其全人觀的特色。當歐美近代醫學已發展到瓶頸時，反向回來研究東方醫學取法漢醫，而東方人自己卻不自珍，然道要到「禮失求諸野」的地步才會覺醒嗎？唯有提昇中醫學的水平，才能帶領世界醫學從唯物走向全人觀的醫學，從以治病爲主的醫學，轉向以養生爲尚的醫學。

一、傳統漢醫的發展：打壓與求存

臺灣從明清以來，除原住民的超自然療法（無形）與自然療法（有形），傳統診療仍以漢醫懸壺爲主，所謂草藥仙、祖傳秘方、宗教醫療也不在少數。明末清初漢醫見諸文獻記載者不多，較知名者僅沈佺期與沈光文二人。到了

清代醫療水準不斷提高，漢醫人數也大量增加，前期有胡焯猷〔註116〕與徐麟書〔註117〕等人。乙未遽變後有投入防疫工作的黃玉階〔註118〕與黃守乾〔註119〕等醫家。除了漢醫診治外，傳統漢藥店抓藥及個人自備藥丸丹散，也是當時社會習以爲常之事。如郁永河於1697年由福建來臺採硫磺，便隨身攜帶「丸散藥與解毒辟瘟諸方」。〔註120〕另外文獻、方志等也常見生病時求助乩童道士等宗教醫療，及屢見不鮮的寺廟迎神驅瘟活動。這是當時臺灣醫療現況，但當甲午之戰，臺灣成爲日本殖民地後，臺灣傳統醫療即面臨前所未有之存亡挑戰。

一千多年前當世界文明中心大唐正處強盛顛峰時，日本大量派遣留學生到中國學習各種文物制度，舉凡文學、宗教、醫學、儒學、書法、藝術、飲食、文化、典章等，莫不有中國文化的影子。醫學也不例外，七世紀上半葉日本便以遣唐使們帶回的唐朝律令資料爲基礎，完成了「大寶律令」，並據以確定醫療制度的醫療令。當時的醫療官廳，指定的醫學教科書似乎全來自唐令。〔註121〕但到了明治新政府，本於富國強兵需求，主張必須脫離停滯、落後的亞洲，進入科學、進步、近代的歐洲。當明治維新之時代航船已駛上了西方化的潮頭，廢除漢方醫學與西化的方針，已是無可回頭的抉擇。

日本本土於剛開始仍處於「漸禁制」淘汰漢方醫，一方面要求漢醫登記，

〔註116〕胡焯猷（1662～1722），字瑞銓，少時棄儒從醫，康熙間渡台至淡水以醫爲業，於淡水創明志書院，開臺北之文風。見劉士永〈中醫的衰微與科學化：清代與日治時期的台灣漢醫〉，《臺灣醫療四百年》，臺北：經典雜誌，2006年，頁34～36。

〔註117〕徐麟書（1781～1849），原籍廣東蕉嶺，出身六代醫藥世家，精通醫道，並兼營中藥材業。同上引書劉士永〈中醫的衰微與科學化：清代與日治時期的台灣漢醫〉，頁34。

〔註118〕黃玉階（1850～1918），出生於彰化大肚堡（今台中），年少皈依齋教先天派，二十歲隨李清機習漢醫，於光緒8年（1882）由台中遷居臺北淡水懸壺，西元1884年臺北霍亂流行，死者頗眾，黃氏施診濟救癒者七八百人。1895年霍亂再起，他又合藥施濟且自印《霍亂吊腳痧醫書》千冊，廣爲宣導。引自劉士永〈中醫的衰微與科學化：清代與日治時期的台灣漢醫〉，頁34。

〔註119〕黃守乾，本名鹿港，人稱鹿港乾，是當時臺北另一知名中醫師，人們譽爲臺北中醫界的翹楚，處方用藥只是寥寥數味，且附藥論，兼用針灸。引自劉士永〈中醫的衰微與科學化：清代與日治時期的台灣漢醫〉，頁34。

〔註120〕〈中醫的衰微與科學化：清代與日治時期的台灣漢醫〉，頁36。

〔註121〕小曾戶洋著，蔡毅編譯，〈中國醫學在日本〉，《中國傳統文化在日本》，北京：中華書局，2002年，頁178～189。

一方面積極培育西醫。1906 年才以法律四十七號公佈施行「醫師法」，始正式全面進入西醫制度。但對於其殖民地臺灣，卻在 1896 領台之初，便全面貫徹西醫政策。日本之所以急切的在臺實施漢醫管理，應與其對臺灣漢醫印象有關。我們可從統治者山口秀高的一段談話看出端倪：

> 本島之所謂「醫生」者，到底算不算醫者？可不可以託以寶貴生命？實不必明述，大家都很清楚。事實上他們連生理、病理為何物都不知；最甚者，更有不識字者，他們只聽患者的陳述，便隨便捉一些草根樹皮塞給患者。他們雖稍像內地的漢醫，卻無法相提並論，實更為拙劣。勉強要比的話就如內地的賣藥郎中。〔註 122〕

1896 年總督府便訂定「臺灣醫業規則」，凡業漢醫者應先申請登記。1897 年（明治 30 年）殖民政府調查臺灣漢醫人數，共有 1070 名的「土人醫」，其中包括博通醫書講究方脈的「良醫」29 名；儒者習醫並從事醫療的「儒醫」91 名；擁有祖傳秘方的「世醫」97 名；稍有文字素養、從醫家習得一些醫術的「時醫」829 名；以及洋醫 24 名。〔註 123〕當時領得「漢醫第一號」執照者為黃玉階。

　　1901 年 7 月 23 日，日本政府才以府令四十七號公布「臺灣醫生免許（證照）規則」，依此法令，嚴格要求全臺從事漢醫及以秘方執行醫業行為者，限定於同年 12 月底前向警察機關登記，期限一到，對於沒有登記立案的傳統醫業者，一律嚴格取締。〔註 124〕1897 年統計調查漢醫有 1070 人，1901 年舉辦考試取得免許執照者有 1223 人。1901 年又公布「取締國醫規則」，醫生許可證准許登記只限制到 1901 年終，過後不再登記。〔註 125〕且這些登記後的臺籍漢醫，被稱為「醫生」，與西醫的「醫師」有所區別〔註 126〕，並且需接受公醫的指導監督，其餘未登記者皆以密醫視之，將嚴格取締。由於已登記漢醫生因老衰死亡，加上總督府不再開放登記，致漢醫人數逐年減少，迄 1942 年仍

〔註 122〕莊永明，《台灣醫療史——以台大醫院為主軸》，頁 172。
〔註 123〕臺灣總督府編，《臺灣總督府民政事務成績提要（明治三十年度分）》，〈別表第二號：臺灣土人醫員數表〉，頁 105～106。以當時臺灣人口約 250 萬人計，平均每 2403 人可得到一位醫生的服務。
〔註 124〕莊永明，《台灣醫療史——以台大醫院為主軸》，頁 172～179。
〔註 125〕《臺灣省通志稿》，〈政事衛生篇〉，臺北：成文出版社，1952 年，頁 141～142。
〔註 126〕醫生、醫師，其物同而稱呼異者，實殖民政府刻意以此區分，師者為生之「師」，以評其技術之粗精。此外當然也見其待遇之厚薄。

執業者僅存 97 人。〔註127〕對應漢醫的萎縮，西醫師的人數則與日遽增，造成中西醫勢力的消長。（見表一）

表一　歷年來中醫師人數

年　份	中醫師人數	年　份	中醫師人數	年　份	中醫師人數
1901	1223	1915	979	1929	384
1902	1903	1916	927	1930	304
1903	1853	1917	887	1931	325
1904	1742	1918	830	1932	305
1905	1671	1919	786	1933	281
1906	1506	1920	732	1934	256
1907	1458	1921	674	1935	233
1908	1418	1922	632	1936	204
1909	1314	1923	583	1937	181
1910	1266	1924	558	1938	163
1911	1223	1925	522	1939	141
1912	1161	1926	486	1940	133
1913	1100	1927	456	1941	119
1914	1041	1928	422	1942	97

資料來源：《臺灣省通志稿》〈政事志衛生篇〉第 141～142 頁。張苙雲，〈從不穩定的口碑到主要的求醫場所：臺灣西醫的制度信任建構〉，《國家科學委員會研究彙刊：人文及社會科學》，民國 87 年 1 月，八卷，一期，頁 172。

　　總督府以醫生免許規則與取締政策來打壓漢醫，使臺灣合法漢醫逐年減少，以達扼殺本土文化的企圖。然漢醫面對的不僅是殖民政府的箝制，連祖國大陸也在全盤西化大旗下，揚起廢除漢醫的聲浪。北洋軍閥主張廢棄漢醫漢藥，1929 年政府還通過余雲岫等人提出的「廢止舊醫以掃除醫事衛生之障礙案」，企圖消滅漢醫。此舉受到人民及漢醫的抵制與反對後，又於 1933 年經由立法院通過一個充滿歧視漢醫的「漢醫條例」。就在此時，汪精衛還公開叫囂說漢醫「在科學上無根據，不但國醫應一律不許執業，全國漢藥店也應限令歇業」，使漢醫受到相當大的打擊。〔註128〕

〔註127〕《臺灣省通志稿》，〈政事衛生篇〉，頁 141～142。
〔註128〕戴新民發行，《中醫學》，臺北：啓業書局，1989 年，頁 21～22。

這些消滅漢醫的種種舉措，雖使漢醫發展受到一定的阻礙。但漢醫漢藥在西方醫學的夾擊中，仍能廣為平民百姓的支持與信任，不論是在對岸大陸還是在臺灣都得以持續生存。臺灣漢醫在殖民政府壓制下仍得以生存的原因或許與下列因素有關：漢醫自發的追求新進醫學知識、西藥價格昂貴一般人吃不起、臺人習慣上仍仰賴傳統醫療、漢醫可依附於有證照藥商之後、販售西藥的藥店太少。漢醫黃玉階率先組成「漢醫研究會」，邀集大稻埕市街二十餘名漢醫，研討傳統漢醫藥方，亦聘請日籍公醫相與研究西醫療法，以主動應對新時代變動，或適應官方醫療管制。另一藥價原因，西藥療效或許迅速，但其價格昂貴，只有有錢人或日本人吃的起，平民階層是吃不起的。藥價昂貴問題還曾引發全島的「醫藥減價運動」，《臺灣民報》在昭和五年就陸續刊載此項運動。賴和在《一桿稱仔》作品中對此就有細膩描述：秦得參得了瘧疾，卻因為看西醫非常昂貴，只能尋求一些花錢不多的漢醫草藥來吃。

> 他心裡想，三天的工作，還不夠吃一服藥，那得那麼些錢花？但亦
> 不能放他病著，就煎些不用錢的青草，或不多花錢的漢藥服食。雖
> 未全都無效，總隔三兩天發一回寒熱，經過有好幾個月，才不再發
> 作。〔註129〕

至於依附在藥種商後執醫，可由 1930 年「東洋醫道會臺灣支部」在二月號的《漢文皇漢醫界》所提出的〈擬提出漢方醫術繼續試驗法制定請願書案〉驗證。

> 熟思今者觀全島漢醫藥業者之狀況，漢藥營業者逐年增加，亦足以
> 證明民眾篤信漢醫漢藥，……然而種藥營業者，明治三十三年（1896
> 年），七百六十七軒，至昭和三年末（1928 年），多至三千百八十七
> 軒。有如上陳醫生與藥種商，其關係即不可不分離，則藥種商得蒙
> 免許，同時亦懇望醫生繼續的免許開業。〔註130〕

藥種商如雨後春筍般的冒出，與漢醫生逐年凋零的景象，不可同日語。這裡可以看出多屬臺灣人對於傳統漢藥仍抱一定之信心。總之，在獨遵西醫養成

〔註129〕 〈一桿稱仔〉，收入張恆豪編，《賴和集》（臺灣作家全集，短篇小說卷，日據時代1），臺北：前衛出版社，1992 年，頁 57。

〔註130〕 〈擬提出漢方醫術繼續試驗法制定請願書案〉，《漢文皇漢醫界》，第 16 號，1930 年 2 月 20 日，頁 2～4。引自邱雅芳，〈殖民地醫學與疾病敘事——賴和作品的再閱讀〉，《臺灣文獻》，55：4，臺北：國史館臺灣文獻館，2004 年，頁 298～299。

的策略背後，卻隱含著台灣人無法擁有足夠的醫療資源，在刻意打壓本土漢醫的政策下，也可看出台灣醫學的殖民性格，及漢醫「壓不扁」的韌性。

二、宗教與民俗醫療：迷信與希望

1. 漢人社會宗教與民俗醫療

唐山過臺灣，「三在六亡一回頭」，在移民的渡台悲歌中，清楚的點出，百年前的臺灣，蠻煙未開，瘟疫流行，先民生在「瘴癘淵藪」環境中，風土病加上移墾時代，醫少藥少，常需面臨生死交關之境。臺灣住民面對醫療設施的不足與簡陋，就醫方式多仰賴求神問卜、偏方、巫術等民俗療法。陳夢林編纂《諸羅縣志》，卷八，〈風俗志漢俗篇〉記載：「俗尚巫，疾病輒令禳之。又由非僧、非道，名客仔師，攜一撮米，往占病者，謂之米卦，稱說鬼神，鄉人為其所於愚，貼符行法而禱於神，鼓角喧天，竟夜而罷。」〔註131〕由此可知，當時專業漢醫人數並不足，人們患病仍多尋求民間巫醫。這是清代的一般情形，那麼到了日據時期，由於公醫、西醫、公衛制度的介入，是否有所改變呢？答案應是否定的。我們從幾則報導便可見端倪：

明治 33 年（1900 年）5 月 30 日《臺灣日日新報》云：

> 滄桑易變，習俗難移，……自巫覡之風盛，真靈之說開，左道惑人之術，愈出愈奇，遂有所謂扶乩求神者，神假人手扶乩，創傳文字。讀書人鮮能識之，獨以扶乩為生涯者，隨乩示所指揮，皆能識其文字而無或疑難，詡詡然為人談休咎療疾病，顯係偽冒以術愚人，其流弊固已久矣。〔註132〕

明治 42 年（1909 年）11 月 3 日《臺灣日日新報》：

> 猶憶領臺時此風頗盛。當道曾一時禁止之。聞近則專務扶鸞著書。或為人開方療病焉。此風宜蘭外數處皆有之。甚至身為漢醫而爭充扶鸞生者。其亦沐浴新化有未深歟。〔註133〕

由上面報導可知，在漢醫人數不足，西醫養成未成氣候下，許多人便會求助於宗教醫療或民俗療法，扶乩、道士、乩童等醫療行為始終不衰，自是社會

〔註131〕張珣，〈魂魄與疾病——臺灣民俗醫療的人觀〉，《台灣醫療四百年》，臺北：經典雜誌，2006 年，頁 38。

〔註132〕《台灣日日新報》，明治 33 年（1900）5 月 30 日，「扶乩求神」。

〔註133〕《台灣日日新報》，明治 42 年（1909）11 月 3 日，「扶乩求神」。

條件所導引。中國自唐宋以來儒生莫不習醫，孫思邈在《千金要方》開宗明義的指出，要成為一名「大醫」除了熟稔各家醫書之外，更要兼通經史子集、二十五史，上至天文下至地理，中至民情風俗，無一不通，方可成為醫者。又自宋代以降，政府屢屢收集民間各種驗方，整理成書，公布天下，讓民眾可以自行依照自身的症狀，對照政府公佈的成方抓藥服用。明清時這種方式並沒有太多的改變，又明清時，一般民眾多半不識字，開藥方工作就落在少數讀書識字者身上。醫療是經驗的傳承，跟識字多寡並不成等比關係，所以，清代臺灣民眾都是靠經驗靠成方來治療疾病。時至今日二十一世紀，廟宇收驚、叫魂、祭解、藥籤、扶乩、成方治病醫療行為，仍不絕於臺灣民間社會。

　　據鈴木清一郎《臺灣舊冠婚葬祭與年中行事》中對日據時期臺灣傳統祈禱、巫覡與疾病治療有以下記載：

謝罪拜拜——

> 本省人生病時，以前多半不請醫生，而是由巫覡或乩童來治療，因他們多半認為自己所以會生病，是由於觸怒了凶神惡煞。假如巫覡說確實是觸怒了凶神，那就要請「師公」舉行「祭送」。〔註134〕

藥籤——

> 臺灣人所謂的藥籤，就是在患病時，在醫療無效之後，問神佛求得藥方。一共有兩種，一種是「藥籤」處方，一是「青草」處方。青草處方並非藥商賣的草根樹皮，而是由指定生長在山野裡的草木果實之類，經由擲筊決定哪一種當作藥物服用。在進行藥籤還有所謂「輦轎」的舉動，就是用轎抬著神像在山野裡走，當抬轎的人覺得很重而抬不動時，就認為這是神佛指示這裡有仙藥，於是就在這裡擲筊，以便決定草木果實種類。〔註135〕

跳童——

> 主要是因中魔或中邪而生病時為了找病因和治療法，才請乩童行之。其方法是把乩童所奉祀神像，放置病家正廳桌上，或在病家所信仰的廟裡進行。……由乩童準備令旗和神刀各一把，點著一對蠟燭，在病家燒完金紙後，乩童再點三柱香，向神報告請神目的（祈

〔註134〕馮作民譯，《臺灣舊慣習俗信仰》，臺北：眾文圖書公司，2000年，頁56。原著鈴木清一郎，《臺灣舊冠婚葬祭と年中行事》，昭和九年（1934）。
〔註135〕馮作民譯，鈴木清一郎著，《臺灣舊慣習俗信仰》，頁60。

求治療疾病等），另有「觀桌頭」（判斷神諭的人）。站在旁邊⋯⋯一直等到乩童進入催眠狀態，此時觀桌頭如果想知道什麼，就可以立刻問乩童。例如問：病家的病是中了什麼魔？此外又要開始問治療的方法，以及對生死的預言。這時乩童就用乩（有如丁字形的樹枝），在灑有米糠或細沙的桌子或金紙上，隨著乩童顫抖的手畫出乩字，然後由觀桌頭拿去請人翻譯，以便判斷神諭的內容。〔註136〕

落地符——

所謂落地符，又稱下地符。在台灣人之間流行一種迷信，認爲病人的靈魂會脫離肉體來陰府，所以當病人的病勢轉重，一切藥物都無效時，就要請託乩童去陰府看看病者的靈魂究竟在哪裡，並且向閻羅王請示，是否可以把他領回。〔註137〕

到了日據末年金關丈夫主編的《民俗臺灣》雜誌，也有相關例子的紀錄：

我的診療室來了一位年長的小兒患者，卻很湊巧的被一位穿著制服的巡邏員嚇到了，也因此病一直無法痊癒，已呈昏死狀（支氣管炎），患者的家屬說無論如何一定要取該巡邏員的唾液，讓小孩子吃下才可保命，爲此特地來拜託我，我以衛生的立場來看，且又不想助長迷信，因此只淡淡一笑沒想到患者的母親很認眞地對我三跪九拜，請我務必爲他兒子取得該巡邏員的唾液。我禁不起哀求只好答應了。⋯⋯隔天我對他說「今天剛好巡查大人來拿藥，我將你們的事情告訴他，他非常的同情你們，也感到很抱歉，這就是該巡查大人的唾液，你趕快拿回去給你小孩吃下吧！告訴他這位巡查大人很好，免驚、無驚。」二三天後，小孩的母親前來道謝，和顏悅色地說：「托你的福，我的小孩已經平靜下來，元氣也恢復了，請代我向那位大人說聲謝謝。」當然了，那並非眞是巡查大人的唾液，我給他的水沒經過任何加工或使用任何符咒，只是爲了安慰其家人而已，但是因他們深信這對小孩眞的有助益，因爲大人的信心對小孩產生了幫助。〔註138〕

〔註136〕馮作民譯，鈴木清一郎著，《臺灣舊慣習俗信仰》，頁72。
〔註137〕馮作民譯，鈴木清一郎著，《臺灣舊慣習俗信仰》，頁73。
〔註138〕原刊金關丈夫主編，日文版《民俗臺灣》雜誌。引自林川夫編輯，《民俗臺灣》
　　　　第1輯，臺北：武陵出版社，1990年，頁50。

這則病例其實是臺灣民間對「著驚」的傳統處理方式，當人被某物嚇到，認為三魂七魄之一部分會飛離人體，因而發病出現各種症狀。其治療方勢將被嚇到之物以水清洗後或採其一部份取來煮水喝下，事實並非真的喝下，只是嘴唇象徵性的碰一下，並叫患者的姓名說「無驚」。另外日據時代巡查大人很威嚴，每當家裡孩子夜裡啼哭不乖，大人常恫嚇「大人來了」，以收鎮靜之效。

面對民間民俗醫療，殖民政府也祭出相關的取締規則。如明治36年（1903年）9月23日發行的《臺灣慣習記事》第三卷第九號，「利用迷信者之取締」條，便提到：

> 利用臺灣人之迷信以營私利為業者為數甚多，其危害顯著者，警察加以取締，但各地現仍有稱童乩及出字者（扶鸞），為病人開處方或以各種類似易占之方法籠絡愚民，有貪取金錢者，甚至在地方上持之向中藥鋪抓藥的處方箋，由童乩或出字者所開的遠多於醫生開的，地方廳雖屬行取締，但若鄰廳取締較寬，則畢竟成效不彰。固有人主張此等取締法宜發佈全台劃一的取締規則。〔註139〕

即便是日本總督府大力取締，但以宗教力量來對抗疾病仍是日據時期民間一種極為普遍的行為。許多鸞堂的開設，也是因為治病頗具療效，受到民眾的信任而設的。如高雄明心社修善堂的創立，是因為明治33年3月（1900年）打狗瘟疫，區內耆老迎請關聖帝君，回鄉消瘟救民而設立。苗栗勸善堂，也因多年施藥開方，效果不錯而設立鸞堂。當然許多鸞堂的鸞生本身就是精通岐黃的漢醫，經由鸞書系統流通，使得一般民眾得以具備一些簡單醫藥常識。〔註140〕

2. 原住民的原始醫療——異族與病魔

英國人類學家黎佛斯（W.H.R.Rivers）在二十世紀初，就曾研究澳洲附近的原住民，並提出他的原始醫療觀點。黎佛斯將人類的世界觀分為「巫術」、「超自然」和「自然病因」三大類。不同的世界觀會引導出不同的疾病信念，從而有不同醫療方法。如果該社會具有巫術的世界觀，疾病就會尋求巫術或

〔註139〕吳文星編譯，《臺灣慣習記事》（中譯本）第3卷下，臺北：臺灣省文獻會，1987年，頁161。

〔註140〕有關鸞堂與醫療，參見李世偉，《日據時代臺灣儒教結社與活動》，臺北：文津出版社，1999年，頁215～221。

反巫術加以解套。如果相信超自然（鬼神）的存在，因而會傾向超自然力量祈求贖罪。〔註141〕

　　而臺灣原住民的原始醫療觀點相當迷信，當遭遇災難或患病，一般皆相信是受神靈的影響，「一般信由神之責罰，以風之形體侵入身體，或由幽靈及惡魔之作祟。」，因此生病時，會由各族巫師來驅除惡魔，藉唸咒驅邪，以求病癒。後來經人類本能經驗積累，開始以周圍所採野生植物塗抹或食用來療病。〔註142〕例如泰雅族的祖靈觀念與蘭嶼達悟族的惡靈觀，都認為生病是因為違反超自然的力量，治療方式大都以宗教儀式為主，因此慰藉祖靈以求赦罪，就成了重要的醫療儀式。〔註143〕當然除超自然的因素外，大多數原住民也相信有些疾病是因為自然現象，而且與自然環境有關，因而也會尋求野生植物作為治病處方。日本植物學家佐佐木舜一於日據時期就曾收集漢人及原住民使用藥用植物，編撰《綱要臺灣民間藥用植物誌》；森林學家山田金治也曾編著《高砂族調查書第六篇——藥用草根木皮》，收入原住民藥用植物三百餘種。〔註144〕這些都是原住民很自然的發展出一套適應環境的法則與原始自然療法。

　　原住民面對自然與疾病自有一套因應法則，但漢人移墾與日本山林開發，雖帶來新的醫療觀，卻也為他們帶來新的疾病疫情。《臺灣通志》、《噶瑪蘭廳志》對吳沙開蘭就有如下記載：「屬番社患痘，出方施藥，全活者眾，番德之。」，而有「群番以為神，納土謝」，蕃社流行天花，一般以為應與漢人接觸有關。〔註145〕日據時期宜蘭撫墾署在向總督府的報告中，就提到蕃社馘首與惡疫關係。

　　　泰雅族馘首行動雖以先天復仇心為基本原因，但因襲成習，成為供
　　　奉祭典與剛勇的表彰為目的，尤其社內疫病流行時，以為祖靈譴怒，
　　　必行祭儀解除之。因此有獵取人頭的必要，這也是蕃社舉行祭儀及
　　　惡疫流行之時，凶行特別多的原因。〔註146〕

〔註141〕許木柱，〈醫療文化觀——醫療體系與文化脈絡的關係〉，《台灣醫療四百年》，臺北：經典雜誌，頁19。
〔註142〕莊永明，《台灣醫療史——以台大醫院為主軸》，頁192～193。
〔註143〕許木柱，〈無形與有形——臺灣原住民的兩大療法〉，《台灣醫療四百年》，臺北：經典雜誌，頁20～25。
〔註144〕《台灣醫療四百年》，頁21。
〔註145〕莊永明，《台灣醫療史——以台大醫院為主軸》，頁23。
〔註146〕《臺北州理蕃志（舊宜蘭廳上篇）》，明治30年，頁95。引自范燕秋，《疫病、醫學與殖民現代性：日治臺灣醫學史》，頁240。

泰勒（George Taylor）在《福爾摩沙的原住民》中也記載著——

> 排灣人鮮有生皮膚病的。直到最近天花傳入之前，爲聽說過有什麼
> 特別的或致命的疾病，他們將此怪罪於日本人。當然有很多因狩獵、
> 戰爭、毒蛇咬傷等意外所造成的死亡，但除此之外，除了少數因肺
> 結核而早夭外，大多數人都能享長壽。〔註147〕

1903 年官廳的報告指出：近來的南澳蕃人狩首的原因是五塔社天花流行。當
時官廳統計不少蕃害都與部落疫病流行有關。且「番人迷信平地是惡魔的巢
窟」〔註148〕從上面的紀錄我們可看到，隨著拓殖者進入山林採集經濟作物，
是否爲部落帶來新的疾病，或擾動地區風土病原有的平衡？據日本醫學者的
調查，蕃族認爲傳染病是因惡魔作祟，面對這種他們所謂的大厄運，他們的
處理模式大致如下。例如泰雅族一遇天花則舉家遷移。他們的防疫習慣有二：
一種是放棄患者的部落舉家逃離；一種是將患者隔離到部落外，這兩種方式
都是爲了避病以達自然隔離。〔註149〕泰勒在《福爾摩沙的原住民》中也有記
錄：「排灣人受到天花的打擊相當嚴重，一度曾很準時地每年必爆發一次，大
家設法逃到高山上以保住性命。」〔註150〕土蕃避病禁忌雖是一種疾病也可能
是一種「人種免疫」。他根據英國傳教士發現的現象——即土著與歐洲人接近
而傳染熱病、痢疾等，而歸結：臺灣蕃人之所以畏懼接近異族，並以爲接近
則易感染疫病，乃是從經驗中自然形成。蕃人以馘首（出草）來隔離阻擋異
族，並藉以祈求祖靈驅除惡魔，既是危機處理方法，也是正當的族群防衛反
應。〔註151〕

范燕秋從臺北州理蕃誌中整理出，1908～1920 年泰雅族部落疫情的記
載，可看出 1910～1920 年代泰雅族部落發生嚴重的疫病，進而削弱其部落戰
鬥力，使其必須與日警維持和解關係。加上面對新的傳染病，許多傳統防疫
措施皆無效下，日警得以介入部落醫療，進而扭轉雙方關係。故日方所謂蕃

〔註147〕費德廉、羅效德編譯，《看見十九世紀臺灣——十四位西方旅行者的福爾摩沙
故事》，臺北：大雁文化，頁 274～275。
〔註148〕《臺北州理蕃志（舊宜蘭廳上篇）》，明治 36 年，頁 339、530。引自范燕秋，
《疫病、醫學與殖民現代性：日治臺灣醫學史》，頁 240～245。
〔註149〕范燕秋，《疫病、醫學與殖民現代性：日治臺灣醫學史》，頁 240。
〔註150〕《看見十九世紀臺灣——十四位西方旅行者的福爾摩沙故事》，頁 275。
〔註151〕Y.I.生，〈臺灣ノ蕃人二行ハルル避病ノ禁厭ノ一例〉，《東京人類學雜誌》，第
264 號（明治 41 年 3 月 12 日），頁 202～204。范燕秋，《疫病、醫學與殖民
現代性：日治臺灣醫學史》，頁 241。

人「歸順」，並非來自他們對日警武力的降服，而多數是天災與疫病因素。日本殖民政府侵入性的山林採伐，且以集團移住來強迫部落接受文明馴化，不僅剝奪蕃社土地，也將文明地區的現代疾病病源，帶到毫無免疫力的蕃社，進而削弱族群健康。而蕃人接受現代醫療與外來文明系統，最大的因由是來自疫病的衝擊〔註152〕。

三、杜聰明的漢醫藥研究：壯志難酬

　　日據時期，雖然對漢醫打壓，但漢藥店仍然存在都市之中，因為相信漢醫的「藥方」，已是臺灣人牢不可破的觀念。然臺灣傳統醫學，面對西醫夾擊與殖民政府政策箝制，如何從不科學、迷信、落伍的負面評價下，殺出重圍，力圖振作，是當時關心漢醫學人士的共同目標。《臺灣新民報》中便直指：

> 所謂草根木皮的漢醫藥，以漢民族數千年的歷史看來，誰也不敢無視其在醫療上的功績。然而為何現在的漢醫學微微不振，其原因不外是現在的漢醫不但是遵古法製，甚且缺以科學的方法去繼續研究，……然而當知道要挽回日就頹廢的漢醫，非有科學的組織的研究是不足以為力呀！〔註153〕

基此信念，出身臺灣民間社會的杜聰明，深知漢方醫藥在傳統臺灣社會的地位，並認為漢醫的研究，不但是學術上的問題也是國家社會上重要之問題。杜淑純在其回憶中便提到：其父親杜聰明認為漢藥這些古老的東西，仍有其價值，只要以先進科學的方法加以研究，必當有新的貢獻和發現。因而他父親常常在報紙雜誌上發表研究成果和心得，一方面喚起各界對漢藥的認識和重視，一方面也致力提振這方面的研究。〔註154〕杜聰明在他自己的回憶錄也提到：「多年搜集有關文獻研究漢醫學之醫史學、藥理學及治療學，曾親往華南、華中、華北、東北、韓國及日本之藥材市場調查生藥及漢藥之品質、產地、產量、藥商之組織，及交易之機構，視察許多漢醫學校及漢醫醫院，主倡現代西洋醫學及漢醫藥學需要一元化。」〔註155〕

　　對於杜聰明的漢醫振興漢醫醫院設立計畫，《臺灣民報》在昭和3年（1928

〔註152〕范燕秋，《疫病、醫學與殖民現代性：日治臺灣醫學史》，頁246～263。
〔註153〕《臺灣新民報》，第309號，昭和5年（1930）4月19日，頁2。
〔註154〕杜純淑口述，曾秋美、尤美琪訪問整理，《杜聰明與我：杜純淑女士訪談錄》，臺北：國史館，2005年，頁101～102。
〔註155〕杜聰明，《回憶錄》，臺北：杜聰明博士獎學金管理委員會，1973年。

年）7月1日的新聞中，曾以標題〈杜博士が漢醫醫院の設立計畫〉（杜博士漢醫醫院的設立計畫）加以報導，卻引來民報記者啓源撰文反對，他以全盤否定漢醫藥價值立場，來反對設立漢醫醫院，並大力讚揚西洋醫學，他並認爲杜氏此舉是爲響應日本本土「皇漢醫學復興運動」，試圖爲臺灣多數非法執業的密醫，爭取合法執照。〔註156〕杜聰明隨即撰寫「漢醫學の研究方法に關する考察」（關於漢醫學研究方法之考察）長篇論文，於《臺灣民報》連載31天之久來回應。杜認爲漢醫學的價值已受到西方歐美國家所肯定，我們自己更應珍惜自己的傳統醫療。並特別強調需應用現代醫學的觀點來發展漢醫學，尤其是藥理學與臨床病理學的相結合，以科學方法來分析漢藥成分與藥效。杜氏認爲：「漢方醫學自古以來即深入東方人社會底層，在台灣也是如此，雖然官方政策壓制漢醫，但爲何非法漢醫生始終不絕於社會？藥種商數目不減反增？除政府取締不力外，另一個更深層的原因可能是，臺灣民眾確實對漢醫藥有所需求，即使用政治手段強行消滅，也無濟於事。對當時西醫界不屑於漢醫一事，也頗不以爲然。……受過現代醫學訓練的西醫們，應該投入研究漢藥，以科學方法，破解民眾的迷信。」〔註157〕這兩造之辯論，堪稱日據時期漢醫存廢論爭中最重要的一次。

　　爲了能將漢醫學由病理學至臨床、處方均做系統的研究，杜聰明極力奔走希望能創設一所漢醫病院。他邀得當時著名漢醫葉鍊金〔註158〕、余成渠、尤子樵等人的支持，並獲得臺北某富豪的口頭經費贊助之承諾，決定商借「稻江病院」作爲臨時診療所，然計畫尚未付諸行動，富豪卻自食其言，讓漢醫病院胎死腹中。〔註159〕杜聰明也曾向臺北帝國大學提出建議書，說明設立一所附有病床的漢醫學研究機關的重要，但並不獲校方採納。光復後他再接再厲，以他擔任台大醫學院兼醫院院長身份，向校方提出設立「漢藥治療科」，並找來他的學生邱賢添出任主任教授，楊克明任副教授，準備一圓他從日據

〔註156〕啓源，〈杜博士の「漢醫醫院設立計畫」を讀みて〉，《臺灣民報》，第219號，昭和3年（1928）7月29日，頁7。

〔註157〕杜聰明，「漢醫學の研究方法に關する考察」，《臺灣民報》，第224～254號，昭和3年9月2日～昭和4年3月31（1928～1929）。鄭志敏著，《杜聰明與臺灣醫療史之研究》，臺北：國立中國醫藥研究所，2005年，頁207。

〔註158〕葉煉金：儒醫，教授漢學，日本據台後，戮力習醫，深得黃玉階祕傳，對霍亂、鼠疫之治，出力不少。許雪姬、洪秋芬編纂，〈張麗俊先生《水竹居主人日記（二）》〉，中央研究院近代史研究所，2000年，頁40。

〔註159〕莊永明，《台灣醫療史——以台大醫院爲主》，頁388。

以來的夢想，然這項計畫在籌設階段就遭否決，而不被接納的理由，據當時參與籌設的翁廷俊回憶，乃校方認爲如此落後的東西怎麼可以設在台大醫院內，而以一紙命令撤銷。〔註 160〕

四、日本本土與臺灣的漢醫復權運動

日本傳統醫療，原來也是依靠漢方醫，明治維新新政府推行西化，本於富國強兵之策，選擇了廢除漢方、醫學西化的方針。剛開始採行漸禁制，一方面要求漢方醫登記，一方面加強西醫的養成，以漸進淘汰漢方醫的方式，來貫徹西醫制度。〔註 161〕面對漢醫斷絕之危機，明治 25 至 26 年（1892～1893 年）的第五議會期間，漢醫系的議員曾提出修改醫師執照之規定爲圖漢醫復活的法案。對此後藤新平得到反漢醫之醫師議員、陸軍醫務局局長石黑忠悳及司法次官浦奎吾司的助力，以公共衛生、軍事衛生及司法鑑定的角度，揭露漢醫無用之實情終結了這個法案。〔註 162〕日本本國也於 1906 年以法律四十七號公佈施行「醫師法」，始全面進入西醫制度。爲使明治維新飽受打壓的東洋醫學，仍能保一線生機，昭和 2 年（1927 年）帝國大學教授藥學博士朝比奈泰彥氏、日本著名漢醫南拜山等人，發起成立「東洋醫道會」組織，欲鼓吹東洋醫道再發揮其史的光輝，以爲醫道泰斗普濟人類。〔註 163〕

相對於日本本土的漢醫復興運動，臺灣漢醫與藥種商（漢藥店經營者），也曾在 1920 年代末葉掀起「臺灣漢醫復活運動」，力挽狂瀾，以保存漢醫學。大正 15 年（1926 年）6 月，高雄州鳳山郡發行〈台灣趣旨〉云：「欲喚醒島民同感研究漢醫學，以擁護古聖遺法而應時事之要求，革新保存我東洋古代文明之遺跡，以期發展將來若能使我漢醫藥得與西洋並駕齊驅。」〔註 164〕。昭和 3 年（1928 年）6 月 24 日在臺北的漢藥組合和臺灣贊助員等，面對東洋醫道會的成立，亦欲共圖達到成功，擬遊說勸誘在台之漢藥業者及一般有志者加入，以彼此聯絡一氣。《臺灣民報》報導：「現在以陳茂通氏爲該會臺灣支部長，積極進行事務，希望一般有志者及速聲明加入，申込處（報名處）臺北市永樂町三／一四乾元藥行」（報名處臺北市永樂町三之十四乾元藥行）。

〔註 160〕翁廷俊回憶計畫不被接納的原因是校方認爲其不科學。
〔註 161〕莊永明，《台灣醫療史——以台大醫院爲主》，頁 175。
〔註 162〕北岡伸一著，魏建雄譯《後藤新平傳》，頁 24。
〔註 163〕《臺灣民報》，第 214 號，昭和 3 年（1928）6 月 24 日，頁 4。
〔註 164〕莊永明，《台灣醫療史——以台大醫院爲主》，頁 178～179。

〔註165〕除成立支部外，更於 1928 年 7 月發行《漢文皇漢醫界》雜誌（1930 年改名《台灣皇漢醫學》，並增列日文版），1930 年臺灣支部籌劃請願運動，日本漢醫南拜山特從日本來臺參加活動，並巡迴演講。有關南氏來臺活動及漢醫復興運動，《臺灣民報》有數則報導：

昭和 5 年（1930 年）5 月 10 日標題「漢醫藥大會宣傳漢醫復興」云：

> 東洋醫道會臺灣支部，於去四日午前九時半起在蓬萊閣開了全島漢醫藥大會。出席會員五百餘名，來賓一百餘名。……共有顏國年、黃純青、駱保芝、謝金元諸氏的祝詞。繼披露祝電二十餘通，後由南理事長致詞略述東西醫學特色之比較，並漢醫存續之必要。〔註166〕

昭和 5 年 6 月 7 日（1930 年）標題「南氏一行來竹宣傳漢醫復興」云：

> 漢藥組合長鄭汝潛氏，及醫生會長李倬章氏各朗讀歡迎詞，其次南氏起述謝詞並講漢醫存續之必要。……是日漢醫生、漢藥業者及市民有志，一共一百五十餘名出席。……南氏及葉鍊金氏各述漢醫的真價值和復興之必要，聽眾甚多頗呈盛況。〔註167〕

昭和 5 年 8 月 30 日（1930 年）標題「漢醫復活運動」云：

> 漢醫復活運動的陳情書署名參加者共一萬六千餘人，其努力確實不小，也足以證明希望漢醫制度復活的人之眾多。〔註168〕

昭和 6 年 4 月 18 日（1931 年）標題「漢醫復興運動計畫積極進行」云：

> 關於臺灣的漢醫復興運動，其後東洋醫道會臺灣支部，在函詢該會東京本部，已明白了拓務省和太田總督皆有幾分贊意，但須再十分慎重考慮。故臺灣支部長陳茂通氏，以為既有幾分曙光，欲乘這個時機喚起全島輿論，並聯絡在京政界要人求其援助，其要求程度是主張與朝鮮同樣，每年施行試驗二次，給予行醫的免許，另一方面則創立漢醫藥學校或研究所等，目下正努力奔走中。〔註169〕

由以上報導可知，漢醫藥大會參與人士高達五百餘人，其中不乏黃純青、辜顯榮等知名人士。除召開大會以鼓吹漢醫復活為目標外，也積極串連向總督

〔註165〕《臺灣民報》，第 214 號，昭和 3 年（1928）6 月 24 日，頁 5。
〔註166〕《臺灣新民報》，第 312 號，昭和 5 年（1930）5 月 10 日，頁 5。
〔註167〕《臺灣新民報》，第 316 號，昭和 5 年（1930）6 月 7 日，頁 6。
〔註168〕《臺灣新民報》，第 328 號，昭和 5 年（1930）8 月 30 日，頁 2。
〔註169〕《臺灣新民報》，第 360 號，昭和 6 年（1931）4 月 18 日，頁 8～9。

府請願。昭和 5 年（1930 年）8 月 25 日向總督府提出「漢方醫學生存續」請願書。要求給予行醫的免許及成立漢醫藥學校或研究所。唯總督府雖表面答應會慎重考慮，背後卻施壓力，東洋醫道會臺灣支部於 1932 年 2 月停止會務，並宣告雜誌停刊。〔註 170〕至此檯面上的臺灣漢醫復興運動，殘存的一絲命脈可說是有氣無力了。

五、從《水竹居主人日記》看民間醫療行為

《水竹居主人日記》，日記主人張麗俊，清光緒葫蘆墩人，十三歲入漢學從師，曾任下南坑第一保保正，同時也是櫟社成員。透過其傳統仕紳及殖民地保正身分，他的日記中含藏大量中西醫新舊兼用的例子。我們從張麗俊個人的生病史及治療過程可看出它揉合中西、傳統現代的色彩。日記有關其眼疾治病歷程敘述如下：（明治 42 年 3 月 21 日～5 月 6 日，1909 年）〔註 171〕

3 月 21 日　清晨早起，令人視察左眼，則眼眶浮腫，眼內紅根罩滿，坐臥不安。

3 月 22 日　眼疾依然，請醫生林秀麟來診察處方。

3 月 24 日　眼疾依然，請劉國標來治。

3 月 27 日　今再服一方六味加，如不效可就公醫診視焉。

3 月 29 日　仍乘肩輿往全上醫院敷洗，左眼瞳精加生白翳，雖公醫亦似無可如何矣。

4 月 2 日　又煩家兄往大甲東請專治眼科醫生高媽愿，施一劑明目流氣，服飲之似乎平平。

4 月 12 日　入夜佛祖來家禳災。

5 月 06 日　又請林式新再來診視，將前方加麻黃、細辛。是日家人令劉漢兄往社口延法師曾枝來祈福禳災。

我們從上例中可見當張麗俊為病所苦時，他找漢醫、密醫、公醫輪番上陣，甚至還請神到家來禳災。另外我們再舉其七男世寧生病就診過程為例：〔註 172〕

〔註 170〕莊永明，《台灣醫療史——以台大醫院為主》，頁 179。

〔註 171〕許雪姬、洪秋芬編纂，〈張麗俊先生《水竹居主人日記（二）》〉，中央研究院近代史研究所，2000 年，頁 159～171。

〔註 172〕《水竹居主人日記（三）》，頁 403～412。

8月28日　令清漣請醫生黃開章來診察世寧，因到他店中相商處方，他言上焦火盛，下元無火，故口渴而小便清白，宜開理中湯，清漣持藥歸。

8月30日　世寧病甚危篤，令清漣速請西醫謝秋涫來診察，即回調劑。

8月31日　見世寧仍在危急中，寔無可如何，虔備香案當空祈求神祇，……予見無可復望，抱置之別室。〔註173〕

9月02日　入夜，本庄水順宮三府王爺乩童朱陳秀來家與世寧、世城禳災。

9月03日　因二小兒均病，未遑他出也，到本處福德祠祈求闔家老幼平安，後日答謝。

9月04日　到慈濟宮當列位神座前祈求仙丹與世寧、世成二小兒服，後又到廖鴻章推算二小兒命運之休咎。

由上例可看出除中西醫並用外，當面對死亡的恐懼時，只能寄託於宗教，民間之宗教醫方與療術如乩童、仙丹、卜卦，都成爲張麗俊延醫對象。從疾病的立場來說，漢醫、西醫、巫醫、迎神都是治療疾病所用工具，只要效果不彰，就可以換用另一工具，而前面所述的漢醫、西醫之爭只是反映了當政者的政治理念。而本段延引張麗俊的醫療需求，則是個人的，民間醫療習慣的縮影。

明治30年臺灣中央衛生會會長也在給總督文件中提到：

> 在本島，所稱之醫生即從事患者之診斷及投劑者，本地人主要依賴彼等而接受疾病治療，其施術、藥方雖各自有異，但基於氣性相通及治病養生之感情，本地人依賴一般醫生之心裡與對內地人開業醫並無不同，然而，先前業已發佈臺灣醫業規則，本島醫生幾無申請醫師執照之意願，當時對本地人按照以往方式接受診療一事暫不予過問，而一方面令公醫從事施藥治療，盡可能接受內地人之療治，無奈由於因襲已久，尚未能驟然脫離窠臼，接受內地醫師之診療者尤其稀少，彼等執意將生命委交醫生手中，此一現況雖是難檔之勢，但在日新月異之今日，若對此完全置之不理，則在取締上不便之處甚多。〔註174〕

從以上敘述，我們可以知道連日本政府官員也不得不承認，臺灣民間的醫療

〔註173〕夭折者臨終不能放在大廳，必須放在他室的地下以待嚥氣。
〔註174〕《臺灣總督府公文類纂衛生史料彙編》，衛生系列之二，頁60。

習慣是難以在短期內改變的。縱令透過取締，因市場需求，及民間傳統習慣，也難以滅絕漢醫的存在。

第五節　鴉片之漸禁與民間扶鸞戒煙

　　新鴉片特許令讓總督府的鴉片「漸禁政策」，演變為「漸進政策」。新特許令所要照顧的不是臺灣人、也不是鴉片吸食者，而是總督府的庫房。也許是當局嚴禁日人吸食鴉片，因此鴉片與在臺日人健康關係不大，加上總督府為增加財政收入，一而再再而三的容納新許可，並不斷提高鴉片煙膏的售價，如此搖擺不定，變相搾取的鴉片政策，以及罔顧臺灣人的身體健康，將臺民視同二等公民的舉措，引發臺灣人的普遍不滿，許多不耐日本鴉片政策之煙癮者，紛紛加入各地扶鸞祈禱降筆戒煙活動。而反煙人士，則投入全臺的反煙抗訴熱潮。民報甚至將當局鴉片特許漸禁政策，視作日本政府弱化臺灣種族競爭一石二鳥的陰謀。

一、鴉片漸禁與漸進：日臺不同調

　　鴉片自域外來，唐代始傳入中國，初名罌粟，明時稱烏香、阿芙蓉或鴉片，南洋諸國以為貢品，十六世紀晚年海關開始徵稅，列入藥材項下，與自菲律賓傳入的煙草混合吸食。至清初時已流行於各省，甚至開館賣煙。〔註175〕至於鴉片在何時傳入臺灣，說法不一，井出季和太認為當係荷蘭據臺時來自爪哇〔註176〕。《臺海使槎錄》，卷二，〈赤嵌筆談・習俗〉載：「康熙末年，臺灣已有專設之鴉片館，土人群聚吸之，索值數倍於常菸。」〔註177〕，至清代臺灣民間鴉片吸食之風氣日盛，儘管清政府於雍正時就已嚴禁鴉片，卻管不到臺灣這塊「化外之地」。清末光緒元年福建巡撫王凱泰，曾為臺民做戒煙戒賭之五百句長歌，繼而巡撫唐景崧亦為之作戒烟詩，一方面民間自光緒初年傳布俚謠「鴉片歌」，細述鴉片之毒害。〔註178〕

　　尤其臺灣是惡氣燻蒸的瘴癘溫床，居民一向用鴉片混合砒霜、煙草吸食，以抵抗瘴氣。道光二十八年（1848年），臺灣兵備道徐宗幹就沉痛指出：「銀

〔註175〕郭廷以，《近代中國史綱》，香港：中文大學出版，1989年，頁47。
〔註176〕井出季和太，《日據下之臺政》（一），頁34～35。
〔註177〕黃叔璥，《臺海使槎錄》，臺灣文獻叢刊第4種，頁43。
〔註178〕井出季和太，《日據下之臺政》（一），頁34～35。

何以日少？洋煙愈盛也。民何以日貧？喫煙愈多也。……以每人每日約計之，
須銀二錢，……以五十萬人計之，每日耗銀十萬兩矣。」〔註179〕。1858 年臺
灣被迫開港後，西方帝國向臺灣大量傾銷鴉片，至光緒二十年（1894 年）年
間，鴉片爲每年最大宗的進口貨品，每年幾乎占臺灣進口總值之半。臺灣從
茶、糖、樟腦所賺進的錢，一大半又被鴉片吃掉！據統計，在割臺前後，鴉
片癮者之人數約有十七萬人，占全臺總人口 260 萬人之 6.54%，形成臺灣頗
爲嚴重的社會問題。〔註180〕對此，在日本佔領臺灣前夕，清廷的李鴻章就向
伊藤博文總理提到臺灣吸食鴉片惡習，伊藤承諾：「一旦佔領臺灣之後，就會
禁止臺灣人抽鴉片」，伊藤此舉還讓倫敦「禁煙協會」，頒發「頌德狀」，稱他
是「當今的救世主」。〔註181〕此對照日後總督府的鴉片政策，實爲諷刺。

　　日軍攻台前，臺灣各地出現「排斥倭奴」文告，揭示日本政府要厲行「斷
辮髮、禁鴉片、解纏足、夜不可閉戶」，因此號召人民反抗日本統治。〔註182〕
因此日本據臺之初，雖日本本國明治以來即嚴禁鴉片，對鴉片採嚴刑重罰，
以防止鴉片吸食風氣在日本擴張勢力，有人據此主張殖民地臺灣應嚴禁吸食
鴉片。但也有人反對嚴禁，反對者擔心一旦嚴禁，將遭遇民情之極力反對，
不僅有妨礙對日本之心服，若要執行嚴禁，則不但需經常派駐二師團以上兵
力，並要犧牲數千之性命，甚至以兵力鎮壓，對殖民統治上言，殊非得宜之
策。因此主張採任其自然的非禁主義。〔註183〕明治 28 年（1895 年）9 月 7
日臺灣首任總督樺山資紀頒發告諭，嚴禁日人吸食鴉片。並於同年 11 月 17
日公布臺灣住民刑罰令，規定：軍人、軍屬、軍中從業人員及其他帝國臣民
吸食鴉片者處死刑。〔註184〕

　　是年 12 月 14 日，日本內務省衛生局長後藤新平，向臺灣事務局總裁伊藤
博文提出關於臺灣鴉片制度意見書。第一案爲嚴禁政策，第二案爲漸禁政策，
即：鴉片由政府專賣，在各地設置特許藥鋪來賣；由醫生診斷證明鴉片吸食者，

〔註179〕見《斯末信齋存稿》，引自楊碧川，《後藤新平傳——台灣現代化的奠基者》，
　　　　臺北：一橋出版社，1996 年，頁 48。
〔註180〕臺灣省行政長官公署統計室，《臺灣省五十一年來統計提要》，1946 年，頁
　　　　1374。
〔註181〕井出季和太，《日據下之臺政》（一），頁 36。
〔註182〕水野遵，《臺灣鴉片處分》，頁 4。引自楊碧川，《後藤新平傳——台灣現代化
　　　　的奠基者》，頁 50。
〔註183〕黃昭堂著，黃英哲譯，《臺灣總督府》，臺北：前衛出版社，1995 年，頁 83。
〔註184〕井出季和太，《臺灣治績志》，頁 242～243。

並發給證明，特准持證者購買鴉片；以高稅金代禁，其稅金充作改善臺灣衛生狀況之用。〔註185〕伊藤採取第二案漸禁政策。雖然嚴禁派在日本國內是主流，但一遇到臺灣問題，連原先主張嚴禁的伊藤博文，也不得不採納漸禁主義，其主要考量關鍵應是當時臺灣的財政困難。據統計，治臺前三年中央政府對臺灣的財政補助金，占臺灣全年歲入分別為72％、53％、34％；占日本全年歲入比例為6.6％、4.8％、3.0％，等於說治臺初期臺灣財政若無日本補助，根本無力自足。所以有些短視的日本人，甚至提出「臺灣島賣卻論」。〔註186〕為解決臺灣財政的困窘、有效收買民心，伊藤內閣遂採納後藤漸禁建議，並通知樺山資紀。樺山總督遂於明治29年2月26日，對一般民眾頒發告示如下：「為日本與歐美盟國之間所定現行條約施行於臺灣，故從來經過臺灣各開港口海關進口之鴉片，今後雖禁止進口，然而對成癮已久之在地人，如一旦禁煙恐有危急生命之危險，是以將來鴉片由政府準照一定之規則，准其作為藥用，仰各該人民善體總督之意。」。明治30年3月4日又公佈「鴉片令施行規則」，規定一切鴉片由政府專賣，經醫師診斷為有鴉片癮者，給予執照，特准其購買與吸食。〔註187〕臺灣鴉片令施行後，翌年後藤新平隨兒玉源太郎來臺任民政長官，有機會貫徹其鴉片漸禁政策，此政策也延續將近三十多年之久，直到1930年殖民政府才在國際輿論壓力下，成立臺北更生院做為鴉片癮者治療機構。

楊碧川在《後藤新平傳》一書中還提到，1896年後藤和伊藤博文一起來台灣視察，看到臺灣人用土法煉製鴉片，乃推薦加藤尚志為臺灣總督府製藥所所長，用半年時間向臺灣人學習鴉片製造方法，並予改良。1897年「臺灣鴉片令」，就嚴禁私人製造及販賣鴉片，完全由總督府一手壟斷，至於鴉片的原料，由總督府向德、英商館收購，最後再由日商三井會社獨佔。鴉片由總督府製造與專賣，再轉交給大盤商與小賣商。〔註188〕後藤新平還將此專賣權

〔註185〕程大學譯，《日據初期之阿片政策附錄保甲制度》，第一冊，臺北：臺灣省文獻委員會，1978年，頁13～14，20～27。
〔註186〕黃通、張宗漢、李昌槿合編，《日據時代臺灣之財政》，臺北：聯經出版公司，1987年，頁23～24。
〔註187〕王世慶，〈日據初期臺灣之降筆會與戒煙運動〉，《清代臺灣社會經濟》，臺灣研究叢刊，臺北：聯經出版公司，1994年，頁417～418。
〔註188〕督府並訂定鴉片煙之經銷，鴉片煙具之製造、販賣、經銷，鴉片吸食所之開設，鴉片粉末之批發，可經特許並發給執照。前揭許賜慶編譯，總督府檔案專題翻譯（四）衛生系列之一，《臺灣總督府公文類纂衛生史料彙編》，V00082／A016，頁43。

利用來攏絡臺灣紳士，讓「對臺灣統治有貢獻，幫助日本人征剿土匪，維持治安有功者」得以取得鴉片販賣權，如辜顯榮、陳中和等都得到這份甜頭。〔註189〕鴉片販賣利益不僅能安撫地方紳士，讓他們為帝國效命，也為總督府增加一大筆財政收入，可說是雙贏政策。這筆專賣利潤收入占經常歲入的 30％（1898 年）到 13％左右（1913 年），加上其他鹽酒樟腦等公賣利潤，約為經常收入的 71％，讓臺灣財政得以獨立，不再依賴日本國內補助。〔註190〕身為臺灣人喉舌的《臺灣民報》便認為政府以人道藉口來掩飾鴉片取締不力，其實是總督府「為圖財政上的增收起見，不得不在暗裡弄出許多的怪物，或減少嗎啡，或提高價格，把阿片癖者視為奇貨來充作財政上增收的犧牲，若如此於人道上難免無責嗎？」。〔註191〕

鴉片成為殖民政府專賣後，公定價格卻比以前自由吸食時暴漲許多，且吸食需繳交特許牌照稅，對一般吸食者無疑是沈重的負擔，因此密吸者與走私買賣鴉片的人還是很多。甚至還出現有牌的癮者將自己吸食量減少，然後暗中將鴉片以高價賣給無牌者。殖民政府的因應之道，竟是採取新特許令來網羅密吸者與新癮者，1929 年年底，總督府發佈「新特許方針聲明書」，至此總督府的鴉片「漸禁政策」，演變為「漸進政策」。〔註192〕新特許令照顧的不是臺灣人、也不是鴉片吸食者，而是總督府的財政庫房。然對沈迷於阿片煙膏的密吸者或新吸者，特許令無疑是一個好消息。賴和在其小說《棋盤邊》，反嘲：「你無目睭也有耳仔，政治已在順從民意了，難道你尚在甕底？」「為什麼不是民意？你曉得出願者有多少嗎？免著驚！三萬幾千人。」〔註193〕響應鴉片新特許令的檢驗人口竟高達三萬多人。

總督府的鴉片漸禁政策，已是在大力獎勵、禮讚鴉片吸食者的吸食行為。這點我們從《臺灣民報》所載新竹警察課課長召集保甲役員於新竹公會堂傳達新特許令的一番話可證。

　　吸阿片並不是什麼不名譽的事體。我們新竹街最有錢最有名譽的鄭

<hr />

〔註189〕楊碧川，《後藤新平傳——台灣現代化的奠基者》，頁 51～53。
〔註190〕楊碧川，《後藤新平傳——台灣現代化的奠基者》，頁 54～56。
〔註191〕《臺灣民報》，第 293 號，昭和 4 年（1929）12 月 29 日，頁 3，「課長的阿片禮讚？」。
〔註192〕雅芳，〈殖民地醫學與疾病敘事——賴和作品的再閱讀〉，《臺灣文獻》，第 55 卷第 4 期，臺北：國史館臺灣文獻館，2004 年 12 月，頁 287～290。
〔註193〕賴和，〈棋盤邊〉，收入林瑞明主編，《賴和全集》（卷一：小說卷），臺北：前衛出版社，2000 年，頁 119。

某，也是阿片的吸食者。今後對於密吸者，除年少健康可以解煙的
人們而外，一概都要給予鑑札。所以你們回去傳達給密吸者們知道，
由明日起要至急提出屆書（申報），便可以公然吸食阿片。〔註194〕

總督府為增加收入，一而再再而三的容納新許可，並不斷提高鴉片煙膏的售
價，如此搖擺不定，變相搾取的鴉片政策，以及罔顧臺灣人的身體健康，將
臺民視同二等公民的舉措，引發臺灣人的普遍不滿，許多不耐日本鴉片政策
之煙癮者，紛紛加入各地扶鸞祈禱降筆戒煙活動。而反煙人士，則投入全臺
的反煙抗訴熱潮。民報甚至將當局鴉片特許漸禁政策，視作日本政府弱化臺
灣種族競爭一石二鳥的陰謀。

　　臺灣受日本統治三十多年來，在文化運動、政治運動、勞動運動等
　　方面都有過努力，但是為什麼還是爭取不到臺人的差別撤廢？主要
　　還是要歸咎於那些已被鴉片癮將意氣消磨淨盡的御用紳士，因為一
　　旦染上此一惡習，身體自然衰弱，任你具有堅忍不拔的志士，到此
　　也不得不意志消沉了！所以臺灣人之所以無論如何掙扎，都無法在
　　政治、經濟、社會各方面比得上日本人，豈不是基因於此嗎？〔註195〕

二、社會輿論鼎沸的反煙抗訴

　　昭和 4 年（1929）鴉片新特許政策宣佈後，為一心想爭取臺灣人尊嚴，
革除臺灣人惡習的臺灣知識份子，帶來極大的憤慨，他們對於總督府遲遲不
願禁斷鴉片的推諉作風，感到不滿，繼而對總督府的批評與抗議，便如排山
倒海而來。在各反對團體中，除醫師公會、新民會外，臺灣民眾黨對總督府
「鴉片吸食特許」的抗訴，有著撼動當局的表現。1929 年 6 月 3 日（是日為
林則徐虎門海灘銷燬英商鴉片紀念日）臺灣民眾黨就曾通令全臺各支部，舉
辦「打倒阿片大講演會」，散發萬張「打倒鴉片」單傳，傳單寫著：

　　八十九年前，英國人輸入鴉片於廣東的時候，林則徐總督就看破阿
　　片是亡國滅種的惡魔，毀家傷身的毒物，便收押了英船兩載的阿片
　　四千箱燒掉了，因此起了驚天動地的鴉片戰爭了，我們的同胞至今

〔註194〕《臺灣民報》，第 3 卷第 14 號，大正 14 年（1925）5 月 11 日，頁 1，「宜速
　　　　撤廢阿片特許的制度」。
〔註195〕《臺灣民報》，第 196 號，昭和 3 年（1928）2 月 19 日，頁 2，「阿片的取締
　　　　要公平無私」。

猶是大吸特吸，每年都吸了四百幾萬圓，單單就有鑑札的人來講，就有了三萬餘人，而暗吞密吸的不知幾何啊？咳！設使臺灣人不要性命，也要在世界上留些面皮才是啊！有志氣的同胞，快！快！快起來打倒萬惡的阿片啊！〔註196〕

同年底石井警務局長宣佈所謂「鴉片新特許方針聲明書」，同意「修正令施行前之癮者，因不得以而吸食者，予以特許。」，此舉令輿論沸騰，反對聲浪四起，一場夾雜著種族衛生與臺灣人尊嚴的社會運動浪潮，向總督府撲天蓋地而來。臺灣民眾黨隨即於 12 月 22 日發出抗議文給警務局長，要求其取消新特許政策聲明，同時發電給日本首相與拓務大臣，請求其命令臺灣總督府停止發給新的鴉片吸食牌照。抗議書中直言：「政府置此簡便之阿片吸食消滅法不用，可見政府全無消滅之誠意，而反用種種理由以掩飾其貪圖公賣收益之用心。」〔註197〕民眾黨各支部也卯足全力，在各地開辦講演會，由醫師韓石泉、社會名流蔡培火等，擔任辯士，進行反鴉片宣傳。為凸顯臺灣阿片問題，它更以「代表四百萬的臺灣人的臺灣民眾黨」身份，致電日內瓦國際聯盟總部控訴，表示日本政府特許臺灣人吸食鴉片，乃違反國際條約，將臺灣吸毒問題予以「國際化。」為此國際聯盟特派鴉片委員會委員到台灣視察。《臺灣民報》對此有如下報導：

現在所謂「禁吸阿片」一事已不僅為一地方或一國的問題，而已成為國際的問題了。各國之於海牙條約亦曾提及阿片問題，而於 1925 年 2 月在日內瓦所開的國聯會議時之阿片協定，其宣言書中亦曾明揭「阿片煙膏之使用，期漸次而且有效而禁過之」。其後在國際聯盟的阿片委員會，為欲調查各締約聯盟政府有無履行其義務，這回特派國際聯盟阿片委員會的委員三名，巡視東方各國調查各地的阿片禁止狀況，該委員三名已在本月十九日將到臺灣了。

這回將到臺灣的國聯之阿片委員，均屬與阿片問題沒有特殊的利害關係國之名士，……而阿片委員此次巡視的目的，是在調查各國對履行阿片條約的義務而採取的手段之外，並欲調查極東之阿片的不正當買賣之性質及其範圍，和其他阿片困難禁止的諸原因，所以這

〔註196〕莊永明，《台灣醫療史——以台大醫院為主》，頁 222～223。
〔註197〕葉榮鐘，《日據下臺灣政治社會運動史》，下冊，臺北：晨星出版社，2000 年，頁 452～453。

回阿片委員所調查的結果，影響於國際阿片問題之將來很大。然而
在有阿片之不正當買賣的各地，莫不在努力於掩蔽事實，所以到處
被該地官憲包圍接待的阿片委員們，其所入手的材料恐不出多是官
製的報告，所以他們究竟能否查出各地的眞相，以貢獻國際間阿片
問題的解決，使人懷抱不少的疑問。〔註198〕

對國際聯盟特派阿片委員會委員到台灣視察，《臺灣民報》對此並不樂觀。的
確在總督府嚴密監控下，臺灣本島人根本沒有高談闊論的機會，而且總督府
也不惜鉅資在每天晚上都設宴熱烈接待調查團成員，因此等到民眾黨跟調查
委員見面時，已經是委員留在臺灣的最後一天了。

　　1930年3月1日，國際聯盟鴉片調查委員會在台北鐵道飯店接見臺灣
民眾黨代表蔣渭水、林獻堂、蔡式穀及通譯林攀龍等人，以了解臺灣鴉片
政策。針對國際聯盟的關切與臺灣民眾黨的舉動，總督府反應激烈。利用
御用紳仕發動保正周清桂等人，向調查委員會發派出陳情書，同時也讓辜
顯榮、林熊徵、許丙三巨頭去求會見國際聯盟鴉片調查委員會成員，表明
支持日本政府「善政」。這些御用紳仕也在總督府教唆下，在御用報紙《台
灣日日新報》和《台南新報》，連日撰文反擊，替當局鴉片政策辯護。3月
2日調查委員一行人離台後，連雅堂便在《台灣日日新報》發表〈新阿片政
策謳歌論〉：

台灣人之吸食鴉片，爲勤勞也，非懶惰也，非退守也。平心而論，
我輩今日得享受土地物產之利者，非我先民之功乎？而我先民之得
盡力開墾，前矛後勁，再接再厲，以造今日之基礎者，非受鴉片之
效乎？

此次再請特許者二萬五千人，亦不過全人口二百分之一強爾，無大
關係，亦不成大問題，又何事議論沸騰哉？

今若遲疑不決，收回成命，則當局失信於保甲，保甲失信於人民，
而政府之威嚴損矣。〔註199〕

連雅堂不但謳歌鴉片對臺灣移民開拓的貢獻，還建議政府萬不可收回成命，
連氏這些舉措，不僅被林獻堂痛斥爲「幫閒」，也引起輿論群起攻擊。這讓連
氏不得不攜家逃離臺灣，到中國去。

〔註198〕《臺灣民報》，第300號，昭和5年（1930）2月15日，頁2，「社說」。
〔註199〕楊碧川，《後藤新平傳──台灣現代化的奠基者》，頁54。

　　對總督府與御用紳仕的舉措，做爲臺灣民眾黨發聲機關的《臺灣民報》社論，更是一片撻伐聲。昭和 5 年（1930 年）3 月 8 日，標題「御用報紙的暴論強詞奪正理是誰非國民」云：

> 然而島內南北兩大御用報紙竟大發暴論，説什麼是非國民態度，什麼叛逆行爲，什麼統治的冒瀆，這眞是善惡不分，是非莫辨的妄言了。甚至對於個人私行的指摘，教唆暴力的發動，如此非紳士的態度，及違法的狂言，宛然狂犬亂吠，實在令人可笑又可憐。……台灣當局基於國際阿片條約的規定，昨四年一月已經改正了臺灣阿片令，對於密吸食者嚴重處罰，並要對癮者強制治療處分，如能發揮此律令的效果，民眾黨故無反對之理由，豈料實施已經過了一年的今日，在要新特許犯禁令的密吸食者，這豈非阻礙律令的效力，損害司法的權威？故反對阿片再特許，寧可謂爲尊重國法，服從律令的良民，何有冒瀆統治的形跡？若説冒瀆統治的言動，豈非在於擁護犯法的密吸食者而輕視國法尊嚴之御用報紙及御用輩嗎？〔註 200〕

同一天同版面，也以標題「何不獎勵移民吃阿片？」反諷連雅堂於三月二日《台灣日日新報》所載的「阿片意見書」及當局鴉片特許只允台灣人，禁絕日人吸食的殖民心態：

> 三月二日在臺日紙上有載連雅堂氏之對阿片問題的意見書，連氏不但是鴉片的體驗者，並且以歷史的考察，證明阿片於地方開拓上有奇特的功效，於移民政策上當局者大可爲參考的材料吧！倘若臺灣的先民之對臺灣的開墾之功是賴阿片之效，那麼現在東臺灣的日本移民的失敗，其原因莫不是因爲他們沒有吸食阿片。既然如此，臺灣當局的阿片吸食的特許，不但不該只限於特許給臺灣人，由移民政策上宜向在臺二十萬的內地人去獎勵才是了。〔註 201〕

昭和 5 年（1930 年）3 月 15 日，陳鏡秋氏也爲文反駁連雅堂：

> 以臺人染癮，起於倖免瘴毒，而爲勤勞進取，非爲怠惰退守，此亦不是公正論法，臺灣文獻中，卻有載及檳榔可以散烟瘴，不見阿片可以倖免瘴毒之事，縱或有之，無非齊野之語，決不能爲現代醫學

〔註 200〕《臺灣民報》，第 303 號，昭和 5 年（1930）3 月 8 日，頁 2。
〔註 201〕《臺灣民報》，第 303 號，昭和 5 年（1930）3 月 8 日，頁 2。

所容認。……連氏竟引爲先民藉阿片之效得盡力開墾，而作癮者辯
護，其所解釋未免牽強。〔註202〕

除臺灣民眾黨扮演民間「反鴉片吸食」的橋頭堡外，其中由東京留學生所組
成的「新民會」，爲了讓世人瞭解總督府鴉片漸進政策背後，根本是欺瞞的政
令；而今又以人道藉口允許密吸者自首登記，給予新鑑札，無異是鼓勵鴉片
吸食，完全違背國際鴉片條約的精神。因而提出三年完成「解煙事業」的三
段做法，督促當局，緊急設立解煙局、解煙院。〔註203〕另外一群深懷改革熱
情的臺籍醫師，也集合群體力量，以個人或醫師會的名義，持續向總督府發
出抗議之聲。如楊金虎醫師就以專家立場在報上撰文，述說嗎啡中毒者之悲
慘，呼籲同胞勿染此惡習，也大聲呼籲同業，莫爲求獲利而投以病患此藥物，
並希望官廳當局對此錯誤政策，能以島民健康爲前提，重新考慮。〔註204〕臺
北醫師公會也曾擬致送反對鴉片決議書給當局，後因醫專校長堀內次雄，爲
恐學生受到迫害，出面勸阻而作罷。〔註205〕高雄、台南兩地醫師公會遂成爲
反對主力，彰化、嘉義等醫師公會也相繼響應。連一向與總督府關係良好的
臺北資產階級知識份子組成的「如水社」，也跳出來加入抗議行列，向總督石
塚英藏提出建白書，讓總督府大爲難堪。〔註206〕

不過，即使在臺灣各界如排山倒海的反鴉片新特許情緒下，總督府對於
鴉片新特許的行動，並未有所動搖。這其中最大因由應是鴉片專賣背後龐大
的財政收入。對此《臺灣民報》在昭和5年（1930年）2月8日迄5月17日，
刊載由署名夢綠生所撰，連十五篇的〈鴉片制度署史〉。文中對歷來鴉片政策
多所著墨，尤其是標題「漸進政策の功過」幾篇，對當局發佈不實吸食者數
字來誇稱阿片政策成功給予反擊，並提出當局鴉片專賣的龐大公賣收益數
據，以證其貪圖公賣收益，罔顧臺人健康之殖民心態。

由（表一）提出的年度數字別表可知明治30年迄昭和4年，阿片收入合

〔註202〕《臺灣民報》，第304號，昭和5年（1930）3月15日，頁7，「讀連雅堂氏
　　　　臺灣鴉片特許問題」。
〔註203〕楊肇嘉，《臺灣鴉片問題》，東京：新民會，1930年，頁1～36。
〔註204〕楊金虎，〈悲慘なるモヒ中毒者を救濟せよ〉，《臺灣民報》，第262、263號，
　　　　昭和4年5月26日、6月2日，（1930）。
〔註205〕莊永明，《台灣醫療史──以台大醫院爲主》，頁224。
〔註206〕《臺灣民報》，第299號，昭和5年（1930）2月8日，頁10，「打倒鴉片臺
　　　　北如水社も阿片新特許に反對」。

計達一億六千九百七十二萬九千八百二十圓三十二錢九厘，此龐大收入，可端倪出日本鴉片政策的真正面貌。臺灣總督府雖於 1924 年停止製造鴉片，但一直到 1945 年 6 月 17 日（日本投降前兩個月）才停止鴉片專賣。

（表一）

鴉片吸食者、一人平均年吸食量、販賣金額、營業特許者數年度別表〔註207〕

年　度	人　數	年吸食量 （キロ）	販賣金額 圓	厘	營業特許者數 （人）
明治 30	50,597	1.0.	930,315	955	2,294
31	95,449	1.67	3,434,775	539	3,013
32	130,962	1.51	4,480,122	397	3,339
33	169,054	1.18	4,673,868	092	3,028
34	157,619	0.87	3,542,951	830	1,534
35	143,492	0.83	3,191,762	667	1,142
36	132,903	1.05	3,700,923	467	1,？16
37	137,952	1.06	4,129,900	516	999
38	130,476	1.21	4,627,786	275	1,048
39	121,330	1.23	4,914,741	648	041
40	113,165	1.25	4,852,889	613	1,039
41	119,991	1.19	5,126,342	114	1,027
42	109,955	1.34	5,123,130	831	1,033
43	98,987	1.14	5,299,097	424	973
44	92,975	1.09	5,707,486	386	947
大正 1	87,371	1.21	6,027,837	843	935
2	82,128	1.24	5,886,399	825	914
3	76,995	1.27	5,886,399	716	9？9
4	71,715	1.37	5,800,723	468	857
5	66,847	1.53	6,590,153	235	817
6	62,317	1.44	6,924,376	528	793
7	55,772	1.54	7,552,245	057	755
8	52,063	1.43	7,619,411	275	729

〔註207〕《臺灣民報》，第 304 號，昭和 5 年（1930）3 月 15 日，頁 12。及第 305 號，昭和 5 年（1930）3 月 22 日，頁 12。

年　度	人　數	年吸食量 （キロ）	販賣金額 圓	厘	營業特許者數 （人）
9	48,012	1.37	7,708,235	066	700
10	44,022	1.29	6,772,614	090	663
11	42,108	1.27	6,283,277	330	646
12	39,463	1.22	5,640,665	030	618
13	36,627	1.21	5,184,035	078	594
14	33,755	1.24	4,921,668	400	589
昭和 1	31,434	1.28	4,716,575	600	567
2	29,043	1.28	4,375,774	370	539
3	26,942	1.30	4,103,190	960	514
4			3,970,142	000	
合　計			169,729,820	329	35,782

※此為兩表合併一表，刪減原販賣量、阿片取次人數數據

數據出處：《臺灣民報》，昭和 5 年（1930 年）2 月 8 日迄 5 月 17 日，由署名夢綠生所撰，連十五篇的〈鴉片制度署史〉中之「漸進政策の功過」。

對此湖島克弘在《杜聰明與阿片試食官》一書中，也寫下總督府衛生課財津顧問於總督府月報中自誇自讚的文章。

> 自從日本領台以來，臺灣總督府便傾盡全力消除蔓延全島的阿片惡習，直到昭和二十年（1931 年）六月，眼看阿片癮者即將滅絕，在此停止阿片的專賣。從中英戰爭以來，清除阿片已成為世界的課題，不過迄今為止，歐洲諸國還沒有一個國家能在自己的殖民地上實現這個理想。……阿片上癮者的滅絕與清除阿片的偉業，就正如計畫預期一般，在領後五十年達成。昭和二十年六月底的今日，臺灣阿片癮者人數是零。在此，公開發表臺灣總督府這光耀於全世界的成果。〔註208〕

並藉彭伯勤一角來反諷。

> 彭伯勤流露出不以為然的冷笑。「即使不再製造阿片煙膏，但阿片癮者卻大多健在。有滅絕這種事嗎？只不過是買賣黑市阿片來吸，在

〔註208〕湖島克弘著，黃蔡玉珠、孫愛維、鄭誼寧譯，《杜聰明與阿片試食官》，臺北：玉山社出版，2001 年，頁 332。

無盡的痛苦中打滾罷了。竟然還能隱諱這些事實，宣傳是臺灣總督府的偉業，真好笑！」〔註209〕

三、台北更生院與杜聰明的醫療解煙

> 許多煙鬼最堪憐，憔悴形容如坐禪。
>
> 不覺漸成長命債，對人無語更悽然。
>
> 煙鬼痴迷眞可憐，賣家重賣化成煙。
>
> 任人談笑渾無恥，剩得妻孥號泣漣。

大正十四年（1925年）秋，杜聰明被總督府派往歐美留學，同年七月出席美國費城第一屆世界麻藥教育會議，會議上杜聰明用英語發表了以「臺灣的阿片問題」爲講題的演說，並將這首公學校教材的「阿片歌」翻譯成英文，傳達給與會者，引起廣大迴響，也使得杜聰明對於自己的研究方向，有了更明確的頭緒。〔註210〕這趟美國行，讓杜聰明從國際麻藥問題，看到臺灣本土鴉片問題，身爲藥理學者，杜聰明心想如果現在研究鴉片、嗎啡，不但可以拯救自己同胞性命，甚至可以擴大貢獻給全世界人類。杜聰明在巴黎時寫下了這段心路歷程：

> 臺灣目前的鴉片及嗎啡慢性中毒者很多，治療學教室應以藥理學上
> 的理論爲基礎，研究讓這些中毒者能在短時間內以無痛苦的方式得
> 以除癮，這也是人道上重要的問題。〔註211〕

從美國回臺後，其地位自是不同於以往，自信大增的杜聰明，大部分的精力都投入在鴉片及嗎啡慢性中毒的研究。在杜氏全心投入鴉片研究前，總督府的煙癮醫療付之闕如，一般公醫並不以治療鴉片癮者爲主要業務，至於府立醫院，多數淪爲日本人的貴族醫院，對於以臺灣人爲主的鴉片癮者，並未提出有效治療策略，醫學研究也少以鴉片爲主題，故戒煙成果十分有限。也許是當局嚴禁日人吸食阿片，因此鴉片與在臺日人健康關係不大。其中唯有日籍公醫木村謹吾於1903年提出一篇〈阿片癮者體格檢查第一回報告〉調查資料，提及鴉片吸食者的年齡以三十歲至四十歲者居多；吸食者以體力勞動者

〔註209〕湖島克弘著，《杜聰明與阿片試食官》，頁333。
〔註210〕湖島克弘著，《杜聰明與阿片試食官》，頁201～203。
〔註211〕鄭志敏，《杜聰明與臺灣醫療史之研究》，頁75。

居多；吸食原因中因為疾病原因者佔九成，疾病中呼吸器官疾病者又佔半數。
〔註212〕在此之前總督府對臺灣人吸食鴉片原因，都歸因於臺灣人不可救藥的
民族劣習，吸食鴉片只是為遊戲作樂，予以污名化。木村的報告算是替臺灣
人出了一口氣。

除木村外，另一位投入鴉片研究的是臺籍人士林清月醫師。畢業於醫學
校的林清月，利用其在日赤醫院門診的便利性，從 1904～1908 長達五年期間，
對來院門診的艋舺、大稻埕 245 名煙癮患者，做調查研究，以期找到科學治
療煙癮的方法。林的研究結果就吸食原因上，因閒暇及妓院遊興因素比例高
達 72.24%，疾病僅佔 23.67%，與木村謹吾調查結果大相逕庭。〔註213〕有此
落差林清月解釋應是城鄉差別，調查對象的社會地位與經濟能力不同，其調
查者大都是社會上流人士，出入妓院以排遣時間，並以鴉片為助興之資，此
乃源自傳統中國人的習慣。〔註214〕林清月說法是針對商人應酬而來，到了下
午 5 時左右，精神稍有不濟，藉吸幾口鴉片來提神，此已是當時社會通俗。
林清月並對鴉片煙癮者的身心症候提出臺灣醫學界的首度具體報告，他將鴉
片煙癮者分成第一期症候與第二期症候，鴉片煙癮者待出現第二期症候時，
身體外觀特別是顏部容貌，會出現如臺灣人稱的「煙顏」、「鴉片煙面」，其特
徵是臉色污穢蒼白，瞳孔縮小，明顯出現癡鈍狀。〔註215〕除提出煙癮者身心
症候報告，林清月醫師還提出「醫學的廢煙法」，來減少禁戒過程的痛苦，他
調和一種他名之為「海納散」的煙癮治療劑，其主要成分是：每回劑量鹽酸
海洛因 0.03 公克、那可丁（Narcotine）0.05 公克、乳糖 1 公克，調以大量乳
糖，是為了補充癮者因身心痛苦所消耗的體力。〔註216〕林清月的海納散，經
過一段時間的試驗，證明成效斐然，多數肯配合的患者都能在二至三週內全
癒。可惜林清月的研究未獲得官方的支持，因此並未引發廣大迴響。此鴉片
診治棒子，將留待其學弟杜聰明來完成。相較於林清月的生不逢時，杜聰明
則幸運的多，在他學成歸國之際的 1930 年代，客觀環境提供了一個他足以發
揮的舞台，加上他本人的專業與努力，創造一個屬於他的鴉片研究事業。

〔註212〕鄭志敏，《杜聰明與臺灣醫療史之研究》，頁 83。
〔註213〕林清月，〈阿片癮者ノ研究ニ就テ〉，《臺灣醫學會雜誌》，第 65 號，1908 年，
　　　　頁 81～124。
〔註214〕林清月，〈阿片癮者ノ研究ニ就テ〉，頁 83～85。
〔註215〕林清月，〈阿片癮者ノ研究ニ就テ〉，頁 86～96。
〔註216〕林清月，〈阿片癮者ノ研究ニ就テ〉，頁 86～96。

　　1925 年日內瓦國際鴉片會議，英國與日本被視為鴉片問題的元凶，日本因對鴉片走私買賣取締不力，造成大量鴉片傾銷中國，以致日本政府飽受責難。1928 年英國向國聯正式提出要求，希望組成鴉片調查委員會，對遠東地方展開鴉片問題的調查，主要對象當然是中國與日本。此一國際情勢，日本官方不得不因應之，臺灣總督府遂在 1928 年 12 月 28 日發佈修正的「臺灣鴉片令」，同時並修正「臺灣鴉片令施行規則」，規定不得吸食鴉片、不得開設煙館、違反規定者可予監禁及罰金。鴉片改正令，採嚴刑重罰手段，以求能博得國際視聽好感，宣示其禁絕鴉片的決心，希望能一掃國際污名。〔註 217〕令人惋惜的是，基於財政利益的作祟，才雷厲風行一年的改正令，於 1928 年 12 月 18 日又以人道為藉口頒佈新特許令，總督府這項措施引爆了臺灣知識份子的不滿情緒。臺灣民眾黨深諳當局懼外不懼內的心態，為加強對當局壓力，決定向國際聯盟抗訴，控告日本政府違反國際鴉片條約，國際聯盟予以正面回應，決定派調查團來臺調查相關事宜。一向講求國際形象的日本政府為此大感狼狽，趕在調查團尚未抵臺之前，於 1930 年 1 月 15 日，匆忙成立總督府鴉片癮者矯正所——臺北更生院，以掩國際耳目。此次國聯調查團來臺因總督府處理得宜，利用御用仕紳表明支持政府「鴉片政策」，故能和平收場未造成調查團的進一步干預，民眾黨並未能藉此撼動當局鴉片政策，唯一的收獲是促成了杜聰明日後主持的臺北更生院的誕生。

　　從歐美留學回臺的杜聰明，開始從事鴉片戒癮治療研究，但因大部分鴉片吸食者都不願意成為實驗對象，為實地觀察中毒者的上癮情況，他找上從事慈善事業專門收容乞丐的愛愛寮主持人施乾（其淡水公學校學弟），向他提出為收容者免費治療建議，並獲得施乾的贊同。於是在藥理學教室首位助手邱賢添的幫助下，師生一行人在愛愛寮開始實驗他的戒除鴉片新療法。杜聰明調查在愛愛寮的收容者，吸食鴉片絕大多數都是病魔纏身〔註 218〕。為擴大研究樣本，他又陸續到其他地方跟上癮者面談，卻發現他們的動機跟愛愛寮的收容者一樣，都是藥物濫用。尤其是中醫藥方濫用鴉片最為嚴重，這也讓杜氏不得不贊成總督府所推行的排除中醫方案，他希望能從科學角度求證醫學根據，藉此讓中醫更完備。在愛愛寮鴉片癮者救治工作已小有成就的杜聰

〔註 217〕臺灣總督府警務局衛生課編，《臺灣二於ケル阿片制度ノ現況》，臺北：臺灣總督府警務局，1932 年，頁 41～47。

〔註 218〕鴉片可以止痛、治腹瀉等症狀。

明，對鴉片治療認識更深，遂在 1929 年 9 月向總督府提出「臺灣ニ於ケル阿片癮治療醫院設置ニ對スル建議書」，認爲實施鴉片漸禁政策多時的臺灣，卻沒有相關實驗治療學的研究及專門的治療機關，實非合宜。〔註 219〕杜氏此議一出的隔年，總督府即面臨國際聯盟調查團來臺調查臺灣鴉片戒治情況，十萬火急的假中央研究所的癘疾治療研究所內成立「臨時阿片癮矯正所」，以總督府衛生課技師下條久馬一擔任院長，杜聰明爲醫局長，負責實際治療與研究。同年在各地總督府醫院，也開設診治鴉片癮者的更生科，展開全島救治工作。此後「臨時阿片癮矯正所」也因空間狹小，改租林清月的舊醫院，名爲「臺北更生院」。

　　有關鴉片癮治療技術，杜聰明一向強調，時間短、無痛苦、專設治療機構幾項重點。並提到當時幾種煙癮治療方法不外：「即時禁斷療法」，以禁斷及注射嗎啡手段，在短時間迫使患者除癮；「緩慢漸減療法」，是逐漸減少其用藥量，其併發症較少，但治療時間漫長；「中間療法」，一方面藥量可以急遽減少，另一方面則研究禁斷現象，以抑制減輕患者痛苦。〔註 220〕其中「中間療法」一直是杜聰明斷癮療法的追求目標。杜氏煙癮治療特色：注意精神之影響、麻藥減量之法、禁斷症狀之處理、對癮者之併發症盡力治療，他以鹽酸、嗎啡爲主藥代替鴉片煙膏，再配合其他的自製藥劑，以減輕患者禁斷時的痛苦。〔註 221〕

　　更生院的鴉片癮治療事業可分三期，第一期從 1930 年迄 1934 年 4 月，在更生院第一期的矯正業績上，配合其他府立醫院的協力，以當局宣布「改正阿片令」被判定需矯正治療者 17468 人爲主要對象。四年期間總計完成矯正者有 15434 人，其間死亡者有 1529 人，只剩 505 人尚在矯正中。〔註 222〕如與更生院開辦前三十年間：全台統計的煙癮受治療者還不到 3000 人，而能在治療後全治者不到 1000 人的成果相較，更生院第一期的矯治事業實有不可

〔註 219〕杜聰明，《杜聰明言論集第 1 輯》，臺北：杜聰明博士獎學基金管理委員會，1955 年，頁 194～196。

〔註 220〕杜聰明，〈醫學上ヨリ見タル阿片及ビ「モルヒネ」類ノ慢性中毒ニ就テ〉《杜聰明言論集第 1 輯》，1955 年，頁 199。

〔註 221〕張紹濂，〈杜恩師在愛愛寮研究除鴉片煙癮之回顧〉，收入李鎮源編，《杜聰明教授在職二十五週年祝賀紀念集》，臺北：牧樟會，1947 年，頁 97～98。

〔註 222〕杜聰明，〈臺灣ニ於ケル阿片癮者ノ統計的調查（第二報告）〉，《臺灣醫學會雜誌》，第 34 卷第 6 號，1935 年，頁 137。

忽視的成效。〔註223〕1934年4月以後總督府鑑於第一期矯正工作成效已達，剩下待矯正人數不多，於是裁撤各府立醫院更生科或矯正科，將剩餘矯正工作交由臺北更生院來負責。由於第一期矯正績效卓著，到第二期志願入院矯治的人數達1502人，遠超過強制入院受命矯治者，顯見臺灣鴉片癮者對解煙一事已建立信心，不再如過去般的排拒。〔註224〕

　　1937年後日本殖民當局對臺灣的統治改採「內地延長主義」，要造就臺灣人成為日本皇民，自不能容許臺灣人繼續吸食鴉片，此時臺灣衛生問題，已被日本政府視為「民族衛生」，鴉片問題不能徹底解決，對於台灣在戰爭體制下的各項動員工作將有極大影響。另外1940年，臺灣的鴉片收入在總督府經常歲入中所佔比例，已經低到只剩0.9％，因此禁斷對總督府而言已無財政考量顧慮。〔註225〕因此總督府接納杜聰明的建議，準備以五年時間，根除臺灣的鴉片問題。更生院第三期工作，因逢戰爭結束，臺灣統治權轉移中國，1945年11月17日更生院改制為臺灣省立戒煙所，推行即時禁斷法，1946年6月10日最後一位患者矯正出院，更生院於同年六月底宣告閉院，從臺灣社會功成身退。〔註226〕1933年視察臺灣各地之美國東洋研究權威「梅遜」，稱讚更生院具有引起世界視聽之價值。〔註227〕而杜聰明與其研究團隊，在鴉片治療上，不只贏得日本人的尊重，也奠下戰後臺灣醫學研究的基礎。

四、鸞堂的扶鸞祈禱及漢方戒煙運動

　　面對當局消極的鴉片戒癮態度，及其不斷提高鴉片煙膏的專賣價格，當時民間紛紛設立鸞堂，藉由扶鸞降筆宗教儀式，發起解煙運動。關於扶鸞降筆會起因及擴大原因，王世慶認為主要有以下幾點：1. 明治30年（1897年）日人施行「臺灣鴉片令施行規則」，實施專賣，發給吸食執照，詐取臺人，時值廣東盛行鸞堂祈禱降筆戒煙，樹杞林人彭樹滋在此時到廣東接受鸞堂扶鸞祈禱戒煙成功回臺。回來後告知彭殿華，彭認為此乃有益公眾事，遂自廣東邀請彭錫

〔註223〕林金龍，〈臺灣阿片癮者之統計調查（第七報告）〉，《臺灣醫學會雜誌》，第53卷第11號，1954年，頁81。

〔註224〕杜聰明、黃文、王耀東，〈臺灣阿片癮之統計調查（第六報告）再受矯正治療鴉片癮者之一般情形〉，《臺灣醫學會雜誌》，第52卷第9號，1953年，頁600。

〔註225〕劉明修，《臺灣統治阿片問題》，東京：山川出版社，1983年，頁204。

〔註226〕鄭志敏，《杜聰明與臺灣醫療史之研究》，頁111。

〔註227〕井出季和太，《日據下之臺政》（一），頁40。

慶、彭錫瓊等五位鸞生來臺，設堂傳授鸞堂祈禱降筆戒煙之法，結果彭殿華及九芎林庄長等數十人鴉片癮者均戒煙成功。於是移至九穹林高梘頭之文廟設鸞堂，稱「復善堂」，專為鴉片癮者舉行扶鸞降筆，成功者二百餘人，於是降筆會祈禱戒煙在各地大為盛行。〔註 228〕2. 日本據臺後，將所有最有利益之事業皆收歸官營，民間各種營業逐日衰退，人民生活陷塗炭之苦，故各處降筆會之成員，乃與抗日義民相謀，以鼓吹排日為急務，抵制日本之鴉片政策。3. 當明治 34 年（1901 年）臺灣西部各地紛紛設立鸞堂，勸鴉片癮者舉行鸞堂祈禱降筆戒煙之際，總督府於四月及七月兩度提高鴉片煙價，更使臺人反感，參與降筆戒煙活動。〔註 229〕而當時臺北縣警察部、新竹辨務署、中港支署的報告，亦認為 1901 年兩次鴉片漲價，是降筆會戒煙運動擴大的原因之一。〔註 230〕

　　我們知道鴉片戒除過程非常痛苦，如遇意志力薄弱者，常會半途放棄再靠鴉片煙來解除痛苦。鸞堂透過扶鸞祈禱進行戒煙方法，雖非科學療法，但其藉助神明靈威，信仰願力，以支持戒煙之決心，其在精神上的力量常超乎物質。況且有許多鸞生本身就精通漢醫，在扶鸞祈禱戒煙同時也佐以漢藥醫療，可說是身心兼具的綜合療法。

　　扶鸞降筆祈禱方法如下：扶鸞降筆係由鸞生兩人分握神機（雙叉之桃樹枝）之左右兩端，安放於砂上，專心祈禱，堂主就位於正中，其他鸞生站於鸞壇左右，欲戒煙之鴉片癮者坐於神前祈禱，以鳴鐘鼓做號令一起低唱誦經，三叩九拜後上香，燒金紙，點燈，再將供奉物品排於神前，再三叩九拜，然後兩位鸞生恭敬握住神機，待神降臨，神機縱橫發動時，鸞生乃說出其呈現於砂上之文字，即所降神勑，由鸞生抄錄後發佈神之託宣降筆。並將混有香灰、淨沙之神水（或稱甘露水），給癮者喝，然後停吸鴉片，向神連續祈禱一週，此間癮者會感覺麻痺痛苦，依神力癒癮，忍其痛苦祈禱。其間身體疾勞者，讓其服用藥丸，每日反覆祈禱煙癮自癒。又祈禱戒煙前需將煙具在神前打毀，以杜後患。〔註 231〕

　　除了神水，還有鸞堂是佐以漢藥治療，如苗栗沙坪庄的信善堂，在其「戒煙坊」內所開戒煙藥方，《沙坪飛龍洞雜記》載有：

〔註 228〕《元臺北縣公文類纂》，明治 34 年，永久保存第 46 卷，降筆會案卷。
〔註 229〕王世慶，〈日據初期臺灣之降筆會與戒煙運動〉，《清代臺灣社會經濟》，頁 445。
〔註 230〕《元臺北縣公文類纂》，降筆會案卷。
〔註 231〕《元臺北縣公文類纂》，降筆會案卷。

驅邪草（及抹草）三兩　　木通 一兩　　車前草 二兩　　澤蘭草 一兩半

萱草 三斤　　潔沙 五碗　　清水 一擔　　蒼朮 一兩半〔註232〕

新竹九芎林明復堂所編著的鸞書《現報新新》，亦載有該堂戒煙藥方：

蒼朮 十兩　　抹草 ？兩　　車前 十兩　　澤蘭 五兩　　薛草 十斤

潔砂 十五碗　　清水 一擔〔註233〕

兩者所開藥方非常近似，僅劑量略有增減，應是同一來源。單看這兩帖藥方，我們還是不知道這些藥的作用機制為何？現在我們試著用中醫正統的「辨證論治」法，把鴉片的各種症狀簡化為一個抽象的「證候」，也就是導致這些症狀的根本原因。再根據這個「證候」來建立「治則」，也就是抽象的治療法則；而後再依照治則來建立「藥方」，那麼我們就可以很容易看懂這兩個藥方的機制是什麼。

鴉片可麻痺中樞神經，可以止痛，止瀉，止咳，消除疲勞、飢渴、病苦所帶來的不快感，招來一種不可名狀的快感，呈現陶醉的狀態。其成癮者的中毒症狀為：唾液分泌減少、發汗增加、瞳孔縮小、瘦黃、皮膚鬆弛、消化障礙、便秘或下痢、頭痛及暈眩、不眠、四肢震顫、神經痛、陰萎、月經不調、不妊、精神錯亂、乃至痴呆。〔註234〕換而言之，止痛止咳往往是阻斷了經絡和神經之間的聯繫，消除疲勞和飢渴，是把身上儲存的營養物質提出來使用，而且數量不少，在短期內由於身體可用的能量大增，於是就會覺得精力旺盛心情愉快，發汗增加，等到這些能量用完，身體就會出現瘦黃、消化障礙、便秘、下痢、四肢震顫等症狀。從中醫辨證的角度來說應該是「熱擾心府，耗竭陰液」，已成癮者的症狀表現都是「耗竭陰液」的表現，陰液是指身體的物質和水分的流動，一旦耗竭身體就沒有活力。

因此抽鴉片煙成癮的「證候」應該是「熱擾心府，耗竭陰液」，這兩張神壇開的藥方都是以「清熱」為主要的治則。以下就兩藥方各味藥的藥性，依李時珍《本草綱目》，做一剖析：

抹草及驅邪草：性質與艾草相近，通經絡、有揮發性、有驅邪的作用。

〔註232〕吳紹箕，《沙坪飛龍洞雜記》；李世偉，《日據時代臺灣儒教結社與活動》，臺北：文津出版社，1999 年，頁 227。
〔註233〕《現報新新》，卷下，新竹明復堂，1901 年，頁 42。李世偉，《日據時代臺灣儒教結社與活動》，頁 227。
〔註234〕晨波編《中藥新編——中藥科學研究提要》，上海：衛生出版社，1956 年，頁 139～142。

木通：性味苦寒，入心、肺、膀胱、大腸五經。主要功能是：清熱
　　　利濕、宣通血脈。

車前草：性味甘寒，入肺、腎、膀胱、肺四經，主要功能是清熱明
　　　目、鎮咳化痰、利小便、涼血、通淋。

澤蘭：性味苦辛，微溫，入肝、脾二經，主要功能是行血祛瘀、通
　　　經消水，主治：小便不利、水腹、水腫、經閉、經痛、陰痛。

萱草：又稱忘憂草或金針，有安神的作用。

蒼朮：性味辛苦，微溫，入脾、胃二經，主要功能為燥濕健脾、祛
　　　風發汗、可治：腹脹、食慾不振、身重肢倦、濕瀉水腫。

蘚草：水中的苔蘚植物，對水的吸收和代謝有很強的作用。

清水一擔：在《本草綱目》中與本藥方有關的水有以下三項：

流水（千里水、東流水、甘瀾水）：甘平無毒，病後虛弱，揚之萬遍，
　　　煮藥禁神最驗。主五癆七傷，腎虛脾弱，陽盛陰虛，目不能
　　　明，及霍亂吐，利傷寒後，欲作奔豚（指氣成一小團在身體
　　　經絡中竄走形成神經性痙攣）。

井華水（早上第一次所汲的井水）：甘平無毒，油後熱痢，洗目中膚
　　　翳，治人大驚九竅四肢指趾皆出血。以水噀面，和朱砂服，
　　　令人好顏色。鎮心安神，治口臭，堪煉諸藥石。投酒醋，令
　　　不腐。宜煎補陰之藥，宜煎一切痰火氣血藥。

新汲水：消渴反胃，熱痢熱淋，小便赤澀，欲邪調中，下熱氣，並
　　　直飲之。射癰腫令散。洗漆瘡，治墜損腸出，冷噴其身面，
　　　則腸自入。又解閉口椒毒，下魚骨哽，解馬刀毒，解砒石、
　　　鳥啄、燒酒、煤炭毒。治熱悶昏瞀煩渴。

潔砂：砂粒是尖的晶體，當水流過砂粒，細小晶體會把水的分子團
　　　打破，變成小分子團，水分子團一變小，就容易在細胞中滲
　　　透進出，可以把沈澱在細胞質中的毒素代謝出去。

有了「熱擾心府，耗竭陰液」證候就要下治則，這些藥方主要是針對成癮者
「清熱散瘀」，把耗竭的津液補回來，一方面把熱毒清除，一方面把壅塞地方
打通。清熱就要能夠用清熱的藥，打通壅塞就用活血化瘀的藥；有了「心神

亢進」證候就要下治則，那就是「和胃、安神」。以下就其症狀、證候、治則分析如下：

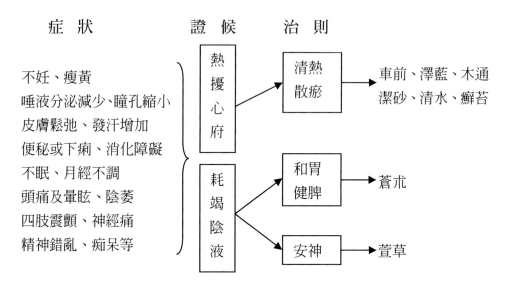

症　狀	證　候	治　則	
不妊、瘦黃 唾液分泌減少、瞳孔縮小 皮膚鬆弛、發汗增加 便秘或下痢、消化障礙 不眠、月經不調 頭痛及暈眩、陰萎 四肢震顫、神經痛 精神錯亂、痴呆等	熱擾心府	清熱散瘀	車前、澤藍、木通潔砂、清水、癬苔
	耗竭陰液	和胃健脾	蒼朮
		安神	萱草

　　而在臺南鹽水由葉瑞西所主持之鸞堂，鑑於鴉片癮者一時之間難以禁斷，且立即禁斷會讓吸食者痛苦不堪，於是製造以米酒、鴉片灰及甘草做為混成煙，分與癮者，漸減其藥量。〔註235〕無論使用神水或漢藥方，在戒治期間癮者都會感到相當痛苦，這正是戒煙成敗關鍵，其中不少人因難以忍受致半途而廢。

　　為強化癮者的決心，鸞堂常會要求癮者必須攜帶煙具，並在神前打碎，反覆祈禱煙癮自癒。部分鸞堂甚至訂有嚴格戒煙規則，以期癮者遵守。如明復堂就降鸞定下「戒煙規條」：明訂入戒者必須誠心潔淨、吃煙器具一概繳回壇前、發煙癮時有些苦楚不許狂言惡語、入戒後四日內要吃素、戒煙者不許私藏煙花、臨點不到三次者永不入戒。〔註236〕澎湖一新社也有降鸞詩論「戒除鴉片條例」：凡請求之人需在壇前高聲立誓，謂從此心堅意切，改絕鴉片煙，至死不變；凡戒煙之人，其煙具應同時帶來壇前，立誓後繳交，從此一盡除清；凡經本社立誓戒煙之人，如不終身凜遵，半途廢止再吃鴉片，而負聖帝

〔註235〕臺灣慣習研究會，《臺灣慣習記事》，一卷十號，明治34年10月23日，臺灣省文獻委員會，1984年，頁175，「台南降筆會之近況」。
〔註236〕《現報新新》，卷下，頁45。李世偉，《日據時代臺灣儒教結社與活動》，頁228。

之婆心，並諸眞之苦口，及上天不爾諒，神其鑒諸，必應誓誅譴，愼之戒之，勿視爲兒戲也。〔註237〕鸞堂便是藉此神威、立誓、神水來進行戒煙活動，期使癮者堅定其精神以對抗煙魔。宗教戒煙在中國，也有如眞空教者，倡拜坐治療，不用藥方，爲人戒煙治疾。〔註238〕

至於降筆會戒煙之成效從相關調查資料記錄如下：

1. 明治32年（1899年）2月，彭殿華邀廣東鸞生到九穹林高棍頭（今竹東）之「復善堂」爲鴉片癮者舉行扶鸞降筆，舉行五次獲戒煙成功者二百餘人。

2. 苗栗沙坪庄的信善堂於明治33年設鸞堂，至隔年戒煙成功者千餘人，而苗栗全區成功戒除煙癮者有一萬五、六千人之眾。

3. 臺南縣管轄下臺南、鳳山、東港、阿猴、蕃薯寮、大目降、蔴豆、鹽水港、嘉義，明治34年特准吸煙64,929人，同年7月廢煙者有14,754人，9月再吸食者5,311人。〔註239〕

4. 澎湖各鄉，戒煙成功者千餘人。據井出季和太《臺灣治績志》載：明治34年（1901年）7月161,387人特準吸煙者中，至9月戒煙者有37,072人，其中自行戒煙者1,477人，經降筆會戒煙者34,370人，經降筆會戒煙成功者占所有戒煙者92.7%，相較於日本當局對煙癮治療的荒殆其成效相當可觀。〔註240〕

日本據臺初期對臺灣宗教信仰原採放任態度，但當降筆會漸次流傳到臺灣西部後，首當其衝者是總督府鴉片之販售量大受影響，鴉片專賣之財政收入亦銳減。我們可從台南一地降筆會盛行後，其轄內鴉片販賣人幾乎減爲一半，看出其轉變。〔註241〕

〔註237〕《覺悟選新》，卷七，澎湖一新社聖眞寶殿樂善堂，1972年，頁9～13。

〔註238〕羅香林，《流行於贛閩粵及馬來西亞之眞空教》，香港：中國學會，1962年，頁212。引自李世偉，《日據時代臺灣儒教結社與活動》，頁230～231。

〔註239〕臺灣慣習研究會，《臺灣慣習記事》，1卷11號，頁221，「降筆會之勢衰及吸煙復舊」。

〔註240〕井出季和太，《臺灣治績志》，臺北：臺灣日日新報社，1937年，頁327～329。

〔註241〕王世慶，〈日據初期臺灣之降筆會與戒煙運動〉，《清代臺灣社會經濟》，頁450。

辦 務 署 別	光緒 27 年 4 月 販賣人數	同年 8 月 販賣人數	相　　差
臺南	128	81	47
鳳山	170	110	60
東港	94	60	34
阿猴	51	41	10
蕃薯寮	26	24	2
大目降	78	50	28
蔴豆	61	20	41
鹽水港	56	20	36
嘉義	101	35	66
合　　計	765	441	324

資料出自：王世慶，〈日據初期臺灣之降筆會與戒煙運動〉，《清代臺灣社會經濟》，頁 450。

　　《臺灣省 51 年來統計提要》統計數據也提及：明治 34 年（1901 年）降筆會戒煙運動達到最高潮的時候，全臺鴉片之販賣量又比上年減少 78,140 公斤，鴉片收入短少 1,430,086 圓之多。〔註 242〕可見總督府收入受降筆會戒煙運動影響多大。其次降筆會運動信眾動則數千人，日本當局懷疑是秘密結社，也擔心其與抗日義軍裡外呼應，被有心人士利用，反抗日本統治。於是日本政府開始其查緝行動，各地日警每日呈報管轄區內鸞堂活動情況，並造冊列管，嚴密監控，必要時逮捕鸞堂負責人關閉降筆會。為免擔負迫害宗教之嫌，當局藉口鸞堂以神水治病，乃以違反公共衛生及迷信理由加以取締。明治 34 年後藤新平鑑於各地鸞堂主事者皆係前清秀才、辦務署參事、街庄長、保甲局長等地方有錢有勢者。為免株連過廣引發暴亂，不適宜採取強制取締手段，後藤指示應透過街庄長或地方名望者，懇切向其說諭，以防其蔓延。〔註 243〕在日本恩威並施下，喧騰一時的鸞堂扶鸞祈禱戒煙運動才消沈下來。

〔註 242〕臺灣省行政長官公署統計室編，《臺灣省 51 年來統計提要》，臺北，1946 年，頁 1039～1040。
〔註 243〕《元臺北縣公文類纂》，降筆會案卷。

第六節　先生媽與產婆：文化脈絡下的抉擇

　　回首臺灣近百年接生行為，由宗教禮儀到醫療行為；由鄰居間熟稔的年長老婦，到新式產婆，再到現代的婦產科醫師；接生地點也由自家到醫院；接生也由過去女性助產到現在以男性醫師為主的婦產科；甚至連坐月子也由企業化經營的坐月子中心扮演。這反映了臺灣人傳統生育禮俗、人際網絡、女性性觀念及自主性的轉變，其間過程是漫長的。日據時期雖由國家強行介入西醫接生行為，但其對於產婆制度的推動與接受率的提高，始終有心無力。這最大原因在臺灣傳統社會關係建構及生育禮俗與禁忌，這是臺灣女性身體保守的抵抗，不是短時間所能撼動的。

一、臺灣漢人的生育禮俗

　　「男女婚姻為嗣續也」，在不孝有三無後為大的漢人社會，傳宗接代、懷孕分娩成了女人一生中最重要的事，能否生子繁衍後代，及生男生女，自古以來便決定婦女在家中的地位。無子與生女，將注定婦女在家族中悲慘的命運，只能接受丈夫納妾或休妻一途。清律七出條規定婦女婚後若有「無子、淫佚、不事姑舅、多言、竊盜、嫉妒、惡疾」者應「出妻」〔註244〕（休棄），為維持家長制及宗族組織，無子自然要作為頭等大事來處置。為求子嗣，中國歷代便有種種祈子禮俗，如送子觀音信仰、註生娘娘信仰、麒麟送子、在迎親前夜新郎找男孩同睡來「壓床」、並讓男孩在新床上翻滾的「翻床之俗」、嫁妝內的「子孫桶」，都是為擬喻生男兆頭。更甚者，若婚後長期不育，在求子心切下，常衍生各種陋俗。如福建閩侯的「拍喜」，親鄰持杖責打不育婦女，邊打邊問「有喜」沒有，直到其答應「有」，方才罷手，在不堪虐打下，經常使婦女被逼自縊。〔註245〕而重男輕女觀念下，棄溺女嬰之習俗也普遍存在臺灣社會。這些五花八門的求子風俗及惡俗，有些到現代還流行於漢人社會。

　　日據時期的臺灣漢人社會，也有各種生育傳統禮俗，從結婚、妊娠到生產都有其禁忌與習俗。後藤新平為實踐其生物學統治理論，接掌民政長官後便成立「臨時臺灣舊慣調查會」，著手調查臺灣風俗習慣，包括傳統生育禮俗，並發行《臺灣慣習記事》、《臺灣私法》，民間也有相關著作問世。如 1921 年

〔註244〕《大清律例匯輯便覽》，卷 10，戶律，婚姻，出妻條。
〔註245〕王貴民，《中國禮俗史》，臺北：文津出版社，1993 年，頁 228。

片岡巖的《臺灣風俗誌》、1934 年鈴木清一郎的《臺灣舊慣冠婚葬祭與年中行事》、1941～1945 年由民間發行的《民俗臺灣》等，對臺灣當時社會之舊風俗，有相當細緻的考察，以下就三書中對生育禮俗的紀錄略做介紹。

　　片岡巖的《臺灣風俗誌》，記錄了一些孕婦從病子到順月的各種習俗。如「安胎」，孕婦房內東西因移動或釘釘子而沖犯胎神（動著）時，必須延請道士為孕婦祈禱安胎，以防止難產或胎兒畸形；「換斗」，請道士或祈禱師為婦女完成變換胎兒性別的法事。懷孕期間也有各種禁忌：孕婦在室內綁東西會生出手腳彎曲兒、用針或錐鑽東西會生出瞎兒、看傀儡戲會生出軟骨兒或致呆頭呆腦、孕婦忌夜間外出怕遇白虎神胎兒會被吃掉、觸及棺材胎兒會夭折等種種禁忌。〔註246〕生產時產褥（產房）有兩種：在床上生產時，先在床上鋪草蓆，放舊衣服作墊，再鋪油紙（多半為富有人家使用）；在地面生產時，鋪枯草或稻草做產褥（中下階層人士使用），旁邊並準備「子桶」以便收拾生產時的污物。臨盆時有靠在產褥上的小凳子，也有坐在澡盆上生產，這時由「拾子婆」（或稱收生婆、接生婆），以手按接降生的嬰兒，然後以紅色絹絲綁住臍帶並以剪刀剪斷嬰兒臍帶後，將胞衣（胎盤）裝入甕內用紅紙密封埋在庭院或菜園（胎盤是孩子元神，所以要埋的深埋的踏實），並餵食嬰兒糖水、甘草。遇著難產，家人需在屋外用槌子槌打地面即可順產，若仍未見效，需請道士做「催生」祈禱，並畫催生符，燒成灰後餵產婦吃下。嬰兒一旦死亡，需棄入水中，以免邪鬼作祟讓母親無法再懷孕。產後三天「拾子婆」會替嬰兒用腰桶洗浴（或請好福氣的婦人來擔任），然後抱到正廳拜祖先並為嬰兒命名，同一天親友也會來道賀，是為三朝之禮。〔註247〕

　　鈴木清一郎的《臺灣舊慣冠婚葬祭與年中行事》，是在《臺灣風俗誌》的研究基礎上再深化。其出生之卷中敘述因胎神觀念，日據時代推行春秋兩季大清潔法時，即使警察大人一再下令把室內東西拿出來曬，一旦這戶人家有孕婦待產，居民是打死也不願配合。因宗祠繼承觀念，而有「栽花換斗」變更嬰兒性別之法：方法是先請尪姨或算命瞎子，拿一盆蓮招花（因蓮招與閩南語男子生殖器同音）到孕婦床前畫符祈禱，做完法後就把蓮招花栽在房後，經常澆水，不使枯萎，就能使胎兒變男。或給產婦吃「豬肚」來「換肚」，以

〔註246〕片岡巖著、陳金田譯，《臺灣風俗誌》，臺北：眾文圖書公司，1996 年，頁 1～2。

〔註247〕片岡巖原著、陳金田譯，《臺灣風俗誌》，頁 2～5。

求生男孩。〔註248〕對於胎衣處理法，鈴木清一郎提到生女孩時，就把胎衣丟到水裏，生男孩就把胎衣裝進素燒陶罐，攪拌石灰，放在床下保存四個月。還有在生產時，需將桌子抽屜抽出並掀動草蓆，如此孩子才不會到四個月還不通氣。〔註249〕遇到「帶流蝦」的婦女（婦女在生產時一旦動水或看到紅色東西胎兒就會死亡），便如臨大敵，一滴水都不敢讓她看見，同時還要請道士來家裡「祭流蝦」祈求安產。〔註250〕

　　金關丈夫主編《民俗臺灣》，於 1941 年呂阿昌〈和妊娠及生產有關的臺灣民俗〉篇中枚舉各種妊娠和生產習俗。其中敘述較多的是胎兒疾病的傳統認定與處理方式。如「胎神迷信」一段中敘及「火燒著」：迷信中若在胎神所在位子上燒東西，胎兒面孔軀幹手掌等處便會發紅糜爛，好像被燒傷一般。此迷信也引發一些有趣事。

> 有位母親生出一位死產兒，醫生診斷書上寫著死因為先天黴毒，但家屬卻很認真地說，胎兒是因為「火燒著」而死。警察官百思不解地認為如果是火傷而死的話就並非病死，警官親自檢查的確看到了像被火燒死一般的死兒，那真是不得了，必須調查責任者，因此查訪那位醫生，調查結果才知道患者家屬所言是指妊婦身邊的神是主凶。〔註251〕

另外剛出生即生病的孩子，就必須抱去看「先生媽」，再由先生媽依經驗為胎兒診斷，或以針刺口腔黏膜，並給予研磨藥粉治療。若嬰兒在出生二、三天內死去，叫「著斃仔」，這種病通常會伴隨哺乳困難、口腔發熱、不尋常啼哭，嚴重的話會呼吸困難立即死亡，依現代醫學眼光來看，是出生兒破傷風。若小孩發熱呈現不安狀態，是「沖患著」，是遇到惡魔或不吉祥之物，治療方法是燒替身代替，以紙做成簡單人形，和線香一起在嬰兒面前由上至下巡三回，輕觸背部巡四回，並唱著「前三後四，囝仔人無代事」，並將紙替身拿到患者口部附近，然後用力吹，將惡魔吹至遠方，最後將紙人拿到屋外對著沖患到的方向焚燒即可。如是「打驚著」的啼哭，治療的方法是收驚或收魂之儀式，拿著

〔註248〕鈴木清一郎著《臺灣舊慣冠婚葬祭與年中行事》，馮作民翻譯易名，《臺灣舊慣習俗信仰》，臺北：眾文圖書公司，2000 年，頁 87～90。
〔註249〕《臺灣舊慣習俗信仰》，頁 93。
〔註250〕《臺灣舊慣習俗信仰》，頁 96。
〔註251〕呂阿昌〈和妊娠及生產有關的臺灣民俗〉，收於林川夫編輯翻譯，《民俗臺灣》第一輯，臺北：武陵出版社，1990 年，頁 144。

孩子的衣服請道士念咒以喚回魂魄，並將衣角部分煮水讓小孩喝下。〔註252〕

不管這些生育習俗是否迷信，他確已深深影響臺灣民間生活習慣及醫療行為。

二、傳統生產習慣與先生媽評價

傳統孕婦生產除自產外，大都仰賴傳統先生媽（接生婆）來執行，這種傳統先生媽大都是年長老婦人，沒有助產士的開業執照，只是憑世代相傳的接生經驗，平日受顧於街坊鄰里為人接生。蓋因當時沒有婦產科之設施，助產士也極為稀少，加上生活習慣，先生媽成了大多數臺灣漢人生育的選擇。甚至有些人由於害羞偷偷跑到甘蔗園生產，有人生產在稻草上，有人生產在地上，蹲著、跪著或坐在椅子上生產。產房內會放置火爐燒炭取暖，並撒上稻米和鹽巴使之燃燒以除穢。臨盆時先將「生子裙」穿上，然後脫下褲子生產，如此可使產婦遮羞，而且裙子色黑，如沾染產血時，也容易洗掉，待產後洗淨，收存至下一胎用。〔註253〕

一般傳統接生者分為拾子婆及先生媽。拾子婆主要是孕婦分娩時的處置，其背景有：本身有實際生產經驗且熟悉助產過程者、家族祖傳以拾子婆為業者、從漢醫等學習生產處置方法者。〔註254〕先生媽除助產外，也負責照顧產婦及嬰兒，習俗上孕婦順產有許多禁忌，因此生產過程大都在自家中由鄰居老婦人來協助完成，極少會給不認識的人來幫忙。一旦遇到難產、流產、新生兒問題等，先生媽便以其經驗來處理。例如遇胎位不正（足位產的倒頭生、臀位產的坐斗、橫位產的討鹽生、臍繞頸的掛數珠等），先生媽會讓產婦坐在腰桶以助產，或請道士來祈禱助產。要是還無法解決在不得已下，先生媽會以剪刀或指甲，切開產婦產道，使胎兒順利生出。如遇胎盤延緩娩出，先生媽會建議產婦家人在屋外用槌子槌打地面，或將鐵棒置於醋中燒熱放在產婦兩腿間以助產。假如仍無效，先生媽有時會直接用手伸入子宮內將胎盤拉出。如遇新生兒產後缺氧，傳統民俗認為只要將卡在鍋底之煤灰刮下來，新生兒就會甦醒。〔註255〕

〔註252〕呂阿昌〈和妊娠及生產有關的臺灣民俗〉，頁148。

〔註253〕《臺灣舊慣習俗信仰》，頁124。

〔註254〕洪有錫、陳麗新著，《先生媽、產婆與婦產科醫師》，臺北：前衛出版社，2002年，頁9。

〔註255〕洪有錫、陳麗新著，《先生媽、產婆與婦產科醫師》，頁10。

　　面對先生媽傳統接生方式，總督府爲鼓勵民眾多利用新式產婆（助產婦），掃除先生媽，以達降低臺灣的母子死亡率。常透過不同階層人士，假御用報紙《台灣日日新報》，做負面評價報導。

　　明治40年（1907年）9月11日《台灣日日新報》：

> 本島最輕視先生媽，其罕見有練習者，因之嬰兒孕婦，坐是枉死者，幾不可枚舉。〔註256〕

明治44年（1911年）3月8、10日《台灣日日新報》：臺北醫院婦產科鄭承奎醫師，爲文指出傳統先生媽不懂消毒常令產婦感染產褥熱嬰兒感染破傷風、面對難產時處置不當、以指甲割開產道常會導致發炎感染、以手伸入子宮內將胎盤拉出會引發子宮內翻症等缺失，建議當局儘早引進文明產婆。〔註257〕

　　大正元年（1912年）1月16日《台南新報》：

> 基隆堡頂雙溪街陳祖之妻張蔥於年底時，出現生產跡象，便請住在附近的林罔來幫忙助產。不幸此次生產卻是難產，林氏判斷除了施以手術外，沒有其他方法可使其順利生下孩子。因此她就拿菜刀將陰道切開，把胎兒拉出。卻造成陰道裂開至肛門與大腸破裂，導致糞便直通陰道。〔註258〕

從前例可知，日本當局將嬰幼兒死亡率偏高，歸咎於先生媽沒有專業知識基礎。

　　當然批判傳統先生媽，也不乏臺灣接受新式教育的知識份子。如改革家蔣渭水醫師就曾在《臺灣民報》提到：

> 本島的先生媽是土經驗的，全沒有科學的知識，所以切勿信賴他，致誤大事，最好的是當妊娠的後半期間，時常聘產婆診察並受其指導！是最安全的。〔註259〕

雖然日本當局利用證照制度、取締非法及負面評價來打壓先生媽，但受傳統生育禮俗、保守民風、收費高低、鄰里網絡等影響，先生媽的接生率即使到了1940年，仍高達61.5%，可見傳統先生媽仍是當時臺灣漢人最佳的選擇。〔註260〕

〔註256〕《台灣日日新報》，明治40年（1907）9月11日，「產婆可恨」。
〔註257〕《台灣日日新報》，第3876、3878號，明治44年（1911）3月8、10日，「本島婦人分娩時所當注意者（上）（下）」。
〔註258〕《台南新報》，第7號，大正元年（1912）1月16日，「奇怪的產婆」。
〔註259〕《臺灣民報》，第2卷第20號，大正13年（1924）10月11日，頁14～15。
〔註260〕洪有錫、陳麗新著，《先生媽、產婆與婦產科醫師》，頁155。

三、新式產婆的培養與婦產科之建立

　　1874 年日本發佈近代醫療制度「醫制」，並藉以建立現代化的醫學。「醫制」中有關產婆相關規定為：產婆資格為 40 歲以上，略懂婦人小孩之解剖生理及病理知識，且擁有確實在婦產科醫師面前接生十個正常產、二個異常產產科醫師證明，得發給產婆執照。但不可使用產科器械與投以藥物。〔註261〕1899 年後又陸續發佈「產婆規則」、「產婆名簿登錄規則」等，產婆年齡條件也由 40 歲降為 20 歲，使產婆急速年輕化。尤其是德國學成歸國的緒方正清博士，致力於產婆教育，間接引導日本國內投入產婆學校與講習所的設置。〔註262〕

　　日本據臺後，除了對臺灣醫療衛生習慣無法接受外，對傳統生產方式，更視為不文明，極欲以新式產婆取而代之，產婆養成與助產教育乃成為當局重要工作。鑑於臺灣民眾習慣由收費低廉的先生媽來擔任助產工作，為提高擁有正式執照產婆的利用率，1902 年總督府正式公告「無執照產婆取締規則」，加強傳統先生媽的取締工作。〔註263〕同年臺北醫院制定「產婆養成規程」，唯受限語言隔閡及社會偏見，剛開始養成教育對象大都為日本人。前兩項規定都是為保護日本人產婆權益，及日本婦幼醫療照護。直到 1907 年臺北醫院院長高木友枝建言，應增設以本島婦女為對象的產婆教育。同年 7 月總督府才正式制定「臺灣總督府助產婦講習生規則」，臺灣人學習助產技術可進「助產婦講習所」（唯限本島開業），日本婦人則進入「產婆養成所」之雙軌並行制度。〔註264〕1923 年受內地延長主義的影響，正式制定「臺灣產婆規則」，規定助產婦科畢業者可直接申請為產婆，或經產婆考試通過取得合格證書，都可取得產婆資格從事產婆業務。〔註265〕由於當時男婦產科醫師並不容易接觸到女性，於是由婦產科醫師來訓練產婆。自 1925 年開始，臺灣民間便陸續有婦產科醫師投入私立產婆教育工作，部分臺灣人開業醫師，一方面除看診接生外，另一方面也在其婦產科醫院中設立產婆養成講習所，積極參與產婆培訓工作，1929 年至 1930 年間，高敬遠、蔡阿信、謝銹治、楊金虎等人，分

〔註261〕洪有錫、陳麗新著，《先生媽、產婆與婦產科醫師》，頁 26。
〔註262〕洪有錫、陳麗新著，《先生媽、產婆與婦產科醫師》，頁 28～29。
〔註263〕《台灣日日新報》，明治 35 年（1902）6 月 12 日，「無免許產婆與取締」。
〔註264〕《臺灣總督府民政事務成績提要》，第 3 篇，臺灣總督府民政課，1907 年，頁 134。
〔註265〕洪有錫、陳麗新著，《先生媽、產婆與婦產科醫師》，頁 39～40。

別於臺北、台中、台南、高雄設立私立產婆學校。〔註266〕其次爲改善偏遠地區新式產婆人力不足問題，提升接生技術，降低新生兒死亡率，同時驅除傳統無執照資格產婆，總督府除導入限地產婆制度外〔註267〕，也推出公設產婆制度，以農村爲優先，採免費接生方式，藉以改善婦幼衛生工作，及解決開業產婆集中都市現狀。

　　至於婦產科的設立，1898年臺北醫院婦產科正式成立，由川添正道〔註268〕擔任首任婦產科主任，但礙於傳統保守社會風氣，婦產科自成立以來直到1908年首位臺灣人婦產科醫師出現以前，都沒有臺灣人參與婦女診治工作。1908年迄1933年，除1922年蔡阿信〔註269〕自願申請到婦產科見習期間外，臺北醫院婦產科都維持一年一個臺灣人婦產科醫師，此現象一直到1934年後人數才有增加趨勢。〔註270〕男性從事婦產科意願更低，黃登雲是第一位投入婦產科工作的臺灣人醫師，繼黃登雲後有鄭承奎與方瑞璧，但任期都很短，最後都選擇離開，這可歸因當時婦女性觀念保守害羞，無法接受男性婦科醫師的診治。

四、接生方式的抉擇

　　日據時期傳統生產行爲幾乎沒有當局所稱的現代化醫療現象。1932年至1940年近10年間，婦產科醫師接生比例一直維持在2%左右，並無增加傾向。且其大都擔任異常產時產婆轉送的醫療角色，較少擔任第一線助產工作。若將限地產婆之接生率畫入傳統先生媽內，則傳統先生媽的接生比率爲1932年的80%至1940年的61.5%，雖每年都有下降，但下降幅度有限，產婆利用率雖有增加，但並不如當局預期。〔註271〕

〔註266〕高雄市仁和醫院院長楊金虎氏，自去年就在同院內開設產婆講習會，無料招生，其成績頗有可觀。見《臺灣新民報》，第376號，昭和6年（1931）8月8日，頁8～9，「產婆講習無料開設」。
〔註267〕游鑑明，〈日據時期臺灣的產婆〉，《近代中國婦女史研究》，1，1993.06，頁50～53。限地產婆講習會吸引不少產婆見習生、產婆助手、看護婦、傳統先生媽的參與，一來爲了害怕無照從事接生工作會遭取締，二來參與後可取得限地合法開業資格。這是主政者不得不有的消極措施，一以補足現實產婆需求，一以提高先生媽衛生教育。此項政策讓產婆人數急速增加。講習時間短多數僅三天。
〔註268〕川添正道可稱爲臺灣產婆教育之開辦祖師。
〔註269〕東方白巨著《浪淘沙》主要人物林雅信就是取材自蔡阿信生平。
〔註270〕洪有錫、陳麗新著，《先生媽、產婆與婦產科醫師》，頁20。
〔註271〕洪有錫、陳麗新著，《先生媽、產婆與婦產科醫師》，頁122。

　　由產婆及先生媽接生率，可看出臺灣民眾仍維持由先生媽接生習慣，產婆雖同爲女人，但礙於傳統保守觀念，婦女仍不慣由陌生人爲其接生，而選擇由鄰居年長婦人先生媽來接生。此外收費多寡也影響其抉擇，一般產婆收費最少需花費大約 5 圓，先生媽接生一般只需 1～2 圓〔註272〕，即使是公設產婆也或多或少都收些費用，因此民眾選擇先生媽機率高。〔註273〕

　　　　鶯歌庄設置產婆的旨趣，爲圖庄民分娩，可隨時利用，並鑑及庄內貧民居多，故最初設置實是無料（免費）助產，甚博好評，因庄民多數利用，現已置二名，不料庄當局自前月起施行庄令，特要利用料一回金貳圓，因此利用者激減。〔註274〕

婦科科醫師接生比例一直維持很低，一來因爲婦產科醫師大都爲男性，婦女很難接受在男性醫師前掀開衣裙讓其檢查或接生。當時不少婦女到了診療所看到男醫師，當場跑回家，寧死不上內診台。日據時期當局雖積極培育產婆，但卻得不到民眾接受與信賴，先生媽雖屢遭取締及負面報導、批評，卻仍爲民眾的最佳選擇。之所以如此，除前述原因外，傳統先生媽不僅協助孕婦生產，平日就扮演陪伴與諮詢角色，產後還會時常到產婦家尋訪問安，透過接生行爲維持鄰里社群關係，加上傳統生育禮俗及禁忌影響，先生媽才能維持其不墜的接生率。

　　不過戰後隨婦產科大量崛起後，這些被視爲邊緣的女性醫療照護者（傳統先生媽），已經在臺灣社會現代化的發展過程中被排除了，連日本時期培育的助產士，也被視爲落伍、不合時宜的，慢慢遭到淘汰。但我們反觀西方社會中，直到今天，歐洲的助產士人數還是很多，這不得不讓我們深思，「近代醫學」眞的可以跨越男女性別的鴻溝？跨越傳統社會的生育禮俗？還是臺灣人在現代化的過程中，迷失了自己！

〔註272〕先生媽的酬勞叫謝禮，通常男女不同，生男孩約 1 元，生女孩約 50 錢。見《臺灣慣習記事》，第 4 卷第 4 號，明治 37 年（1904）4 月 23 日，鄭瑞明編譯，《臺灣慣習記事》，第四卷上，臺灣省文獻委員會，1989 年，頁 193。
〔註273〕洪有錫、陳麗新著，《先生媽、產婆與婦產科醫師》，頁 127。
〔註274〕《臺灣新民報》，第 389 號，昭和 6 年 11 月 7 日（1931），頁 8～9，「庄社產婆收錢貧民怨聲不絕」。

第三章　殖民教育與漢學教育之周旋：
　　不同文化認同的抉擇

　　日本政府統治臺灣之初，認為臺民沐浴皇化時間尚淺，乃高唱「教育為具兩面刃之劍」，對臺灣的殖民教育，是採同化主義、差別教育。雖歷任總督教育政策皆因時而異，但語言同化之中心方向，不曾游離過。由標榜國家主義、無方針主義、漸進主義到內地延長主義、日臺共學，再到皇民化教育，日本據臺五十年的教育政策演變，都不脫「雙軌」的差別教育，雖是內臺共學，不過是國王的新衣，在「共學」、「同化」外衣下，拉大內臺的不平等。日據時期另一教育現象是臺灣人對於近代文明有著近似貪婪的興趣。公學校教育的持續成長，與出國留學的人數不斷增高，均告訴我們臺灣人對現代文明不僅有迅速的認識，而且也意識到其重要性。臺灣人甚至以接受教育同化作為抵抗工具，以接受近代文明的手段，來向統治者爭取更多的近代文明。

　　面對現代教育，傳統漢學教育由於日本人為消弭漢人的「我族意識」，並形塑新的日本國民精神，領臺後對清代所有儒家教育體系如府縣儒學、書院，皆破壞翻新，對民間書房則漸進壓制，最後進而廢止，新式教育得以夾同化之姿，取代傳統漢學教育。但書房教育與漢學，在殖民者打壓下雖走向改良書房以求存，但漢文何以在日本當局的打壓下，反激發出一股強烈的振興力量，書房在遭打壓後，也借鸞堂、廟宇外殼以倖存，都可看出傳統文化在異族統治下，如何藉由傳統文化來強化族群意識。

　　另外日本的現代化教育背後有非常強的殖民性格，臺灣的教育並非單純的教育，而是具有同化臺灣人成為日本人的目的，國語教材不僅充滿「殖民

同化」德育的涵養，殖民者更透過教材的編撰權，操弄沒有歷史的「臺灣鄉土教材」，將統治神話內化到國語教材中。尤其日本長達五十年的殖民教育，經由教育內容的控制、各種儀典的舉行、學校生活的規範，進而強行灌輸意識形態，形塑臺灣人的日本國民性。其中「修身」科更是直接透過德行的規訓，強化兒童國民性的實踐。學校體操科也在打造具有「臣民」意義的順從「身體」。

第一節　臺灣傳統漢學教育

連橫在《臺灣通史》開場白便言：「臺灣故無史也，荷蘭起之、鄭氏作之、清代營之……」。臺灣社會從荷蘭時傳教士透過傳教，啓迪未開化之人心，將文字帶進臺灣，於是有「新港文書」的創制，透過羅馬字母的拼音文字，讓平埔族得以讀書識字，順利推動傳教工作。這可說是臺灣啓蒙教育之濫觴。到 1661 年鄭軍攻下臺灣，陳永華傾力推展漢學教育，擘畫官學，立聖廟，開科舉，及「臺灣首學」沈光文將漢學教育傳入民間，東寧王朝時間雖短，卻將教化成果科舉遺緒，順利引入臺灣社會。迨及清朝時期，官辦府縣儒學、書院，及民間啓蒙教育社學、義學、書房等大爲普及，爲臺灣教育、地方文風奠下基礎。自道光以降，臺灣移墾社會，已漸從武質色彩，轉化爲儒化的文質社會，又因科舉考試的循序舉行，強化了大陸和臺灣的關係，讓原本居於邊陲的臺灣完全成爲大清王朝的一部分。

一、清領時期之儒學與書院

要論述清代臺灣的教育，必須先明瞭清朝教育制度。而臺灣未建省前爲福建一行政區域，其教育制度一如大陸各地更深受閩學影響。如尊奉聖諭及朱子學風，康熙時頒佈聖諭六條、雍正作「聖諭廣訓」，作爲制訂教育制度的依據，同時要求全國教育官員，學校生員均遵守之。順治九年（1652 年）清政府頒布《學宮臥碑文》，指出教育目的是「上報國恩，下立人品」、「生員不許糾黨多人，立盟結社，把持官府，武斷鄉曲。所作文字，不許妄行刊刻。違者聽提調官治罪。」〔註1〕此文件臺灣將其刊刻在彰化、臺南、左營孔廟明倫堂，要求師生共遵守。雍正元年（1723 年）欽定《聖諭廣訓十六章》，臺灣

〔註 1〕 劉良璧，《重修臺灣府志》，臺北：臺灣省文獻會，1977 年，頁 1。

也將其刊刻在府、縣、鄉村的各級學校，要求生童誦讀，並於一段時日由官員親自逐條宣讀。另外臺灣教育受福建的影響，除教師大都來自福建，學子參加鄉試需到福建應考。福建地區的教育動向，也直接影響臺灣教育發展。如南宋初年，朱熹曾講學於福建，人稱「閩學」，福建自始成為閩學重鎮。在清康熙朝，朱熹備受推崇，天下士子莫不奉朱子之理學為準繩，臺灣教育推崇閩學與朱熹，與福建官員及學者的倡導是分不開的。這從清代臺灣各儒學除主祀孔子外，大都附設朱子祠，許多書院也主祀朱熹神位可看出。在整個清代臺灣形成一種朱熹之「紫陽儒宗」氛圍。連橫在《臺灣漫錄》中就提到：「台南風俗純古，多沿紫陽治瘴之法。數十年前婦女出門，必攜紫蓋障面，謂之『含蕊傘』。」〔註2〕可見朱熹思想對臺灣社會風俗之深刻影響。

康熙領臺之後，臺灣教育設施有「官學」與「鄉學」，官學有「府、縣儒學」、「書院」、「義學」及劉銘傳時的「西學堂」、「番學堂」；鄉學有「社學」及「民學」（即書房）。清朝學制，省設提督學政，各府置提調官，分別管理省府兩級的教育行政。同時設教授一人，掌理府儒學事務；州置學政一人，掌州儒學事務；縣置教諭一人掌管縣儒學事務。府、州、縣學，各置訓導數人，以輔佐教授、學政、教諭，各府、州、縣學，受知府、知州、知縣節制，並受提督學政監督之。〔註3〕清領臺灣後，由於臺灣區域特殊，教育行政事務通常由臺灣地方官兼管，或為巡臺監察御使，或為道員，甚或福建巡撫兼之。建省後，則由臺灣巡撫兼任。

儒學是地方最高學府，清末臺灣由移墾社會進至文治社會，追求功名與教育，也成為晚清風氣，許多臺灣讀書人也經由此一管道，成為臺灣上層階級。臺灣府、縣儒學設立的時間及區域，依次是由南部擴展到中部再擴至北部，這和臺灣政經、文教開發有很大關連。臺灣共設有三所府儒學：臺南、臺北、臺灣府學；十五所縣儒學：安平、鳳山、嘉義、南澳、彰化、霞浦、屏南、福鼎、峰市、新竹、宜蘭、恆春、淡水、苗栗、雲林縣學。其中康熙年間設立的有五所，均集中臺南一帶，表示當時臺南是臺灣開發最早區域，設於光緒年間共七所，大都集中在北臺灣或臺灣最南端，表明臺灣北部及南端至此也有長足的進步。臺南府儒學是由巡道周昌及知府蔣毓英於康熙24年（1685年），在明鄭舊官學基礎上改建而成。康熙39年（1700年）分巡臺廈

〔註 2〕 黃新憲，《閩台教育的交融與發展》，頁 65。
〔註 3〕 黃新憲，《閩台教育的交融與發展》，頁 4。

兵備道王之麟予以重修，並擴大規模。康熙 49 年（1710 年）陳璸出任臺廈兵
備道，深感教育人才的重要，也自捐資費重修臺南府學，增設學舍，並在《重
修府學碑記》中強調發展儒學教育，是將臺灣建成海濱鄒魯的重要途徑。自
此，歷任官員都重視設立新的儒學，或對舊儒學加以修葺。〔註4〕

　　清朝科舉制度分成三級：童試、鄉試、會試，錄取者依次為生員、舉人、
進士。其中童試規定府縣儒學生員的入學資格，僅限於經過學政主考及格之
秀才（或稱茂才），每三年舉行入學考試，考生得經過縣考、府考、院考三級
及格後，方得入學，稱入泮生員（秀才）。儒學每年考試一次，成績優等者官
給廩膳費，叫廩膳生（廩生），成績次等者稱為增廣生（增生），另外除一定
量的廩生及增生，還可於生員中附加錄取若干人，稱為附生。一旦成為生員
就可享有許多特權，如免徭役、丁稅，不得施以笞刑等，生員平時在家開設
私塾維生，只有在月課、季考、歲考、科考才會往儒學赴考或聽課。〔註5〕雖
然府縣儒學皆有一定名額，但在很長一段時間，臺灣府縣儒學的名額幾乎全
被閩籍子弟所佔據。此乃因臺灣開闢之初，居民大都習武，讀書不多，而府
縣儒學學額固定，入泮較易，加上閩粵科場競爭激烈，至閩粵二省士子多東
渡來臺，以冒籍、寄籍方式在臺灣考取秀才入儒學就讀，再取得鄉試資格。
鳳山縣教諭朱仕玠曾指出，臺灣自 1753 年迄 1762 年，中試十名舉人中，只
有一人是鳳山縣人，其餘皆為內地人，這種不公平情形至清末仍未禁絕。〔註
6〕此外臺灣府縣儒學教授、教諭、訓導等，大都來自福建，二百多年間，教
授中只一人為湖北人，三人為臺灣人氏。〔註7〕他們大都有過福建府儒學擔任
教職的經歷，且具科舉功名，加之語言相同、習慣相近、交通便利，因此具
有其他省分沒有的條件。

　　而廟學則是府縣儒學完備與否的重要標誌，凡有孔廟的地方一般都附設有
學宮，乾隆年間知府蔣元樞，便認為「既設學，必立廟」，的確臺灣地區府縣儒
學大都具廟學性質。依孔廟興學，一來可解決校舍問題，二來可節省辦學經費，
且學生朝夕學於孔廟之側，可親沐聖人之精神。明鄭時便在承天府孔廟左側設
立儒學，清朝臺灣府儒學、鳳山縣儒學、彰化縣儒學、新竹縣儒學等皆屬廟學。

〔註4〕黃新憲，《閩台教育的交融與發展》，頁24。
〔註5〕鄭吳富，〈普及文化，功利導向──清領至日治初期的臺灣教育〉，《臺灣教育
　　　400年》，臺北：經典雜誌，2006年，頁56。
〔註6〕鄭吳富，〈普及文化，功利導向──清領至日治初期的臺灣教育〉，頁58。
〔註7〕黃新憲，《閩台教育的交融與發展》，頁33～34。

　　臺灣自乾隆年後，府縣儒學漸廢弛，因此官私合辦或官督私辦的書院增多，其因規模小，靈活性大，普遍性遂高。清代書院，皆依大清會典規定而設，各書院均置有學田，多由地方鄉紳捐助而來，以作為辦學經費，其經費分為固定學田租與臨時的捐助。書院設山長（院長），下設監院，掌理金錢雜物等。書院每月定期月課，課生童以詩文，評定甲乙，優異者給予膏火（獎學金），以資其焚膏繼晷讀書之獎勵。書院授課學生，依成績優劣分為內課生、外課生、附課生，前二者均給膏火費用。〔註8〕唯臺灣書院生徒之就學資格與學額，規範較為籠統，並未嚴格執行，此充份顯示臺灣書院係屬推廣教育之性質，人人皆有就學資格，這有助於臺灣學風之普及。〔註9〕其膏火津貼寒士辦法，實為獎掖寒士之一大德政，臺灣書院生徒不僅賴此以自給，甚至還可養家，安心讀書。書院為鼓勵生童科考應試，也會發給花紅或盤費，藉以提高及第率，而書院讓地方士子榮登科第，不僅換來地方仕紳之讚賞及實質的捐助，也提升書院之知名度。

　　臺灣之有書院，據連橫《臺灣通史》教育志云：「康熙四十三年，知府衛臺揆始建崇文書院。……各縣先後繼起，以為諸生肄業之地。」，〔註10〕雍乾以後，因內地渡臺者漸多，書院設置轉多。清領臺灣二百十三年，書院至少有四十五所。

　　清道光以前，書院大都由地方官倡建，通常設在府、縣治所在；道光以後，漸向內山地區開闢，往往由地方仕紳捐資興建。清代臺灣書院分佈，康雍年間以南臺灣的臺灣府治及臺灣縣為多，乾嘉以後中部漸次開發，遂以彰化、諸羅、鳳山縣為主，光緒年間臺灣北部漸取代南部為政經中心，故書院分佈再次北移。

　　臺灣書院素為一般人所重，歷來主持臺政地方官亦倡導之，並親為其訂定學規，做為諸生治學準則，學規大都重人格教育，對學生學品提升大有助益。如分巡臺灣道劉良璧，親定海東書院學規六條：一曰明大義，二曰端學則，三曰務實學，四曰崇經史，五曰正文體，六曰慎交遊，均在闡明為學做人之道。其他如白沙書院、文石書院、明治書院等，皆有周詳學規，以為典

〔註8〕 林再復，《閩南人》，臺北：三民書局，1991年，頁263～264。
〔註9〕 黃秀政，〈書院與臺灣社會〉，《臺灣文獻》，第31卷第3期，1980年9月，頁19。
〔註10〕 連橫，《臺灣通史》，卷十一，教育志，臺北：幼獅書局，1977年，頁218。

訓。〔註 11〕另外臺灣住民多來自漳泉之特殊淵源，故書院山長或主講者，多由閩南碩彥擔任，如同安縣人鄭用錫、南安縣人郭成金先後講學明治書院〔註12〕；同安縣人陳維英、晉江縣人施瓊芳、施士潔父子先後任學海書院山長；泉州金門人林豪講學文石書院；同安縣鄭用鑑任明治書院山長達三十餘年；晉江人陳友松應聘主講仰山書院。臺灣文壇名士丘逢甲、許南英皆出身施士潔門下。

　　臺灣書院大多沿襲福建傳統，正堂供奉神像以大儒朱熹為主，也有供奉倉頡、韓愈等，民間設立書院則多供奉文昌帝君或梓潼帝君，更有供奉武聖關聖帝君者。如龍門書院、振文書院、玉山書院等，都只是一文昌祠。平時除月課外，也在初一、十五為民眾做「善書宣講」，內容除康雍兩帝的「聖諭」外，以因果報應故事最多，這現象可看出為什麼殘留到今日的書院都變成寺廟，如宜蘭鑑民堂（鸞堂）源於登瀛書院、苗栗修省堂源自雲梯書院。〔註 13〕

二、啟蒙教育下之社學、義學與書房

　　　　人之初，性本善，性相近，習相遠，苟不教，性乃遷……。

在私塾教室中，孩童們搖頭晃腦的背誦著《三字經》，開啟了臺灣蒙童生平的首次學習活動。臺灣啟蒙教育機構，大致可分為三類：社學、義學與私塾書房，清代府縣儒學及書院大都位於府、縣治和大城市，且應考需渡海到內地，在財力上實非一般庶民所能及，這些啟蒙機構不論收費、性質及地點，皆可彌補上述教育之缺失，滿足一般臺灣老百姓的需求。

　　據清雍正元年之疏奏，指出社學設立之目的：「州縣之設學，大多在城市，鄉民居住遼遠，無法前往學習，方有大鄉巨堡之處，各設置社學」，自是清朝始大規模設立社學，近義務教育之性質。臺灣鄉村之設社學，分成漢人與土著，其目的亦基於此，以彌補一般官學不足之處。〔註 14〕臺灣最早社學之濫觴，為康熙二十二年（1683 年），臺灣知府蔣毓英於府治東安坊，建臺灣縣社學兩所；康熙二十八年（1689 年），巡臺廈兵備道王效忠及知府蔣毓英分別於

〔註11〕林再復，《閩南人》，頁 275。

〔註12〕明治書院乃臺灣民間興學之最佳典範，書院由地方墾首胡焯猷捐資於 1763 年在今臺北泰山設立，其帶動竹塹地方之文風，如當地詩社竹社、梅社、潛園吟社之相繼成立，皆與明治書院之發展有關。

〔註13〕宋光宇，《臺灣歷史》，臺北：東大圖書公司，2000 年，頁 86。

〔註14〕陳水源，《臺灣歷史的軌跡》（上），臺北：晨星出版社，2000 年，頁 318。

府治鎮坊及鳳山縣下土擊埕，各建社學一所；康熙四十八年（1709 年），諸羅知縣劉作揖於諸羅縣設數所社學。〔註15〕至於土著的社學，也在清初盛行過，在各熟番番社設有社師以教育兒童，每年派縣學督導到各社巡察，故學生大都能背誦四書和毛詩。到道光年間番社急速漢化，便就近到漢人義塾上課，此種土著社學乃告終止。臺灣社學一般只設社師一人，以教授經學和藝文為主，社學中優秀學子可參加府縣儒學考試，進而參加科舉考試。十八世紀末十九世紀初，社學變成社會士子會文結社之所，其性質與原先含意毫不相關。其最著名者首推沈光文之「東吟社」，噶瑪蘭廳仕紳設立的「仰山社」，嘉義仕紳設立的「文彥社」等。日據時期，日本政府將臺灣的「社」與「社學」分的非常清楚，當時將「社」改成類似今學會的社團法人性質，將「社學」與其他童蒙教育機構合併統稱「書房」。

與社學有關的還有文昌信仰，至十九世紀，文昌信仰已深入儒士階層。大街小巷只要有朗朗讀書聲，便可見文昌祠或童生士人組成的文昌社。當時還有「八月半，諸生以狗首致祭文魁於文昌祠」的風俗。道光年間《彰化縣志・學校志》，載有「社學則諸士子會文結社，以為敬業樂群之所，大都有文昌祠，即有社學。」「振文社，在西螺街文祠內；螺青社，在北斗街文祠內；興賢社，員林街文祠內。」。同治年間《淡水廳志・風俗考》「土習」條也載：「南北各庄生童，咸結文昌社，月會課之。」〔註16〕從臺灣文昌社之興，可見臺灣儒生藉文昌信仰以遂其求取功名之風氣。

義學俗稱義塾，自古以來各府縣都立義學，延請名師，免費教授孤寒清貧之子弟。該類啟蒙教育機構有官府創設，也有當地官民義捐設立者，而以後者為重。清代廣泛設立義學是在康熙年間，屬初級基礎教育性質，學子的年齡大約在六至十七歲間，義學不收束脩，甚至在月課時，還給膏火銀，以支助其生活所需。因其教育形式貼近百姓，故擴展快速。康雍年間，臺灣義學的快速發展，「籌臺宗匠」福建藍鼎元可說肇其端。康熙六十年（1721 年），他曾在《復制軍台疆經理書》中指出：「臺灣之患，不在富而在教。……興學校，重師儒，自郡邑以至鄉村，多設義學延有品行者為師，朔望宣講聖諭十

〔註15〕陳水源，《臺灣歷史的軌跡》（上），頁 315。

〔註16〕王瑛曾，《重修鳳山縣志》，臺北：臺灣銀行經濟研究室，臺灣文獻叢刊第 146種，1962 年，頁 182。陳昭瑛，《臺灣儒學：起源、發展與轉化》，臺北：正中書局，2001 年，頁 97～98。

六條，多方開導，家喻戶曉，以孝悌忠信禮義廉恥，八字轉移士習民風，斯又今日之急務也。」〔註17〕，從其思想可知，他設義學在正風俗民心，此乃孔孟之學，在其倡導下義學與書院教育得以有效銜接。閩臺官員，熱心義學的除藍鼎元外，道光年間的提督王得祿、與兵備道徐中幹都投入義學設置與義塾規約的制訂。道光以降，熟番急速漢化，學童都到義學來上課，迄光緒年間，由於開山撫番政策，政府加強對番童之教育，一時各廳漢番共學之義塾普設，但鑑於教法不對或文化隔閡，番童都逃避就學，故成效不彰。

至於民間私設義學，則以淡水廳士林街芝蘭一堡之芝山巖文昌祠及枋橋街擺接堡之大觀義學，最具成效與規模。道光二十年（1840年），士林紳士潘定民力倡於開漳聖王廟旁設文昌祠，兼做諸生肄業之所，並聘福建泉州府之傅人偉主其事，一時士林文風大開，而士林爲臺北文學之淵藪，肇端亦在此。〔註18〕艋舺碼頭生意繁盛，爲了爭奪碼頭利益，咸豐三年（1853年）爆發漳泉械鬥，死傷甚多。同治十二年（1873年）板橋富紳林維讓、林維源昆仲捐助成立大觀義學，該義學延邀舉人莊正及文人書畫家謝琯樵擔任講學，教育漳泉二州移民弟子。義塾中並祀有文昌帝君，希望藉神明力量，放棄源自祖籍狹隘的地緣界線，化解漳泉宿怨，推動地方文風。〔註19〕1880年後官辦義學逐步裁減，其啓蒙教育功能讓給分佈最廣的書房私塾。

書房通稱私塾、書館、書塾、家塾、學館或民學，純屬私學，酷似日本內地所謂的寺子屋，皆爲最基礎教育。臺灣私塾書房遍佈城鄉村社，有由士人自行開設，有由鄰保鄉里集資開設，有由仕紳殷戶獨立延師開設，也有因地緣關係利用寺廟後進設置書房者，〔註20〕最多的是教師在家自行開設書房者。〔註21〕清代書房教育主要在培養學子讀書識字能力，主要教學內容，初學兒童以《三字經》、《千字文》、《百家姓》、《四書》等白文背誦及寫字爲主，進入中學、大學高階則授以《五經》、《四書全注》、古文詩賦及作詩、作對爲主。而教養方面，即以小學爲教程，練習灑掃應對進退開始，再進而講解、訓練人倫之道。部分書房會教以算數，但被視爲商人之業，並不受重視。其教育可分爲啓蒙與專攻科舉考試兩種，教學層次大略可分爲小學、中學、大

〔註17〕藍鼎元，《鹿洲全集》，大陸：廈門大學出版社，1995年，頁556。
〔註18〕陳水源，《臺灣歷史的軌跡》（上），頁316。
〔註19〕鄭吳富，〈普及文化，功利導向——清領至日治初期的臺灣教育〉，頁50。
〔註20〕如松山慈祐宮、臺北龍山寺，部分廂房都曾做爲地方私塾之用。
〔註21〕黃新憲，〈日據時期臺灣書房探微〉，《教育評論》，第5期，2004年，頁89。

學，完成三個階段約需十年。書房每年一月十五至二月一日間開課，十二月下旬結業。其中遇上元、端午、七夕、中秋、重陽、孔子祭日等節日則放假。師資無一定限制，有具科考功名的貢生、廩生、生員、童生資格，也有未經科考的讀書人擔任，經費主要來源為學生的入學金、學費和節儀（年節禮金）。

　　學子入學年齡也無一定年限，大都在 6 歲至 8 歲間。蒙童入學的「開蒙」儀式，相當隆重。入學前父母會與塾師選定良辰吉日，並準備好蔥（聰明）、蒜（會算數）、韭菜（讀書長久）、芹菜（勤勞），圈上紅紙帶，供學童帶到私塾，敬拜孔子用。開蒙當天，蒙童需先在家祭拜祖先，接著家人會燃鞭炮相送，到了書房，蒙童需先對孔子神位燃香祭拜，行三跪九叩禮，接著向塾師行一跪三叩首禮，塾師會教以啓蒙教材之中一篇，以完成開蒙儀式。〔註22〕

　　另外在臺灣開設書房知名者者，嘉慶年間，有泉州同安縣的金門監生鄭崇和，曾在竹塹教讀，富家子弟爭相就學。咸同年間，名舉人陳維英在大龍峒保安宮內設樹人書院，惟因程度較低，雖有書院之名，實為一私塾。陳維英曾掌教噶瑪蘭仰山書院、艋舺學海書院，人稱「陳老師」，其教化所及，大龍峒文風冠北臺，故有「五步一秀（才）十步一舉（人）」之稱譽。〔註23〕

三、文廟、書院建築之人文精神空間

　　相較於日據時期日本政府所引進現代西式教育之空間規劃，中國傳統漢人教育環境，尤其重視空間與精神之相呼應，希望藉由環境的選擇與營造，強化士子人文精神之恢弘氣度，而其中孔廟與書院的建築與環境，尤其講究。由於孔廟是一精神空間，歷來參與修復之官員仕紳，無不重視其周邊大環境的選擇及廟宇建築形制的關照，尤其是形勝與風水、祭祀與教學之要求。除祭祀之巨麗壯觀要求，更重儒學的空間化表徵。

　　臺灣孔廟格局大都依照曲阜孔廟，具體而微。孔廟學宮禮制上的佈局，中軸線上的主建築體主要有：靈星門、照壁（萬仞宮牆）、泮池、大成門、大成殿、崇聖祠。中軸線左側，一般有教育場所「明倫堂」，並恪遵「左學右廟」之格局，在明倫堂左後方有時會設「文昌閣」，主祀文昌帝君。靈星門：靈星即為文曲星，是主管教育文學的星宿，以靈星門為孔廟第一道門，以示對孔子之敬仰。萬仞宮牆：牆名典出《論語·子張》，子貢讚嘆老師孔子的學問，

〔註22〕鄭吳富，〈普及文化，功利導向──清領至日治初期的臺灣教育〉，頁 52。
〔註23〕林再復，《閩南人》，頁 280。

如數仞高牆，不得其門而入，不見宗廟之美，百官之富。泮池：位於萬仞宮牆後之半圓形水池，泮池象徵意義，來自古代天子講學之「辟雍」，辟雍爲方形建築，四周以圓形水池環繞，象徵天子之學周流圓轉以教化天下，而諸侯之學則次於天子，爲天子之半，故其講學地點稱爲「泮宮」，其象徵性半圓形水池則稱爲「泮池」。唐玄宗時追封孔子爲文宣王，並以八佾舞祭之，孔子祭祀地位便等同諸侯，故孔廟有「泮池」設置。〔註24〕

臺灣所有孔廟中最具形勝者，首推鳳山縣儒學。《鳳山縣志》記載：

> 鳳山之學……前有蓮池潭，爲天然泮池；潭水澄清、荷香數里。鳳
> 山對峙，案如列榜。打鼓（山名）半屏（山名）插於左右，龜山、
> 蛇山旋繞擁護，眞人文勝地，形家以爲甲於四學。〔註25〕

此一蓮池不僅作爲泮池，更是附近農地的灌溉水源，道光二十二年（1842年）知縣曹瑾開大圳以達此潭，造成有名的「曹公圳」。此泮池充分的連結書生與農民，掌握儒學對民間教化之功能。〔註26〕至於廟學獨有之群山環繞，更是「形勝」最佳寫照，及風水地理之講求，也體現了「仁者樂山」思想。

相較於廟學講求的「禮樂」形制，書院的人文精神空間的關照，更重自然景觀的幽靜。例如清代臺南知府蔣允焄，因崇文書院地處府治附近，市井塵囂與弦誦之聲相干擾，認爲不利於修身養性。故於任內在郊外南湖購地建學舍和講堂，將書院遷往此處，南湖諸山迴抱，林木參天，有岩足涉，有川足泳，被認爲是讀書好地方。〔註27〕一般人認爲，書院是讀書、修行、講學、吟詠、著述、休憩的場所，故必須重視風水擇地與自然環境。臺灣一些書院碑記中常出現「卜定」二字，應是指風水勘查，也就是請地理師來「相地」，俾以選擇山川名勝中的「風水寶地」建書院，以達陶冶士子之靈性。〔註28〕

一般把枕山、環水、面障屏，稱之爲吉地。臺灣許多書院建築所在地，都是士人或當地仕紳所看好之吉地。例如曾白瑛在設立白沙書院時，曾多方找尋，最後選擇白沙爲書院院址，書院碑記提到：「以彰化山川之秀，以白沙

〔註24〕《臺灣教育400年》，頁40～41。

〔註25〕陳文達，《鳳山縣志》，臺北：臺灣經濟研究室，臺灣文獻叢刊第一二四種，1961年，頁14。

〔註26〕陳昭瑛，《臺灣儒學：起源、發展與轉化》，頁146～147。

〔註27〕黃新憲，《閩台教育的交融與發展》，頁80。

〔註28〕依據宋元明清之建築規定，必需「卜定」所擇之地，這種方法在周公建洛邑時已經採用。

爲冠，取其地名以名之。」，曾白瑛認爲這塊地，在風水上有「主人才蔚起之象」。巧的是八十年後，白沙書院的學生曾維楨，成爲臺灣有史以來第一位翰林，當地官民咸認爲這是書院風水好的關係。〔註 29〕龍門書院當時由於文風不振，地方人士將之歸因方向不吉，乃大興工程將厝屋改向。〔註 30〕

當然有些書院是處於府、縣治所在，並不處於青山綠水中，若如此，建築上往往會採借景方法，讓書院與山水景觀相連。例如臺灣一些書院雖不處於江畔，但爲彌補不足，往往在書院前挖一池塘，如明治書院前方與左前方，就有兩個大水塘，以增水色。〔註 31〕臺灣書院位於府、縣治及儒學所在地的有：崇文書院、文石書院、引心書院、海東書院、仰山書院等；位於山林之中或城郊的有：文開書院、明道書院、龍門書院、登瀛書院、南湖書院、明新書院等。〔註 32〕兩類中又以後者居多，這與肅心志的書院教育要求有關，同時也符合傳統仁者樂山、智者樂水理念思想。

日本據臺後，大量將中國式的傳統文廟、書院、書房，改建爲現代學校校舍，講堂、事務室、浴場、便所、操場……，映入一般民眾眼簾的，是完全不同的新學校氣氛。的確，在採光、通風上，現代校舍較中國傳統建築佳，也很快吸引臺灣人，尤其是學子們的目光，但臺灣傳統書院禮樂精神與人文精神空間的關照，則不見了。

第二節　殖民地教育之軌跡

日本政府統治臺灣之初，認爲臺民沐浴皇化時間尚淺，乃高唱「教育爲具兩面刃之劍」，對臺灣的殖民教育，是採同化主義、差別教育。雖歷任總督教育政策皆因時而異，但語言同化之中心方向，不曾游離過。由標榜國家主義、無方針主義、漸進主義到內地延長主義、日臺共學，再到皇民化教育，日據五十一年的教育政策演變，都不脫「雙軌」的差別教育，雖是內臺共學，不過是國王的新衣，在「共學」、「同化」外衣下，拉大內臺的不平等。

日據時期另一教育現象是臺灣人對於近代文明有著近似貪婪的興趣。公

〔註 29〕黃新憲，《閩台教育的交融與發展》，頁 79。
〔註 30〕《臺灣慣習記事》，第六卷第十號，明治 39 年 10 月 13 日。中譯本，臺灣省文獻委員會發行，1992 年，頁 120。
〔註 31〕當時臺灣各地就有很多水塘。
〔註 32〕黃新憲，《閩台教育的交融與發展》，頁 81。

學校教育的持續成長，顯示是教育中「現代化」知識讓臺灣人趨之若鶩，當島內學校設施不足時，臺灣人主動要求當局增設學校，為了接受較高深的現代教育，臺灣人也自主性的到內地留學，均告訴我們臺灣人對近代文明不僅有迅速的認識，而且也意識到其重要性。陳逢源在回憶中也明言，自己後來就讀總督府國語學校的原因，不是為了要做一個擁護日本的協力者，而是希望能攝取近代的學問，充實世界性的知識。〔註33〕臺灣人甚至以接受教育同化作為抵抗工具，以接受近代文明的手段，來向統治者爭取更多的近代文明。隨著對近代文明的追求，臺灣人的抵抗開始帶有自省的色彩，跳脫「漢賊不兩立」的二元情緒對立框架，逐漸轉換成打破舊慣陋習和文化啟蒙，及追求政治上的平等。

一、伊澤修二的國家主義教育色彩：一視同仁之弔詭

　　日本為將臺灣建構成具現代文明的「大和民族」，「同化」教育之中心精神一以貫之。在殖民教育體系的推動上，日本教育家伊澤修二的重要性，幾乎是所有研究臺灣殖民教育者所不可不提的，他不但是甲午戰後日本第一位來臺的教育家，也是促成臺灣殖民教育朝「國語同化教育」方向行進的倡導者。

　　出生貧家的伊澤修二（1851 年～1917 年），日本長野縣人，大學畢業後曾任愛知縣師範學校校長，明治 8 年（1875 年）被派遣留學美國，回國後執教東京高等師範學校，致力盲啞教育。1881 年入日本文部省，改革小學教科書，活躍於國語的創造運動。當日本進入全盤西化與保存國粹的論爭時，文部大臣森有禮遭暗殺身亡，伊澤便以其後繼者自居，於 1890 年創國家教育社，主張發展森有禮的國家主義式的教育，同年創辦《國家教育雜誌》，1892 年他再創「國立教育期成同盟」，呼籲應由國家負擔普通教育經費。此主張終於讓財務困窘的明治政府對其下封口令，使其改革遭受波折。〔註34〕為將其於國內無法實現的國家主義教育理想，找到新的實踐空間，他拜訪即將接任臺灣第一任總督的樺山資紀，自薦願為臺灣教育的開拓者，並力陳「要把臺灣島

〔註33〕陳培豐，《「同化」の同床異夢：日治時期臺灣的語言政策、現代化與認同》，臺北：麥田出版公司，2006 年，頁 183。

〔註34〕黃新憲，〈伊澤修二與臺灣殖民教育的發端〉，《東南學術》，第三期，2005 年，頁 154～155。

民自心底歸順日本，靠武力是不能做到的，必須應用教育的方式。」〔註35〕，此深得樺山總督認同，於是臺灣成了其國家主義教育的實驗場。

　　1895年6月伊澤抵達戰火未熄的臺北，擔任第一任學務部長。初佔領期，抗日事件不斷，招生並不順利。伊澤乃將學務部遷到文風鼎盛的士林芝山岩，並在惠濟宮設立「芝山巖學堂」，聘請巴連德擔任助理，開始教授日語，並著手進行國語傳習所的設置。10月他到臺南拜訪英國傳教士巴克禮（Tomas Burkery），請益臺灣教育經驗。巴克禮告訴伊澤，要向臺灣人實施日語教育非常困難，最好還是利用羅馬拼音教導臺語，採取母語教學。此建議並未為伊澤採用。伊澤始終主張日語教學。其實伊澤考慮的並非僅只教育層面，而是如何同化臺灣人使其成為日本人才是他真正目的。二人的教育目標不同，對伊澤言，教育不過是手段，「同化」才是他最終目標。〔註36〕

　　伊澤堅持以宗主國的國語（日語）實行所謂的「同化」，在其規劃的教育方針，除國語同化外，尚涵蓋「一視同仁」的均等教育主義與現代化教育，這樣的教育體系雖沒有百分之百為後繼者遵循，但皆受制於他的「語言同化」束縛，難以跳脫此框架。伊澤這種殖民教育精神，在當時世界殖民統治中算是特異。西方殖民國家大都以殖民地當地語言為教學語言，少有採均等教育方針，大都採「選良」教之，堅持同化者少。〔註37〕

　　伊澤的語言同化思想，陳培豐認為是受「國體論」的影響。相較於西方殖民統治，除武力制壓外，大都採宗教教化與現代化優勢來馴服殖民地住民。但在現代化的過程中，日本是歐洲文明的模仿者而非創造者，難以文明傳播者自居。在宗教教化上，日本曾在德川幕府時代將儒家文化抬到最高位，面對同為儒家文化圈的臺灣，其教化上的指導地位薄弱。〔註38〕為克服這個困境，伊澤試圖以擬宗教的國體論來作為教化臺灣人的手段。

　　十九世紀幕府末期當日本面臨內憂外患時，會澤正志齋主張建立神道祭司信仰新體系，將天皇奉舉在「現人神」位階，將渙散低迷人心歸屬在一起。啟蒙家福澤諭吉也主張用天皇崇高地位來緩和國內的對立。積穗八束更將「君

〔註35〕黃新憲，〈伊澤修二與臺灣殖民教育的發端〉，頁154～155。

〔註36〕李園會，《日據時期臺灣教育史》，臺北：國立編譯館，2005年，頁52。

〔註37〕陳培豐，〈殖民地臺灣國語「同化」教育的誕生——伊澤修二關於教化文明與國體的思考〉，《新史學》，第12卷第1期，2001年3月，頁116～119。

〔註38〕陳培豐，〈殖民地臺灣國語「同化」教育的誕生——伊澤修二關於教化文明與國體的思考〉，頁118～119。

民同祖」「萬世一系」的擬血緣制引進國體論。明治二十年在政治上有帝國憲法的制訂，在教育上有教育敕語的奉讀，而在甲午戰爭前後，「國體論」進入鼎盛期。而這些國體論也影響到臺灣統治。日本人將臺灣人定位成天皇的赤子、臣民，要求他們崇拜天皇，並宣導日本在臺灣統治是施行「一視同仁」的德政，以此來消除臺灣統治中殖民地之差別形象，也利用將臺灣人變成大和民族，來掩飾其統治異民族的事實。而這其中國語同化教育思考便成為最佳利器。

　　明治 27 年上田萬年將日本語比喻成「日本人的精神血液」與「情深無比的母親」，強調不論是否為大和民族份子，只要讓他們使用國語就可以統一流在他們體內的「精神血液」，灌輸他們忠君愛國思想，將他們融化成日本人。這種擬血緣制的國體論逐漸成為統治臺灣的主流價值，語言中「同化」之意識形態於焉形成。〔註 39〕伊澤就曾強調：「新領土中的母親們所講的都是外人的語言，所以臺灣教導國語即是在從事母親的任務，教導臺灣人國語必須要從做一個母親的工作開始」。伊澤這種否定「方言」作為母語之資格，「母語篡位」邏輯，欲透過語言這個後天人為的母親，讓臺灣人融化成為日本人。〔註 40〕

　　當伊澤「芝山巖學堂」逐漸上軌道時，明治 29 年（1896 年）1 月 1 日學務部六位部員在芝山岩遭北部陳秋菊、簡大獅抗日份子襲擊，學堂暫時關閉。總督府認為這是先人以身示後人的教育精神，亦即所謂「芝山岩精神」，並為「六士先生」〔註 41〕建「建功神社」。其實日本強化芝山岩事件的偉大無懼犧牲精神的背後，值得深省。事實上，抗日份子會攻擊辨務署等，但從未攻擊過學校，因臺灣人一向尊崇學校。伊澤自己也說：「六士先生並不是在自己的學校被殺死的，是離開學校才戰死，學校並未受到攻擊，當我們回去時，學校情況依舊」。〔註 42〕事件後，總督府將芝山岩學堂，改稱臺灣總督府國語學校芝山岩學堂。同時伊澤回到日本招考志同道合的教師赴臺為新領土的教育貢獻，並發表其臺灣教育演說，強調「實施教育是要征服臺灣人的精神，在

〔註 39〕陳培豐，〈殖民地臺灣國語「同化」教育的誕生——伊澤修二關於教化文明與國體的思考〉，頁 126～137。

〔註 40〕陳培豐，〈殖民地臺灣國語「同化」教育的誕生——伊澤修二關於教化文明與國體的思考〉，頁 139。

〔註 41〕六士亦曰「六氏」，「先生」按「先生」sen-sei 係對長輩、專家或老師之尊稱。日本人認為臺灣教育就是在這樣剛烈教育精神的化身六士之寶貴碧血開始的，這種以身示後人的教育精神就是所謂「芝山巖精神」。

〔註 42〕臺灣教育會編，《臺灣教育沿革誌》，青史社，昭和 14 年（1939 年），頁 22。

臺灣的日本化成功之前是絕不罷休。」〔註43〕1896 年 4 月，隨著社會漸趨安定，日本當局宣布臺灣教育事業完成了第一階段「目下急要之教育」日語傳習所時代，開始實施所謂「永遠的教育事業」〔註 44〕。在伊澤籌畫下，除將芝山岩學堂改爲國語學校，並重新創建「國語傳習所」，將傳習所分成以快速培養譯員的甲科與以日語爲中心的初等教育之乙科，在全國各地設立十四所國語傳習所。國語學校也增設第一、第二、第三附屬學校，分別設在八芝蘭、艋舺、大稻埕。

　　此時伊澤的教育藍圖漸漸明朗化，其同化及國語教育亦是形態也漸凸顯。1896 年 5 月發佈的「國語傳習所規則」第一條就明言：「國語傳習所是要教育本島人國語以資其日常生活使用，並且以養成本國的精神爲宗旨」，第十三條也說道：「本所雖然是以傳習國語爲主旨，但也經常注意道德的教訓和智能的啓發。道德的教訓是以尊皇室、愛國家、重人倫以培養本國精神爲趣旨。而智能的啓發則是以教育臺灣人經世立業所需之知識技能爲主。」〔註 45〕爲強化天皇制國家道德觀，伊澤主張將教育敕語譯成漢文，並將之引進臺灣，作爲教育最高準則。在伊澤的國語教育重點尙有「智育」，他在《廣島新聞》中嘗提到：「臺灣既已投入我國，因此希望天皇賜與恩惠憐憫之，施與這些蠻民近代文明教育以讓他們也享受高等人生的幸福。」，因爲光是道德涵養不足以達成富國強兵目標，理想的日本臣民是擁有近代知識和勃興實業的人。於是「近代文明」教材大量出現在國語讀本中。〔註 46〕

　　伊澤任職期間不長，但影響深遠，日據時期的臺灣教育幾乎完全按照他的計畫實施。他畢竟是一位大教育家，有教育理想，相較日本統治五十年的其他教育者，他算是較積極且較有教育理念的，因此這一階段愚民政策色彩較爲稀薄。但他也是一位狂熱的「國家主義」者，故其散播的教育政策，表面雖宏偉，但卻值得深入檢討。其「一視同仁」的教育理念，打破的是中國社會原有的菁英式教育模式，平等的是臺灣人自己，內地人與臺灣人還是差別的；其「語言

〔註43〕陳培豐，〈殖民地臺灣國語「同化」教育的誕生──伊澤修二關於教化文明與
　　　　國體的思考〉，頁 122～123。
〔註44〕伊澤就任學務部長之初，即向樺山總督提出「新領土臺灣之教育方針」，其中
　　　　規劃有應急事業，強調宜講求日、臺語教育，以打開溝通之途；關於永久事
　　　　業，則注重初等普通教育及師範教育。
〔註45〕臺灣總督府，《臺灣教育沿革史》，臺北：臺灣總督府，1939 年，頁 171。
〔註46〕陳培豐，〈殖民地臺灣國語「同化」教育的誕生──伊澤修二關於教化文明與
　　　　國體的思考〉，頁 148～151。

同化」的教育理念，是母語篡位，用日語篡奪閩南語成為母語的資格；其「同化於文明」的現代化教育內涵，不也是為了讓臺灣人習得世界文明的知識，以體認日本國體的珍貴和偉大？伊澤後來因教育經費問題去職，在學務部任內不到二年，但卻決定了往後五十年的臺灣教育方針與內容。

二、後藤新平之無方針主義：逆向的抑制

伊澤去職半年後，後藤新平隨著兒玉源太郎就任總督，也擔任民政局長，八年任內他改善臺灣治安問題、整備社會基礎使得臺灣財政得以自立，其功績獲得海內外讚揚，表面上他在教育政策同伊澤一樣都是高唱同化理念，實際上他的「無方針主義」的教育方針正是差別的同化觀，且是抑制式的教育政策。

後藤從其「生物學進化理論」出發，認為在進化階段中，臺灣人和日本人的相異程度，好比「比目魚的眼睛和鯛的眼睛」。對於某些人希望等同於內地的方式來統治臺灣的行為，後藤斥之為「詩人式的統治」，相對於伊澤修二的「內地延長主義」，後藤則提出「特別統治主義」，反對臺灣在「國體論」的軌道上進行。〔註47〕後藤進而發佈「臺灣保甲條例」，實施連坐制，強力維護治安。這些舉止遭到日本國內學友會等團體的非難聲浪，斥責後藤主導下的臺灣是「暴治」，期待「一視同仁」的光輝能普及臺灣。

後藤的特別統治主義，在臺灣教育上則是「舊慣溫存」原則，雖否定臺灣書房教育的不合時宜，但為避免新附民的語言世界發生激烈變化，他並不打算立即將這些私塾和漢文教育逐出臺灣社會，這部分與伊澤的「混合主義」是相同的。但在國語同化教育上，他提出「無方針主義」，明治 31 年（1898年）他發給地方長官的諭示中有一段話頗令人玩味：

> 教育雖然不可忽視，然胡亂注入文明將使人民養成極會計較權利之風氣，必然讓臺灣人民陷入不可預測的弊害。因此教育方針之訂定，頗需謹慎考究，教育固然必要，但其方針和程度、內容，現正考究中，尚未定案。〔註48〕

這就是後藤因時變化的「無方針主義」。針對國語教育，後藤與當時教育界第

〔註47〕陳培豐，《「同化」の同床異夢：日治時期臺灣的語言政策、現代化與認同》，臺北：麥田出版公司，2006 年，頁 108〜109。

〔註48〕〈後藤長官の訓示〉，《臺灣教育會雜誌》，第 27 號，明治 37 年 6 月（1904年），頁 2〜3。

一線工作者明顯對立，如針對學務課長兒玉喜八的公學校擴充計畫，後藤相當不以爲然，因這項計畫將擴大總督府的財政負擔。明治31年（1898年）後藤就任後不久馬上制訂「公學校規則」，除日籍教員薪資由國庫支付，其他公學校經費改由學生的學費、地方稅或當地住民的捐獻金來負擔，將教育經費轉嫁給臺灣人民負擔〔註49〕，並廢除伊澤的公費補助國語傳習所政策，改爲徵收學費的公學校，除背離伊澤的義務教義精神，且限制大量設置公學校的可能，因爲公學校只能設立在有能力負擔這些支出的地方。〔註50〕理論上後藤不認爲臺灣有全面普及教育的必要，對伊澤的「現代化」智育的教育，後藤也不以爲然，他反對公學校教材內容的向上提升，主張「商業帝國主義」，認爲今日教育之要務是實施實業社會，事實上，後藤只將臺灣的現代化教育視爲殖民地經營獲取經濟利益的手段。〔註51〕對伊澤「一視同仁」的教育觀，後藤認爲對於「民度」尚停滯在「太古人類」狀態的新附民來說，實現「一視同仁」的時機是在「他日」。但我們從後藤進化論的立場來看，這「他日」當然是在遙遙無期的將來。（民度是指國民的生活和文明進步程度）

　　後藤時期，公學校剛開始的招生狀況並不是很好，因爲上流階層的家庭均稱公學校爲蕃仔學校，寧可讓自己的孩子進入傳統書房接受教育，所以公學校的學生大都是中下階層人士的孩子。更甚者公學校初創時教學課表唱歌與體操是空白的，一直到1898年11月才追加。這是因爲臺灣傳統一向視擔任演員和歌手爲卑賤職業，公學校的課程表中有歌唱和體操，無疑會被誤解爲在培養從事卑賤職業的學校，而且家長們也擔心孩子因爲學習此等課程而使品格低落。尤其體操更被誤解爲是在訓練未來擔任士兵的預備教育，以致學生在接近畢業時竟陸續申請退學。〔註52〕可見現代教育剛開始並不是那麼吃香，而後藤也不像伊澤千方善誘，而是採放任，不積極鼓勵的辦法。

〔註49〕明治36年至43年（1903～1910年）臺灣街莊居民所負擔的教育費暴增十一倍以上，而臺灣人縱使過度負擔，但因本島人資產階級的寄付金只使用在自己子弟就讀的公學校，並沒有挪用到小學校，因此肥水不落外人甜的心態下，臺灣人一直將公學校當作是自己子弟的專屬化，故擔負費用都有在所不辭的傾向。例如大稻埕仕紳李春生給予教育經費的捐獻金額明顯的高於其他捐款。
〔註50〕陳培豐，《「同化」の同床異夢：日治時期臺灣的語言政策、現代化與認同》，頁123。
〔註51〕陳培豐，《「同化」の同床異夢：日治時期臺灣的語言政策、現代化與認同》，頁125。
〔註52〕李園會，《日據時期臺灣教育史》，頁91。

　　與後藤同為東北出身的學務課長持地六三郎，也是個現實的殖民主義者，與後藤一般擅長玩弄兩面手法。這從其〈縣政管見〉敘述看出：「殖民地經營的目的，主要在於經濟利益之獲得。學問之普及、人智之啟發，係增進殖民地經濟利益時必要的根源。」，持地抱持這種經濟至上的統治觀，教育經費的縮減自然是必要措施，他以修業年限的彈性化為理由，主張公學校的修業年限可改為不限六年，來縮短公學校的修業年限。對前任學務課長木村匡提出實施義務教育的建議，持地以時機尚為成熟加以否決，其實持地曾研究過印度的叛亂，他認為受英國教育的知識份子與反英的政治活動之間存有密切關係。〔註 53〕因此對普及教育，持地是反對的，主要原因是對於台灣人向學心的危懼意識。持地也對後藤的「無方針主義」進一步詮釋：「我們的教育方針就是不實施教育的方針」，並以此作為實施準則，我們從持地在位七年間，公學校就學率的成長僅 1.9%，而當時臺灣公學校只能收容不到一成的希望入學者，可知持地是採抑制公學校增設的方針。

　　綜觀後藤與持地的教育設計精神「同化即差別」，透過減少教育經費的支出，抑制公學校的增設，縮短公學校修業年限，減少現代化教育內容，來讓本島的現代化進展趨緩，其差別化統治的持久化就能得到正當理由，亦即「一視同仁的皇恩到來將在不可知的未來」。總結後藤、持地主政的臺灣教育情況是，初級學校成長停滯，中等學校教育設施不足，日臺差別更加明顯。

三、名實難符的「內臺共學」：國王的新衣

　　與明治時期比較，大正時期臺灣教育政策，顯然受世界民族風潮的影響，較為開明與進步。統治當局在全島各地設立大量公學校，公學校不足的需求明顯獲得改善，學童就學率也大幅攀升，以收容臺灣人學生為主的臺中中學也在有力人士的奔走陳情下設立，日臺共學也在《臺灣教育令》的頒布下，獲得表面的解決。

　　所以有以上的轉變，實與當時臺灣社會的幾項統治困境有關。領臺初期臺灣民眾對殖民教育雖出現排拒現象，但不久臺灣人開始覺悟只有接受教育才能享受與日本人平等的生活，更為教育中的近代文明所吸引展現旺盛向學心，然而在後藤抑制教育的主導下，公學校不足現象日趨嚴重。《臺灣日日

〔註53〕持地六三郎，《臺灣殖民政策》，臺北：南天書局，1998 年，頁 297。（1912 年東京二版）

新報》對此屢有報導：「向學心在時運的進步激勵之下逐漸無法抑制，入學志願者的人數增多到致使公學校無法收容的程度。」〔註54〕增設學校的民間呼聲越來越強。另外學生畢業後的出路問題也日漸浮上台面，明治43年（1910年）從公學校畢業的學生已增至414,000人，而這些學生的就學機會卻只有國語學校一所、醫學校一所、實業學校一所。〔註55〕設置中學已成為臺灣人共同的訴求，這現象從明治40年（1907年）至大正2年（1913年）五年間留日學生數量增加五倍，可看出統治者長期忽略學校教育的問題。另外面對日據以來日臺教育的雙軌制，日本內地人就讀的小學校，不論在師資、設備、教學內容和入學人數，都比臺灣人就讀的公學校要來的好，相對公學校數量不足問題，小學校則有設置過多的傾向，對此差別待遇，這時也出現反彈效應。

　　為解決這些問題，總督府從朝鮮調來隈本繁吉擔任學務課長（翌年升格學務部長），隈本從明治44年（1911年）到大正9年（1920年）離任返回內地，在臺時間長達十年，是殖民統治期間擔任學務部（課）長最久者。剛開始隈本與持地一般，對中學校設置問題及公學校不足問題，毫不在意。但來臺後面對全島各廳廳長及仕紳階級對增設公學校的急切聲音，隈本一改以往態度，在地方廳長會議上承諾「在財政許可下，希望今後將增設公學校作為施政的重點。」在隈本任內，公學校就學率每年都大幅增加，大正元年（1912年）公學校數只有248所，到大正9年（1920年）公學校數已衝至495所，就學率也上升到25.11％，這是持地離開時的四倍。〔註56〕除公學校外，國語普及教育也大幅攀升，如成立國語夜學會、國語研究夜學會等。

　　至於中學校的設立，大正2年（1913年）林獻堂為慶祝母親八十大壽，以10萬元祝賀金計畫與中部人士共同設立「勸學會」，唯後來林獻堂接受其堂兄林烈堂的勸告，將目標轉向設立私立中學，並登高一呼，向其他各地仕紳資產家募集，一共募了25萬元，林獻堂將這筆錢交給總督府，要求當局以這筆錢來為臺灣人設置一所中學校。大正3年雙方及日本中央政府在多次交涉後，「中學校」這個名稱雖被接受，但由私立變為公立，修業年限較總督府

〔註54〕《臺灣日日新報》，大正3年（1914年）6月12日，「公學校と傾向（一）」。
〔註55〕臺灣教育會編，《臺灣教育沿革誌》，頁2～3。
〔註56〕陳培豐，《「同化」の同床異夢：日治時期臺灣的語言政策、現代化與認同》，頁254～255。

中學校縮短一年，入學基準也較低，降爲公學校四年修畢，授課內容也受到
制約。這四不像的中學終告成立，唯其學制無法與內地銜接，且學生也被要
求一律住校，以接受國民性的涵養，過著純日本式的生活。〔註57〕然而日本
政府同意讓學校設立，除本地地主資產階級的資金與力量外，還有來自理番
政策下對臺灣社會領導階層金錢、人力協力的需求；及祖國對岸學校的壓力，
讓隈本不得不做出此決定，因爲抑制公學校的普及和中學的設立，將會逼迫
那些有心向學的學子轉到總督府無法看管的內地或對岸學校去。因此不如順
勢利用教育來教化臺灣民眾，從此隈本乃積極的推動「同化」教育。相較持
地是以抑制公學校數量作爲統治臺灣政策，而隈本則是擴充教育機關，同時
極力控管教育內容，把學校變成培訓忠良的日本國民場所。隈本的普及教育，
只不過是另一種壓制手段，相較持地量的抑制，隈本則是質的調控、劣化。
他利用教育的普及，全面強化「德行教育」，大量縮減現代化教材。

　　大正8年（1919年）原敬內閣上台，《臺灣教育令》被批准，教育令第一
次以法令確定臺灣教育體系是由普通教育、師範教育、實業教育和專科層次
的高等教育所構成。總則第二條指出：「教育基於教育敕語之旨趣，以育成忠
良國民爲本義」，揭示臺灣教育的功能在於培養順民在於涵養德行。同時將原
有公立中學改稱公立高等普通學校、日語學校改稱臺北師範學校、增設三所
實業學校、除原有醫學校改稱醫學專門學校，再增加農林及商業專業學校。
不過值的注意的是，中等以上學校修業年限仍低於日本同位階學校。又因學
制不同，其資格在內地並不被承認。〔註58〕

　　《臺灣教育令》對差別待遇與共學問題都沒有提出解決之道，爲補救這
些缺點，日據以來第一位文官總督田健治郎一上任即於大正11年2月（1922
年）制訂新的《臺灣教育令》，這一法令是田健治郎「內地延長主義」的產物，
明令「撤消內臺人之間差別教育，全達均等地步」，實施「內臺共學制」，並
比照內地制度增設中等以上教育，試圖進一步改變隔離與差別教育政策。〔註
59〕根據法令公立高等普通學校再改回公立中學，學制課程與日本中學大抵相
同，並廢除入學資格之差別待遇。增設臺北高等學校做爲大學預科，1928年

〔註57〕臺灣教育會編，《臺灣教育沿革誌》，頁745。
〔註58〕井出季和太，《臺灣治績志》，臺北，昭和12年（1937年），頁600～626。
〔註59〕臺灣省文獻會編，《臺灣省通志》，卷五，臺北：眾文圖書公司，1971年，頁
　　　104。

再設立臺北帝國大學。不可否認兩個教育令讓臺灣教育系統化和制度化，但共學制與無差別教育的的倡導卻始終未能付諸實施。

在共學制上，由於臺灣學生人數遠比內地學生來得多，實施共學後，內地學生反而被臺灣學生同化，因而贊成中學以上共學，但初等教育仍維持現狀，並以國語常用者來做為小學校與公學校的入學區分。在新《臺灣教育令》中「臺灣人」這個代表民族色彩字眼不見了，取而代之的是「國語常用者」與「非國語常用者」，在此把日本語當作日本人精神血液，當作同化於日本民族的媒介。雖說日臺共學成了民族融合象徵，但事實上獲得許可進入小學校的本島學童人數相當少。大正十四年（1925 年）本島人能進入小學校就讀人數僅 100 人，至昭和 5 年（1930 年）也不過 215 人。另外在中學以上的共學狀態，反而令臺灣學生處於更加不利的競爭狀態。主要是中學校的考試內容是出自於小學校，加上語言落差，臺灣學童與日本學童必須進行一番非常不公平的競爭，當局有時甚至把內地學生列為招生對象，到內地去招考。1929年臺灣子弟在中學就讀者只有 2000 人左右，占臺人總數 0.05％，而內地人的入學率卻是臺灣人的 24 倍，1928 年臺灣子弟留學日本人數翻了兩番，等於當年在臺灣島內就讀高等學校的 1.7 倍，可見高等教育的資源反倒有被內地人獨佔的趨勢，本島人的升學機會反而更少。吳文星就指出：「共學制實際上只是為迅速成長的在臺日人子弟提供更多的教育機會，臺人子弟並未能享受公平的教育機會」〔註60〕。日裔學者鶴見則更進一步揭示共學制的名實難符乃因：「如果真正實施內臺共學，肯定會衝擊在臺日人的文化教育與經濟政治特權，從而危及日本殖民統治的根本利益。」〔註61〕

在新《臺灣教育令》中另一項特點便是國民精神涵養的目標之落實。此時教育內容明顯減少現代化智識教材，漢文也被排除在必修科變更為選修，並從許多公學校中被排除，國語一元主義色彩愈形濃厚，漢民族的存在價值遭到抹殺。

四、皇民化運動下教育的身、心總動員

1937 年日本發動全面侵華戰爭，臺灣成為日本對外侵略的根據地。在這

〔註60〕 吳文星，《日據時期臺灣領導階層之研究》，臺北：正中書局，1992 年，頁 100。
〔註61〕 龔放，〈日據時期臺灣教育政策的演變〉，《臺灣研究集刊》，第 3 期，1996 年，頁 79～80。

之前，昭和 11 年（1936 年）廣田弘毅就任閣揆，上任時的演說就表明：「要排除跟國體不相容的思想」、「在日本固有精神之下確立我國教育的教學」，爾後日本更加強化其在學術、教育和思想上對人民的箝制。〔註 62〕並極端的強調日本固有文化的優越性，同時也全面否定因戰爭爆發而關係惡化的西洋文明，正式推動皇民化運動。皇民化運動的開展涵蓋抑制臺灣人使用母語，實施國語家庭，強制臺灣人改姓氏、參拜神社，倡導生活習俗日本化，實施皇民奉公運動等，要求臺灣人在精神上、信仰上接受日本人之同質化。其中教育也進入所謂戰時教育，以下就皇民化運動與教育有關部分，提出討論。

（一）國語普及教育的實施

由於對中國開戰，統治當局對漢文、漢字的排斥也更加嚴格，昭和 12 年（1937 年）總督府以府令第二號修正公學校規則，規則中以漢文會喚起支那人意識，妨礙國民精神的涵養，以及必須徹底普及國語為由，廢止漢文科，同年五月漢文欄也從報紙、雜誌等大部分媒體消失。〔註 63〕正式推動「國語純正運動」，推行國語常用家庭，由州知事發給認可證書、證章及門標，以示優異，由當局給予表揚，並與其成員各種優先權。〔註 64〕

1933 年提出「國語普及十年計畫」，要求在十年之內，使 50%的臺灣人能掌握日語。花蓮地方政府甚至規定，「公務人員在公眾場合不使用日語者一律解職」。羅東郡三星庄也發佈「凡不學日語者要處以繳交『過怠金』的處罰」。教育當局規定在普通學校，臺籍教師一律穿和服講日語，學生在學校及家裡需講日語。1937 年當局甚至公開提出：「禁絕使用臺灣語和漢文，不滿者滾回支那去！」。〔註 65〕對於不懂日語者，外出往往遭白眼及鄙視。為推廣日語，當局更是廣設國語講習所、國語夜間講習所等，在當局強力推動下，據總督府統計 1944 年日語普及率已達 71%。

在當局強力的介入下，許多臺灣人不知不覺中強化了對國語的需求和接受程度。左翼醫師吳新榮日記中就提到：「爾後以日本話談話，用日文寫作，

〔註 62〕陳培豐，《「同化」の同床異夢：日治時期臺灣的語言政策、現代化與認同》，頁 400。

〔註 63〕臺灣教育會編，《臺灣教育沿革誌》，頁 388。

〔註 64〕如入學優先權、實物配給、公部門工作權等各種條件，來利誘臺灣人加入「國語常用家庭」。

〔註 65〕鍾兆雲，〈日據時期的臺灣反『皇民化』運動〉，《史海存真》，第 181 期，2005年 6 月，頁 17。

最後以日本式的方法來思考。一切只爲了方便。「方便」與「必要」成爲同化的不可缺條件。我們是被方便與必要所迫，而被同化的臺灣人。」〔註 66〕連吳新榮等人都有此種現象，何況一般民眾。

（二）皇國精神教育的推行

伴隨激烈的戰爭，皇民化運動也一步步趨向走火入魔的地步，統治當局在各街庄設神社，徹底推行國語常用和生活日本化的運動。杜武志在其新庄東國民學校的回憶中對學校的皇民化教育有詳細描述：

> 每天朝會，照例要升太陽旗，要求學生聽著歌頌日本皇室萬世興盛的國歌，以注目禮望著太陽旗如太陽般冉冉上升。大約在太平洋戰爭一週年起便開始唱「隨軍征海」（海行かば）軍歌，這是一首表達決心隨時隨地爲天皇獻軀效忠的軍歌（戰爭期間有如第二國歌）。它接在國歌之後，據說由於悲壯至極，在唱完國歌後再唱這一首歌時，歌唱者不由得會慷慨激昂起來，會產生願爲天皇不惜獻出生命的一種情緒來。……由於差不多天天聽天天唱，所以效忠天皇這件事，便銘刻在幼小的心靈上。然後輪到校長做精神訓話，最後由高等科最高年級長，帶領全體同學大聲喊叫誓詞：感謝皇恩浩蕩，敬皇祖神祇，成爲有禮貌的學生……。〔註67〕

一位臺籍日本兵也回憶道：「在公學校六年中，正值日本在臺灣推展皇民化運動，學校課程完全以皇民教育爲主。學校教導我們是堂堂的日本人，並灌輸我們日本帝國子民的觀念。」〔註 68〕日本除強迫學生接受日本國民訓練，也培養其勇敢、不懼的赴死精神。

日本的皇民化教育，並不是要臺灣人做爲日本人而活，而是做爲日本人而死。在學校皇民化氛圍的營造下，確實會造就出一批忠君愛國，願爲天皇效命的臣民來。因此當時各級學校的目標都離不開皇民鍛鍊，公學校的教育目標：「以皇國之道爲準繩，進行國民基礎鍛鍊」；中學校「鍛鍊中堅有爲的皇國國民」；高等學校「以皇國之道爲準則，鍛鍊國家有用的人才」；師範學校「以皇

〔註66〕吳新榮，《吳新榮日記》，臺北：遠景，1981 年，頁 62～63。寫於昭和 13 年 1 月 19 日（1938 年）。

〔註67〕杜武志，《日治時期的殖民教育》，臺北：臺北縣立文化中心，1997 年，頁 281。

〔註68〕蔡慧玉編，《走過兩個時代的人——台籍日本兵》，臺北：中央研究院臺灣史籌備處，1997 年，頁 370。

國之道爲主旨，體會皇國使命，培養不辱皇國國民資格的人物」。〔註69〕

（三）爲徵兵全面實施義務教育與限縮修業年限

昭和16年（1941年）3月，日本文部省公布內地和臺灣同時實施國民學校令，同年臺灣全島150所小學校、820所公學校一起改稱國民學校。根據國民學校令第一條：「國民學校依照皇國之道實施初等普通教育，以培養國民之基礎爲目的。」，國民學校規則第二章也規定「尊奉教育敕語之旨趣，在教育上不僅各方都要顧及修練皇國之道，還要特別加深對國體之信念」〔註70〕，因而初等教育也就成爲日本人推行皇民化運動中重要的一環。同令第七條更明確規定學生「體會習得國民生活所必須之普通知識技能，純化情操，育成強韌的身體，鍛鍊成勇敢之精神。」，在此我們可看到濃厚的備戰氣氛。國民學校令改定後的兩個月，統治當局就發表臺灣人特別志願兵制度實施計畫，逐步將教育與戰爭合爲一體，因爲「皇軍」必須具備「日本人應具意識精神與日語能力」。

然而，雖然同稱國民學校，但使用課程卻不一樣。依規定原來小學校用一號表，六年制公學校用二號表，四年制公學校（番人公學校）用三號表，由此可知國民學校不過是學校名稱的變更，實質上並未改變差別教育的情況。其目的不過是要將皇民思想慣輸給兒童，使他們在日後成爲忠良的日本臣民，在戰爭時期爲其效命。二來更可藉教育平等之名來籠絡臺灣人。

國民學校公布後兩年，日本當局於1943年4月1日起在臺灣實施義務教育，日本政府更稱這是：「世界殖民史上未有的例子」。〔註71〕實施義務教育的目的我們可從小林躋造總督於1939年的談話內容得知：

> 本島不僅已成爲帝國南門的鎖鑰，而且變成向南方發展的據點，
> 故其重要性已日益加重。因此無論在文化、產業、經濟以及其他
> 各方面都要順應國策，進行創造建設工作。這種情勢之下，本島
> 居民身爲帝國臣民所應負的責任，既重且大。爲達成此一任務，
> 必須培養島民之基本素質，今日我確信統治臺灣的要項是對本島
> 實施初等教育義務制，讓島民接受初等教育的下一代國民對我國

〔註69〕黃新憲，〈關於日據時期臺灣皇民化運動若干問題的探討〉，《福建論壇‧人文社會科學版》，頁64。
〔註70〕「臺灣公立國民學校規則」，府令第47號，1941年3月30日。
〔註71〕佐藤源治，《臺灣教育の進展》，臺北，1943年，頁241。

體有明確的認識，從而培養他們有順應新時代的能力。〔註72〕
隨著義務教育的實施，臺灣本島兒童就學率急遽上升，到昭和18年（1943）
年提高爲65.76%，昭和19年（1944年）年更突破至71.17%。但在高就學率
下，隱藏的是戰時人力的不足與需求，義務教育實施的隔年，日本就迫不及
待實施徵兵制。

　　尤其到太平洋戰爭爆發前夕，日本人力已嚴重不足，爲徹底動員人力，
日本當局開始限縮學生的修業年限，1941年臺灣總督府公布法令，將大學、
專科、職業學校的修業年限縮短三個月，1942年，再依「中等學校令」，將中
等學校修業年限縮短一年。〔註73〕甚至必須動員學生從事軍需用品的生產，
1942年總督府公布「學徒奉公隊規程」，規定臺灣中學以上學校組織「學徒奉
公隊」，參與國防訓練，促進糧食生產等勞動工作。1944年又頒佈「學徒勤勞
令」，進一步動員學生從事戰時後勤工作。1945年公布「決戰教育措施要綱」，
動員學生構築陣地，進入兵工廠工作。〔註74〕日據最後二、三年，教育幾乎
陷於停頓，義務教育更無由實現，變的有名無實。

（四）配合南進擴展高等教育及實業教育

　　爲適應戰時經濟發展與國防工業的需要，臺灣當局加速中等實業教育的
發展，以增強其戰力。除大量增設農工實業學校外還以擴充學科辦法將男子
商業學校改建爲工商學校。據《臺灣省通志》統計，從1936年到1944年，
臺灣的農林學校增加了6所，工業學校增加8所，商業學校增加5所，還增
加基隆水產學校，以配合南方海上發展。〔註75〕

　　除實業學校外，高等教育也配合南進政策擴充。例如臺北帝國大學的設
立，除拓展在臺日人接受高等教育的空間，防止大量回流日本本土；防止臺
灣青年大批赴日或赴華留學而受赤化、反日思想影響外。還有一個重要考量
因素，即加強南洋和華南的研究，爲實施南進戰略作準備。總督府賦予帝國
大學時代重任，故其成立後就偏重對華南及南洋氣候、疾病、資源、經濟等
方面研究。其他高等學校學科的設置，也都凸顯南進戰略意圖，如臺北經濟

〔註72〕李園會，《日本統治下臺灣初等教育之研究》，何義麟，〈皇民化期間之學校教育〉，《臺灣風物》，第36卷第4期，1986年12月，頁53。
〔註73〕何義麟，〈皇民化期間之學校教育〉，《臺灣風物》，頁54。
〔註74〕何義麟，〈皇民化期間之學校教育〉，《臺灣風物》，頁55。
〔註75〕龔放，〈日據時期臺灣教育政策的演變〉，《臺灣研究集刊》，頁82。

專門學校就設有荷蘭語、馬來語、華南及南洋經濟事情、熱帶衛生學等課程，其後又增加南方經濟專修科、東亞經濟專修科等，南進色彩更濃。〔註76〕

第三節　日據時期漢文書房之發展

臺灣本島百分之九十五是漢人，甲午戰後掌握教育政策的是統治階級日本人。這兩個族群其實皆承襲了大陸的漢文化遺產，他們的習慣、思想、文化，都可以追溯到同一漢文化淵源，都可視為儒教文化圈的成員。這兩者的文化接觸，應該是很容易便達到相濡以沫的狀態，但日本據臺以後，夾著明治維新現代化經驗，擬將西式的學校教育體系導入臺灣社會，在一連串籠絡、利用、改良到全面打壓的政策下，臺灣漢文書房教育面臨前所未有之挑戰，傳統漢文化也遭遇存亡危機。

日本對臺灣的漢文化政策是有差別對待的，對教育體制內的文化活動嚴以律之，對儒教結社活動寬以待之。為消弭漢人的「我族意識」，並形塑新的日本國民精神，日本領臺後對清代所有儒家教育體系如府縣儒學、書院，皆破壞翻新，對民間書房則漸進壓制，最後進而廢止，新式教育得以夾同化之姿，取代傳統漢學教育。相對的對於體制外的儒教結社活動，日本當局則採放任甚至積極籠絡的態度，特別是臺灣詩社在當局刻意扶持運作下，如雨後春筍紛紛成立。此一發展是日本政府考量武裝抗日層出不窮，對社會仕紳遺老實有籠絡安撫之必要，一則運用其影響力安定地方，二則是藉各詩社仕紳的政治表態，來穩定政局。一切都是在殖民政治的考量下，並非是真心支持兩族共有之漢文化經驗，何況他們深知舊文學、傳統文人不足以構成威脅。於是在皇民化運動漢文一片消聲中，儒教人士所辦的刊物《孔教報》、《詩報》、《風月報》以及各種鸞書，依舊以漢文面貌出版發行，維繫漢文命脈於一方。

一、總督府之漢文教育政策：從懷柔到禁絕

日據時期臺灣民眾的日常記事、書信往來、契約憑據及其他文書，無一不是使用漢文記錄，民眾在生活中離不開漢文，漢文的延續自然便在合理之中。日本政府鑑於此，因此對漢文採漸廢政策，一面容忍漢文教育的主要機構書房，在漸次改良下繼續存在，一面在公學校設置漢文科，延聘一些受尊

〔註76〕龔放，〈日據時期臺灣教育政策的演變〉，《臺灣研究集刊》，頁 80～82。

敬的仕紳及書房教師，擔任漢文教席，並編印漢文讀本教材。〔註77〕1903 年修改公學校規則，漢文科教學必須用日語解釋。1910 年國語普及運動展開，雖有廢除漢文主張，但總督府仍維持漸廢政策。1918 年訂定公學校規則時，官員幾乎一致主張廢除漢文，然總督府仍採謹慎態度，未接受全廢意見，僅將漢文科教育每週上課減爲二小時。迨至 1922 年「新臺灣教育令」公佈後，進而將漢文改爲選修，並將教與不教的權限委任地方公學校長，此時許多公學校每不顧地方人士的反對，趁機將漢文科廢除，致使許多臺人一再向日本政府陳情，或要求恢復漢文教學。〔註78〕1937 年隨著侵華戰爭及皇民化運動的全面開展，總督府全面禁絕漢文，並廢除報刊的漢文欄及漢文雜誌，暴力性的抹殺臺灣人的語言文字與文化。

臺灣總督府第一任學務部長伊澤修二時代之教育政策，雖以國語（日語）教育爲中心，以同化臺灣人爲目的，但在「混合主義」方針下，並未貿然廢除漢字漢文，反而利用臺、日雙方語言文化的近似性和重疊，承認漢文和書房是「同化」的一種補助手段，其對漢文原則上是採懷柔政策。〔註79〕亦即是尊重當地居民的語言，以融合統治者與被統治者的文化來達成教化的任務，傳授臺灣人日語，使其成爲溫馴良順的日本臣民，並讓有意在臺灣擔任官吏或從事其他公司業務的日本人學習臺語。相同於保存漢文、漢字背後的用意，基於政治安定和經濟上的考量，學務部部員木下邦昌也將保存書房當做一種懷柔策略。明治 29 年（1896 年）11 月台南縣知事磯貝靜藏在呈報民政局長水野遵教科書頒布案時，也提到將教育敕語譯成漢文以利教化：

> 經審觀縣下原來之情形時，如講解孔孟之書或以吟詩，雖教育之法簡短，其學生仍勤奮用功，富於記憶，自然無可取。此間日本之國體、政體之大略，忠君愛國之要領，忠君愛國者之言行等編撰爲漢文體，而將頒布於臺灣，讓學生學習之，不僅現在得以講讀而以，將來可以永久行之。〔註80〕

〔註77〕吳文星，〈日據時代臺灣書房之研究〉，《思與言》，第 16 卷第 3 期，1978 年，頁 65～76。

〔註78〕臺灣教育會，《臺灣教育沿革誌》，臺北：臺灣教育會，1939 年，頁 323～361。

〔註79〕陳培豐，《「同化」の同床異夢：日治時期臺灣的語言政策、現代化與認同》，頁 91。

〔註80〕林品桐譯，《臺灣總督府公文類纂教育史料彙編與研究》（上），（明治 29 年 7 月至明治 34 年 12 月），臺北：臺灣省文獻委員會，2001 年，頁 163。乙種永久第三十卷，檔案號：V00100／A023。

將教育敕語譯成漢文搶先灌輸給新附民，利用漢字來培養忠君愛國思想。且為了與書房競爭，公學校成立之初，總督府至少動員了68名台灣仕紳擔任公學校或國語學校的漢文教師，並於1897年《國語傳習所規則中改正》，將教授科目增加漢文一科，並聘用著名書房教師，以扳回競爭劣勢。因為殖民初期的國語教育的困頓的，我們從大正十三（1924年）年發行的《臺灣統治史》對當時情況的描述可知：

> 中產階級以上的家庭拘泥於舊慣陋習的思想，不屑把其子弟託付內地人的教育者，下層社會的子弟則雖罵我學校是「番仔學校」，但仍有一部份人入學。不過由於必須幫忙家中做一些牧牛、割草以及砍柴等生活勞動，缺席者甚多。當時大多數者認為學校教育是不事生產的閒人玩意而輕視之。又另一方面由於民眾誤認為，接受內地的教育後必須要斷髮；或聽信了學校畢業後將被拐帶至內地接受殘酷的差使等種種流言，因此拒絕自己子弟入學者不在少數。……再者由於書房的經營者憂慮新式學校興起後，其學生勢必減少，書房教師的收入必會受到打擊而大不如前，因此煽動家長阻止其子女進入新式學校就學。……督促出席的困難真是不可名狀。〔註81〕

伊澤歸國後，臺灣教育界發生了所謂漢文科廢止爭論。剛開始由於翻譯的需求，漢文有其實際需求，後來隨著國語傳習所的普及，語言溝通障礙漸趨和緩，以漢文替代國語的階段性任務告一段落。在肯定漢文科教育功能價值之同時，公學校教師平井又八建議當局應該重視漢文教師，給予漢文教學更大空間。國語學校教授橋本武則根據國家教育思想，否定平井的主張，他建議當局應該讓漢文在新領土中消失，橋本甚至否定伊澤將漢文定位為「同化」政策上一種方便式懷柔手段的主張。爭論平息後，總督府以減少公學校漢文科授課時數，漢文成為一門有如外國語的附屬性存在，同時並開始強化國語地位及限制書房設立。〔註82〕到後藤新平主政八年期間，原則上他採「舊慣溫存」主義，雖強力推銷公學校的時代意義，但並不打算將書房和漢文從臺灣社會驅除，而是通過逐漸施壓，使之趨向式微。

大正十一年（1922年）日本政府修改「新臺灣教育令」，為加強同化政策，

〔註81〕林進發，《臺灣統治史》，臺北：民眾論社，1935年，頁213～215。
〔註82〕陳培豐，《「同化」の同床異夢：日治時期臺灣的語言政策、現代化與認同》，頁95～100。

將公學校漢文改爲「隨意科」，也就是「選修科目」，並將教與不教的權限委任地方公學校長，此時公學校校長大都視漢文爲無關緊要科目，皆趁機將漢文科廢除。這些舉動屢遭地方人士抗議，要求恢復漢文教學。如《臺灣民報》就有報導：

> 嘉義第一第二公學校及女子公學校的漢文科，郡當局竟沒問各父兄的意思，僅問幾位獻媚的校務委員和沒實力教漢文的教員，就從自由科擅自廢止教授。……在這還是臺灣人本位的社會，個人覺得非常痛苦，尤其是各個的父兄極爲不滿，其中亦有父兄因學校沒有教漢文，即不給進公學校，而命他們去私塾研究有實用的漢學。因此去年嘉義各公學校父兄會、同窗會共選出六位委員，正式向學校當局、郡當局交涉恢復漢文科。……交涉委員提出的理由有：一、我們東洋文化以漢文爲主，無論本島人、內地人都有學習的必要。二、本島人事業都是利用漢文，不學漢文實難從事。三、對中國貿易，就是商業交際的關係上，必須利用漢文。四、漢文因爲是臺灣人祖傳的文化，既爲東洋文化的中心，爲臺灣人的我們，必須學習。……可是手島庶務課長竟然輕視代表委員們所說的理由就說學漢文是逆行時代的。……然而最近郡當局又出毒手，發出通告，禁止嘉義街十餘個書房，停止教授漢文。弄得嘉義近日書房完全關閉，要學漢文的學童，即不得不迷行於路頭。〔註83〕

日本當局急切推行同化政策、皇民化運動，檢討國語運動成效不彰，歸咎於學校的漢文教育，因而將漢文排出學校體制，可是適得其反的是激起了臺灣有志之士，奮起保衛漢文，並將之和民族運動合流，這是日人始料不及的。

　　1937 年盧溝橋事變後，日本爲恐臺灣與中國之間歷史的因素與民族情緒會影響兩國之間的戰爭，乃積極展開皇民化運動，強制普及日語，不准使用漢語及地方方言，並下令廢除《臺灣日日新報》、《臺南新報》、《臺灣新聞》、《臺灣新民報》等官方與非官方報紙漢文版。當局者由政策出發，初取漸減漢文教育的方針，後則至於完全廢止。殊不知漢文之於臺灣社會已經是根深蒂固，不僅是不能容易撲滅，且必引發臺灣人連串的漢文振興運動，對統治當局的不滿與抗拒將更形激烈。

〔註83〕《臺灣民報》，第 232 號，昭和 3 年（1928 年）10 月 28 日，第四頁，「要求公學校復教漢文」。

二、書房教育之興衰：民族精神之所託

　　總督府的書房政策大致可分爲三期：第一期爲 1895 年到 1918 年臺灣教育令發佈；第二期爲 1919 年到 1932 年禁止開設書房；第三期爲 1932 年至 1943 年廢止書房。日本統治初期，清朝時較爲完備的學校教育機構，如府縣儒學、書院、義塾、新式學堂等都被已廢止或停辦，唯民間之書房義塾依然扮演臺灣社會初等教育工作，成爲傳遞中華傳統文化的重要場所，並與日本之現代公學校形成競爭之姿態。1902 年時書房數有 1,623 所，學員數 29,742 人，而同年公學校僅 139 所，學員數只有 18,845 人，書房數遙遙領先公學校；到 1904 年，公學校學員數已領先書房數；1918 年公學校的數目方才超過書房數；1926 年，書房數僅剩 128 所，學員數也僅餘 5,275 人，而同時公學校則增至 539 所，學員數急增至 216,011 人；至 1939 年書房數僅餘 17 所，1943 年當局頒布廢止私塾令，臺灣的書房被迫完全停止。〔註 84〕漢文化傳遞的最後一方堡壘，也在總督府的政治壓迫與文化箝制下，遭受最無情的摧殘。

　　原則上第一期對書房是採懷柔及改良政策。明治 29 年（1896 年）民政局屬木下邦昌，曾對當時臺北縣各支廳書房做過詳細調查後，向民政局長水野遵提出學事視察復命書。並就調查結果提出相關意見，在其 8 月 29 日迄 9 月 22 日視察日誌中對書房調查與政策有詳細說明：「今日本島數萬之子弟即完全依賴書房接受教育」、「書房往往有設於廟宇或觀音堂中，並不像日本內地爲學校特別作建設」、「其教學毫無紀律，也有在散步，亦無休憩，教師授業時一面口中銜煙斗抽煙，一面學生也在上課或抽煙或吃食物，此處有人嘻笑者，彼處有人正在遊戲者，眞正之教學時間實在甚少。」、「其學力僅能背誦經史詩文，而缺乏應用之能力，不通曉世界之局勢，不用說連現在局勢變遷情形亦不能察知。」、「校舍大部分設在教師之住宅，或在廟宇之一角落，因此骯髒污穢而通風採光又不良，幾乎難以形容。」、「學生之禮金並無統一，其子弟入學之際，一年之禮金，富者出二圓或三圓，貧者及中等資產者爲一圓。」以上是木下的書房觀察。〔註 85〕

　　木下並提出書房之改良建議：

> 其辦法首先將現在書房所用之教科書修改……例如習字帖中有光緒
> 月日者，改爲明治年月日，三字經中崇奉清朝所記之中國歷史之處

〔註 84〕黃新憲，〈日據時期臺灣書房探微〉，《教育評論》，第 5 期，2004 年，頁 90。
〔註 85〕《臺灣總督府公文類纂教育史料彙編與研究》（上），頁 168～172。

所刪除，加進我國之歷史，又自明年度要設立之師範學校，必要設
講習科，以官費提供書房之教師講習，逐漸將日本語一科加在書房
之課程，以補救至來日眞正之小學出現之時爲止。……但是本島之
書房其歷史由來已久，至今突然將其廢之，乃非良策也。而且今日
將之廢止時，多數之教師以資餬口者資源斷失，因此必也成本島施
政上之妨礙，又一方面要將書房廢止時，必要一面應不得不設立教
育場所代替，究竟經費應如何負擔。故將來於本島頒布學制時，書
房應依舊保存之，唯希望採改良之政策。〔註86〕

從木下所言，我們可知日據初期對書房採保留政策，乃是考慮新教育機構（公
學校）數量尚不足以取代現有書房、加以教育經費短絀，又慮及一時斷了書
房教師生路，恐會引發這些書生的大規模反政府行爲，而致社會動盪。對書
房所教授之漢學及清朝歷史，更急欲透過教科書的規範與修改，予以拔除。
木下的書房方針與第一任學務部長伊澤是相同的。伊澤在明治30年（1897年）
於帝國教育會演說中陳述有關書房政策：「公學校之普及並非一朝一夕地能夠
做到，所以應該利用目前各地林立的書房，附加日語一課。……以對新附民
注入新的精神，廢除無用的文學，並附加有用的學術課程。」再者針對書房
中不利於統治之處，亦應加以修改，同時著手漢譯教育敕語的編撰工作，以
便本島學童理解日本國體。〔註87〕

　　明治三十一年（1898年），後藤新平接任民政局局長，在聽取各地方長官
對「書房義塾相關規程照會案」的諸多意見後，隨即於11月10日以府令第一
○四號公佈「書房義塾相關規程」，規程內容有：改良書房義塾，令其準同公
學校之教科，以矯正風俗禮儀；逐漸加設本國語及算術；臺灣總督府認爲有
需要之書籍，可指定爲必修；塾主於年度末應調查前期在學中學生之退學、
年齡、父兄職業及學業進度，並向弁務署長報告；給予授業管理及衛生方面，
特別優秀之書房義塾補助金。〔註88〕後藤對書房的管理、取締、改良，更加
綿密。

〔註86〕《臺灣總督府公文類纂教育史料彙編與研究》（上），頁172～173。

〔註87〕臺灣教育會，《臺灣教育沿革誌》，頁969～970。

〔註88〕《臺灣總督府公文類纂》，永久甲乙種，追加二，第17門，教育及學術（請
　　　　求番號00316～24），官報，明治31年11月25日。轉引自大濱郁子，〈「書房
　　　　義塾相關規程」（府令）之制訂過程與臺灣公學校設置之關連〉，《臺灣文獻》，
　　　　臺北：國史館臺灣文獻館，第56卷第2期，頁287。

　　雖然總督府對書房屢加壓抑，但日本統治初期，書房教育不論是書房數或學生數，仍遠超過公學校。受傳統觀念的影響，臺灣民眾一般不願將子女送到公學校讀書，認為公學校乃夷狄之學，對書房則有著習慣性之好感。當時一般上層家庭，仍對科舉功名懷有希冀。日本佔領臺灣以後，長達十餘年，參與福建科考者，仍不乏其人，直到清政府廢除科舉考試後才告終止。如1897年國籍選擇申報時，選擇回到祖國大陸者，有不少是對科舉仍懷抱希望的童生、秀才和舉人。他們不惜離別故土，寄籍大陸，一面教授生徒維持生計，一面準備參加福州的鄉試和北京的會試。光緒23年（1897年）丁酉科福州鄉試，臺灣士子還有140人參加，到了1902年參與考試者，雖僅餘40人，但考試成績不差，有三人中舉。〔註89〕但過程中也有遭日本政府為難的，如1897年臺灣新竹詩人鄭鵬雲，渡海到福州參加鄉試，中途被日本人驗舟驅回。另一位臺灣秀才丁茂錫，也有渡海赴試被日本人驗舟驅回紀錄。〔註90〕這些都充分說明，本期書房教育仍興盛的現狀。

　　1905年日俄戰爭結束，日本大勝，日本在國際的影響力不斷擴大。臺灣人見日本強大，意識到臺灣歸還日本的希望渺茫，乃被迫接受日本教育，而公學校在總督府大力推動下，校舍與設備逐漸充實，故臺人送子女到書房就讀者漸有減少。1900年，後藤新平召開揚文會，要求仕紳破除排斥新學的心裡，停止支持書房，鼓勵他們將子弟送到公學校。最初上層家庭視公學校為「番仔學校」，認為課程中除漢文外，均屬「番仔書」，不願其子弟習夷狄之學，故多選擇入書房。至於中下階層家庭，則以公學校無津貼為由，亦不願入學。然而因科舉之途已絕，加以書房本身固守傳統，設備諸多缺失，課程亦未能迎合社會需要，因此，仕紳不得不順應教育潮流，選擇讓子弟就讀公學校。〔註91〕如侯吉定回憶道：「家父的漢民族思想濃厚，不與日本人來往，也堅持不讓我念日文書，才讓我上私塾讀漢文。我之所以後來進公學校，是父親朋友劉明勸父親，要識實務，不要太固執，現在已經是日本人天下了。」〔註92〕

〔註89〕黃新憲，《閩台教育的交融與發展》，頁132。

〔註90〕同上註。

〔註91〕吳文星，〈日據時期臺灣的教育與社會領導階層之塑造〉，《第一屆歷史與中國社會變遷研討會論文集》，臺北：中央研究院三民主義研究所，1982年，頁426。

〔註92〕中央研究院近代史研究所，《日據時期臺灣人赴大陸經驗》，《口述歷史第五集》，臺北：中央研究院近代史研究所，1994年，頁388。

　　第二期，隨 1922 年「新臺灣教育令」及「私立學校規則」的發佈，進一步加強對書房的管理和控制，許多書房紛紛遭到取締或禁止。各地還根據實際需要，制訂本地之施行細則，對書房加以種種限制。從昭和二年（1926 年）開始，《臺灣總督府學事年報》都記載著，書房的內容經改善後，除特別的情況外，都增加了修身、日語、算術及其他公學校所規定的科目。此時獲准設立的書房，已完全變成名符其實的代用公學校。書房的教材和教學內容，也被施加更多的強制性規定，如要求書房須教授《大日本史略》、《教育敕語疏義》、《天變地異》、《訓蒙窮理圖解》等，並指定日人著作的漢譯本爲教材。不僅爲難書房教師，更企圖改變教師成分結構，一則招聘接受日式教育的臺灣知識份子充任書房教師，二來舉辦書房教師檢定考試，需考核日本人指定的學科內容，方可開辦書房，諸多限制使得接受傳統教育師資比例逐步下降。〔註 93〕總督府並規定，禁止在公學校範圍內設立書房，對位於公學校附近之原有書房，漸次予以關閉。如韓石泉醫師在其回憶錄中，就言及他父親韓子星開設的書房尚志齋，因距離公學校太近，而被迫遷離市中心，造成其家生計困窘。〔註 94〕日本當局的種種限制措施，使的全臺書房數量急遽減少。

　　七七事變後，日本發動全面侵華戰爭，當局爲應戰時思想控制，禁止在臺灣開設漢文書房。1943 年，在總督府漢文消滅政策下，頒布廢止私塾令，臺灣的書房最後被迫完全停辦。書房的漸趨衰頹，除總督府的逐步壓制外，經濟條件的薄弱與師資素質不善等皆是其因。公學校設立後，剛開始以免費來鼓勵學童入學，由於書房無地方租的收入，其競爭力自不如公學校，且爲求競爭只好長期降低學費，有些書房迫於現實甚至改變教材與學科，以接受官方補助，變成「改良書房」。由於書房收入不佳，許多具聲望書房教師遂爲總督府招聘，至公學校教授漢學，因而使當時書房教師素質降低。另外一個特殊現象是從大正十一年（1922 年）起，受新式教育出身者，擔任書房教師的人數顯著增加，而能與傳統教育出身者分庭抗禮。這是因爲當時增加許多改良書房，其經濟條件比起傳統書房要來的好；又因公學校不願因申請入學兒童的增加作適度擴充，反而爲了分發新畢業的師範生，而經常裁員，被裁掉的教師只好轉任到書房來。

　　在這裡我們必須提出兩個值得討論的觀點：書房的漸趨沒落，是完全基

〔註93〕黃新憲，〈日據時期臺灣書房探微〉，《教育評論》，頁 91。
〔註94〕莊永明，《韓石泉醫師的生命故事》，頁 49。

於日本政府的打壓，還是在現代化、文明化的追求下不得不的結局？另外，書房的衰弱是否從日據之初即開始？從書房的數據我們可發現，割臺之初，臺灣社會的書房反而不斷成長，甚至興起一股書房熱潮。這應該是武裝抗日平息後，社會較安定，加上儒生們在武裝抗日失敗後，不屑與日本人合作，紛紛退隱開設書房，將反抗力量轉移到書房，以期保存中國文化，或聊以自遣或賴以維生。如霧峰林家就請鹿港舉人莊士勛在林家書房教授子弟；臺灣通史作者連橫、霧峰林獻堂都曾擔任過書房教師；著名詩人趙一山自設劍樓書塾，培育許多人才，新文學倡導者張我軍，便出於其名下；愛國詩人洪棄生，除言行抗日外，更開設書房課子授徒傳漢文。臺灣許多抗日民族運動菁英及新文學運動者，早年都曾在書房接受啓蒙教育，如革命醫師李偉光、蔣渭水、韓石泉、詩人賴和、文人吳濁流、杜聰明博士等。這些都可看出在日本教育同化的企圖上，臺灣人民是如何自覺的抗爭，傾力護衛傳統漢文化。

當然我們也不可否認，書房教育相較於二十世紀現代教育體系，是顯得封閉和落後，在面對統治者優勢文化的衝擊下，書房自身的不足，讓其難以與其抗衡。臺灣文化協會理事王敏川也高度肯定傳承漢學的私塾，認爲私塾教育既可造就人才，更能發揚孔教，只是他強調私塾必須相應時代，在內容、形式和師資上做一改善。〔註95〕守愚在《臺灣民報》中發表一篇名爲〈捧了你的香爐〉文章，借兩個主人翁「新民先生」與書房教師「尙古先生」的對話傳達其對書塾的批判，新民先生奚落尙古先生所教授的四書，不但不能夠適合兒童心理，而且不合時勢：「現在社會上的人正在提倡人類平等，那些腐敗的書塾，卻還拼命地教授什麼長幼尊卑一類的書，社會上已在實行自由戀愛了，而那些腐敗的書塾，卻還在那裡教授什麼父母之命媒妁之言……」。〔註96〕懶雲在《臺灣民報》連載四期〈無聊的回憶〉對書房與公學校的消長，提出切身經驗。

> 入學以後，……在教室裡不多久的讀書，便又讓我們去自由嬉戲，這在我的感覺裡實在不像讀書，如我在書房裡終天不離座位慣了的兒童，但不久之後失望不慣的心情，漸被歡喜快樂所侵佔。同時我

〔註95〕吳宜，〈日據時期的臺灣儒教運動〉，《史海鈎沉》，第 1 期，大陸，2004 年，頁 55。

〔註96〕守愚，〈捧了你的香爐〉，《臺灣民報》，273、274 號，昭和 4 年（1929 年）8 月 11、18 日。

也不復畏思，也敢盡興盡力和同學們競賽遊戲了。……和書房比較
起來，竟給我以很好的印象，真有樂園和監獄之差，在以嚴厲出名
的○先生訓育下之兒童，這感覺更深刻，每天皆歡喜到學校去，不
似土書房，總要受人督促。〔註97〕

當時有名的先生，多很注重竹箆，可以說名聲是出在竹板之上，竹
板愈厚，打人愈痛，愈能得到世間的信任，名聲也就愈高，學生也
就吸集得愈多。學生們說話要挨打，離開座位要挨打，字簿上畫畫
花鳥也要挨打，背書不熟忘記講解自然更該挨打，總之一切皆以竹
板統治之。……後來進去學校，覺這裡的先生意外和善，不似書房
先生常以冷面孔向人，我對先生的觀念也就改變一些，第一因為不
大打人，第二因為不需束脩。〔註98〕

從孩子童稚的書房印象，我們可看出現代西式教育，較之傳統保守、呆板書
房教育，確實能吸引孩子們的目光與興趣。

三、漢文振興運動

　　1937 年 4 月，總督府全面禁絕漢文，推動日語普及運動，讓漢文成了次
級語言，受到殖民者的輕視和排斥，加上教育的操作下，許多年輕臺灣學子
漢文底子越來越差。面對此現象，臺灣的知識份子倚仗強大的漢文化傳統，
也對殖民者的文化高壓做出了自己的抵抗。許多有心之士，興起了一股漢文
振興熱潮，紛紛在報章媒體，為文提倡漢文保存，開設漢文學習班，傳播傳
統中華文化，組漢文研究會等。

　　面對漢文困境，早在 1922 年總督府發佈「私立學校規則」，打壓漢文書
房的生存時，《臺灣民報》創刊號上蔡鐵生（蔡惠如）就大聲疾呼：

漢文因這樣難懂又沒有獎勵的機會，所以我們臺灣的兄弟自二十年
來已經廢棄不慣了。噫！我想到這個地方，淚珠兒直滾下來了！……
我們臺灣的人種，豈不是四千年來黃帝的子孫嗎？堂堂皇皇的漢民
族怎麼樣不懂自家的文字呢？……因為臺灣當局的政策，學堂裡不
肯教學生的漢文，他們用意很是深遠，不用我再多說，大家早已明
白了。噫！我們最親愛的臺灣兄弟，快快醒來！漢文的種子既然要

〔註97〕《臺灣民報》，第 218 號，昭和 3 年（1928 年）7 月 22 日，「無聊的回憶」。
〔註98〕《臺灣民報》，第 220 號，昭和 3 年（1928 年）8 月 5 日，「無聊的回憶（三）」。

斷絕了，我們數千年來的固有文化，自然亦就無從研究了。〔註99〕

大正十三年（1924年）《臺灣民報》再提出「獎勵漢文的普及」說明漢文的重要：

> 漢文的重要理由：第一、臺人有維持東亞和平的使命，實行日華親
> 善的媒介，若沒有理解漢文，勢必不能聯絡彼此感情。第二、臺人
> 此後當圖發展於中國南洋呂宋等處，不可捨棄漢文而不學。第三、
> 於日常生活不可缺，若不識漢文是和啞盲感一樣的痛苦，這樣的事
> 理，當局定深洞識，怎樣還沒有施獎勵的方策，而反見有阻抑的事
> 實。……最切於實際生活的漢文決不是因為此種干涉就可廢止，現
> 時稍富裕的家庭多有聘請教師教其漢文，所可憐的就是貧民的子弟
> 無力可以學習……然有受過正式的教育真可算是幸福，若不得已還
> 能使其略識實用的漢文，以圖生活計，尚可補救些兒，不致有隔於
> 不幸的境遇。若優秀的人物，得漢文之力，正可做社會的先覺。若
> 凡庸的徒輩，得略識些文字，亦可脫去飢寒的苦境。不論什麼人，
> 我們相信對於獎勵漢文的普及，是必同感的。〔註100〕

《臺灣民報》並將漢文不能普及原因歸於殖民政府的冷淡及富豪的無心教育：

> 漢文既然這樣重要，為什麼在臺灣不見向前發展，反覺向後退縮去？
> 原因在（一）是因為當局抱非常冷淡的態度，他們或者是誤認發展
> 民族的文化，和其他同化政策有相背馳，故不願去普及漢文教
> 育。……漢民族的擁抱性，能容納他民族的雅量，歷史上很明著的
> 指示我們，是決沒有那淺狹的排他思想。（二）是因為民眾還沒有徹
> 底的覺醒的緣故，富豪們不肯多拿出金錢來，圖私立教育的發達。
> 所以教漢文的教化機關很少，這也難怪的。〔註101〕

因應殖民者同化政策衝擊及漢文的頹廢，臺灣民眾的回應，也嘗試用不同手
段來衝破語言文化困境。有透過漢文學習，來延續漢文命脈。許多有心人士
提倡漢文平民教育，或設立漢文夜學會〔註102〕，或開設漢文書房，免費教育

〔註99〕《臺灣民報》，第1卷創刊號，大正12年（1923年）4月15日，頁2，「祝臺
　　　　灣民報創刊」。
〔註100〕《臺灣民報》，第2卷第25號，大正13年（1924年）12月1日，頁1，「獎
　　　　勵漢文的普及」。
〔註101〕《臺灣民報》，第121號，大正15年（1926年）9月5日，頁3，「漢文教育」。
〔註102〕夜學興起，當時書房教師利用廟宇後進或自己書房，甚至在戰爭期間還躲在
　　　　防空洞中，教孩子們讀漢文。

貧民子弟，更有人進一步倡設女子漢學研究會、漢文講習會等。如臺灣文化協會就開設「高等漢文講習會」，敦聘連雅堂為講師教授漢學。

蘆州嚴秀峰在其李宅簡介中提到：家居臺北的李祖武、李新蔗每於清晨，秘密到中華領事館學習漢語，再轉授家人。光復後，李氏族人再創漢語補習班，免費教授漢文。〔註103〕許顯耀在其回憶錄中也提到，他在讀臺南二中時，課餘曾在學校一位潘秀才家中習漢文，這位潘秀才不忍下一代受到日本統治而無法學習漢文，所以私下調查有哪些學生想學習漢文，再找這幾位學生至家中免費教授漢文。〔註104〕

也有堅持漢文寫作以表述文化立場。文人賴和、蔡秋桐、張我軍、朱點人、楊守愚等終身使用漢文寫作。王詩琅曾講到：「我不是不會日文，而我大多數的作品選用中文來寫，是基於民族感情，一份對國家民族的熱愛。」〔註105〕賴和在殖民政府禁用漢文後，毅然終止白話文創作，而繼續寫作漢詩，也是基於一份民族意識。在文化衝突下，語言的選擇與轉換，更帶有一份深層意蘊。這種選擇與堅守，就成為一種姿態，一種文化立場。我們也可從族群自我認同來看此現象，當外來者的侵壓力量越強大時，族群自我認同便越強，而為了維繫自我認同，該族群會選擇某種媒介來傳遞我族的集體記憶。〔註106〕例如恩師戴國煇在其回憶錄中就提到：「當日本推行皇民化運動時，他的父親及祖父經常一而再，日而月的強調我們是黃帝的子孫，並透過拜天公與祭祖等儀式來強化此記憶。」〔註107〕洪棄生的孫女洪緞回憶說：「我們在家從不講日語都是講台語，在學校讀書也不取日本名字，我們的家庭算是道地的漢語家庭」。

也有深感「臺灣話」有音無字，難以全面承擔文化啟蒙任務，於是提倡「白話文運動」、「臺灣話文運動」、「羅馬字運動」等漢文改革。黃呈聰、黃朝琴的白話文運動，將臺灣的文化啟蒙與大陸白話文運動連結。黃朝琴〈漢文改革論〉明確表達：「做日本的百姓，便將自己固有的習慣，固有的言語廢棄不用，絕對採用日本的習慣，日本的言語，這種強制的根據，我甚不瞭

〔註103〕黃新憲，〈日據時期臺灣書房探微〉，《教育評論》，頁93。
〔註104〕中央研究院近代史研究所，《口述歷史——日據時期臺灣人赴大陸經驗》，臺北：中央研究院近代史研究所，1995年，頁6。
〔註105〕鍾麗慧，〈王詩琅印象記〉，張炎憲、翁佳音編，《陋巷清士王詩琅選輯》，臺北：稻鄉出版社，2000年，頁314。
〔註106〕王明珂，《華夏邊緣——歷史記憶與族群認同》，臺北：允晨文化出版，1997年，頁61～94。
〔註107〕戴國煇，《臺灣史研究》，臺北：遠流出版公司，1985年，頁114～115。

解。……我們臺灣的同胞，亦是漢民族的子孫，我們有我們的民族性，漢文若廢，我們的個性我們的習慣我們的言語從此消滅了！」〔註108〕清晰的表達對殖民當局漢文政策的不滿。黃呈聰的〈論普及白話文的新使命〉，則大聲疾呼以白話文實現文言一致，做文化普及的急先鋒。白話文運動可說企圖以語言做為媒介，培養臺灣人得以擁抱一個「與祖國精神共振」的空間，若林正丈就認為運動背後有明顯的「抗日」和「中國」兩個思考座標。〔註109〕大正十一年（1922 年）蔡培火在《臺灣》發表〈新臺灣的建設與羅馬字〉一文，正式將羅馬字運動推上臺灣社會檯面。由於蔡培火先生深受臺灣長老教會影響，認為傳教士為傳教需要所創的「臺灣話羅馬字表記法」，簡便易學。在文化協會成立兩年後，便不顧內部漢文復興派的反對，提倡羅馬字運動，但因當時文化人基於民族意識，不贊成羅馬字，連溫卿為文提到：「民眾皆以那是有宗教的臭味，卻不感謝那樣的努力」〔註110〕殖民當局更以有礙教育方針，予以禁止。臺灣話文運動的連溫卿，強調「我們臺灣人須要改造我們的臺灣話，以應社會上生活的要求」。連雅堂所主張的臺灣話保存，將語言存廢與民族興衰連成一線，他在〈台語整理之責任〉一文中感慨：「今之學童，七歲受書，天真未漓，咿唔初誦，而鄉校已禁其台語矣。今之青年，負笈東土，祈求學問，十載勤勞，而歸來已忘其台語矣。今之縉紳之士，乃至里胥小吏，邀游官府，附勢趨權，趾高氣揚，自命時彥，而交際之間，已不屑復語台語矣。……躬逢此厄，既見台語之日就消滅，不得不起而整理，一以保存，一謀發展，使民族精神賴以不墜。」〔註111〕以上諸彥，由於文化立場的不同，對漢文振興提出解決方案也各不相同，但皆嘗試著多種擺脫語言困境的辦法，也都有打破總督府獨佔臺灣人攝取現代化知識手段的意圖，一切都是為了維繫漢文之根基，啓迪社會之進步。

四、詩社與漢文保存：日臺唱和下之同床異夢

　　日據時期，儒教人士除透過祭孔、詩賦酬酢，來確保儒教的優勢地位，

〔註108〕《臺灣》，第四年，2 號，1923 年 2 月。

〔註109〕若林正丈，〈黃呈聰における「待機」の意味〉，《臺灣近現代史研究》，第 2 號，1979 年 8 月，頁 84。

〔註110〕《臺灣民報》，第 3 卷第 4 號，大正 14 年（1925 年）2 月 1 日，「將來之臺灣語」。

〔註111〕《臺灣民報》，第 289 號，昭和 4 年（1929）年 12 月 1 日，「台語整理之責任」。

並保存漢學與日本當局作另一種形式的文化對抗外。儒教的另一團體——詩社則是傳統文人最主要的寄身相濡之處，一方面詩社可爲舊儒排解鬱悶，聯絡感情；一方面具有保存漢學，振興儒教之作用。根據櫟社林幼春統計，單是大正十年（1921 年）一年間臺灣所成立詩社就有十餘社，整個日據時期全臺詩社甚至多達 278 個。所有詩社除萊園吟社外，臺中櫟社、臺北瀛社、臺南南社最爲著名。舊詩無聲無息的融入當時人們的生活中，無論是玩賞、婚喪喜慶總會舉辦擊缽吟唱或徵詩活動以資紀念。臺灣詩人賴雨若調侃云：「臺灣割臺竟如何，漢學儒生落拓多，八股文章無用處，大都個個變詩魔。」〔註112〕漢詩未因異族統治而失其舞台。李世偉曾統計過日據時期書房與詩社興衰趨勢：當 1911 年書房漸走下坡時詩社卻大興其道；1926 年書房數量急遽下降時卻是詩社蓬勃發展時；1936 年書房面臨全面滅絕時詩社正達到頂峰狀態。〔註113〕比消彼長，也可見日本當局對二者之態度。

詩社得以大興，在於日本當局的籠絡扶掖政策。日本總督府對詩社極盡籠絡，是有其政治考量，一以安定政局，二來可籠絡其心，以爲新政府效力。當局對儒教士紳的政治、文化籠絡工作，是有計畫的進行。除頒給「紳章」、舉辦「揚文會」、「饗老典」等，各總督府官員及地方官，無不化身文人雅士，與臺灣文士相唱和。如兒玉總督別號藤園，延聘日人袟山衣洲爲顧問，於其城南別墅，廣邀文士開雅集，詩作並輯爲「南荼園唱和集」；民政長官後藤新平，也自號棲霞，唱和集名爲「鳥松閣唱和集」；田健治郎總督在官邸招待全臺詩人五十餘人，席上自賦七絕一首，得到詩人紛紛唱和，後來集爲《大雅唱和集》；臺南廳知事磯貝靖藏常邀蔡國琳等於四春園共唱和；新竹廳知事櫻井勉常邀鄭毓臣等於潛園唱和吟詠；其他官僚文士甚至自組詩社「玉山吟社」等，拉攏臺籍人士同樂。〔註114〕足見據臺之初來臺日人頗多能詩者，漢學底子不低。〔註115〕

但其對詩人熱情表態，並非全爲嗜好，中村櫻溪曾致文兒玉總督讚揚袟

〔註112〕賴雨若，〈有感〉，收於林文龍編，《臺灣詩餘拾遺》，臺灣省文獻會，1979 年，頁 209。

〔註113〕李世偉，〈日據時期臺灣的儒教運動〉（下），《臺北文獻》，頁 50～51。

〔註114〕廖漢臣，〈臺灣文學年表〉，《臺灣文獻》，第 15 卷第 1 期，1964 年，頁 260。

〔註115〕日本據臺後，一群在日本明治維新失利的東北人與德川幕府時代的漢學家，都轉移到臺灣來發展，因此這批篤好漢學的日人，變成了總督府「抑文揚風」政策的最佳資源。

山衣洲：「詩賦唱酬，則內以和鄉紳臣室之心，而外使鄰邦人士悅服。」〔註116〕「和鄉紳臣室之心」，這才是日人欲藉詩賦唱和、籠絡人心、表現優遇仕紳懷柔讀書人的大度。日人熱情提倡前清詩社傳統活動，也在營造「舉世昇平」之感，誇示治臺功績，讓臺人忘卻日人「侵略」形象。於是在臺灣文壇上，出現禁絕漢文之秋，卻又大開漢詩寫作之門的特殊情形。〔註117〕除了臺灣總督的推動外，臺人風起雲湧的響應更是詩社蜂起的主因。大正13年（1924年），連雅堂就聯合全臺詩社、詩人於大稻埕江山樓宣佈成立「全臺聯吟會」，自是臺灣北中南社會多社聯吟、一州聯吟成為尋常事，一送一迎、一宴一會、一唱一和，詩歌徵逐，全島一片聯吟唱和聲。

當然詩社人士願接受此籠絡自有其由。在失去昔日舞台後，日人的重燃詩會雅事，百般禮遇，不僅讓這些文士，彷若回到昔時唐景崧與官紳同倡「牡丹吟社」之文酒聚會光景，暫時忘卻文化遺民的心情，填補文化失落感，更似乎在漢詩的吟詠世界中得能再登青雲，得藉擊缽賽詩重溫舊式科舉揭榜之刺激。〔註118〕二來日人的支持，讓儒士在面對新文化人士的攻擊時，借相關活動公開漢詩的不敗之地位，進一步鞏固其陣營。當然其正向理由，是替代書房保存漢文化的功能與價值。施懿琳在其論文中就提到這點：

> 在早期，維繫傳統文化的重任，即由書房來擔負。塾師們利用講學授課之際，努力向學子灌輸國家意識、民族情操，為的是保有我漢族的一股正氣。及至書房漸受禁制後，知識份子遂紛紛將維繫斯文的重任轉向政府採寬容態度的組織——詩社。這是知識份子在面對文化劫難時所採取的應變措施，亦即其領導臺民突破時代逆境的一種價值定準。〔註119〕

雖然有些遺老的風骨不再，不再固守漢土，只忙於穿梭官邸的親密唱酬與交際聯誼，甚至於皇民化時期，大作「志願兵」、「從軍行」、「千人針」、「星洲陷落有感」、「祝皇軍武運長久」等詩作賀辭，一以逢迎拍馬，二來藉以自抬

〔註116〕李世偉，〈日據時期臺灣的儒教運動〉（下），《臺北文獻》，頁54。

〔註117〕當報紙全面取消漢文欄時，《詩報》仍按期出刊刊載各詩社之擊缽吟詩作。

〔註118〕如擊缽競吟中的「元、眼、花、臚……」評比結果，使這些舊文人重溫舊科舉揭榜之刺激與榮耀。黃美娥，〈日治時期臺灣詩社林立的社會考察〉，《臺灣風物》，第47卷第3期，1997年9月，頁46～50。

〔註119〕施懿琳，《日據時期鹿港民族正氣詩歌研究》，臺灣師大國文研究所碩士論文，1986年，頁21。

身份博取美名。新文學者對此也屢有批評：「日政府要利用舊詩人，來愚化本省青年。」。但也有不少新文學者，在白話文運動全面被禁止後，因不能再用白話文寫作，見舊詩和舊詩社仍可通行無阻，於是遁入詩社，偷偷藉漢詩繼續影射批判日本人，如賴和、楊守愚等。他們政治立場遭受新文化人士杯葛的傳統詩社、詩人，他們在面對殖民者強力推行的文化同化政策時，為抵禦殖民同化，不得不採取權宜手法，倡「擊缽吟」以「傳統舊文學」去維護漢民族文化，而這抵禦的有限武器，完全不具備現代文化質素與啟發民智的力量，因而遭新文化人士的批判，這其實也充滿被殖民者的無奈。〔註120〕

　　詩社維繫漢文於一線的消極貢獻與價值，我們可從許多詩社成立的初衷得知，其大多孕有保存我固有漢文化之旨。如「櫟社」是一個舊世代知識份子試圖用自己的語言、文章與統治者劃清界限，以保衛傳統漢文為宗旨的團體，漢文和漢詩對大部分的櫟社成員而言是反抗同化、確認自我認同，堅持民族意識的象徵，同時也是否定國語教育的手段；「詠霓詩社」其創立宗旨也以保存國粹、發揚詩教為前提；「聚奎吟社」社員黃師樵言其社「表面上雖是切磋詩學，事實上是要保持我們固有的文化，並且藉以文會友的機會，來宣傳灌注抗日思想。」；鹿港的「鹿苑吟社」、「大冶吟社」都是為發提民族氣節，以詩社作為暗中抗日先聲；「漱蘭吟社」發行《崇聖道德報》以維護孔教，薪火相傳漢文化；「讀我書社」其社名源於陶潛「時還讀我書」詩句，亦在強調日人統治下，吾儕不忘日日讀我漢書也。

　　《詩報》也載曰：「若夫敲詩鬥韻，不過逢場作戲，藉聯聲氣而已，各人自有千秋，何需爭此一夕？」。指出臺人之所以加入詩社，有時是為了隨缽聲響而互通聲息。其創辦主旨便是：「學校已廢漢學，而書房亦不易設，故鼓舞島內漢文，唯有各詩社吟會可以自由，本報即為此而為發表機關。」〔註121〕。《櫟社第二集》即因內容不利於日人而遭查禁。〔註122〕文學家吳濁流在加入「栗社」後開始學作漢詩，並在其中啟蒙了儒教文化與民族意識，他曾回憶道：「我入栗社之後，才知讀書人另有氣節，漸覺他們的骨子裡，漢節凜然。」〔註123〕吳濁流的漢學生涯以漢詩為歸宿，而他的詩觀傾向儒家，他認為漢詩

〔註120〕賴和、陳虛谷等創立應社，以為發聲管道。
〔註121〕《詩報》，第30號，昭和7年2月24日（1932年），頁1。
〔註122〕黃美娥，〈日治時期臺灣詩社林立的社會考察〉，《臺灣風物》，頁76。
〔註123〕吳濁流，〈回憶日據時代的臺灣文學〉，《黎明前的臺灣》，臺北：遠行出版公司，1977年，頁47。

可以「養浩然之氣」，他痛責「我們本國還有人罵作漢詩是走死路」，他也對年輕人不學漢詩感到痛心，他反省漢詩受到輕視，是「五四運動的副作用」〔註124〕。櫟社林癡仙曾言：「提倡擊缽吟乃是作爲一種手段，藉以爲讀書識字的契子，目的在於保存漢文。」林幼春也以爲擊缽吟的目的，不是要臺胞人人作詩人，而是期待臺胞在殖民統治下作識漢字、能讀漢籍的中國人。〔註125〕而臺灣文化協會開「高等漢文講習會」，也邀請連雅堂主講，《臺灣民報》也常有漢文漢詩作品，可見新文化人士反對儒教是其僵化保守及其政治立場，而非否定儒教本身的文化價值。對此儒教人士，自己也有所反省，如連雅堂對於遊戲色彩極濃的擊缽吟活動，就有所批評，並創《臺灣詩薈》，以矯正當時浮靡的文風。在振興漢學的努力上，新文化與儒教人士是經常攜手合作的。畢竟在當時漢文式微的環境下，能在異族手中多爭取一個傳承漢學的據點，便多保留一分漢文化的元氣。日臺雙方在儒教結社的往來互動中，各取所需，相互利用，眞可謂「同床異夢」。

第四節　國語教科書的同化課題：語言政策與認同

日本在明治維新後，逐步形成「進步的日本」與「落後的亞洲」意識，並認爲藉實施日語教育可以開化「落後的亞洲」，而有「現代化的日語」的提出。日本據臺後，又進一步轉化爲「同化的日語」，以爲藉日語教育可以同化異民族成爲日本國民。〔註126〕伊澤修二很明白的表示，臺灣的教育並非單純的教育，而是具有同化臺灣人成爲日本人的目的，因此國語普及運動遂成爲總督府最重要的擬血緣同化手段。日本在臺灣的語言同化不是在中日社會文化正常交流中完成的，而是在殖民的強大壓迫下靠外力實現的，一旦外力消失，同化的作用迅速消退，這也可以解釋，爲什麼光復後臺灣民眾產生了學習祖國語言的高漲熱情。〔註127〕

〔註124〕吳濁流，〈漢詩需要革新〉、〈詩魂醒吧！再論中國的詩〉，《臺灣文藝與我》，臺北：遠行出版公司，1977 年，頁 71～125。
〔註125〕鍾美芳，〈日據時代櫟社之研究（下）〉，《臺灣文獻》，第 79 期，頁 81。
〔註126〕吳文星，〈日據時期臺灣總督府推廣日語教育初探（上）〉，《臺灣風物》，第 37 卷第 1 期，1987 年 3 月，頁 4～5。
〔註127〕計璧端，〈日據臺灣的語言殖民和語言運動〉，北京，《中國現代文學研究叢刊》，第 1 期，2004 年，頁 181。

一、國語同化教育的特色和變動

相較世界幾個主要殖民國家，殖民政策的推動，很少從國語教育及初等教育的普及，來推動同化。英國在印度的殖民統治，為了將原來敵視英國的印度人薰陶成大英帝國的擁護者，乃著力在高等教育的創建上，經過半個世紀，印度高等教育已逾176所，1921年印度中等學校學生甚至凌駕英國本土〔註128〕。反觀臺灣迄日本統治末年，初等教育合計有一千餘所，受教育人數達七成，但大學卻只有一所，臺灣學生人數更只有 111 人〔註129〕。再看法國在阿爾及利亞的統治，著重在政治、社會上權力平等的漸進改善上，反觀臺灣，日本當局從未在這方面努力過，反以國家警察及保甲制度來強化統治，所有統治心力，都用在國語同化教育上。日本國語教育學者國府種武曾指出：「總督府對本島人的教育，幾乎是全數投入在國語教育中，其他科目只是副次元的存在。」〔註130〕矢內原忠雄則認為臺灣的國語教育是時代錯誤的決策，是世界殖民歷史中稀有的例子。我們從日據時期初等教育中，國語教授時數經常維持在五成至七成中間，可看出推行國語教育政策一直被歷屆總督遵循著。以日語教育做為媒介，將臺灣人同化成日本人，在日本官場已是舉國一致的見解。

第一任學務部長伊澤修二在籌設國語傳習所的意見書中即明確指出：「今日內地人懂土語者甚少，而土人中幾無懂國語者。在如此狀況下，若欲推行治民之術、開啓教化之途，實頗為困難。故而今設立本傳習所，開啓傳習日語之途，以謀求施政之便利，進而奠定教化之基礎。」〔註131〕這裡我們注意到，日語在據臺第二年就改稱國語，他代表國家的語言，是全國國民都應該學習的標準語言。除教化與施政需求外，以日語教育將臺灣人同化為日本人，方是伊澤最終目的，從此國語普及教育政策在伊澤手下正式確立。為推廣日語教育的普及化，總督府以公學校取代國語傳習所，將國語教育與初等教育連結，並將教育經費劃歸地方，讓日語推廣之基礎與財源更加鞏固。明治 31

〔註128〕幣原坦，《殖民地教育》，東京：同文館，1912 年。陳培豐，《「同化」の同床異夢：日治時期臺灣的語言政策、現代化與認同》，頁 25。
〔註129〕臺灣總督府，《臺灣統治概要》，頁 51～52。
〔註130〕國府種武，《臺灣に於ける國語教育の展開》，臺北：第一教育社，1931 年，頁 17。陳培豐，《「同化」の同床異夢：日治時期臺灣的語言政策、現代化與認同》，頁 27～28。
〔註131〕臺灣教育會編，《臺灣教育沿革誌》，頁 165～166。

年（1898 年）「臺灣公學校規則」第一條即規定：「公學校係對臺人子弟施德教，教授實學，以養成日本的國民性格，同時，使之精通國語為本旨。」第二條也指出：「公學校依地方情況別設速成科，得利用夜間、假日或其他課外時間教授國語。」〔註 132〕可清楚看出國語教學在公學校教育的份量，所以國語科占每週教學時數十分之七，其餘學科只能淪為配角，以致公學校實和國語學校差不多。

到了後藤新平時代，原則上還是遵循國語普及政策。他在明治 36 年（1903年）學事諮詢會上指出：「臺灣教育自始即以國語教學，其後公學校建立以國語為強制科目之制度，迄今未嘗改變。……以普及國語做為臺灣教育之根本，理由如下：第一、與其以文化未成熟的本島任一方言為標準語，不如採文化已發達的國語為標準語，不僅有利於臺人之間相互溝通，且便於官民間之溝通。第二、作為發展文化之必備工具。第三、做為同化之必要手段。」〔註 133〕但因公學校擴充甚緩，入學率直至 1915 年仍不及 10%，故懂日語的臺灣人人數成長有限。1913 年據總督府調查，全臺區長 401 人中，熟諳日語者僅 36 人，略通者 57 人，不通者 308 人，顯見日語普及成效太差。〔註 134〕當時臺灣社會漢文研習風氣仍盛，如大稻埕區長黃玉階就創「漢文讀書會」，並倡設文庫，以資學者觀覽。成立之時《臺灣日日新報》還撰文刊載：

> 政府為啓發我臺，既設各種學校，使後進研究維新學問，以資實用。
> 其中漢學一科，故非無設，然以學課繁多，遂於漢學一科，但取簡
> 易而已。故漢學似較前為不振，夫漢學以孔孟為歸，孔孟之道，倫
> 常之學也，人無倫常，實不可行，漢學興亦維持風教之一端。〔註 135〕

宜蘭新民堂蔡茂才也於該堂左畔設「漢文研究所」，自午後六時起至十時止，免費教授各家子弟漢學。〔註 136〕

對此結果，日人乃積極鼓勵台灣仕紳領導階層率先倡導「國語普及」，或自己速學日語或出面成立日語推廣團體。這項政策，到田健治郎總督的「內

〔註 132〕臺灣總督府民政部總務局學務課，《臺灣總督府學事法規》，明治 35 年（1902），頁 130～137。

〔註 133〕井出季和太，《臺灣治績志》，頁 330～331。

〔註 134〕《臺灣時報》，第 45 號，大正 2 年 6 月 30 日（1913 年），漢文版，頁 69。

〔註 135〕《臺灣日日新報》，明治 43 年 4 月 10 日（1910 年），第 7 版，「讀書會發會式」。

〔註 136〕《臺灣日日新報》，明治 43 年 6 月 9 日（1910 年），第 4 版，「漢學復興」。

地延長主義」，強調以教化臺灣人成為純正日本人為主要的施政方針，而以徹底普及日語為最大目標。在此政策下，國語普及運動快速展開，各街庄地方團體紛編列經費，直接開辦或補助推廣日語；此階段公學校快速成長，日語學習人口增加；規定國語常用者可進小學校與日本子弟共學；獎勵舉辦「國語演習會」；強制書房教師學習日語，使書房成為日語推廣設施之一。〔註137〕但諷刺的是，臺人由於對學習日語沒有迫切感，「國語普及」仍難以有效推展。

　　到皇民化時期，由於對華戰爭，當局謀加速臺人的同化，講日語已是臺灣人能否成為「真正日本人」的必備條件，國語運動成了當時臺灣人的集體記憶與經驗，「國語普及」也進入強制階段。從當時擔任國語講習教師的日本警察培訓過程中的閩南語教材，我們可看出日本當局是如何灌輸臺灣人講日語的重要性：「既然作日本百姓，國語未通，不惟處處不便利，自己也見誚，對不起國家。」〔註138〕當時全國公共交通工具到處張貼相關標語：「車內絕對禁用臺灣語，日本精神從國語開始」〔註139〕。為了讓日語運動進到鄉村，各部落也陸續設置「部落振興會」，社會上則有所謂「國語家庭」、「國語部落」，此刻國語運動已是全民總動員。據官方對外宣傳資料，至1943年底，全臺灣解日語者已達80％以上。〔註140〕不過在日本政府傾全力、威逼利誘下，日語普及率是提高了，但在臺灣人學日語的先天限制下，出現一個有趣現象，即「國語的臺灣語化」也就是指「臺灣國語（日語）」。臺灣人在講日語除了常會誤用敬語，也常出現漢語式的用法。〔註141〕例如：日語「着物」（きもの）在日語裡指的是日本傳統的正式服裝，但臺灣一般民眾都聯想為一般服裝的通稱。再舉一例，在漢語裡，吃藥用的是吃飯的「吃」，但在日語裡同一個動作是用飲水的「飲」，當臺灣孩童在用日語說吃藥時，往往說成「くすりをたべた」（吃了藥），而正確日語說法是「くすりをのんだ」（飲了藥）。當然在日語臺灣話的同時，臺灣的本土語言也多少受到日語的影響，這是語言的傳

〔註137〕吳文星，〈日據時期臺灣總督府推廣日語運動初探〉（上），《臺灣風物》，第37卷第1期，1987年，頁17～22。

〔註138〕洪惟仁，〈小川尚義與高本漢漢語語音研究之比較──兼論小川尚義在漢語研究史上應有的地位〉，《臺灣史研究》，第1卷第2期，1994年12月，頁64。

〔註139〕《臺灣日日新報》，昭和16年1月31日（1941年），第4版。

〔註140〕《興南新聞》，昭和18年10月12日（1943年），第1版。就當時實際狀況，這項統計數據似乎偏高。

〔註141〕周婉窈，《海行兮的年代：日本殖民統治末期臺灣史論集》，臺北：允晨文化，2004年，頁100～105。

布自然現象。由於日語的普及，臺灣成了一「雙語言並用社會」，但日語始終無法全部取代臺語，成為臺灣社會的生活語言。

二、國語讀本「近代性」與「殖民性」之移轉

明治 31 年（1898 年）「臺灣公學校規則」：「公學校係對臺人子弟施德教，教授實學，以養成日本的國民性格，同時，使之精通國語為本旨。」，到明治 37 年（1904 年）「臺灣公學校規則」改正，規定：「公學校本旨在於對本島兒童教授國語、施德育，以養成國民性格，並教授生活必須之普通知識技能。」〔註 142〕，其順序從「施德教」→「授實學」→「精通國語」轉變為「授國語」→「施德育」→「授實學」。大正八年（1919 年）「臺灣教育令」公學校條文：「普通教育之目的在於留意身體之發達、施德育、教授普通之知識技能、涵養國民之性格、普及國語。」〔註 143〕此時多了一項「留意身體之發達」與明治 23 年（1890 年）日本的「小學校令」除了普及國語一項，基乎沒有差別。從以上各期的規則、法令，我們可歸納出臺灣公學校的教育目的不外是：德育、體育、實學、愛國教育、日語教育。而其中德育、體育不外是涵養國民精神的手段，因此整個教育範圍可說只有三方向：涵養國民之性格、普及國語、教授實學。而涵養國民之性格及授實學又可從國語讀本中含括大部分。以下就各時期國語讀本中涵養國民之性格（殖民性）及實學（近代性）教材比例，來看日本當局的教育政策從「現代化」到「日本化」之間的轉移。

日本據臺之初，伊澤修二即試圖將日本國內於明治 23 年（1890 年）頒布的《教育敕語》，奉詔移植到臺灣來，以做為新附民教化之用，及宣揚「一視同仁」政策的具體措施。因其貫串日本五十年殖民同化教育政策，茲將教育敕語漢文翻譯全文轉錄於下（杜武志譯）：

> 朕唯我皇祖皇宗，肇國宏遠，樹德深厚。我臣民克忠克孝，億兆一心，世濟其美。此我國體之精華，教育之淵源，亦實存乎爾臣民。孝予父母，友予兄弟，夫婦相和，朋友相信，恭儉持以己，博愛及眾，修學習業，以啟發智能，成就德器，進廣公益，開世務常。重國憲，尊國法，一旦緩急，則義勇奉公，以扶翼天壤無窮之皇運。如是不獨為朕忠良臣民，又足以彰顯爾祖先之遺風矣。斯道也，實

〔註 142〕周婉窈，《海行兮的年代：日本殖民統治末期臺灣史論集》，頁 9。
〔註 143〕周婉窈，《海行兮的年代：日本殖民統治末期臺灣史論集》，頁 10。

－154－

我皇祖皇宗之遺訓，而子孫臣民之所當遵守，通古今而不謬，施諸
中外而不悖。朕庶幾與爾臣民俱拳拳服膺，咸一其德。〔註144〕

對伊澤來說，這是治理臺灣第一要緊工作，欲透過教育敕語扮演教化工具角色，他認爲日本天皇制的精神倫理，建立在共同血緣關係基礎上，非常堅固完美，對新附民來說可代替可蘭經、聖經，作爲教化工具，達到同化之效果。

伊澤建構的同化教育一直都帶有「一視同仁」的精神，除奉教育敕語作爲準則，以國語教育做爲媒介，讓臺灣人承襲日本祖先的遺產，以便能同化於日本這個國家外。伊澤教育內涵另外一個重心即以「近代文明」的知識教育，來培育現代化的日本國民。因此相較於其論述上的涵養國民之性格（殖民性），他任內國語教科書的編撰，卻一面偏向近代文明的智育。據臺初期使用的國語教科書，全書十七課大都是教導博物、自然、天文、數理等現代化教材，就算是介紹日本國內，也以火車、汽車、電燈、瓦斯、電線等近代文明所造成的進步景象，有關日本皇國精神相關課文，卻只佔少數。〔註145〕因爲伊澤認爲智育是涵養德育的基礎和手段，讓新附民充分瞭解日本的近代性與優越性，並透過智育的涵養，內化成爲兼具高度文明知識，眞正的理想日本臣民。在伊澤的教育觀念裡，智育與德育是不可分的。〔註146〕也因此伊澤的教育政策，較少殖民者的愚民思考。

到了後藤新平及持地六三郎時期，後藤原則上是反對公學校的教材內容向上提升，但持地則繼承伊澤的「智育」教育，他認爲：「在初等教育最需注重的是科學知識的修養。……若要增進本島經營上、經濟上的利益，我們首先就需期望初等教育中科學知識和修養的發達。」〔註147〕我們從編纂於明治34～36年（1901～1903年）間的《臺灣教科用書國民讀本》全部183課中，郵便、火車、電氣、衛生、博覽會等高度實學教材共68課，占37.2％；有關地理、物理、化學等科學性教材共56課，占30.6％；而有關皇室國家的課文

〔註144〕杜武志，《日據時期的殖民教育》，頁37。
〔註145〕蔡錦堂，〈日本據臺初期公學校《國語》教科書之分析〉，收入《中國與亞洲國家關係史學術研討會論文集》，臺北：淡江大學歷史學系，1993年，頁241～244。
〔註146〕陳培豐，《「同化」の同床異夢：日治時期臺灣的語言政策、現代化與認同》，頁86。
〔註147〕持地六三郎，〈縣治管見〉。見陳培豐，《「同化」の同床異夢：日治時期臺灣的語言政策、現代化與認同》，頁139。

如天長節、明治天皇、臺灣神社等共 15 課，占 8.2％，只有「近代文明」教
材的十分之一。〔註148〕不過與伊澤精神最大不同的是，持地雖贊同智育教育，
不過那是在殖民國經濟利益的前提考量下，他並沒有伊澤「一視同仁」的襟
懷，而是為削減教育成本，一方面抑制公學校的成長，一方面縮短教育年限。

　　大正時期，隈本繁吉「新同化」教育方針，更加強化德行的涵養，因此
大正 2 年至 12 年（1913 年～1923 年）使用的《公學校用國語讀本》，有關科
學知識、現代化生活教材，比前一期短少了 64 課，合計只有 60 課，占 27.3
％，而與國家、皇室有關聯的課文反增加 9 課。並置入許多涵養皇民精神的
教材，如〈楠公父子〉等，據蔡錦堂的統計，本期教科書中出現 31 位人物，
日本人占 24 位，且大部分都影射忠君愛國或犧牲奉獻精神，其中漢人只有 4
位，也都以犧牲、奉公形象出現。〔註149〕甚至有些乍看之下與皇國思想無關
的課名，內容卻夾帶濃厚國家意識型態。如其中〈芭蕉與蜜柑〉（〈芭蕉トミ
カン〉）便以擬人化形式出現，文中有一段耐人尋味對話。蜜柑：「文旦先生
是一種具有高尚味道者，有時被總督閣下呈獻給皇室品嚐。」芭蕉：「我們確
實有時被呈獻給皇室，這是一件無上光榮之事，讓我們為這個榮幸的事相互
勉勵加油。」〔註150〕，很清楚的，這是在強化皇國臣民應有之犧牲奉獻精神。
從此時期為分水嶺，國語教科書教材「現代化」教材萎縮，「日本化」「國民
性」教材大幅增加，到了昭和時期，尤其是皇民化時期，國語讀本原則上都
是在讚揚國體論與軍國主義，只剩下教化功能了。

　　發行於昭和 13 年至 17 年（1937 年～1942 年）的國語讀本，這段時間由
於值戰爭時期，一些建國神話如〈天之岩屋〉、〈八岐大蛇〉、〈神武天皇〉等
頻頻在本期教材中登場，另外宣揚皇國精神的〈皇民奉公隊〉、〈國語之家〉
以及讚頌軍國主義的內容如〈大東亞共榮圈〉、〈東鄉元帥〉、〈我國海軍〉等，
也佔有相當份量。〔註151〕此期因為戰爭關係，西洋文明與西洋人物大幅縮水，
西洋人物只出現過兩名，也不再出現頌揚西洋文明的內容。

〔註148〕蔡錦堂，〈日本據臺初期公學校《國語》教科書之分析〉，收入《中國與亞洲
　　　　國家關係史學術研討會論文集》，頁 241～244。
〔註149〕同前註。
〔註150〕陳培豐，《「同化」の同床異夢：日治時期臺灣的語言政策、現代化與認同》，
　　　　頁 246。
〔註151〕何義麟，〈皇民化期間之學校教育〉，《臺灣風物》，第 36 卷第 4 期，1986 年
　　　　12 月，頁 80。

三、缺乏歷史縱深的臺灣鄉土教材

在皇民化之前，公學校國語讀本中有關臺灣事務教材比例都相當高，這是為讓臺灣學童能產生「親切認同」。尤其是發行於 1923 年～1926 年間第三期《公學校用國語讀本》，臺灣教材比重相當高。周婉窈將課文內容有關臺灣事務分成八類：臺灣動植物、鄉村景觀、鄉間生活、產業與物產、地理景觀與名勝、今昔之比、臺灣相關人物、其它。屬於臺灣動植物的課文有：水牛與烏秋、龍眼與鳳梨、白鷺鷥、香蕉、蜜柑、雞冠花、林投樹等；屬於鄉村景觀的有：養鴨人家、牛車、廟旁大榕樹等，有許多文筆描寫相當細膩；屬於鄉村生活的有：灌蟋蟀、挖蕃薯、河邊洗衣、辦年貨、餵雞、農家之秋等，不少饒富文學抒情意味；屬產業與物產的課文有：茶、糖、樟腦、竹子、臺灣木材等，這類教材兼具實學教育內涵；屬地理景觀與名勝的有：臺北、台東番地風光、新高山、次高山、阿里山鐵道、神木、溫泉等；屬今昔之比的有：臺灣的衛生、埤圳的故事等，此類課文透過強烈的對比，來宣傳殖民統治的成效；屬臺灣相關人物的只有：吳鳳、鄭成功、兒玉大將三位。持平而論，這些課文編撰不論寫景或寫物，都算生動寫實，具可讀性，相較傳統書房教材，更加親切易讀。〔註 152〕

但當細讀後，我們卻發現這些「鄉土教材」少了歷史味，只描述眼前，缺乏歷史縱深，只看的到現在，對過去皆避而不談，就算提及，也是為了對照現今殖民的進步與現代化，而過去則是落後與髒亂。整期的臺灣鄉土教材，連同插畫，鄉土風味都相當濃厚，只是彷彿置身沒有過去的臺灣。因此可說是「沒有歷史沒有過去的鄉土」。因為殖民當局要臺灣人認同的是日本統治的臺灣這塊土地，但卻要臺灣人「去中國化」，與清朝切割與過去切割。

鄉土教育思想成為教科書的編撰精神，應該是受德國鄉土教育思想的影響，由於德國國語讀本都由各州編撰，鄉土教材頗為豐富。明治 24 年（1891年）日本就確立小學校需教授鄉土地理與鄉土史談，大正年編撰之日本內地小學校第三期教科書時就以「兒童之日常生活相關者」、「可養成田園趣味者」為編撰綱領，臺灣總督府原則上也遵循內地編撰綱領，認為「愛鄉即能愛國」，

〔註 152〕周婉窈，〈實學教育、鄉土愛與國家認同——日治時期臺灣公學校第三期「國語」教科書的分析〉，《臺灣史學研究》，第 4 卷第 2 期，中央研究院臺灣史研究所籌備處，1999 年 6 月，頁 30～37。

第三期的鄉土教材較之內地更加豐富，更富臺灣特色。〔註153〕只是為避免鄉土教學教材妨礙新附民對殖民母國的國家認同，增強舊民族感情，所有鄉土教材都有計畫的拿掉原有的歷史與文化，故在鄉土教材中，台灣是沒有歷史的鄉土。不論是母語、歷史，日本都竄位成為主體，所以兒童學的是日本的歷史與文化，故在此時期成長受教育的臺灣兒童，如何苛責他們於戰後不具有「漢民族意識」的國家認同呢？

四、從國語讀本插畫看教育政策

日據時期臺灣公學校各期國語讀本，都有非常豐富的插畫，插畫中人物的造型、服飾、背景的特色與差異，環扣著從統治初期的舊慣溫存到皇民化時期教育政策的推移與變化。

第一期國語讀本發行期為 1901 年～1903 年，為後藤新平的舊慣溫存、無方針主義時期，此時大部分的臺灣人都還維持著傳統生活模式，為求教科書能令本島學童有「親切認同」，插畫中出現著肚兜紮三個小辮子的兒童、梳髻纏足的女子、留辮子的男士，所著服飾皆以傳統清朝服裝的臺灣衫褲、馬掛為主。此時期纏足風氣未消退，插畫中成年女性明顯看得出纏足，教材中並以「纏足」為題，教導兒童纏足的壞處，以收移風易俗之效。另外插圖背景大都為漢式生活裝飾，如傳統眠床、高腳洗臉架、條凳、八仙桌等，本土色彩相當濃厚，今日觀之如同民俗畫。本期也有帶日本色彩的人物，如著木屐、穿和服的日本人，唯二者並未出現在同一畫面，暗示臺灣人與日本人社群，彼此是不相關的〔註154〕。

第二期國語讀本發行期間為 1913 年～1914 年，為大正民主時期。此時期的插畫出現大宗知識性插畫，如地圖、郵遞、動植物等。人物部分男子皆剪短髮，女士則不分老少一律不纏足，此時期的臺灣人形象最大特徵是「斷髮不纏足」。受大陸剪辮之風影響，臺灣社會也積極推動斷髮運動，如黃玉階的「斷髮不改裝」及學校的斷髮風氣。插畫中以「斷髮不纏足」來揭示陋習革除邁向現代化。除斷髮不纏足形象，人物服飾也出現著西服、戴西式草帽裝扮的臺灣人，顯見漸受日本化、西化之影響。不過本期本土色彩還是很濃，

〔註153〕同上註，頁 38～41。
〔註154〕周婉窈，〈寫實與規範之間──公學校國語讀本插畫中的臺灣人形象〉，《台大歷史學報》，第 34 期，2004 年 12 月，頁 92～98。

主人翁名字爲求逼眞，出現阿福、阿玉等虛擬人物，以求認同。〔註155〕

　　第三期國語讀本發行期間爲 1923 年～1926 年，爲內臺共學時期。這期國語讀本使用最久，一直使用到皇民化前夕。很明顯的受同化之風影響，本期內地風之事物增加，在日本人的眼裡，相較於落後的漢人生活，此時期內地化代表走在時代前端。人物服飾許多已放棄傳統臺灣衫褲，改穿和服、西服及西洋時尚服裝，背景也以日本屋舍、榻榻米等呈現。這期已無法從服裝辨別臺灣人或日本人，充分顯示當局「日臺融合」的企圖。

　　第四期國語讀本發行期間爲 1937 年～1942 年，爲皇民化時期。1937 年至 1942 年皇民化時期所編的「國語讀本」連插畫都完全日本化，並以灌輸學童皇國思想爲教學中心。總督府學務部讀本編修課長加藤春城就明示其編撰方針爲：「教導包含日本人思想感情的國語，以塑造皇國民」、「各教科之教材中有關人文的東西，盡量採用具有濃厚國民色彩的東西，即食衣住、姓名稱呼、日常禮節、年節慶典等，在不妨礙的範圍內，都將依照我國一般情況。有關插畫也是依照相同原則。」〔註156〕於是連插畫中人物的服飾、景觀背景也要修改，一律變成和服與日本式家居生活，原來書中主人翁的臺灣名字也改姓氏爲太郎、花子等日本名，這時內臺形象已完全無法分別，因爲這是殖民者欲塑造的情境「咱都是日本囝仔」。爲呼應「正廳改善」宗教改革，插畫中出現奉祀「神宮大麻」的陳設，門上也繫著求自神社的注連繩（しめなわ）（標繩）〔註157〕，也有畫著神社入口人來人往的熱鬧景象。國語讀本中除皇民化精神教化內涵，甚至軍馬、傳信鴿、軍犬都化身皇民典範，有著各種不同英烈事蹟，藉讀本教材告訴臺灣人怎能連畜生都不如呢？〔註158〕

　　做爲殖民地最重要的教育精神中心，國語讀本扮演相當重要的規範責任，其中豐富的插畫，則透露殖民者欲藉教育傳達的訊息，無疑的也提供殖民教育的階段性功能。

〔註155〕周婉窈，〈寫實與規範之間──公學校國語讀本插畫中的臺灣人形象〉，《台大歷史學報》，頁 99～103。

〔註156〕加藤春城，〈國民學校の教科書について〉，《臺灣教育》，臺灣教育會編，昭和 16 年 6 月（1941 年），頁 22。

〔註157〕以新蒭作之者，懸於門眉爲飾。

〔註158〕何義麟，〈皇民化期間之學校教育〉，《臺灣風物》，頁 64～83。

五、「莎勇之鐘」與「國歌少年」教材之統治神話

　　昭和皇民化時期，國語教科書因戰爭的關係頻頻出現建國與統治神話，以作為教化宣傳及學童效法典範，其中「莎勇之鐘」（莎韻之鐘、サヨンの鐘）與「君之代少年」（君が代少年），更塑造出日本政府期待和要求的皇國國民形象，而這兩則半事實半捏造的事蹟出現在《初等科國語》課文中，成了時代故事。

　　「國歌少年」故事主人翁名為詹德坤，苗栗郡公館庄公學校三年級生，農家子弟，十二歲時因地震負重傷，但他為了豎立一個常用家庭模範，不畏病痛，縱使在臨終時也堅決使用國語，唱著國歌「君が代」而辭世。這則愛國故事教材這樣敘述著（周婉窈譯）：

> 昭和十年四月二十一日早上，臺灣發生大地震。有位名喚詹德坤的少年是公學校三年級學生，今天早上也一如往常，醒來後洗了臉，就恭恭敬敬地向著神龕禮拜，神龕裡祀著皇大神宮的大麻。……出了家門才走一會兒，「轟」地響起可怕的聲音，……「地震！」少年這麼想。就在這時候，旁邊的建築物的土角向少年身上崩落過來。……雖然如此，少年一看到父親的身影，一句也不提自己的苦痛，卻問：「媽媽平安嗎？」……就算在最痛苦的治療當中，少年絕不說臺灣話。自從學校裡教過日本人，就是說國語的人，德坤不論如何辭不達意，始終都使用國語。……那天夜裡，疲累而神智不清的德坤，在天將破曉時，眼睛睜得大大的，對在旁的父親說：「歐多桑，老師不在嗎？好想再見老師一面呢。」……不久，少年說：「歐多桑，我要唱君が代。」少年閉上眼睛，好像在想什麼似的，不一會兒深深吸一口氣，沈靜地唱出：「君之華年千代八千代」德坤全心而唱的歌聲，深深扣住同一病房人們的心弦。「小哉石分」聲音雖然微弱，但卻明晰地繼續唱著，四周響起啜泣聲。快要結束時聲音逐漸變的細微，但是德坤完美的唱完整首。隔天早上，唱完君が代的德坤，便在父母親及周邊人們的淚光中安靜的長眠。〔註159〕

德坤臨終之際朦朧中唱著國歌而逝，在當時氛圍下，有其感染力，故事一傳開來有人倡議立碑、塑像，報章亦有報導，於是募款請雕刻家塑造銅像，立

〔註159〕臺灣總督府編，《初等科國語》，卷三，臺北：臺灣總督府，昭和18年（1943年），第六課「君が代少年」，頁30～36。

於德坤出身的公學校中。〔註 160〕「國歌少年」為真人故事自無疑慮，只是為提供作為皇民化教材，教材中再加以鋪陳把他塑造城一個完美的典範少年。

　　故事中描寫的德坤是個好孩子，他身受重傷還掛念母親安危，通篇文章也洋溢著師生情。另外在皇民化時期，推行宗教改正、國語常用家庭，文章中德坤禮敬大麻、堅持使用國語、崇敬國歌，都是皇民化的踐行。編撰教科書的人藉德坤的祭祀大麻，作為提倡日本神道信仰，而德坤在教材中的拒講臺語，在國語運動推廣如火如荼之際，自有其示範作用。

　　當我們哼著「月光小夜曲」時，老一輩的人可能想的是另一首膾炙人口的日文歌「サヨンの鐘」，因為月光小夜曲正是翻唱自「サヨンの鐘」。「莎勇之鐘」這則故事傳頌時，除總督贈鐘頒獎，將故事寫成歌謠、拍成電影，都是其眾多活動之一。「莎勇之鐘」是一位蘇澳山地少女莎勇為日本老師犧牲性命，而獲總督長谷川清贈鐘褒獎的故事。故事主人翁莎勇・哈勇，南澳泰雅族人，初等教育畢業後，被編入當地女子青年團。1938 年當侵華戰爭正熾烈時，當地教育所日籍老師田北正記警手〔註 161〕收到召集令，必須離職出征。莎勇不計安危，決定替老師扛行李送他上征途，以至於在暴風雨中跌落溪谷，葬身激流。這則故事如同「國歌少年」的鋪陳，先塑造莎勇完美形象，再鋪陳其忠勇愛國精神。以下就教材中譯本重點摘錄：

> 昭和十年（1935 年），該年夏天，母親得了重病臥床不起。莎勇非
> 常擔心，夜間也不眠不休的照顧病人，然而儘管如此費心，母親終
> 於過世了。不久，父親也多病，因此莎勇這會兒日夜為父親的健康
> 操心。……教育所一畢業，種種不幸接二連三襲來，……雖然如此，
> 即使是童稚的心，也非常明白不能因一身一家的不幸而給他人帶來
> 麻煩，也不能怠忽公家的事情。莎勇一方面幫助兩位兄長做家事，
> 一方面為女子青年團不遺餘力勞動著。尤其支那事變發生後，更奮
> 不顧身地致力於後方奉公。上海攻陷、南京攻陷，新的昭和十三年
> 也在戰勝的喜悅中，夏天很快來臨了。……村子為在中國山野進行
> 的武漢攻略戰況而沸騰，青年們精神為之大振，如果可以的話自己
> 也想上戰場。此時教育所的老師也接到老師熱切等待的召集令。……
> 莎勇十分清楚：山裡起暴風雨是很危險的，但是，他認為為報答師

〔註 160〕周婉窈，《海行兮的年代：日本殖民統治末期臺灣史論集》，頁 4～7。
〔註 161〕警手是山地警察階級最低的一級，經常兼任當地教育所的教職工作。

恩與後方奉公就在此時。「恩師蒙受陛下之召，承此光榮之應召，因
此，請一定讓我去送行。」……「請務必讓我去！一想到戰地勞動
的軍人們，像這樣的暴風實在不算什麼。而且老師已經不是我的老
師，是日本的軍人，請讓我也背負軍人的行李。」……翌日，天空
像慶賀勇士出門一般，獲選的莎勇及其他五人，各自背負著老師的
行李，一邊手中英武式地高舉「日之丸」旗，比老師先著一步踏上
下山之途。……一聲尖叫聲，眾人吃了一驚往那方向一看，看到莎
勇和行李一起跌落濁流的身影。……現在利有亨教育所的庭院之
中，正開著紅色美麗花朵的番紅花，并立著莎勇之碑和鐘樓。鐘上
銘刻：「愛國少女莎勇之鐘」。〔註162〕鐘是長谷川總督褒揚莎勇的義
行而贈送的。

與國歌少年的鋪陳一般，莎勇也是個孝順、勤勞奉公的高砂族好少女，相較
日本女性，莎勇毫不遜色，更證明日本人教化高砂族的苦心沒有白費。當時
日本正是軍國主義高漲時期，男子赴征途在當時是無上光榮的事，莎勇不顧
安危為老師扛行李，同樣也回應了國家的召喚，同樣英勇同樣光榮，尤其是
莎勇在這種情況下喪生，更為軍人出征添上悲壯色彩，有助於鼓舞全民皆兵
的氣氛。〔註163〕

　　莎勇跌落溪谷是九月二十七日的事，二十九日《臺灣日日新報》有一小
則新聞報導，標題為「番婦跌落溪流行蹤不明」〔註164〕，在當時這僅是件地
方小新聞，而且學生為老師扛行李，在當時社會裡恐怕沒有自願與否的問題，
而是學生應盡的義理，而且誰也無從得知，莎勇是否對老師敬愛到願以身相
殉的地步。同年地方人士為悼念莎勇，在莎勇母校教育所廣場舉辦盛大慰靈
祭，當時總督府理蕃課長、州、郡關係課長、當地警察官、莎勇家人、教育
所學生，以及高砂族各社青年團的代表，都來參加。〔註165〕「番婦跌落溪流」
的事故演變成為全國皆知的「莎勇故事」，應歸功於長谷川清總督。當時長谷

〔註162〕臺灣總督府編，《初等科國語》，卷五，臺北：臺灣總督府，昭和19年（1944
　　　　年），第十七課「サヨンの鐘」，頁96～109。至今南澳山地人還在懷念這個
　　　　故事，企圖尋找相關的古蹟。
〔註163〕周婉窈，《海行兮的年代：日本殖民統治末期臺灣史論集》，頁17。
〔註164〕《臺灣日日新報》，昭和13年（1938）9月29日，第7版，「番婦跌落溪流
　　　　行蹤不明」。
〔註165〕周婉窈，《海行兮的年代：日本殖民統治末期臺灣史論集》，頁15。

川總督爲表彰莎勇愛國事蹟，特別贈一只鐘給利有亨社作爲紀念，一般稱爲
「莎勇之鐘」。於是莎勇故事一經表彰，馬上名聞遐邇，利有亨社也成爲全國
知名蕃社，畫家鹽月桃甫還特定到利有亨社作畫，俳句詩人青木月斗也獻贈
四首以「莎勇之鐘」爲題的俳句。戰時著名歌手渡邊はま子也演唱「莎勇之
鐘」歌曲，哥倫比亞歌手佐塚佐和子也返臺演唱「莎勇之鐘」，尤其佐塚佐和
子母親乃泰雅族人，父親佐塚愛祐警部在霧社事件中喪生，這首歌由她演唱
別具意義，代表高砂族已由浴血抗日到爲日本軍國犧牲的階段，這對當時「高
砂義勇隊」隨軍出征，具有無上鼓舞作用。〔註 166〕更甚者這則故事也在 1943
年搬上銀幕，由松竹映畫與滿州映畫合作，片名就叫「莎勇之鐘」，由當時知
名紅星李香蘭扮演少女莎勇。〔註 167〕當然「莎勇之鐘」也與國歌少年一樣，
因深符時代需求，成了教科書教材，爲日本軍國主義推波助瀾。

六、殖民論述下的歷史教材：「吳鳳」與「鄭成功」

日本據臺五十年，《公學校用國民讀本》雖多描述臺灣鄉土景象，但是卻
是沒有歷史的鄉土教材，更乏臺灣有關人物，見於國語教材的只有鄭成功、
吳鳳、曹謹、孔子四位。孔子的敘述是爲尊「儒教」，曹謹則是爲彰顯奉公精
神。曹謹，清代鳳山縣知縣，曾開設圳埤以利農民灌溉。〈曹公圳〉一課中敘
述道：「周圍百姓感激其恩德，乃在鳳山立祠，祭祀曹公。」。教育敕語中有
云：「推廣公益、開拓世務」，像曹公這樣的人，可以說是充分符合了「敕語」
的精神。」〔註 168〕吳鳳雖有其人，〈吳鳳物語〉則是則宣揚犧牲奉獻精神的神
話故事。而鄭成功的母親因爲是日本人，故鄭成功轉身成了日本的民族英雄。
這四位中鄭成功與吳鳳出現頻率最高，以下就其在國語教科書中的殖民論
述，來看殖民時期臺灣的歷史教育。

吳鳳故事無人不知無人不曉，且其先後被日本政府挪用作爲建構其殖民
論述的教材，戰後國民黨政府繼續延用，作爲強化漢人中心主義的思考模式。
「吳鳳傳說」之所以受不同政權的青睞，乃在於它得以區隔文明與野蠻界線。
他的光環始終照耀著漢人，吳鳳理性的儒生形象，對照原住民「砍頭蕃人」

〔註 166〕《臺灣日日新報》，昭和 16 年（1941）8 月 23 日，第 3 版。
〔註 167〕周婉窈，《海行兮的年代：日本殖民統治末期臺灣史論集》，頁 15～25。
〔註 168〕臺灣總督府編，《公學校用國語讀本》，卷 9，臺北：臺灣總督府，大正 2 年
　　　　（1913 年），第 17 課「曹公圳」。

的野蠻形象，形成兩極對比。吳鳳事蹟文字記錄最早見諸 1855 年劉家謀的《海音詩》與 1894 年倪贊元的《雲林采訪冊》，《雲林采訪冊》對吳鳳事蹟有如下敘述：「吳鳳，打貓東堡番仔潭人，少讀書，知大義，而通番語。……然番性嗜殺，通事畏其兇，每買遊民以應。及鳳充通事，番眾向之索人；鳳思革敝無術，又不忍買命媚番，藉詞緩之，屢爽其約。歲戊戌，番索人急；鳳度事決裂，乃豫戒家人作紙人持刀躍馬，手提番首如己狀，定期與番議。……家人泣諫，不聽。次日番至，鳳服朱衣紅巾以出，論番眾：『以殺人抵命，王法具在；爾等既受撫，當從約束，何得妄殺人！』番不聽，殺鳳以去；家屬如其戒。社番每見鳳乘馬持刀入其山，見則病，多有死者；相與畏懼，無以為計。會社番有女嫁山下居民，能通漢語。習聞鳳言歸告。其檔益懼，乃於石前立誓永不於嘉義界殺人；其屬乃止。」〔註 169〕

　　吳鳳故事原本只流傳在嘉義一帶，1904 年民政長官後藤新平率官員巡視阿里山，在途中聽聞吳鳳故事深受吸引，後得知嘉義廳社口庄有祭祀吳鳳廟宇，遂派同行伊能嘉矩去實地調查。1906 年吳鳳廟在地震中毀壞，嘉義廳長津田義一熱心募款重建，並向後藤懇邀紀念碑文。〔註 170〕後藤在〈阿里山番通事吳元輝碑〉提到：「抑阿里山森林之域，林林焉，總總焉。自改籍以來，謀築鐵路設電機，具為採辦。而番不唯無害，轉相為力。得發天地之藏，成國家之業，未始非元輝之賜也。」〔註 171〕從前文可知，吳鳳傳說之所以會受到當局青睞，乃因其能促進理番事業的推展，進而獲取山林經濟資源。吳鳳事蹟成了日本文明教化的最佳典範，並從而化身「殺身成仁」、「犧牲奉公」的國語教材。總督府在 1914 年將吳鳳故事編入《公學校用國民讀本》，日本文部省也在 1917 年將之編入《第二種尋常小學讀本》，讓日本兒童建構其臺灣與生蕃落後、野蠻的樣版印象。〔註 172〕而吳鳳犧牲的儒家風範，也成了教化高砂族最佳典範。只是這兩種版本因目標不同，內容也有些微差異。公學校版本多了罪愆與懲罰，深化了漢番兩族群的對立；小學校版本較

〔註 169〕倪贊元，《雲林采訪冊》，收錄於劉萬枝校訂，《雲林縣采訪冊》，1968 年，頁169。

〔註 170〕邱雅芳，〈越界的神話故事——吳鳳傳說從日據末期到戰後初期的承接過程〉，《臺灣文學》，第 56 卷第 4 期，頁 125。

〔註 171〕邱雅芳，〈越界的神話故事——吳鳳傳說從日據末期到戰後初期的承接過程〉，《臺灣文學》，頁 126。

〔註 172〕邱雅芳，〈越界的神話故事——吳鳳傳說從日據末期到戰後初期的承接過程〉，《臺灣文學》，頁 141～143。

爲簡易，只會讓人聯想臺灣全是蕃人，而這些蕃人都是野蠻人。〔註173〕

　　至於鄭成功，課文中強調他對明朝的忠心，及其驅逐荷蘭人的經過。課文第一段也提到鄭成功的母親是日人田川氏，連橫《臺灣通史卷二・建國紀》載有：「父芝龍，娶日本士人女田川氏。以天啓四年（1624 年）7 月 14 日，誕生千里濱。是夜萬火齊明，遠近異之。」〔註174〕這是鄭成功的神話傳說。到現在日本還有「兒誕石」的古蹟，以紀念鄭的出生。1895 年清廷割讓臺灣時，日本人也有「收復先人土地」之說，日本人重視他，是因爲他是第一位日本後裔征服臺灣。連他的「國姓爺」稱號也是日本人取的。而鄭成功本人也與德川幕府往來密切，不僅如此，鄭成功還曾多次要求日本出兵攻打清兵。〔註175〕在日本鄭成功是家喻戶曉人物，也是日本民族英雄，日本早已將鄭成功日本化，故被納入日本神道信仰的鄭成功，究竟還剩多少臺灣歷史的精神。

　　從上述四位歷史教材，可說都是在殖民論述架構下，作爲教化工具，全然不是站在臺灣史的教育立場上，在日據時期，是「臺灣無史也」，臺灣無史是殖民者的權力操弄下，不讓臺灣歷史有存在空間所造成。就算出現臺灣論述，也是「明治天皇是很偉大的人，……臺灣以前有很多壞人，欺負人民，因此天皇派北白川宮能久親王征討壞人。」〔註176〕都是「過去：落後黑暗，現在：光明進步」，的線性歷史觀，而日本成了臺灣的救贖者。教科書裡也盡是一元的「皇國史觀」，教的都是日本歷史教育，且都富有忠君愛國精神，以教導臺灣兒童做一個日本忠良臣民。

七、戰爭中教材的「皇國史觀」與「戰役報導」

　　潘乃德（Ruth.Benedict）所著《菊花與劍》一書，曾指出日本人認爲恩是

〔註173〕「吳鳳傳說」在陳其南於 1980 年發表的一篇〈一則捏造的神話——「吳鳳」〉，掀起學界對吳鳳的討論。人類學者胡台麗也以一篇〈吳鳳之死〉，質疑吳鳳信仰讓曹族人背負了近百年的罪愆，對曹族是否不公平。兩個政權各有打算，吳鳳傳說的原始面目，早已因權力操作，而面目全非。相關文章見陳其南，〈一則捏造的神話——「吳鳳」〉，《民生報》，7 版，1980 年 7 月 28 日；胡台麗，〈吳鳳之死〉，《民生報》，1980 年 11 月 9 日。

〔註174〕陳芳明，《殖民地摩登：現代性與臺灣史觀》，臺北：麥田出版公司，2004 年，頁 300。

〔註175〕同上註。

〔註176〕臺灣總督府編，《公學校用國語讀本》，卷 6，臺北：臺灣總督府，大正 2 年（1913 年），第 1 課「明治天皇」。

被動的承受，如皇恩乃受於天皇之恩，報答天皇之恩謂之忠，這是義務，任
何日本人都無法免除。〔註177〕但是臺灣人難以感受何謂皇恩，因而日本當局
要透過皇民化的各種規範教育，內化爲臺灣人的觀念價值，來灌輸臺灣人天
皇與臺灣人「義則爲君臣，情則爲父子」，爲報答「浩蕩皇恩」，須有決死報
國、效忠國家的皇民思想，此乃是日本臣民之道。這部分的建構除社會的公
民教育，就屬校園執行的最爲徹底，舉凡典禮的舉行、教學活動、學校生活，
無不充斥日本神話、天皇、日本國旗國歌、神社等教化元素，以期培養學童
忠君愛國、犧牲奉獻精神。其中國語讀本則充滿皇國史觀，戰爭末期更成爲
戰況報導，除教化功能已不見教育內涵了〔註178〕。以下就皇民化時期，國語
讀本中的皇國思想與軍國主義試作分析：

　　昭和16年（1941年）3月以敕令第148號公布的「國民學校令」，
　　第一章就開宗明義揭示：「國民學校之目的在於，遵則皇國之道，實
　　施初等普通教育，造就國民之基礎鍊成。」。於是學校教育成爲皇國
　　之道「鍊成」（磨鍊育成）場所，「基於皇國之道，將兒童所有的能
　　力集中於正確的目標，以育成強化國民的性格」，因此學校成了修鍊
　　道場，在修身科而言就是「皇國之道義使命」，在國史科而言就是「皇
　　國之歷史使命」，在地理科而言就是「皇國在東南亞及世界的使命」，
　　在國語科而言就是「透過國民之思考與感動，以涵養國民精神」。〔註
　　179〕至此國民學校成了「祭祀、政治、教學一體不可分者」，戰爭時
　　期的教育，一方面要加強精神的純化，一方面又要投入國防與植產
　　報國，可說是思想統治教育。這點我們可從這期的國語教科書中嗅
　　到。在羅氏梅子的「學級經營案」，對時局教育也有如下指導：「確
　　認我國體之絕對的優越性、貫徹敬神之本意、貫徹感謝皇恩的心情、
　　貫徹忠君愛國精神的本質、貫徹滅私奉公的大義、確認我國民性之
　　優秀性」。〔註180〕

〔註177〕潘乃德（Ruth.Benedict）著，黃道琳譯，《菊花與劍》，臺北：桂冠圖書公司，
　　　　　1983年，頁87～121。
〔註178〕前揭書，何義麟，〈皇民化期間之學校教育〉，《臺灣風物》，頁83～84。
〔註179〕許佩賢、周婉窈，〈臺灣公學校與國民學校國語讀本總解說〉，收錄於《日治
　　　　　時期臺灣公學校與國民學校國語讀本解說·總目次·索引》，臺灣：南天書局，
　　　　　2003年，頁32～33。
〔註180〕許佩賢，《殖民地臺灣的近代學校》，臺北：遠流出版公司，2005年，頁152。

戰爭時期的教科書，有一大特點即是戰時色彩濃厚。教材中加入許多可涵養國民精神的內容，如「君之代」、「日本是神國」、「靖國神社」等，及與戰局有關的「大詔奉戴日」、「愛國儲金」、「南方與我們」、「皇民奉公會」等。透過「靖國神社」，來鼓舞學童以這些人為國犧牲的精神為學習典範，以為天皇效忠為天皇犧牲生命為榮，這也配合戰爭的人力動員需求；透過「大詔奉戴日」的奉讀詔書、唱君之代、遙拜宮城等儀式過程，來加深兒童愛國精神；透過「愛國儲金」，教導兒童體恤「前方戰士」，將每一分錢都用來作國民儲蓄，這種課文很生活化，對兒童很有感染力，讀了這課文，回家真的會做存錢桶，也一定會拿出來愛國；透過「南方與我們」教導學童何謂東亞共榮，讓學童期待快長大，好加入這場聖戰。〔註181〕教科書的編撰者苦心安排各種課程，確實為總督府的戰爭需求做最佳宣導，同時也強化學童皇國意識。

　　另外國語讀本中還有另一個特色，即收錄許多有關中日戰爭及太平洋戰爭的報導，讓人忘了它是教科書，以為是戰爭的即時報導。教材包括陣亡將士的事蹟、鼓舞戰意的軍國主義、獎勵後方奉公運動。如昭和12年（1937年）發行的國語讀本，已有不少戰爭教材：「山本元帥的國葬」、「空中奮戰」、「空軍之神」、「西住大尉」（1938年戰死）、「杉本中佐」（1937年戰死）等，記載著許多戰死英雄。另外為獎勵後方奉公，也出現了「松下君之兄」（歡送將入營的人）、「小小傳令兵」（軍鴿也加入報國行列）、「慰問袋」等，來鼓勵戰意。如前面所述「莎勇之鐘」也是為鼓勵後方奉公精神。

　　隨著戰爭序幕的拉開，臺灣國民學校讀本急增同化色彩，加強將臺灣吸納入日本，歷史科也在1930年改稱國史，尤其在1937年以後的教材，可看到皇國史觀的加強，國史的份量越來越重，並將修身、國語、地理、國史都放入國民科中，藉由統合來強化皇國精神，將教科書全變成「為聖戰動員，為國體效忠」的一言堂。

第五節　學校體系內的「修身」與「公民」教育

　　「日本人在臺灣的教育及治安做得很成功」、「臺灣囝仔被教得有規矩又有禮貌」，或許你曾聽過老一輩的人如此談論日本殖民教育。對老一輩的臺灣人民而言，「日本經驗」多少都潛藏在他們的精神底層，不論這經驗是正面或

〔註181〕許佩賢，《殖民地臺灣的近代學校》，頁122～124。

負面。而這些經驗進而內化成爲他們的思考與生活習慣。尤其日本長達五十年的殖民教育，經由教育內容的控制、各種儀典的舉行、學校生活的規範，進而強行灌輸意識型態，形塑臺灣人的國民性。而爲了教育臺灣人成爲忠良國民，公學校不論是「修身科」、「國語科」、「國史科」無不以涵養國民精神爲依歸，把臺灣孩童教育成守規矩、服從的好兒童。其中「修身」科更是直接透過德行的規訓，強化兒童國民性的實踐。相對於內地人的小學校「修身」科中並未特別標榜「從順」、「服從」等德目，卻比公學校多了「長進取之氣象」等鼓勵個人成就的內容，因總督府從不期待臺灣人的個性發展，因地制宜、差別待遇、殖民地化，在修身科與公民教育也不例外。

一、小學校與公學校「修身」科教材的差別目標

　　日本從 1890 年發布新的「小學校令」，一改過去「小學校爲授兒童普通教育之所」的定義，修正爲「小學校以留意兒童之身體發達，授以道德教育及國民教育之基礎及其生活所須之普通知識技能爲本旨。」，「小學校教則大綱」也規定：「德行的涵養爲教育上最需用意處」〔註182〕，並以教育敕語爲最高旨趣，這原則一直到二次大戰結束前都沒變過。同樣於 1898 年頒佈的臺灣公學校規則中規定：「公學校在實施道德教育，講授實學，以培養國民性格，同時教導國語。」。公學校規則雖幾經變動，但「道德教育」及「培養國民性格」都是主要目標，也未曾變動過。在教育敕語發佈的翌年，又公佈「小學校祝祭日儀式規程」，規定在祝祭日應舉行儀典，在各項儀式中必須奉讀教育敕語，並進行精神訓話。此點在臺灣也施行，只是多加一句「還要用漢文加以解釋，以貫徹聖旨」。大正 11 年（1922 年）頒佈的「新臺灣教育令」正式將「教育敕語」列入修身科條文：「修身基於教育敕語之旨趣，以涵養兒童的德行和指導道德的實踐爲要旨。」〔註183〕。在日本及其殖民地，學校已不再只是智育的培育場，德行與愛國精神的涵養，才是其教育重點。

　　公學校中德行教育由「修身」科主導，雖然其每週只有兩小時授課時間，但他卻列在所有科目的第一位，有「首席教科」地位，其作爲「首席教科」

〔註182〕王錦雀，《日治時期臺灣公民教育與公民特性》，臺北：臺灣古籍出版公司，2005 年，頁 120。
〔註183〕周婉窈，〈失落的道德世界：日本殖民統治時期臺灣公學校修身教育之研究〉，《臺灣史研究》，頁 20～21。

不在時數問題，高岡武明發表在《臺灣教育會雜誌》的文章說的非常明白：「國民教育以修身科為中心，應使其他學科歸服之，此係近代教育諸大家所倡導也，而於本島教育益見其必要。」〔註184〕，修身科總領一切教科。並以例話（範例故事）等文體，加強兒童對抽象道德觀念的理解及感動，所有出現的人物，都是借他們的故事，來說明特定德目，如「孝行」、「報恩」、「忠實」等，以作為道德楷模。到了中學以上，修身科的功能轉由「公民科」來執行。

修身科在道德的具體內容上，不僅要求「人倫道德」這種私德，還要求擴及國家社會之公德，如「對國家社會的責任」、「尊國法、尚公德、盡公益」。對男女的要求也有所不同，女學童通常被要求「養成貞淑之德」，需具備勤儉持家、奉養公婆、養育小孩等本務。〔註185〕不僅男女要求不同，對內地兒童與臺灣兒童的要求跟規訓也不同。其中最大不同是，公學校修身教育特別強調從順與謹守本分，當然從順是所有儒教圈共同的道德觀，日本小學校也並非不談，只是不像臺灣將之列為四大德目之一，分外強調，如公學校有〈守分〉課程，小學校則無。日本小學校不強調從順，反而強調進取精神，如小學校修身教則「……助長進取之氣象，使尚公德……」，對照公學校修身教則「……遵國法、尚公德，培養盡力於公益的氣風」，小學校課文有〈進取的氣象〉，公學校則無。〔註186〕公學校學童被特別期待從順、守分，可以說是道德教育的殖民地性。另外修身中的愛國教育，其忠誠與奉獻的具體對象為萬世一系的天皇，故臺灣修身科與國語科的學習模仿對象都是日本人物，臺灣人在公學校修身書中則不見蹤影。而見之於日本修身書中有西洋人物，臺灣的公學校修身書則無，因為日本當局認為臺灣人的楷模對象只能是日本人。小學校修身科中較少進取要求，殖民者並不期待臺灣人的快速崛起，而傾向培養臺灣人子弟柔順、服從、勤勞、有禮貌，沒有反叛力，不會要求日本人才有的機會。但對日本子弟則期待其養成旺盛企圖心。日本統治者藉修身科不是為培養「真的日本人」，而是在塑造臺灣人服從、勤勉的「日本臣民」形象。

〔註184〕周婉窈，〈失落的道德世界：日本殖民統治時期臺灣公學校修身教育之研究〉，《臺灣史研究》，第8卷第2期，2001年12月，頁9～10。
〔註185〕王錦雀，《日治時期臺灣公民教育與公民特性》，臺北：臺灣古籍出版公司，2005年，頁152。
〔註186〕周婉窈，〈失落的道德世界：日本殖民統治時期臺灣公學校修身教育之研究〉，《臺灣史研究》，頁44～49。

二、修身科與學校生活的「道德」規範

在公學校「修身」科不僅是課堂的教學，規則中並明定：「不僅重在所定的教學時間內，平時身體力行，教師更要作學生的模範，經常注意其操行，隨時訓誨，以收躬行實踐之效」。〔註187〕修身科要求的是身體力行，日本當局希望修身教育能融入於整個學校生活之中。因而修身教育除道德教學外，還需注意道德教育環境的營造和感化，因之各種學校儀式和生活都含有「道德」教育的意義。如為培養愛國心，經常舉辦軍事參觀、舉行祝祭日大典、唱日本國歌和海軍軍歌、背誦教育敕語；而運動會、修學旅行、遠足等都是「修養精神鍛鍊身心」的重要活動。

有關「修身」教材中「道德」規範不外四大綱領：國民精神之涵養（課目有：天皇陛下、臺灣神社等）、順從（課目有：遵守規則、不可任性、重法規、要遵重規矩等）、誠實（課目有：不可說謊、要知恥、不可隱瞞過失等）、勤儉（課目有：要工作、廢物利用等）。除四大綱領外，勸導清潔、袪除迷信、戒除利己忘恩、獎勵公益公德、守法、報恩等，也都是公學校的道德教育。〔註188〕而校園內的佈置和環境，也都是修身教學的基礎工作。如透過環境佈置中教室的清潔、桌椅的整齊要求，及每天的清潔、服裝儀容檢查，都可在潛移默化中培養學童美感、紀律與清潔的觀念，有助於德育的育成。為了達到公民教育目標，所有生活細節也都成了老師檢查對象：隨時調查國語使用狀況、祝祭日的翌日有掛國旗者、捐款、儀容檢查、掃除檢查、抽屜檢查、學用品檢查。監視調查的對象不只是外在表現，學生個人內在的想法也在調查範圍內。〔註189〕

甚至為了從小開始厚植兒童的「忠君愛國思想」及「皇國民精神」，校園環境營造上更有所謂「天皇御照」、「教育敕語（謄本）」、「宮城照」的奉置。並制訂各項奉安方式、位置及學校對各項奉安應遵守的禮法。杜武志對「新莊東國民學校」在各項奉安的作法與規範上，有相當深入的描繪。學校對「教育敕語」奉安所應遵循的禮法：「上課下課，在校門口謹向奉安室行最敬禮」、

〔註187〕歐用生，〈日據時代臺灣公學校課程之研究〉，《台南師專學報》，第3期，1979年，頁93～94。

〔註188〕周婉窈，〈失落的道德世界：日本殖民統治時期臺灣公學校修身教育之研究〉，《臺灣史研究》，頁20～21。

〔註189〕這是新屋公學校於昭和15年（1940年）時的班級例行檢查。引自許佩賢，《殖民地臺灣的近代學校》，頁151。

「經過奉安室前時，亦同。」、「校長每月需於大禮堂以先哲、偉人題目訓話，
並將其言行、成功之處，歸功於教育敕語，以貫徹聖旨。」、「每天頭一節開
課時，需背誦教育敕語。」。對「宮城照」應有的禮節：「對於每一個教室所
懸掛的宮城照，應以誠惶誠恐的心情宣誓做為赤子，專心精進於本分，即樹
立夙夜修持皇道之信念，建立教室便是鍊成道場，而禮堂便是中心鍊成道場
這個共識。」、「講授有關皇室事項時，需要向宮城照行禮，以表感謝皇恩。」、
「上課前教師、兒童均須行最敬禮表示以已決心『今天在本道場，決專心努
力』。最後一堂課下課前，亦同樣行最敬禮。」、「在教室內，不得有不禮貌的
行為。」。對「天皇御照」應有的禮節：「每日典禮中需向天皇陛下皇后陛下
御照行最敬禮」〔註190〕。這些規範可明顯的看出統治者的意圖。

　　到皇民化時期，所有學校都被網羅在密佈的教化網下。不論是課外教學
活動與學校生活，對學童的禮貌、整潔、團體訓練、節慶祭典等都是極端國
家主義的教育方式。每天的生活規範除要求學童上學前要在家先打掃日式神
龕，到校後需向天皇玉照行禮，朝會時升完國旗，全體向宮城及伊勢神宮遙
拜，並默禱國家武運長久、感謝護國英靈，回到家還要說國語過日本生活〔註
191〕。如遇到天長節、明治節等紀念日，學校會舉行隆重慶典，這時學童需集
合在校內參與儀式：首先全體先對天皇陛下及皇后玉照行最敬禮、接著合唱
日本國歌君之代、校長奉讀教育敕語並據敕語含意加以訓誨、最後合唱此節
日之歌〔註192〕。遇臺灣神社祭，則需集合教誨有關臺灣神社之事蹟，並向北
白川宮能久親王的神社遙拜。所有的生活都在「皇民鍊成」的規範下，於是
學童在不知不覺中接受皇國觀念，進而成為國家之忠良臣民。

三、公學校校歌中的精神訓勉與帝國禮讚

　　在皇民化時期，所有公學校的校訓、班訓都充滿了政治意識型態。如新
屋公學校的校訓即是：「皇國的健兒」，而各班的班訓，如溫長裕三年い班的
班訓是：

　　　國語：任何時候都使用國語

〔註190〕杜武志，《日治時期的殖民教育》，頁106～111。
〔註191〕何義麟，〈皇民化期間之學校教育〉，《臺灣風物》，頁58～60。
〔註192〕《臺灣公立國民學校規則》，昭和18年3月23日（1943年）政府令第45號
　　　　第60條。

> 禮儀：朝夕禮拜神明〔註193〕
>
> 勤勞：每天的功課或勞動盡力做
>
> 規律：嚴守規律
>
> 清潔：大家都養成清潔的習慣〔註194〕

甚至每班教室都設有伊勢神宮的大麻，學生一進教室就要和老師一起行「二禮二拍一禮」儀式，並大聲念出祈願句：

> 祈求我皇室之彌榮！
>
> 祈求我同胞之幸福！
>
> 祈求皇軍武運長久！
>
> 祈求我家的幸福！〔註195〕

整個學校教育都置於「愛國情操的陶冶」上。

　　同樣的校歌在日據時期相較於我們現在常聽到的校歌之精神內涵有很大不同。當代臺灣學校校歌歌詞內容不外是：對學生的期許「樂觀進取」；學校所在地地理景觀的描述「仰之彌高大屯山」；地方歷史與學校的創立史「曩昔艋舺馳名逞邇」等。但我們觀諸日據時期臺灣公學校與國民學校校歌，則出現許多天皇、神社、日本帝國、南進與興亞等極濃的政治味道歌詞。尤其校歌是全校師生經常傳唱的歌曲，透過不斷練唱，將對師生產生潛移默化之效果，有助於同化氛圍的提升，更可從中看到殖民者的教育政策。以下將就國史館臺灣文獻館所輯錄的日治時期校歌，其中歌詞具時代性、教化性的，摘錄於下：

松山公學校校歌（洪敏麟譯）

> 三、吾皇恩無邊
>
> 　　茁壯成長幼國民
>
> 　　沾浴皇恩
>
> 　　更加合力奮勇〔註196〕

〔註193〕這裡的神明是以設在教室裡的神棚為代表的日本神明，日本政府宣稱神道信仰不是宗教，參拜神社是國民道德的表現。

〔註194〕許佩賢，《殖民地臺灣的近代學校》，頁154。

〔註195〕同前註，頁155。

〔註196〕陳聰明撰稿，《棟花盛開時的回憶——日治時期畢業紀念冊展圖錄》，第二冊，學校建築篇／校歌校旗篇，臺北：國史館臺灣文獻館，2005年，頁151。

蓬萊公學校校歌（洪敏麟譯）

　　二、仰之彌高劍潭山　　　三、恪遵吾皇大諭訓

　　　　朝夕伏拜神社　　　　　　堪爲容水之器

　　　　祈禱國運益昌隆　　　　　遵順婦道

　　　　心中擁抱大和魂　　　　　日日勤奮不怠

　　　　來呀！一起磨鍊身心　　　來呀！一齊勵行〔註197〕

私立淡水高等女學校校歌（洪敏麟譯）

　　三、時轉景移一旋轉，八紘一宇大理想

　　　　實現契機今黎明，日本精神務回轉

　　　　大和女子花蕊開，嗚呼學園之更生

　　五、溫厚貞淑又高雅，氣質品格容姿優

　　　　熱風道場裂布響，頻聞練武喊叫聲

　　　　修學練武勁且勇，威風凜凜我少女〔註198〕

淡水東國民學校校歌（洪敏麟譯）

　　一、川流不息淡水河　　　二、淡水富士高嶺戴雲

　　　　五十鈴川水清澈　　　　　陽光普照

　　　　無與倫比之神國　　　　　燦爛展眞誠

　　　　皇國昌隆又興盛　　　　　花落潔身如洗

　　　　歡喜無止境　　　　　　　沾潤大和魂

　　　　感拜吾天皇　　　　　　　願一齊來立誓

　　三、磯波衝打岸邊激起白浪

　　　　浪碎化成熱血

　　　　翼贊大業

　　　　推波助瀾擴展

　　　　化成雄渾力量

　　　　立誓併力齊進〔註199〕

雙溪東國民學校校歌（洪敏麟譯）

　　三、北白川恭親王勝蹟

〔註197〕同前註，頁153。

〔註198〕同前註，頁159。

〔註199〕同前註，頁164。

 詣拜聖蹟緬懷之
 聖君大詔銘於心
 我等共勉齊努力〔註200〕

永樂公學校校歌（洪敏麟譯）

 一、朝夕伏拜劍潭神社
 祈禱日本國運昌隆
 修心鍊身
 吾儕永樂學校好兒童〔註201〕

私立淡水中學校校歌（洪敏麟譯）

 三、時轉景移一旋轉，八紘一宇大理想
 實現契機即在今，日本精神須回歸
 嗚呼！母校之更生

 五、煥發敢為眉軒昂，貫串硬岩鐵石心
 胸懷校訓銘於心，天高風嘯氣盎然
 嘹亮響徹進軍曲〔註202〕

臺北帝國大學校歌（洪敏麟譯）

 五、酷似巨人沒入海
 籌畫南進語一出
 拍手言出善哉呼〔註203〕

從以上幾所學校的校歌，我們很容易就看到幾則特色，與皇國思想有關的如：天皇、神社參拜、敕語、皇恩浩蕩、大日本國運昌隆、擁抱大和魂、八紘一宇精神等，甚至北白川宮能久親王也出現在歌詞中。與軍國主義有關的：如興亞、南進、嘹亮響徹進軍曲、修心鍊身、浪碎化成熱血翼贊大業等。其中有一較特別的校歌，即私立淡水高等女學校校歌，不僅要求女學生要具備「溫厚貞淑又高雅，氣質品格容姿優」的內涵，還得響應戰爭的精神「熱風道場裂布響，頻聞練武喊叫聲」、「修學練武勁且勇，威風凜凜我少女」，做一時代軍幗女英雄。

〔註200〕同前註，頁170。
〔註201〕同前註，頁171。
〔註202〕同前註，頁187。
〔註203〕同前註，頁199。

四、社會體系下的公民教育

　　日本的殖民教育體系，不僅在學校體系內，而是含括社會公民教育。因爲日本執政者極早就發現，要將臺灣人、臺灣兒童「日本臣民化」、「日本化」，光靠學校教育是不夠的。因爲若社會「輔助的教育力量」不能配合學校，即使學生在學校接受完整教育，但出了學校，與社會、家庭教育背道而馳，將會使學校教育功能大打折扣。〔註204〕尤其是臺灣社會原有陋習與漢人傳統生活習慣，將會嚴重影響其學校教化之實施。日本教育工作者普遍認爲臺灣人是多欲貪婪、自私自利、說謊欺騙、不知廉恥、不重衛生、迷信，因而需藉社會教化，來剷除這些陋習。〔註205〕但日本統治者又深知孔孟儒教在社會教化上的功能，因而利用臺灣人尊崇孔教的天性，作爲道德教育的利器，於是他們支持儒教運動，參與孔廟祭祀大典，維護孔廟環境之清潔與神聖，鼓勵善社宣講，希望藉儒教力量，協助政府整飭社會風氣，及宣揚政府政策，以收教化之功。

　　1932年新上任的總督中川健藏，是在內地推動教化總動員運動的重要人物，針對臺灣異民族的教化，他提出五項社會教化設施：1. 崇敬神社：頒給各家庭伊勢神宮的大麻，讓臺灣人在家也可以禮拜伊勢神宮。2. 國語的獎勵：讓家庭及市街庄部落「國語化」，在公家機關、銀行、公司等限用國語。3. 青少年訓練：設青年訓練所或青年教習所，作爲初等教育修了者的訓練所，及青少年團的助成。4. 教化網的完成：組織部落振興會，在府、州廳、郡、市街庄各層級設置教化統治機關。5. 其他社會教化：設置日本精神文化研究所，先對有識者、有力者進行教化工作。〔註206〕繼中川健藏後，小林躋造總督一上任即實施「國民精神總動員」，讓社會教化帶著濃濃的戰爭色彩，其實施要項包括：獎勵武道、運動競技、收音機體操、戶外運動、軍歌、祈願祭、後方支援、勤勞奉仕等。〔註207〕

　　這中間青年團的的組織在1930年代以後，進一步成爲軍事動員及人力動員的預備機關。青年團在1910年代末期便在各街庄設置，但並不活躍。1920年代中期後，隨著臺灣知識青年的啓蒙運動及民族運動的活躍，青年的教化及青年團的統制逐漸受到總督府重視，政府與臺灣民間團體開始爭奪青年。〔註

〔註204〕歐用生〈日據時代臺灣公學校課程之研究〉，頁96。
〔註205〕王錦雀，《日治時期臺灣公民教育與公民特性》，頁213。
〔註206〕許佩賢，《殖民地臺灣的近代學校》，頁135～136。
〔註207〕同前註，頁137。
〔註208〕同前註，頁138。

208）於是有青年團、青年學校、特設青年訓練所、皇民鍊成所等培養青年皇民精神之組織的設置。青年團的成立宗旨在於「修鍊身心，培養忠良國民之資質」。其運作，與社會公民教育有關者，不外下列數項：貫徹大詔奉戴精神教育、勤勞奉仕、身心積極鍛鍊、獎勵勤儉質實之風、涵養公共心、培養自律精神、致力國民體位之向上、培訓遵法精神等。

為了移風易俗，日據初期先後成立「風俗改良會」、「敦風會」、「興風會」、「同風會」，希望能改掉臺灣人纏足、辮髮等陋習，漸同化為日本風俗習慣。日據後期，為更積極展開同化工作，乃成立「部落振興會」、「部落集會所」、「教化委員」，作為施教化之場所，以領導臺灣民眾同化於日本，並培養積極國家觀念。此外為強化皇國思想，日據末期臺灣神社也不斷被擴建，數量急速增加，期能擔負更多教化責任。

此外，為了統轄所有各級皇民化運動，以總督為總裁，在全臺各地設立「皇民奉公會」，作為皇國精神統制中心。該會平時會仔細檢查各地學校課程是否具愛國思想，可否擔負培育學生國民精神之責任。並以職業別，分別成立各種奉公組織，如「臺灣產業奉公團」、「臺灣商業奉公團」、「桔梗俱樂部」（未婚女性知識階級進行團體訓練之組織）、「臺灣演戲協會」等。其組織活動幾乎動員了全臺民眾，社會教化網絡可謂綿密而完整。

第六節　身體規訓下的學校體操科

若林正丈曾就被殖民者的身體被賦予政治意義提出他的看法，他提出透過規律、訓練進行控制的統治機制，乃是藉由學校教育、運動會等媒介，創造具有「臣民」意義的順從「身體」。〔註209〕黃金麟也在《歷史、身體、國家：近代中國的身體形成（1895～1937）》一書中提出「身體生成」概念，說明身體生成並非身體生物性創作與誕生，而是指一種在肉體既存情況下，所進行的政治、經濟、軍事與社會、文化模造，進而認為身體的生成是一個非常政治性的過程和結果。〔註210〕因而他以軍國民的概念來說明軍訓、公民教育如

〔註209〕若林正丈著，許佩賢譯，〈試論如何建立日治時期臺灣政治史的研究——戰後日本政治史〉，收入黃富三、古偉瀛、蔡采秀主編，《臺灣史研究一百年：回顧與研究》，臺北：中央研究院臺灣史研究所籌備處，1997年，頁276～284。
〔註210〕黃金麟，《歷史、身體、國家：近代中國的身體形成（1895～1937）》，臺北：聯經出版公司，2000年，頁3～7。

何令身體達到國家化的目的。將這兩個概念用在日據時期臺灣教育中的學校「衛生、身體檢查」、「體操科」，可清楚點出日據時期總督府是如何操作其對被殖民者的身體權力，並賦予身體不同的政治目的與意義。

一、體操中的國民塑造與規訓：殖民者眼中的臺灣人身體

　　日本統治當局從據臺之初，便相當關切在臺日人子弟的適應問題及健康問題，為監測在臺日人子弟的發育狀況，形塑現代化身體概念，乃以初等教育為起點，規劃一系列規範學生健康的策略。包括以體操來鍛鍊學生健康體魄；設置「學校醫」，透過身體健康檢查，來監測學生發育狀況，並隨時記錄學童國民體格狀況。〔註211〕總督府也根據生物學統治原則，將初等教育分為內地人的小學校與臺灣人的公學校系統，兩者教育目標不同，學校衛生與體育也有不同意義與標準。日本政府認為臺灣風土不利日人子弟健康，於是非常重視學校體育課程，至於公學校體育則是以矯正臺灣學童體格，增進體力，強化團體秩序與規範為主，以期符合殖民者政治、經濟需求。

　　1902年起小學校、公學校同時施行身體健康檢查，日籍教師指出：本島人體格較內地人低劣，如胸圍狹小、脊椎彎曲等，體格良好者甚少。並將之歸因為風土、飲食習慣、運動不足，且認為本島人缺乏規律、忍耐、協同心等，可藉由體操矯正之。〔註212〕不過總督府也從日人子弟身體檢查中，發現在臺內地人學生發育「低劣」於日本內地學生，引發殖民者的焦慮，認為「變化」＝「退化」，提出日人子弟熱帶風土馴化的重要性，因為在臺日人子弟將擔負帝國開發南方的重大使命，因此必須鍛鍊具有抵抗力的身心。乃提出以體育為救治措施，包括加強運動，獎勵戶外活動，注意研究體操、遊戲，充實體操運動設施，如游泳池、演武場等，制訂臺灣適用的體操要目。並於1906年出版「內地人健康法」，及透過學生身體健康檢查，以操作科學、數量化的身體管理。范燕秋就認為大正4年（1915年）著手調查，大正5年（1916年）公佈的「體操科調查要目」，就是以維護日本人種健康為動力而展開的。〔註213〕

〔註211〕范燕秋，《疫病、醫學與殖民現代性：日治臺灣醫學史》，頁39～40。
〔註212〕范燕秋，《疫病、醫學與殖民現代性：日治臺灣醫學史》，頁41。
〔註213〕范燕秋，〈日本帝國發展下殖民地臺灣的人種衛生（1895～1945）〉，臺北：政治大學歷史研究所博士論文，2001年，頁89。

　　日本政府最早規定體操課的目的與內容是以 1898 年「臺灣公學校規則」規定：「授以遊戲及普通體操，注意學生姿勢，使其成長之肢體能均衡發展，保持健康快活之精神及養成守規律的習慣。」﹝註214﹞我們對照 1891 年日本小學校的體操科目的：「體操科以均衡身體之成長，使其健康，以快活的精神使其剛毅，此外需養成遵守規律之習慣爲其要旨。尋常小學校最初實施適當的遊戲，逐漸加上普通體操，男兒則授與兵式體操。」﹝註215﹞兩者間的差異在公學校只實施普通體操，小學校則增加遊戲與兵式體操。公學校之所以暫不將兵式體操納入體操科，是因爲學生父兄不能接受，認爲上兵式體操後，將來會被抓去當兵，因此，學生時常拒絕上學。而當局也認爲，對臺灣人授與軍事、軍技訓練爲時尚早，尤其在當時社會狀況不安定，反日運動還在進行中，如果對臺灣人教授兵式體操，反而會喚起臺灣人的軍事團結。﹝註216﹞

　　不過臺灣學校體操科與日本普通體操課程進度的規劃有很大不同，臺灣體操科實際內容不斷要求重複特定動作、強調「保持正確的姿勢」，教授過程對於「規律」的要求，以及教學內容以重復整頓、列隊爲主來看，其目的是要養成學童的規律觀念，總督府學校事務報告就指出：「當地人民不守規律之故，亦應需要嚴格矯正其舉止」，各廳縣學務主任會議也指出：「體操仍以養成規律、服從之二精神所不可或缺之課業」。﹝註217﹞何以要「規律」？何以要「保持正確的姿勢」？這牽涉到殖民者如何看待被殖民者的身體。透過殖民者的價值體系，臺灣人一直被形塑爲不衛生、骯髒、不規律、不守秩序的不文明人，以對照日本的進步與文明。所以《臺灣新報》將體操視爲「文明兒」的象徵，也是開化上的必要。﹝註218﹞1902 年公學校學生身體健康檢查，也認爲臺灣學童缺乏規律、忍耐、協同心，而以「低劣」來形容臺灣學生的身體。

﹝註214﹞呂紹理，《水螺響起──日治時期臺灣社會的生活作息》，臺北：遠流出版公司，1998 年，頁 78。

﹝註215﹞謝仕淵，〈殖民統治與身體政治：以日治初期臺灣公學校體操科爲例（1895～1916）〉，收錄於若林正丈、吳密察主編，《跨界的臺灣史研究──與東亞史的交錯》，臺北：播種者文化，2004 年，頁 278。

﹝註216﹞蔡禎雄，《日據時代臺灣初等學校體育發展史》，臺北：師大書苑，1997 年，頁 49。

﹝註217﹞謝仕淵，〈殖民統治與身體政治：以日治初期臺灣公學校體操科爲例（1895～1916）〉，收錄於若林正丈、吳密察主編，《跨界的臺灣史研究──與東亞史的交錯》，頁 281。

﹝註218﹞《臺灣新報》，明治 29 年 10 月 29 日（1896 年），1 版。

　　另外，體操科教授要目中，公學校與小學校也明顯不同。就體操項目而言，1912 年日本本國頒佈「學校體操教授要目」，包含體操、教練（列隊集合活動）、遊戲等三個主要項目，中等程度之男子則另施以劍道及柔道。其中體操分普通體操（又分徒手與器械）與兵式體操，體操中強調規律的運動，在幼兒藉集合列隊的活動來培養秩序與規律；青少年則經由軍事體操的訓練來加強規律感。〔註219〕另外遊戲部分則含括球類等，而這部分也改變臺灣人視體操為兵伕訓練活動而排拒的觀念，讓體操與學校運動會漸吸引學童及家長的目光。

　　不過我們分析其中公學校與小學校最大的差異還包括遊戲內容。小學校遊戲有「桃太郎」，這個遊戲要求勇壯，由於桃太郎故事具有克敵、冒險的象徵意義，因而「桃太郎」遊戲更進一步被賦予勇敢、積極的精神，並藉遊戲體現大和民族的「桃太郎主義」。而這項普遍存於小學校的遊戲公學校卻沒有。再就競爭遊戲而言，小學校一至六年級有 44 項，公學校則只有 35 項，從這項數字便可看出殖民者與被殖民者競爭本能被啟發的差異。再就許多具有展現「攻擊爭奪」精神的遊戲，如「擬馬戰鬥」等，公學校是不被鼓勵的。公學校的競技遊戲不外是以培養合作精神的「送球」、「拔河」等及各種賽跑運動為主。〔註220〕基本上就「體操科教授要目取調委員會報告書」的規劃，「體操科對內地人要求培養沈著、剛毅及勇氣為目的，而本島人則以規律、秩序、靜肅及從順、整齊為主。」〔註221〕1904 年公佈的「公學校改正規則」明示：「體操的目的……並養成守規律、尚協同的習慣。」，1913 年公佈的「公學校規則」也指出：「體操科的教授……藉此增進健康並養成遵守規律、重節制的習慣為其要旨。」〔註222〕此時體操要求已從尚協同進而到重節制，透過體操將每一個兒童調教成適合日本國家所需要的臣民的身體。身體政治的殖民性在此顯露無遺。

〔註219〕呂紹理，《水螺響起──日治時期臺灣社會的生活作息》，頁 78～79。
〔註220〕謝仕淵，〈殖民統治與身體政治：以日治初期臺灣公學校體操科為例（1895～1916）〉，收錄於若林正丈、吳密察主編，《跨界的臺灣史研究──與東亞史的交錯》，頁 307～308。
〔註221〕謝仕淵，〈殖民統治與身體政治：以日治初期臺灣公學校體操科為例（1895～1916）〉，收錄於若林正丈、吳密察主編，《跨界的臺灣史研究──與東亞史的交錯》，頁 309。
〔註222〕臺灣教育會編，《臺灣教育沿革誌》，頁 292。

二、武道科與學童身心鍊成

在日本統治末期，為了動員人力，國民身體狀況的掌握與提升成了當局的重要課題。於是統治當局喊出「國民體位之向上」口號，除身體檢查、體力檢查外，還辦理體力檢定會、各種健康宣傳活動、表揚健康兒童。學校體系中的運動會，成了強制性，平日朝會也要有體操活動，連暑假其間也不放過，需舉辦連續十天的收音機體操。為鍛鍊學生體力及耐力，從 1943 年起舉行「曉天運動」，三年級以上的學生，每天上午六時或七時破曉時分，便得打起精神，集合健行。〔註 223〕

此時期軍國主義色彩愈來愈濃，許多學校的校訓紛紛加上「修文練武」一項，如臺北二中校訓即為「修文練武」。何謂「修文練武」？日本由肇國之始，就具尚武之國風，日本之武與和為一體，即文武不歧，兼備文武之德。日本人一向把武士道重節義輕生死的精神，看做是國家民族靈魂之所繫，稱之為大和魂。武士道以忠義為根本，由堅強的意志和熱情鍛鍊而成，作為在生死關頭發揮毫不畏懼的英雄態度，在日本歷史上發揮很大作用。德川家康定天下後，尊揚儒家，賦與武士道不同的精神：「武將雖長於武事，如拙於學，不明聖賢大道，則匹夫之勇而已。武將務必力學，方為入德之門。」〔註 224〕，為文武不歧做最佳詮釋。

昭和天皇於昭和 14 年（1939 年）頒發「給青少年學徒的敕語」，敕語後段：「……各恪守其本分，修文練武，振勵實質剛健之風氣，以期全負荷之大任。」〔註 225〕明確垂示「修文練武」的皇民鍊成走向。至於什麼是「修文練武」，佐藤源治也在「國民學校の本義」中指出：在學校則獎勵劍道、柔道、弓道、薙刀（女性用長柄大刀）等日本傳統武道，徹底做好軍事訓練，培養武道精神；另一方面也藉各種儀式、學校活動，培養皇國民精神，並透過各學科，讓學生瞭解日本「文武不歧」之肇國精神所在。以之做為學校一切練成的基礎，使學校成為真正皇民練成道場。在家庭也要體現文武一體的家庭生活，不管是忠孝、敬神崇祖、勇武、素樸等，都可讓孩子從小在家庭生活中培訓文武不歧之精神。在社會上，也要建設武道所需道場，以做為青年團、壯年團的修練場所，培養真正的皇民。〔註 226〕

〔註 223〕許佩賢，《殖民地臺灣的近代學校》，頁 167。
〔註 224〕杜武志，《日治時期的殖民教育》，頁 262。
〔註 225〕杜武志，《日治時期的殖民教育》，頁 259～261。
〔註 226〕杜武志，《日治時期的殖民教育》，頁 261～262。

進入太平洋戰爭的昭和 16 年（1941 年），日本政府公佈「國民學校令」，將體操科改爲體錬科，強調國民精神，以及獻身奉公的實踐力，而體錬科的內容除舊有體操、教練、遊戲競技、衛生外，還加上柔道和劍道兩項直到戰爭結束。女學生的軍事訓練以防衛性居多，其中的薙刀即是重要訓練，此外射擊和弓道訓練也成爲女子體育項目。對照日據初期，女子體育從早期「可跑可走不可跳」，到後期多樣性的競技訓練，差異之大，令人難以想像。這些含有軍事色彩的必修科目，讓學校體育更加偏離他原有本質。體育從前期的勞力養成基礎，到後期則成爲國防力養成基礎。

三、公學校運動會：社會教化與日臺競技

「運動會」在我們每一個人的成長過程，幾乎都是共同擁有的記憶。但是在日據初期，運動會剛被引進臺灣時，它對當時臺灣人的吸引力，與殖民者對舉辦運動會的目的，大概都不是我們現代臺灣人所能想像的。一般運動會大部分都試圖透過競爭以達鼓勵目的，但日據時期統治者對運動會的期待不僅是希望藉運動會來教育規訓學校學童，連來參與的所有地方民眾都是他教化的對象。許佩賢就指出「學校藉著運動會展示新教育的成果，藉以啓蒙、教化地方民眾，而地方民眾也在觀賞、參與運動會中，逐漸接受新學校。」[註227] 其實，殖民者欲教化的內容不僅是新教育的成果，藉著運動會的各項儀式，如升日之丸國旗、唱君之代國歌、向伊勢神宮、宮城、臺灣神社遙拜、宣讀教育敕語、高呼天皇陛下萬歲等，都是統治者欲藉運動會將皇國臣民精神導入臺灣民眾的生活中，運動會已是其宣示國家意識型態的場域。

從明治 34 年（1901）起，各地公學校舉行運動會的消息便經常見諸報端，運動會也漸漸普及開來。明治 34 年（1901）4 月大嵙崁公學校在新南街舉行第一回運動；該年 4 月基隆廳內公學校與小學校也於田港庄火藥庫上的舊練兵場舉辦聯合運動會；新竹廳於明治 35 年（1902）3 月，再度舉行十二校聯合運動會，參加者達五六百人；明治 37 年（1904）11 月 3 日，新竹廳在天長節（明治天皇生日）當日，舉行十二所小、公學校聯合運動會，共 800 多人參加；明治 36 年（1903）11 月 23 日彰化廳舉行轄內十校聯合運動會，參加

〔註227〕許佩賢，《臺灣近代學校的誕生——日本時代初等教育體系的成立（1895～1911）》，臺北：臺灣大學歷史研究所博士論文，2001 年。

者 700 多人。〔註228〕從上舉例，我們發現幾個現象，那就是剛開始常以行政區爲單位舉行聯合運動會；由於剛開始學校大型運動場設備還不是非常完善，許多運動會的舉行是借用校外場地；許多公學校的第一次運動會舉行時間，大概集中在 1901 年～1905 年之間。至遲在 1910 年前大概全臺各地學校都有舉行運動會的紀錄。

上述運動會中新竹廳在天長節當日，舉行十二所小、公學校聯合運動會，是一個相當特殊的案例，但絕非個例。許多運動會放在秋季舉行，因爲秋季有許多祝祭日，如 10 月 17 日是神嘗祭（天皇將當年新穀供奉給皇大神宮祭典）、11 月 23 日是新嘗祭（將當年新穀初穗供奉給神祇祭典）、10 月 28 日是臺灣神社祭、11 月 3 日是明治天皇生日（明治時期的天長節）。選在國家重要祭典舉行運動會，絕非偶然，而是當局有意安排，企圖透過學校活動與國家祭典的結合，將國家神道信仰及天皇信仰，在不知不覺中灌輸給學生及學生父兄。〔註229〕尤其是在皇民化的 1930 年代，運動會與祭典的結合傾向更加明顯，活動中還會加進爲戰歿將士慰靈默禱等儀式。

日據初期由於臺灣人視日本近代教育爲「不事生產的閒事業」，尤其對於體操科的認識更是不足，認爲教授體操是做爲徵兵的準備，教授遊戲是教學童遊玩心，會使子弟品行下降，因而排拒體育科，也逃避上學。但後來學校舉辦的運動會卻改變這些父兄的觀感。由於學校舉辦運動會，招待地方學生的父兄來參觀，藉此向他們介紹學校，也讓他們對體操科有了全新印象，在他們看了運動會後，對於他們的子弟，由於上過體操科，而得到的身體效果，已有認識，漸漸減去不安的心裡，因此，才會有人在運動會後立刻決定送子弟入學就讀的情形，或在會後拿出金錢來支助學校之例也有之。

如水竹居主人張麗俊從 1906 年起，幾乎每年都會參加公學校舉辦的運動會，並在其日記中詳細記下各項比賽項目。

> 丙午年（1906）舊十月二十四日　新十二月九日　日曜日
> 晴天，北風頗透，往墩，在炳修別室少坐後，仝諸友到公學校建築處觀運動會。其學生各分年級，互相爭雄，並將競技之種別列明，（一）開會唱歌、（二）隊列運動、（三）徒步競走、（四）旗送競走、（五）兩人三腳、……（三八）職員競走。以上各技，凡在一、二、三者

〔註228〕許佩賢，《殖民地臺灣的近代學校》，頁 301。
〔註229〕許佩賢，《殖民地臺灣的近代學校》，頁 304。

具有賞品。是日來觀者數百人，因全錫祺、聘三在春池水油棧店中午飯。午後仍往觀運動會，至四時方散會焉。〔註230〕

丁未年（1907）舊十月二十六日　新十二月一日　日耀日

晴天，乃往公學校玩秋季第二期運動會，其間生徒次第徒步競走、戴囊競走、兔守競走、蜈蚣競走、盲目手引、十字回環、桶送競走、旗送競走、唱歌、遊戲等不能備載。〔註231〕

由上面敘述，我們可清楚看到，此時運動會的新鮮性，很快的就吸引臺灣民眾的目光，也在短時間內改變臺灣人對近代學校與體操的觀念。

運動會不僅吸引到臺灣民眾，其新奇性也獲媒體爭相報導，尤其是官方報紙，藉此為政府教育做宣傳。明治37年（1904）年10月國語學校第一附屬學校舉行第五次運動會，《臺灣日日新報》報導說：「當日天候不佳，但參觀者仍高達二千名以上，且大部分都是本島人。」〔註232〕，明治44年（1911）在麻豆舉行六所公學校聯合運動會時，參加學生約1000人，而參觀者高達2000人，《臺灣日日新報》也報導：「對從沒看過這種運動會的學生家長，給予很大的感動」〔註233〕。這種嘉年華式的地方盛大活動，對地方人士來說，確實充滿吸引力。

明治34年（1901年）臺灣日日新報記者在看完第一附屬學校運動會臺灣兒童做體操時便感歎：「在無紀律的家庭中孕育的土人學生，一舉一動皆依整齊的號令，毫不混亂，可見教化之效。」〔註234〕，在日本人的眼中，這是教化帝國新臣民的重要成果之一。運動會中對於團體紀律、身體規範的形成，有很大的作用。學校藉體操課對臺灣學生進行身體、動作的改造，達成均質化、規律化，學校運動會正是這種改造成果的展示場。做為新文明象徵的運動會，即是要將臺灣人的身體改造成文明的、從順的身體，然後將這種文明的、從順的身體當成模範，展示在臺灣社會眼前，以便將教化擴大到所有民

〔註230〕許雪姬、洪秋芬編纂，〈張麗俊先生《水竹居主人日記（一）》〉，中央研究院近代史研究所，2000年，頁146。

〔註231〕許雪姬、洪秋芬編纂，〈張麗俊先生《水竹居主人日記（一）》〉，中央研究院近代史研究所，2000年，頁293。

〔註232〕《臺灣日日新報》，明治37年（1904）年11月1日，「國語學校附屬學校運動會」。

〔註233〕《臺灣日日新報》，明治44年（1911）年11月17日，「公學校聯合運動會」。

〔註234〕《臺灣日日新報》，明治34年（1901）年10月22日，「附屬學校運動を觀る」。

眾。〔註235〕大正 12 年（1923 年）當時日本東宮皇太子（即後來的昭和天皇）來臺訪問，藉此契機，臺灣島上舉行有史以來第一次的小、公學校聯合運動會，4 月 24 日臺北市各小、公學校學生在聯合運動會中，舉行各式運動表演項目，平均每一學校都派一百名以上的學生參加，共計 51 支隊伍，而每一學校的表演時間均不超過 5 分鐘，但整場活動進行卻整齊有序，讓人不得不驚訝體操課所培訓出的規律與精密的團隊行動之成效。〔註236〕

運動會除了是教化成果的展示，也是另一個競爭場域。前述中我們看到許多學校間的聯合運動會，或許是當局刻意避開，甚少看到校際之間的競賽，尤其是小學校與公學校間的競賽，要是有的話，它已不是學校間的競爭，它將意味著日本人與臺灣人之間的競爭。難得在明治 34 年（1901）第一附屬、第二附屬學校聯合運動會上，看到兩校的「拔河」比賽，當時參觀記者就說：「這場比賽可以看成內地人與本島人的比賽。」〔註237〕雖是難得的一次競技，但是透過這樣的場合，臺灣人有一個可以與日本人公平競爭的機會，或許也是宣洩日臺不平等的一個管道吧！雖然校際間競技受到限制，但學校間的競爭卻存在於運動場上的每一角落，形成集團的自我認同，如揮舞校旗、齊唱校歌等。

臺灣日據時期的運動會，到了戰爭時期，已成了呼應時局的活動。如昭和 13 年（1938）田中公學校戰捷運動會，活動項目特別強調集團統治觀念，及氣魄之涵養，個人競技及趣味性表演已被取消，活動參加者除學校學生，還包括青年團成員，共 2000 餘人參與，參觀者達萬人。據報導場內幾無立錐之地，會場上掛滿寫著「舉國一致」、「滅私奉公」、「盡忠報國」、「進取必勝」等國民精神總動員標語。此次運動會的節目皆與戰爭有關，如「皇軍總動員」、「精神總動員」、「南京攻擊」、「肉彈三勇士」、「城內突破」〔註238〕等，完全是戰時的宣傳總動員，其教化的意味更深。

四、修學旅行與遠足：另種教化鋪排

讀萬卷書，行萬里路，一直是中國讀書人的精神所在，就算不能親自遊

〔註235〕許佩賢，《殖民地臺灣的近代學校》，頁 319。
〔註236〕呂紹理，《水螺響起——日治時期臺灣社會的生活作息》，頁 79。
〔註237〕《臺灣日日新報》，明治 34 年（1901）年 10 月 23 日，「附屬學校運動を觀る」。
〔註238〕許佩賢，《殖民地臺灣的近代學校》，頁 309～314。

歷大山、大水，也要透過山水畫作、園林，來個「心遊」、「神遊」。早在春秋孔子時代，就已有類似概念，《論語‧先進》：「暮春者，春服既成，冠者五六人，童子六七人，浴乎沂，風乎雩，詠而歸。」，我們從這幅出遊圖，可看出孔子教化中，對環境、情境的重視，也呈現生命與自然的交融。只是後來受科舉考試的桎梏，傳統教育漸至僵化。日據初期臺灣傳統書房教育，重的是焚膏繼晷、寒窗苦讀，在學期間除年節，既無寒暑假，更談不上「遠足」與「修學旅行」調劑身心、增長見聞的校外活動。

　　日本近代教育中非常重視戶外活動，遠足及修學旅行也成為學校活動的延伸。遠足是由老師率領學生至近郊徒步旅遊，剛開始限於體力，學校會依學童年齡作不同路程安排，大抵以一天往返為原則。後來漸漸發展出搭乘車船的長途遠足，因而有「修學旅行」名目出現，一般都以明治 19 年（1886 年）東京師範學校舉行的「長途遠足」為「修學旅行」之起源。〔註239〕「修學旅行」顧名思義，是在旅行中兼具學習的功能，旅行地點的選擇並非一成不變，學校層級、科別、時間及城鄉差異都會影響活動安排內容。大抵初等學校階段，幾乎只有遠足活動，極少數學校會安排修學旅行，中學以上，則遠足與修學旅行兼而有之，幾個著名學校甚至前往日本內地做修學旅行活動，一來可做知性參訪，二來可作為另種精神教化：宣揚日本內地之進步、加強皇國臣民精神。當然這種具高度統治意義的活動，不是只有在學校進行，殖民期間日本當局就不時安排臺灣仕紳階級、有力者、原住民學生、頭目至內地觀光旅行，藉由動員臺人參觀日本的相關建設，以達成臺人的日本認同，接受日本殖民統治。如李春生因遊歷日本而寫成《東遊六十四日隨筆》、吳德功也有《觀光日記》問世。

　　臺灣學校遠足的濫觴，應屬「國語學校第一附屬學校」在明治 29 年 12月 12 日（1896 年）所舉辦的學生校外遠足活動，遠足目的地是和尚洲（即今蘆洲），從此決定每年春、秋兩季各舉辦一次遠足活動。〔註240〕學校透過修學旅行，除知性教育、增廣見聞外，精神教育與鍛鍊體魄，常是活動安排的目的之一。從據臺以來，國民精神的鍛鍊，便已成為教育重要內涵，除課堂講

〔註239〕陳聰明撰稿，《棟花盛開時的回憶──日治時期畢業紀念冊展圖錄》，第一冊，總論／課程篇，臺北：國史館臺灣文獻館，2005 年，頁 43。

〔註240〕林文龍，〈「修學」旅行篇〉，收錄於陳聰明撰稿，《棟花盛開時的回憶──日治時期畢業紀念冊展圖錄》，第三冊，制服篇／「修學」旅行篇／時局篇／「內地進學」篇，臺北：國史館臺灣文獻館，2005 年，頁 153。

學，課外的實際體驗，也是不可少的手段。特別是昭和侵華戰爭開始以後，神社參拜，成了旅行不可或缺項目，其他如參觀軍事工廠、設備、工業，參拜昭和天皇巡視臺灣時的「遺跡」等，都有其教化之用意。這些「特殊觀光鋪排」，不僅只有軍事設施，重要節日如皇太子誕生祝賀，皇室成員喪儀，軍功將帥喪禮，戰歿軍人之慰靈祭，或皇室成員來臺等，都可以是學校舉行校外教學之內容。〔註 241〕至戰爭時期，修學旅行明顯轉變，爲強化國民精神教育，是以神社、神宮參拜或遙拜成爲主要參觀行程，至醫院慰問受傷士兵更成爲日治後期修學旅行之一大特色。許佩賢就以新屋公學校爲例，指出該校在戰時體制下的課外活動有歡送出征將士、軍夫，各項戰捷、祝賀、旗幟之遊行、國民精神總動員，勞動服務及各種健行活動。〔註 242〕這些行程的鋪排顯然已加入戰爭時期味道，與一般修學旅行之目的漸行漸遠。

另外爲強化學生體力，以資勞動及動員需求，鍛鍊體魄也成爲旅行中的重要目的，藉由徒步遠足或登山，鍛鍊體魄，訓練學生冒險氾濫精神。但登山旅行，在殖民政治下目的往往沒這麼單純，我們從林玫君對日治時期學校登山活動的調查，可看出連登山都是經過教化鋪排的。大正十四年（1925 年），新沼教官帶著臺北一中 35 名學生登次高山，當時的臺灣日日新報以報導和拍攝影片方式，來凸顯學生的登山活動。此次拍攝工作尚有總督府文教課活動寫眞班的加入，隨隊還有十名警備員的保護和六十名的人伕。活動結束後，臺灣日日新報除撰文描述外，拍攝影片也公開放映。但我們從拍攝影片中，可看到其呈現的不僅是學生登山活動，也記錄殖民政府經營臺灣的進步情形，透過影片的放送，日方有意擺脫「過去」的臺灣，以呈現文明開化的臺灣，如鏡頭移轉間，殖民政府理蕃的成效、道路開闢成果一一呈現，並透過影片呈現學生能夠進到原本蠻荒山區，來顯示其山地開發的成功，並進而向臺灣人宣示日本殖民政府的控制權已遍佈全島。〔註 243〕隔年 1926 年臺灣日日新報再選擇拍攝臺北第一高等女學校和臺北第二高等女學校的日籍女學生相攜攀登新高山的新聞。1927 年以臺籍女學生爲多的臺北第三高等女學校也發

〔註 241〕鄭政誠，《認識他者的天空——日據時期原住民觀光行旅》，臺北：博揚文化，頁 253。

〔註 242〕許佩賢，《殖民地臺灣的近代學校》，頁 159～167。

〔註 243〕林玫君，《日治時期臺灣登山活動之歷史圖像》，臺北：博揚文化，2006 年，頁 256～257。

起攀登新高山的壯舉，臺灣日日新報一樣大篇幅報導。〔註244〕這過程中我們可看出一個端倪，即殖民政府欲透過女學生的攀登新高山（尤其是臺灣女學生），成功的建構女學生在教育體系中健康的女性身體與剛建的精神，凸顯與傳統女性的不同身體，同時也透過這項議題，向臺灣一般民眾，甚至日本內地傳遞出臺灣的建設成果。另外登山過程中刻意安排參觀已接受殖民政府施以「文明教化」的蕃人，或已建設的景點，乃日本政府企圖以登山活動來呈現日方經營臺灣的進步景象。殖民者所留下的文字與圖像，記錄的決不是臺灣人抵抗運動的事實，而是他帶來現代化的成就。但這種選擇性的紀錄，是看不到真相的，在沒有文字紀錄的地方，在寫真沒有拍攝的地方，恐怕才是臺灣人歷史發生的場域。

不僅如此，不論是攀登高山或其他山岳，都會將日本國家意識帶往山區。例如在登山途中，學生會被要求向著臺灣神社遙拜，或是在山頂三呼「萬歲」、「天皇陛下萬歲」，齊唱君之代國歌或唱軍歌，或高唱桃太郎之歌，或往太陽的方向默禱，遙拜伊勢神宮，最後合唱該校校歌，拍照紀念後在三角柱上題名留念。〔註245〕返回陸地時，女學生通常會至神社感謝平安歸來，或在車站朝向神社遙拜。甚者，登山結束後，以不同方式將登山成果展現給大部分不能參加學生們，使其教育得以延續。這些登山修學旅行，早已超越體力鍛鍊，而有更多殖民者欲介入的服從性和集體國家認同意識。

〔註244〕林玫君，《日治時期臺灣登山活動之歷史圖像》，頁258～265。
〔註245〕林玫君，《日治時期臺灣登山活動之歷史圖像》，頁278。

第四章　宗教與廟會：激烈抗爭與懷柔安撫

　　日據初期，各地抗日事件不斷，臺灣局勢仍處動亂不安，對殖民者來說，如何平息抗日情緒，如何穩定局勢，乃首要任務，視宗教問題爲民俗的改善或文化的傳播，爲輔助角色非主要政策考量對象，故過渡期臺灣總督府對臺灣的宗教是採觀察放任之寬鬆政策。及至西來庵事件爆發，很多寺廟庵堂被牽連在內，日本政府爲避免反日力量藉宗教組織來凝聚，於是展開大規模的宗教調查，將調查從原來的寺產、所有權之臺帳，轉而著力於信仰心態、宗教目的之調查研究。進入統治末期的皇民化運動，總督府更展開「寺廟整理」，將傳統寺廟與信仰組織，或廢或併，臺灣民間信仰在這一波淨化過程中遭受極大的破壞。

　　面對統治者的宗教信仰，如日本佛教與神道，臺灣傳統宗教及民眾的認同與選擇，是一面倒的。在遭遇日本佛教與殖民環境的衝擊下，在傳統與現代的取捨抉擇，臺灣宗教尤其是佛教，其對日本佛教的認同是爲求存而對環境的暫時妥協，我們從日據時期的中教鬪佛事件，反對僧侶娶妻食肉，可知日據時期佛教深處殖民環境，其不能不受到日本佛教的影響，然而他具足傳統宗教文化，在向日本佛教靠攏的過程中，有一條無法跨越的鴻溝。另外日本神道信仰雖在統制者強力推行下，神社頗有成長，但臺灣光復後，神社失去了他存在的意義，紛紛遭到遺棄與破壞，訴說著戰前戰後兩種截然不同的命運。

面對統治當局的放任宗教政策，臺灣傳統宗教基本上得以續存並發揚，甚至大正年間各寺廟之迎神賽會、建醮、祭典之活動，非但未遭到禁止，反受到官方鼓勵，各地祭典地方首長亦親自參與，顯示對臺灣傳統宗教的懷柔策略。對儒教統治當局除翼贊佛教人士的祭孔活動外，還不時大費心機透過揚文會等來籠絡仕紳，並藉儒教進行文化統戰。在此曖昧環境下，臺灣的宗教與漢文化，才得以在日據異族統治下，仍有其生存空間。

第一節　從觀察、調查到彈壓的宗教政策：西來庵事件之轉折

日據初期，各地抗日事件不斷，臺灣局勢仍處動亂不安，對殖民者來說，如何平息抗日情緒，如何穩定局勢，乃首要任務，視宗教問題為民俗的改善或文化的傳播，為輔助角色非主要政策考量對象。加上初期殖民當局對臺灣傳統宗教信仰並不瞭解，無法貿然制訂長期成熟的宗教政策，故過渡期臺灣總督府對臺灣的宗教是採觀察放任之寬鬆政策。明治29年（1896年）總督府對日據初期寺廟挪用問題，曾下諭告：

> 本島固有的宮廟寺院等，其建立雖或有公私之別，要之乃是信仰遵宗之結果，亦是德義標準秩序之本源，而為治民保安上所不可或缺者。故目前縱令軍務倥傯之際，不得已有暫供軍用之情事，但必須特別注意不可胡亂損傷舊觀，其中如有破壞神像，散亂什器之行為，尤所不容。因此今後宜更注意保存，且供作軍需之用者，亦應盡速復其舊觀，特此諭告。〔註1〕

及至大正四年（1915年）爆發的西來庵事件，〔註2〕因起事密謀地點在西來庵，因而讓許多寺廟庵堂被牽連在內。當時事件主導人余清芳進入西來庵後，即利用送善書的名義，聯絡全臺齋堂與鸞堂領袖，並積極宣揚西來庵神明之靈

〔註1〕臺灣省文獻會編譯，《臺灣慣習記事》，第4卷第2號，明治37年（1904年）2月23日，頁89。
〔註2〕西來庵為臺南是著名的五福大帝系統的王爺廟，每年一到六月，西來庵就人潮洶湧，例行的繞境、出海等活動，都造成相當轟動。西來庵在大正年間既是王爺廟，也是鸞堂，該堂與正心社關係密切。余清芳即利用王爺降鸞，宣揚抗日。這點日方也有警覺，於是在事變後大肆鎮壓鸞堂。見王見川、李世偉，《臺灣的宗教與文化》，臺北：博揚文化，1999年，頁320。

驗事蹟；另一方面利用修廟名義，在外大肆募款，做為起事費用。余清芳起事後，不到半年，即被總督當局敉平。整個事件結束後，日本當局認為事變是受迷信影響，因為主事者利用扶乩、謠讖等手段，來煽惑群眾抗日。〔註3〕於是主事者不再把宗教當作末微統治事務，日本政府為避免反日力量藉宗教組織來凝聚，及避免再次發生假迷信叛亂的事件。於是展開大規模的宗教調查，將調查從原來的寺產、所有權之臺帳，轉而著力於信仰心態、宗教目的之調查研究。大約在當局確立管理的宗教政策同時，佛教、齋教等宗教，為己身安全或撇清嫌疑，紛紛進行組織團體，如臺灣佛教青年會、臺灣佛教龍華會等，皆是此一事件影響結果。

　　進入統治末期的皇民化運動，總督府展開「寺廟整理」，將傳統寺廟與信仰組織，或廢或併，臺灣民間信仰在這一波淨化過程（往神道與佛教信仰改造）中遭受極大的破壞，固有寺廟或被關閉，或被更改為日本佛教說教所，佛像、佛具等則遭受破壞，神明會、祖公會等祭祀團體亦被強制解散。對於寺廟全廢主張，日本學者增田福太郎就曾持反對意見，他認為臺灣本島人在信仰上反映著中國的商業主義，並無憲法所謂：「妨礙安寧秩序及違背臣民義務」之性質。〔註4〕

一、日本佛教佈教師對臺灣宗教之調查

　　領臺第一年，日本佛教各宗派僧侶即以軍中佈教師的身份，隨軍來到臺灣。這些佈教師除擔任隨軍佈教工作外，更帶有為其國內大本山拓展教地、弘揚教旨的任務。出於佈教的需要，來臺後皆積極展開臺灣宗教調查，並將調查結果回報國內大本山。如大日本臺灣佛教會的《教報》、曹洞宗的《宗報》、《曹洞宗海外開教傳道史》、淨土宗的《淨土教報》、眞宗本願寺派的《眞宗本派本願寺臺灣開教史》等〔註5〕，對臺灣各地佛寺齋堂的分佈與信仰特質都有一定的調查，其中又以《教報》最為詳盡。

　　大日本臺灣佛教會是由曹洞宗的佐佐木珍龍倡導，結合在臺佛教各派的聯合組織，1896 年《教報》第一號，首次將全臺的佛教現況作了分類和說明。《教報》指出：

〔註3〕 王見川、李世偉，《臺灣的宗教與文化》，頁 316。
〔註4〕 蔡錦堂，〈增田福太郎的寺廟與神社觀〉，輯於江燦騰主編，《臺灣宗教信仰》，臺北：東大出版社，2005 年，頁 64～84。
〔註5〕 王志平、吳敏霞，〈日據初期日本在臺灣的宗教調查及其宗教政策──以佛教調查為中心的考察〉，《臺灣研究集刊》，第 89 期，2005 年，頁 55。

1. 臺灣佛教總的來說，大都自稱源出禪宗，並且有曹洞派、臨濟派、清水派、黃蘗派，但這只是形式，一般連臨濟和曹洞都未嚴格區分，所以不能據以論宗派。

2. 指出全臺佛教寺院區分為官廟、民廟、會館，並將全臺區分為北中南三教區，將大小寺、廟、宮、殿、岩、堂、壇等所在地、名稱、住持、等級皆加以標注。

3. 將本地僧侶的佛教儀式、課誦經籍、住僧生活方式、經濟來源、收費標準、與信眾的關係等一一說明。

4. 對信眾的任務、寺產維護、喪葬法會的情形也清晰交代。〔註6〕

由上可知《教報》的調查是多層面的。

二、寺廟臺帳制度之建立與臨時臺灣舊慣調查

日據初期除佈教師的宗教調查，官方調查已有寺產調查及寺廟臺帳之建立。明治31年（1898年）總督府民政局為進行調查社寺、廟宇、教務所等數量及佈教狀況，照會各縣知事詳加調查下列事項後提報。

1. 社寺、廟宇及其附屬財產之數量。

2. 教務所、說教所、神職人員、僧侶等之數量。

3. 目前著手佈教者有哪幾派？其中尤以何派之佈教最廣？

4. 因佈教競爭等關係，可有弊害叢生之傾向？

5. 由內地所派出之神、佛教與外教中，以信仰何者為多？

6. 目前宗教之概況及將來佈教盛衰之狀況為何？〔註7〕

並制定統一之「社寺、廟宇所屬財產表」，內含名稱、建築物、用地、附屬財產（家屋、田園、金穀）、建立年度、所在地名稱；「教務所、說教所、佈教師等數量表」，內含教別、宗別、教派、寺院、教務所、說教所、事務員、傳道士。〔註8〕請各縣、廳提報。而各縣、廳依此要求和規定調查和登錄後，即成了「社寺、廟宇臺帳」，此臺帳的建立，至遲在明治34年（1901年）已

〔註6〕 江燦騰，《臺灣佛教百年史之研究》，臺北：南天書局，1996年，頁69。

〔註7〕 見溫國良編譯，《臺灣總督府公文類纂宗教史料彙編——明治28年10月至35年4月》，臺北：臺灣省文獻委員會，1999年，頁262。

〔註8〕 同上註，頁262～267。

大致完成。另外爲因應島內社寺、教務所設立逐漸增加之趨勢，其設立卻無一定規則的遵循，於是在明治 32 年 6 月（1899 年）以府令第四十七號頒發《社寺、教務所、說教所設立廢除合併規則》，要求各縣、廳予以遵行照辦。〔註 9〕

在社寺、廟宇臺帳建立後，明治 34 年（1901 年），總督府成立了「臨時臺灣舊慣調查會」，由民政長官後藤新平擔任會長，並委由京都帝國大學法學專家岡松參太郎和織田萬博士負責具體工作，並完成《臨時臺灣舊慣調查會第一部報告書》。其中對臺灣宗教的沿革和特質、神職人員的傳統管理、各種宗教神明會的組織和活動、臺灣傳統宗教管理員等做更系統的解讀及法制定位。〔註 10〕其中寺廟管理人制度，讓臺灣傳統佛寺，原以出家僧侶出任「住持」兼「管理人」的傳統，出現了來自俗家「新管理人」的狀況，這點也引發丸井圭治郎的批判：

> 雖然住持原應是做爲寺廟的代表，但在臺灣，寺廟財產的管理大權，幾全掌控在管理人的手中，住持的權力反而很小，和顧廟差不多。

> 當前所見，名實相符的管理人甚少。此因舊慣土地調查之時，匆促間，雖有管理人名目的設置，而不少奸智之徒趁機上下其手，以管理人之名，暗圖私利。等到此管理人過世以後，其子孫又再專斷的自任爲該寺的管理人之職，並且對管理人的職權又不清楚，往往廟產都散盡了，還不聞不問。〔註 11〕

另外舊慣調查報告中岡松對齋教重新定位，將其從雜教中提出，並將其定位爲可與佛教並列的臺灣五大宗教之一。

> 臺灣地區亦存在「雜教」，主要約可分爲齋教、巫覡和占筮三種，但只齋教屬佛教一支，尚能秉持佛說的原本宗旨。〔註 12〕

岡松這項詮釋，對齋教的位階提升，與後續發展，有很大幫助。而他對齋教三派的宗教性質及傳播、齋堂與齋友屬性、齋堂組織等，都有深入的說明。岡松的臨時臺灣舊慣調查會對臺灣宗教調查與詮釋的成果，不僅確立了殖民

〔註 9〕　見溫國良編譯，《臺灣總督府公文類纂宗教史料彙編——明治 28 年 10 月至 35年 4 月》，頁 183～184。

〔註 10〕　江燦騰，《日據時期臺灣佛教文化發展史》，臺北：南天書局，2001 年，頁 50。

〔註 11〕　丸井圭治郎，《臺灣宗教調查報告書》，卷一，臺北：臺灣總督府，1919 年，頁 75～78。（臺北：捷幼出版社，2006 年增定版）。

〔註 12〕　江燦騰，《日據時期臺灣佛教文化發展史》，頁 66。

當局宗教政策的實施依據，他更建構了「臺灣私法」的法治化，自此日本官方在宗教政策已少有重大變革。

三、西來庵事件爆發後宗教政策之分水嶺

　　大正四年（1915 年）爆發的西來庵事件，不僅是臺灣民眾「武裝抗日」到「非武裝抗日」的分水嶺，也是日本官方佛教政策的分水嶺。乃因此事件是和臺灣舊慣宗教迷信關係最爲密切的抗日運動。主謀者余清芳、羅俊、江定等人，曾利用臺南市鸞堂「西來庵」做爲串連南北寺廟庵堂同志的大本營，欲藉此討伐在臺日本人，建立大明慈悲國。事件爆發後，許多齋教徒被牽連在內，影響所及也牽連到臺灣的全部傳統宗教團體，與日本的對臺宗教政策。因殖民當局意識到臺灣民眾的反抗運動中，會藉傳統宗教信仰來凝聚共識與組織，將對臺灣安定造成極大的潛在威脅。於是繼後藤新平的舊慣調查後，日本總督府又展開長達三年（1915～1918 年）的大規模臺灣宗教調查，意圖藉此澈底瞭解並掌握臺灣各種宗教信仰的背景和生態，以防類似西來庵事件的再發生。此外並將全臺社寺業務，單獨劃歸新成立的「社寺課」來辦理，以具體落實宗教管理政策。

　　當時《臺灣日日新報》曾提到此次調查的目的：

　　督府尊重信教自由，對於忠良臣民信奉神佛，亦決不爲置喙，惟愚人有迷惑於淫祠邪教，陷於不測之災者則救之。但其所以救之、整理之與夫監督之，則不可不知其內容。〔註13〕

此一調查委由丸井圭治郎主持，這是臺灣有史以來首次標榜全島性宗教調查。第一回調查由於時間匆促，成效不彰；於是第二回調查時，丸井將調查工作改由當時各縣、廳公學校教員和警察，做爲時一年的全面普查，但此回調查記錄由於欠缺標準化，也未符預期目標；於是他又製作標準化的「有關宗教調查體例」，發放各廳按體例填寫調查，這回終填報完成。並於隔年大正八年（1919 年）三月，向明石元二郎總督提出《臺灣宗教調查報告第一卷》。本書統計數字及內容都較詳細，全書主論述仍是承襲岡松參太郎的研究成果，唯對臺灣宗教整體面貌有較清晰的釐清，仍是日據時期相當貴重的調查

〔註13〕《臺灣日日新報》，大正 4 年 12 月 30 日（1915 年），漢文部分「宗教調查進
　　　　步」條。

資料。〔註14〕丸井還據此多次以〈臺灣佛教〉爲題，在《台法月刊》發表其對臺灣佛教的論述。文章一出，柴田廉即質疑其「對臺灣宗教盛行祭祀的批評，似乎缺乏同情的理解並容易招來本地人的反感。」〔註15〕如丸井認定臺灣漢人宗教爲「多神的天然幼稚的宗教信仰」、「與一神的泛神的宗教信仰相異稱之爲迷信」，故必須「排斥淫祠邪神，驅除迷信」。對丸井的調查角度，如果我們將其調查的精神界定在「方便殖民統治者的支配」，則對其調查所持角度就不以爲奇。

　　西來庵事件後另一的影響，便是組織聯結、及全島性佛教組織的成立。在此風聲鶴唳下，當時佛教、齋教等宗教，爲己身安全或爲撇清嫌疑，一方面申請加入日本佛教組織，一方面組成聯合團體。如出家眾多申請加入曹洞宗、臨濟妙心寺派；齋教則多加入東西本願寺派的眞宗或淨土宗。至於聯合組織，先是 1922 年「南瀛佛教會」的組織，而其促成者便是丸井圭治郎，成立後他也被推爲會長。南瀛佛教會的成立，不但將「齋教徒」正式納入佛教組織，也凝聚了日據初期以來的佛教發展實力。日本政府此後即藉南瀛佛教會的名義，每年舉辦兩次講習班，召集各院、齋堂和尚、尼姑、齋友爲學員，以進行佛教思想改造。另外西來庵事件後各地齋堂齋友皆戰戰兢兢，大家需依靠日本佛教之保護，於是有全島齋教徒聯合組成的「臺灣佛教龍華會」，這與南瀛佛教會一樣，都是這種宗教氛圍下的產物。這兩個組織不僅獲得當局批准，且皆接受官方的經費補助，並在《總督府事務提要》中有定期報導，此除反映出官方正式介入宗教事務外，也是西來庵事變後，官方宗教政策轉變的顯例。

四、皇民化時期的寺廟整理與宗教淨化

　　1930 年代以前，日本殖民政府的臺灣宗教政策，雖有一波波的宗教調查，但僅止於寺院調查、法規整頓、組織監督，仍符膺〈大日本帝國憲法〉：「日本臣民在不妨礙安寧秩序與違背臣民義務之下有信仰的自由」精神。此時期

〔註14〕丸井的調查雖完整，但仍缺乏學術研究精神，這無疑給後來學者在臺灣宗教研究上留一個空間，增田福太郎則延續此一宗教調查，賦予學術學理的新生命，並爲其贏得臺灣宗教研究先驅的讚譽。他的著述《臺灣本島人の宗教》、《臺灣の宗教——農村を中心とする宗教研究》，以及其他相關研究論文，都是臺灣宗教研究的重要資料。

〔註15〕江燦騰，《臺灣佛教百年史之研究》，臺北：南天書局，1997 年，頁 66。

臺灣寺廟持續增加、迎神賽會祭典依舊活絡，北港媽祖與大稻埕城隍廟的祭典，甚至需要鐵路局加開火車班次因應。上至總督府，下至地方知事，無不參與寺廟活動，捐款、獻匾隨處可見。總的來說，1930 年代前，總督府對臺灣傳統宗教的宗教政策是舊慣溫存的尊重態度。

眞正對寺廟進行統制，對信仰產生壓抑的，是 1936 年的「民風作興運動」。運動中包含對傳統寺廟的改革、傳統演劇的改良、打破迷信陋習、改善婚喪祭祀等，要求進行改善。許多寺廟都被要求自肅，禁止燃燒金銀紙、燃放鞭炮，寺廟聯合辦理祭典等。〔註 16〕其中以新竹州寺廟整理運動執行情形最爲有名，當時中壢郡守宮崎直勝還將運動實態整理成一部書《寺廟神の升天——臺灣寺廟整理覺書》。書中詳實記錄了寺廟整理過程：

> 寺廟整理的步驟——以寺廟全廢爲原則，但過渡的方法是一街庄留存一寺廟，其他被整理廢止的寺廟祭神則合祀於留存的寺廟中。……在仁海宮舉行寺廟神合祭祀的當天，大崙三官廟亦同日舉行將三尊巨大土造神像敲毀的所謂「寺廟神升天祭」。平日信徒多數聚集的三官廟，當天除四五名臺灣青年團員在廟前打掃外，冷清不見人影，似乎懼怕因破壞神像而遭神罰。在日本僧侶讀完經文後，中壢街長（日本人）持斧頭將神像頭顱破壞，再請臺灣苦力以鐵棒敲毀神像，完成寺廟神升天的儀式。〔註 17〕

跟正廳改善情形一樣，寺廟整理也不是由總督府主導，而是放任地方官廳自主推動，是沒有方針的「方針」。但爲求宗教管控，地方政府主管宗教事務的「社係課」，在皇民化中皆轉歸屬警察署管理。在國民精神總動員的氣圍下，總督府是樂於見到地方官廳對臺灣傳統寺廟進行管理甚至廢止的動作，只是礙於憲法，不能帶頭主導，但卻放任地方主導。當時各地政府先執行廢除焚燒金銀紙及減少祭祀活動的政策，至於固有寺廟，地方政府基於其妨礙皇民化並崇拜中國神明因素，陸續實施寺廟整理與廢合運動。但因各地的執行情形不同，例如有的將齋堂視爲佛寺未予整理，有的則對齋堂予與處置。據臺北帝國大學講師宮本延人對寺廟整理運動的調查資料顯示，臺北州進行的寺廟整理比率只有 7%、臺南州 56%、臺南新豐郡甚至達 100%。

當時寺廟整理係針對中國式或道教祠寺，並不包含佛寺和部分齋堂，寺

〔註 16〕蔡錦堂，《戰爭體制下的臺灣》，臺北：國立編譯館，2006 年，頁 40～46。
〔註 17〕同上註，頁 42～43。

院齋堂只要改編爲日本佛教寺院或佈教所，就沒事。如臺南當局寺廟整理標準：「民間信仰只保留大廟如大天后宮等，其餘廢除，而孔廟和佛寺、齋堂都可留存」。〔註18〕當時日本政府以道教爲中國之本土宗教，蘊含中國文化色彩，恐其不利於殖民統治，故加以壓制，並斥爲低級迷信，以打擊臺灣人信仰心，提升日本神道信仰之地位。在抑道揚佛政策下，只許佛教齋堂日本化後繼續發展，而不許道教新建寺廟，不許成立道教組織，道士欲執業者，需先至佛教講習班受訓，執業時需穿僧服，不許人民信仰道教，戶口簿上信仰欄需填寫佛教。〔註19〕臺灣人的民間信仰在皇民化時期被破壞很多，當時倖存的傳統廟宇或宗教組織，不是掛佛教牌子，就是派人到日式佛教會學習日式佛教，或請日本僧侶來堂教導內地式法事及誦經儀式，不然就是變爲分部。而當時許多道士不是轉業就是改習日式佛教。〔註20〕寺廟整理運動乃日本政府欲透過運動廢除臺灣傳統信仰，以迫使臺灣民眾到日本佛寺或神社參拜。

　　對皇民化中寺廟整理與正廳改善中，焚燬神像、燒祖先牌位等過激行動，日本議會於 1941 年亦先後二次提出警告。另外太平洋戰爭前夕，英美等國更拿臺灣寺廟整理爲例，頻頻對東南亞國家宣傳，如果讓日本占領東南亞地區，當地將會如臺灣般遭受宗教迫害。這些因素迫使臺灣總督府不得不正視寺廟整理與正廳改善所帶來的後遺症。1941 年 10 月長谷川清總督，正式通知各州廳停止寺廟整理，並委託臺北帝國大學講師宮本延人對寺廟整理與舊慣信仰改善進行調查。至此長達五年的寺廟整理才告終止。〔註21〕據當時宮本延人對新化郡作的「燒毀佛像」調查，其中持贊成意見的只有四人，其餘多持詛咒態度，認爲日本人將受責罰，甚或打敗仗。〔註22〕寺廟整理雖在各方阻力下停止，但爲因應時局，仍有各種奉公組織，「南瀛佛教會」被改成「臺灣佛教會」，臺灣本島的佛教組織也被納入「臺灣佛教奉公會」組織。光復前局勢日緊，爲安撫本島人，當局設立「臺灣佛教會鍊成所」，訓練青年僧侶，以收「以本島人來安撫本島人」之效。〔註23〕及至光復，日人各種舉措，隨其統

〔註18〕《臺灣日日新報》，昭和 13 年（1938 年）8 月 13 日。
〔註19〕蔡相煇，《臺灣的祠祀與宗教》，臺北：臺原出版社，1989 年，頁 204〜205。
〔註20〕《臺灣日日新報》，昭和 14 年（1939 年）10 月 13 日。
〔註21〕蔡錦堂，《戰爭體制下的臺灣》，臺北：國立編譯館，2006 年，頁 44〜46。
〔註22〕蔡相煇，〈現代化與臺灣民間信仰〉，收於《臺灣文獻》，第 51 卷第 2 期，臺北：臺灣省文獻會，，2000 年 6 月，頁 231〜243。
〔註23〕王見川、李世偉，《臺灣的寺廟與齋堂》，臺北：博揚文化，2004 年，頁 128。

治結束而煙消雲散，但臺灣民間祠祀及各種宗教所受傷害卻難以撫平。

第二節　日本佛教與臺灣傳統信仰：認同與選擇

　　日據時期的臺灣佛教與傳統信仰，在殖民統治下面對日本佛教、中國佛教與臺灣傳統信仰，如何適應與選擇？在殖民統治下，雖然臺灣佛教根源於中國，但在遭遇日本佛教與殖民環境的衝擊下，在傳統與現代的取捨抉擇，臺灣宗教尤其是佛教，如何在此拉扯下，定位自己？而其中的認同是為求存而對環境的暫時妥協？抑或是對異文化的認同？

　　我們從日據時期的闢佛事件，可知日據時期佛教深處殖民環境，其不能不受到日本佛教的影響，然而他具足傳統宗教文化，在向日本佛教靠攏的過程中，有一條無法跨越的鴻溝。尤其皇民化時期，臺灣佛教幾乎遭到日本在臺佛教的全面接收，實施所謂皇道佛教，佛教快速日本化，本土佛教自主性漸失，所有僧侶都被迫接受動員訓練。臺灣佛教於是帶有濃厚軍國主義和皇民化色彩，這也是戰後臺灣佛教面臨被重新改造命運，而中國佛教得以完全取代日本佛教的因由。甚至受到日式佛教教育洗禮的佛教人士，得試著淡化或漂白自己與日本佛教的淵源，以求存於戰後佛教生態。戰後，國民政府藉中國佛教會，以傳戒的資格審查和傳戒儀軌來達成其去日本化，並重建大陸佛教的主體性，許多原已受戒的僧侶，只好轉而靠攏中國佛教會，甚至再一次受戒。臺灣佛教人士在經歷日據、戰後的政權鼎革，幾乎都遭致殖民時期新宗教認同與戰後去殖民化（去日本化）的兩難，這是那個時代宗教人士的無奈。

一、佛教從幕府時的極盛到明治時對神道的屈從

　　佛教初傳日本，朝廷顯貴表現出異常熱情的接受度。平安時代佛教的「本地垂迹說」，更是將佛教觸角深入到神教信仰中，他將佛置於本地位置，而將神道諸神看做是佛的垂迹或顯化，後來發展到不同的神都有各自相應的本地佛。廉倉時代，相繼出現以武士和農民為支持者的新宗派，他們倡導主觀信仰在追求解脫上的作用，主張簡易修行方法，並開始出現僧人食肉、娶妻現象，標示佛教進入民族佛教的形成期。到江戶時代，佛教經過千餘年的發展，在歷代當政者的護持下，已以「護國佛教」之姿壯大，寺院並長期充當幕府「戶籍管理」部門，淪為幕府監督管理民眾的工具。權力使人腐化，由於長

期的特殊地位，僧侶在養尊處優下，至僧風愈加凋弊腐敗，至幕府末期，佛教在民眾心目中徹底失去了威信，乃至爲後來的「廢佛毀釋」種下前因。此時國學派出現排斥儒佛之論，寺院僧侶逐漸遭受批評，如平田篤胤甚至主張「排佛毀釋」、「皇道世界主義」。〔註24〕使一千多年來的佛教遭受空前迫害。

　　1868 年當局下達撤除「神佛二道混淆」令，命令凡以佛像爲神體的神社需從速更換，並相繼發佈：廢除宗門戶口簿、寺請證文制度、〔註25〕允許各地合併寺院、廢除無施主的寺院、禁止僧尼托缽等法令。這場風暴很快成爲「廢佛毀釋」的運動，大批僧侶被迫還俗及大量經籍被毀，佛寺成爲廢寺。明治政府抑佛揚神的目的，很快達成目標，不僅清除了長期盤據在神道中的佛教勢力，也穩固了神道的主體地位。

　　面對這一連串的挑戰，佛教開始對既存狀態進行反思，努力探究振興之路，而其中向官方教化體系的回歸，讓佛教界看到重振曙光。當明治政府天皇制國家體制確立後，國家神道佔據了君臨一切宗教之上的地位。在此背景下，佛教也進一步向『正統』靠近，紛紛向政府及神道交心、輸誠，以換取在明治新政府的有利發展空間。如臨濟宗妙心寺派稱本派爲「鎮護國家的道場」；佛教居士大內青鸞呼籲：「佛教徒應走向政壇，尊奉天皇、護持國家」，並組織「尊皇奉佛大同盟」；佛教各宗更起而爲日本的侵略戰爭「正名」、「美化」。在配合時事下，各宗更藉隨軍佈教、戰場傳法、祈禱戰事勝利、監獄教誨等活動活絡起來。

　　佛教尊皇護國的新價值，我們在曹洞宗僧侶足立普明等所提的「來臺意旨書」中，可嗅出一二。意旨書言明其宗派來臺傳道之目的：

1. 漸次歷訪臺灣總督府民政局以迄兵站部等兵營病房慰問其中人員。

2. 本島既歸我國版圖，爾來大政府爲收治安成效，孜孜奮勵，而宗教扮演角色實不應忽視，故我大本山管長特命吾等速來臺教化人民，翼贊政治。

3. 對於本島寺院之住持、僧侶，必須特別深加啓發。

〔註24〕陳水逢，《日本近代史》，臺北：臺灣商務印書館，1992 年，頁 623。
〔註25〕「寺請證文制度」，是由佛教統攝百姓信仰的制度，凡士農工商等皆須成爲某一寺院的施主，和寺院結成固定的歸屬關係，寺院開具的身份證明成了人們身份的唯一憑證。見張大拓，《宗教體制與日本的近現代化》，北京：宗教文化出版社，2006 年，頁 47。

4. 支配人心固爲宗教之本分，而以宗教事務爲己任者，必熱心感化
臺民之精神變爲我國風貌而後止。

5. 爲感化臺民之精神變爲我國風貌，先借用寺院或適當之民宅設立
教場，教授簡易之日本國語及國文，或施行修身、佛教通俗教義
等，灌入臺民之心靈，使其早日奉戴本朝之施政作爲，以其報答
聖恩。〔註26〕

從曹洞宗大本山的來臺意旨書，我們除可看到各宗領導紛紛亮明其「尊皇護
國」的誠意與立場，也可看到其在經歷「廢佛毀釋」的打擊後，爲求存而向
正統與國粹靠攏，這趨勢可見之海外的佈教工作抑或對軍國主義的支持。

二、日本佛教各宗派的隨軍佈教及官方態度

　　日本隨軍來臺做爲軍中佈教使的各派僧侶，綜觀其來臺目的與作用，不
外：在危難時發揮宗教撫慰作用、協助處理喪葬事宜及追弔法事、調查臺人
宗教狀況、拓展佛教新據點、與當地佛教團體建立聯合關係、協助官方教授
日語、軍中弘法等。基於開教的和諧與合作，1896 年在臺各派日僧共同組成
「大日本臺灣佛教會」，這是臺灣佛教史上第一個正式的佛教組織，其催生者
是曹洞宗的佐佐木珍龍和淨土宗的橋本定憧，目的在涵養臺灣民眾尊皇奉佛
思想。日本佛教初期來臺各宗派雖有曹洞宗、臨濟宗妙心寺派、日蓮宗、眞
言宗、淨土宗、眞宗本願寺派等的佈教活動，但其中除曹洞宗全臺信徒有數
萬人以上，其餘各宗，本島信徒不過數千甚至僅數百人。究其原因，除臺灣
本土的堅實信仰外，語言溝通困難、教義制度與臺灣本土佛教的差異、初期
日僧良莠不齊等，都是日本教派佈教的困境。我們從台南縣知事今井艮一、
臺北縣知事村上義雄及台中縣知事木下周一的宗教調查報告中可印證一二：

　　本縣轄下寺廟……彼等潛藏於腦海裡那種宗教心，卻頗爲頑固、倔
　　強，相信彼等之吉凶禍福全由神佛定奪，……其於奉行祭祀之際，
　　全家、全庄必傾全力，投下鉅資，狂熱奔走，典當衣物，變賣田園，
　　以供其資，唯恐落他人後。〔註27〕

〔註26〕見溫國良編譯，《臺灣總督府公文類纂宗教史料彙編——明治 28 年 10 月至 35
　　　　年 4 月》，頁 25。

〔註27〕見溫國良編譯，《臺灣總督府公文類纂宗教史料彙編——明治 28 年 10 月至 35
　　　　年 4 月》，頁 60。

惟如今日駐於本島之宗教師，除前述某兩、三人外，均缺乏宗教家之
智慧、德行，且常出現醜陋之行為，故無法使信徒實質皈依。〔註28〕

雖云最初內地各宗均欲至新領土之本島大力嘗試佈教，而爭相派遣
佈教師，惟其佈教師不懂本島話，以致無法感動本地人皈依。〔註29〕

而禪宗之宗派曹洞與臨濟，能取得佈教優勢，報告中也指出其主要原由，是
因臺灣佛教大都源自對岸福建的禪宗法脈，容易與同屬的日本曹洞宗契合，
故其發展自然較其他宗教為快。

由始以來本島之佛教者，其根源在於南支那，全為禪宗之一派。由
現存於本島寺院之牌位觀之，可知其上非但刻上：「禪曹洞第幾代」、
「禪臨濟某某某」等文字，且佛經、祭具等物亦酷似內地之曹洞、
臨濟二宗，十分帶有禪味，故於佈教上方便不少。不僅如此，屬於
此宗派之佈教從事者，亦大都道德崇高、超脫世俗之外，得迷信已
身之本島人信賴。〔註30〕

至於總督府對來臺各宗派的態度，江燦騰博士認為其間存在著「公私相剋」
的問題。亦即總督府雖在安撫軍心或教化島民上，有時不得不借重日本佛教
各宗派僧侶，但當涉及臺人寺廟財產的支配和教化島民的有無成效時，總督
府從公的立場出發，便需面對來臺各宗所要求的分享寺產，及佈教師不良行
為，所帶來的困擾與負面影響。〔註31〕這點我們在各宗派的「寺廟下賜建議
案」中，總督府的回應可看出。明治30年（1897年）真言宗佈教師小山祐全
等五人提出官有寺廟下賜建議案，其所持理由：「凡屬於官有之舊寺院，請勿
將其毀之，或做房舍之類使用，但請下賜與吾等，吾等將其稟告各大總寺，
施以適當之維護法，使庶民前往參拜，時而弘法，時而說教，時而充當公共
會場，或讚揚吾皇之大德。」〔註32〕對於此案，臺北縣知事橋口文藏在呈總
督的建議表達反對立場：

〔註28〕見溫國良編譯，《臺灣總督府公文類纂宗教史料彙編——明治28年10月至35
　　　　年4月》，頁56。

〔註29〕見溫國良編譯，《臺灣總督府公文類纂宗教史料彙編——明治28年10月至35
　　　　年4月》，頁57。

〔註30〕見溫國良編譯，《臺灣總督府公文類纂宗教史料彙編——明治28年10月至35
　　　　年4月》，頁61。

〔註31〕江燦騰，《日據時期臺灣佛教文化發展史》，臺北：南天書局，2001年，頁29。

〔註32〕見溫國良編譯，《臺灣總督府公文類纂宗教史料彙編——明治28年10月至35
　　　　年4月》，頁109。

　　本土中流以上者，皆重儒教，對於反孔門儒教之佛教則有卑夷輕侮
　　之傾向。是故，諸如臺北內之文廟等七官廟，理當不可下賜僧侶。
　　現今之情形雖用作兵營或醫院，惟為輔持風教，收攬民心，自當漸
　　次使之恢復舊觀，並制訂適當之維護法。〔註33〕

為免形成官（私）奪民產之爭議，總督府對宗教產權下賜亦持反對態度，並
主張官廟應漸次恢復原來的宗教用途。畢竟民情有別、宗教信仰迥異，總督
府出面制止，可見統治初期其對臺灣宗教是尊重的。

　　對於統治初期日本各宗派大量的附屬分寺請求申報，統治當局深知這是
全島寺庵在面對初期混亂局勢的恐慌效應，及為求自保才紛紛和日本來臺各
宗簽約。〔註34〕故總督府的行政裁斷，先是默許其簽約行為，以解決彼等來
臺後無處安頓的問題，待情勢穩定，便裁撤此類名實不符的總寺分寺的隸屬
契約備查案件，以免滋生擾民奪產的爭議。例如嘉義市城隍廟曾為避免被軍
方、官方占用，於是尋求日本佛教真宗本願寺派的庇護，加入真宗本願寺派，
成為其分寺，後因總督府考量此舉會影響民心，有害統治，不准臺灣寺廟成
為日本佛寺之分寺，才挽救了城隍廟成為日本佛寺的命運。〔註35〕從寺廟下
賜與附屬分寺案的強勢作法，我們可知總督府是站在公的立場來監督日本來
臺各宗行為，對日本佛教不偏袒的態度，甚至有意抑制來臺各宗派的過度發
展，也可見統治初期官方對臺「舊慣溫存」的宗教政策，及國家神道與日本
佛教間的競合關係。

三、日本佛教在臺發展的頓挫與轉機

　　從上一節官方對寺廟下賜與附屬分寺案的立場，我們隱約可看到後藤新
平無方針主義下，官方對日本佛教在臺擴張較勢的企圖，原則上是不支持的。
對官方來說，其要佈展的是官方的國家神道，其要護持的道場是神社。官方

〔註33〕見溫國良編譯，《臺灣總督府公文類纂宗教史料彙編——明治28年10月至35
　　　　年4月》，頁105。
〔註34〕光明治29年迄明治31年，就有曹洞宗艋舺龍山寺等十四寺、臺北縣關渡宮
　　　　的附屬分寺請求；真宗大谷派本願寺的嘉義諸福寺、臺北縣湧蓮寺等九寺廟、
　　　　大眾廟、國王廟、三元宮廟、慈惠宮的附屬分寺請求等。見溫國良編譯，《臺
　　　　灣總督府公文類纂宗教史料彙編——明治28年10月至35年4月》，頁1～24。
〔註35〕見溫國良編譯，《臺灣總督府公文類纂宗教史料彙編——明治28年10月至35
　　　　年4月》，頁10～11，179～180。

立場如此，臺灣社會佈教環境也好不到哪去，日據初期官方和民間激烈衝突和殘酷的報復行動，一觸即發，日本佛教各派便處在這種官方屠殺和民眾仇恨的尷尬佈教環境。

加上日臺宗教信仰的差異性，更增添佈教困境。眞宗東本願寺派來臺僧侶在觀察臺灣信仰後，發覺若要改變臺人原有信仰，簡直是不可能成功。於是眞宗東本院寺派在佈教上乃轉思變革採「勸誘」方式使臺人加入。我們由《眞宗本派東本願寺臺灣開教史》的紀錄中，可了解其教派發展由熱轉冷的過程與原因：

> 而臺人方面亦喜加入爲信徒行列，因當時，**彼等幾將呼六字尊號（南無阿彌陀佛）和持念珠一串**，視爲良民證明，欲藉此確保免於遭受土匪和來自敗兵的掠奪，……因而在短期內即可獲得數千信徒。

> 自同年（1896年）七月以後，所皈依者，不單臺北市內，近郊亦不必說，縱使遠至基隆、淡水、桃園、中壢等地，在當時交通不便的情形下，亦能設法盡量將佈教範圍擴展到彼處。這應歸功於懂得幾分清朝官話的紫雲玄範佈教使和本地歸屬僧侶王岱修氏眞誠熱心的協助，方能奏效如此顯著。〔註36〕

但明治三十二、三年以後，之前的皈依熱即漸次冷卻，甚至流失，其佈教使紫雲玄範分析道：「其中甚多信徒，只希望能藉此來請求保護其財產和權利；然而因伴隨地方警察制度的完備，實際上已無向宗教方面請求者」。〔註37〕對此臺北縣知事村上義雄所提報的宗教狀況，也可印證：

> 無遑多論，各宗的目的之所在，均在於開教新附之民，故據臺後各宗爭先擴展開教領域，於各地設說教所，利用各種手段，全力吸收信徒，導致各宗皆暫時獲得多數，而互誇其多。爲此種佈教之結果並非所謂精神上之皈依。進入本地人腦海裡者，卻誤以爲，只要成爲信徒，即可受到特殊之保護，且增進福利，而爭先投效於各宗門下，爲此不外乎係一種形式上之皈依。如斯，此抑不過出自於利己心而暫時皈依之表面信徒。是故，即使成爲信徒，一旦得知並無其他特殊之保護，必當離去。〔註38〕

〔註36〕 江燦騰，《日據時期臺灣佛教文化發展史》，臺北：南天書局，2001年，頁129。
〔註37〕 同上註，頁129。
〔註38〕 見溫國良編譯，《臺灣總督府公文類纂宗教史料彙編——明治28年10月至35年4月》，頁56。

不僅眞宗東本願寺派有此警覺，曹洞宗對其附屬寺院的建立也有同感，《曹洞宗海外開教傳道史》記載：

> 雖然在三○年代前後，臺灣的寺院之中，約有上百的寺院簽約成爲曹洞宗的附屬寺院，但這是寺院的負責人，在日本占領之際，不知自己的寺院將淪於何種命運，於是想到藉日本佛教界的庇護，或可平安無事，因而才附屬於曹洞宗之下。〔註39〕

除誘因不再，臺日宗教信仰的巨大差異也是其難以克服的。其開教史也進一步分析如下：

> 本島人士彼等雖表面上安置阿彌陀佛，卻另於後面鄰室向其他的神明禮拜燒金，可以說使其原義盡失，這應是臺灣全島佈教所面臨的根本問題。……本島人由於向來都從南中國移住此地的關係，在佛教方面似大多屬於南中國系統的福建鼓山湧泉寺的末端信徒。因信仰觀音者極多，連帶也常參拜阿彌陀佛，但精進研讀經卷的僧侶很少，以及齋堂素食的尼僧、俗人固然很多，仍令人感嘆彼等要進入眞實佛教正信的機緣，猶未成熟。總之，主要是家中的老翁、婦女都深中舊有迷信之毒。〔註40〕

在瞭解佈教環境與困境後，日本佛教各派不再強求臺僧或臺灣信徒快速同化於日僧或日本佛教，轉而從成立佛教聯合組織、日臺佛教合作及臺日並存的雙軌制，來切入臺灣的傳教事業。例如曹洞宗在大本山臺北別院右側加蓋專供臺灣民眾前往禮佛的「觀音禪堂」，於該宗在臺佈教總部旁居然引許採用臺日佛教雙道場，可看出其對本土宗教的某種承認。另外尋求日臺佛教合作，也爲日本佛教在臺發展開啓另一扇窗。初期各宗急於分享在臺宗教資源，但在宗教產權下賜請求紛紛受挫後，乃轉而尋求合作加盟，這一發展不僅成爲各宗派角力戰場（尤其是曹洞宗與臨濟妙心寺派），也拉開佛教日中台三角發展關係的序幕。例如大正五年（1916年）曹洞宗大本山臺北別院擬結合基隆月眉山靈泉寺江善慧法師，籌組「臺灣佛教青年會」及「臺灣佛教中學林」〔註41〕，想從教育、佈教來強化僧侶的素質和對社會的影響力。此時臨濟宗妙心

〔註39〕江燦騰，《日據時期臺灣佛教文化發展史》，頁192。
〔註40〕江燦騰，《日據時期臺灣佛教文化發展史》，臺北：南天書局，2001年，頁130。
〔註41〕即私立泰北高級中學的前身，大正11年（1922年）曾改名「私立曹洞宗中學林」，昭和10年（1937年）又改稱「私立臺北中學」，戰後才易名爲「私立泰北高級中學」。

寺派也不甘示弱，由長谷慈圓約觀音山凌雲禪寺的本圓法師商議，一起籌組「臺灣佛教道友會」及「鎮南學林」。雙方都希望藉合作加盟、籌組聯合組織與興學，來深化各宗派的影響力。

四、日中臺三地的三角佛教關係

　　日據以前臺灣本土僧侶若要受戒必須前往福建福州鼓山湧泉寺參加寺中的傳戒活動，此情形迄日據初期大致不變，然其數甚少。〔註42〕同時福建佛教信仰的方式，包括「齋教三派」的在家佛教型態，亦隨閩粵移民傳入臺灣，長期感染和滲透到臺灣的宗教文化意識，並構成臺灣傳統漢族信仰的基調。原本在殖民政府「去中國化」的文教立場，對「中國祖庭佛教」應加以切割才是，但相反的我們看到日本官方不僅放任雙方繼續交流，甚至還介入助長，成為兩岸華人佛教交流的幕後黑手。對於大陸僧侶來臺進行宗教活動，日本當局不僅未予干涉，有時還禮遇有加，如太虛法師來臺，就曾受到高規格的接待。之所以會有此矛盾之舉，主要是配合日本在大陸地區勢力擴張的需求，欲藉兩岸華人的佛教交流，達成「日華親善」的效果，並緩和在中國境內日益高漲的反日情緒。

　　在此環境下，臺灣佛教僧侶與道場，乃逐漸分裂為兩大異質的認同現象。而其中究竟是要選擇依靠日本佛教勢力？或是強化和大陸佛教的聯誼？都關係到道場的未來。基本上，當時的臺灣佛教界，大都採大陸、日本一併拉攏的手法，單挑一方的幾乎沒有，只有親疏之別。既然官方允許兩岸僧侶交流，基隆月眉山靈泉寺除加入日本曹洞宗成為聯絡寺院，更在明治45年（1912年）開辦「愛國佛教講習會」，其中講師便有來自中國大陸叢林的釋會泉、日本曹洞宗的渡邊靈淳師、及本地靈泉寺的江善慧，無疑是日中台佛教交流的最佳見證。臺北觀音山凌雲寺也加入日本臨濟宗妙心寺成為聯絡寺院。凌雲寺的第一次傳戒法會，日中臺三地名噪一時法師都現身會場，如傳戒大和尚為本圓法師、鼓山湧泉寺聖恩老和尚任羯摩師、教授是著名的圓瑛法師、善慧法師任導戒師、覺力法師任證戒師、大崗山永定師任受經師、開元寺得圓法師任尊證師、還有幾位日本法師。〔註43〕善慧、本圓法師兩法師都是日據時期日、中、臺三方重要的連結窗口。

〔註42〕臺灣僧侶赴大陸受戒活動，迄1937年中日戰爭後，日本為加強日本化佛教，僧侶之受戒才由日式佛教練成所辦理。

〔註43〕王見川、李世偉，《臺灣的宗教與文化》，臺北：博揚文化，2003年，頁41。

當時臺灣主要佛教道場住持、僧侶，常遊走於日、中之間，如基隆月眉山靈泉寺住持江善慧法師，拜福建湧泉寺景峰法師爲師，同時受三壇大戒，是鼓山法脈的正統徒孫。臺北觀音山凌雲寺寶海法師，曾遊鼓山湧泉寺及受戒，該寺住持本圓法師，也赴湧泉寺受戒（戒師爲振光和尙）；臺南開元寺於日據時期幾乎所有住持都曾在湧泉寺受戒；苗栗大湖法雲寺，第一任住持覺力法師，即出身福建湧泉寺。其中基隆月眉山靈泉寺、臺北觀音山凌雲寺，佛教事業得以快速發展，即得力於江善慧、沈本圓具溝通中、日、台三方佛教關係之重要角色。在江善慧擔任靈泉寺住持的晉山典禮上，日本曹洞宗大本山石川素童禪師特別從日本來臺與會，並親任善慧法師爲曹洞宗駐臺佈教師，由於他的聲望及與日本良好關係，讓他得以積極展開各種佈教工作。江善慧的多元經營，遊走中日，甚至其道場月眉山靈泉寺的建築都是綜合大陸叢林和日本寺院兩風格。大正元年（1912 年）他在秀才蔡桂林的陪同下，到東京請經，並拜訪曹洞宗大本山總管石川素童禪師，獲素童協助，得到內務省宗教局的嘉獎，並請回大藏經一部。〔註 44〕西來庵事件後，由於善慧法師具日本曹洞宗僧籍，是故靈泉寺並未受到波及，反能加速發展步伐。與日本親善外，善慧法師任靈泉寺住持以來，也屢屢邀請大陸內地高僧來臺，或內渡傳授戒會，並與太虛、圓瑛、會泉等著名高僧交往，其往返方便自由，遊走中日臺三地，都表明其受日本政府信任的程度，及其做爲溝通中日臺佛教橋樑的角色。〔註 45〕

大正 14 年（1925 年）11 月初，大陸和日本佛教界聯合在日本東京召開「東亞佛教大會」，臺灣亦派代表曹洞宗的林覺力、代表臨濟宗的沈本圓、與代表齋教的許林與會，這是臺灣首次參加的國際大型佛教盛會，因具日本殖民代表及中國南方傳統佛教的雙重身份，會中反而成爲溝通雙方的媒介。〔註 46〕而東亞佛教會其實具有中日親善的指標作用。而臺灣代表在會中也因雙重身份，由配角成爲重要媒介角色。

五、佛教現代化、日本化的挑戰與回應

臺灣佛教在日據前，全省僧侶能解經文者不出十人。日據後，臺灣佛教

〔註 44〕江燦騰，《臺灣佛教百年史之研究》，頁 135。
〔註 45〕闞正宗，《臺灣佛教一百年》，臺北：東大圖書，1999 年，頁 5～6。
〔註 46〕江燦騰，《臺灣佛教百年史之研究》，頁 235。

頗受日本文化影響，僧侶漸識其任務，或參與講習會，或建佛教學校，或派青年留學日本或中國，僧侶社會地位乃見提升。〔註 47〕尤其日本佛教從明治維新以來不斷的進行現代化改革，一批批有志振興佛教的青年僧侶遠度海外，擷取西方現代化的因子，來改革佛教，提升佛教研究水平。這些不僅影響到殖民地臺灣的佛教僧侶，也吸引不少大陸僧侶赴日取經，如太虛法師的的僧伽教育即受日本影響。日式佛教與臺灣佛教最大不同，在於佛教教育、佛教的社會事業發展、僧侶的生活形態。日據時期日式佛教教義與作風影響了臺灣本土佛教界。日本佛教在教育與學術對佛學知識的啟迪上，扮演關鍵角色，這一點也深深影響到臺灣佛教，如日據時期在日本佛教的策劃下，臺灣先後成立了曹洞宗系統的「臺灣佛教中學林」及臨濟妙心寺系統的「鎮南中學林」，另外也出版相關佛學刊物，如《南瀛佛教》、《臺灣佛教新報》等。對臺灣佛教的傳播與佛教人才的培育起了相當大的作用。如臺灣佛教的革命僧——林秋梧，他原就是臺灣文化協會會員，出家後到日本讀書，又受忽滑谷快天禪師的影響，具強烈佛教改革精神，批判禪淨雙修，反對西方極樂世界，排斥普渡，強調兩性平權。林德林則主張神佛分離，提倡正信佛教。林玠宗的〈佛化新僧之宣言〉，則提倡佛化運動的新生活、行大乘菩薩的方便法；將新僧分眞俗兩派，眞派獨身守五戒，俗派帶妻聽人方便；不限素時葷食，以不殺生爲主。〔註 48〕高執德他是臺籍菁英中少數在日本「駒澤大學」接受過專業禪學思想，他主張禪淨分宗，對禪淨雙修具強烈批判。這些僧侶以理性與知識做後盾，高舉宗教改革運動旗幟，對臺灣佛教的整體提升，有著不可抹滅貢獻。〔註 49〕

另外日本佛教非宗教事務的社會事業相當普及，這些社會服務工作在臺灣宗教界也起了示範與學習作用，例如臺灣佛教龍華會的「免囚保護所」的設立，許多宗教界人士，如先天道的黃玉階，〔註 50〕都先後擔任監獄教化以及更生保護工作。再如僧侶「冠俗姓」而非「冠釋姓」普遍被接受，如沈本圓、江善慧等都受到影響。相較於社會事業與佛學教育，僧侶的生活形態中

〔註47〕 井出季和太著，郭輝編譯，《日據下之臺政》卷一，臺北：海峽學術出版社，2003 年，頁 55。

〔註48〕 江燦騰，《臺灣佛教百年史之研究》，頁 317。

〔註49〕 江燦騰，《臺灣近代佛教的變革與反思——去殖民化與臺灣佛教主體性確立的新探索》，臺北：東大圖書公司，2003 年，頁 16。

〔註50〕 黃玉階接受日本政府的囑託，擔任臺北監獄教誨師長達十餘年之久。

「食肉帶妻」作法，由於背離中國傳統佛教基本戒律，雖有部分僧侶接受，但大部分都是排斥的。中國佛教視日本佛教娶妻帶眷為「破戒喪德行為」，而日本卻將此視為「方便行化，普力群生」，可見雙方觀念落差極大。從大正十一年（1922 年）以來，有關臺灣本土佛教界的自由戀愛、僧侶結婚、僧尼犯戒，等等桃色新聞一再公諸於媒體上。如昭和 8 年（1933 年）在《南瀛佛教》第十一卷元月號上，就刊登兩篇關於金剛寺張妙禪污行的爆炸文章。〔註 51〕隨後在臺灣佛教界就出現許多犯戒行為，其中臺北圓山劍潭寺住持的奸情曝光，在昭和 8 年（1933 年）2 月 1 日《民報·社論》中，有大篇幅的報導，甚至將男女當事人，當成野僧妖尼，引發社會譁然。〔註 52〕

法雲寺覺力法師就指出：「雖然就佛教知識的教育水平而言，日本僧侶高於臺灣僧侶甚多，同時也較有服務社會熱忱，但因日僧不遵守戒律（娶妻食肉），所以臺灣島民皈依者甚少。」。〔註 53〕太虛法師在社會教育與佛學教育借重日本佛教不少，其武昌佛學院的學制創設，與日本佛學教育有很大因緣，但他在與熊谷泰壽會面時，便對日本佛教娶妻食肉不以為然。〔註 54〕與日本佛教相當親近的月眉山靈泉寺江善慧便不許寺中僧侶「從不許葷酒入其山門且不近酒色，野菜中有葷味者亦不食」。〔註 55〕當時臺灣佛教界和社會，要求僧侶遵守傳統清規與修行方式。從上例可知臺灣僧侶對佛教有其基本修持與戒律，對日本佛教的修行方式，是選擇性的接受。

日據時期在大正、昭和之際，臺灣新佛教的改革運動，不只帶來觀念及宗教組織的變革，同時也衝擊到不同社群，甚至引發激烈衝突。對僧侶不守戒律，甚至反應激烈，群起撻伐，其中最引人爭議最具代表性的是彰化崇文社的闢佛事件（中教事件）。事件主角江善慧的弟子林德林和臺中仕紳張淑子，從理論不合到筆戰到儒佛大戰，其中更因有臺灣佛教馬丁路德之稱的林德林〔註 56〕的佛教理念具日本前衛精神，想一成不變的引進日本式的佛教，

〔註 51〕江燦騰，《臺灣佛教百年史之研究》，頁 247。

〔註 52〕《南瀛佛教》，第 11 卷第 3 號，1933 年 3 月，頁 45。

〔註 53〕增田福太郎，《民族信仰を中心として》，臺北：南天書局，1996 年，頁 286～287。（1942 年東京初版）

〔註 54〕王見川、李世偉，《臺灣的宗教與文化》，臺北：博揚文化，2003 年，頁 51。

〔註 55〕《臺灣日日新報》，明治 42 年（1909 年）10 月 27 日，〈秀出島僧〉條。

〔註 56〕林德林是日本禪學大師忽滑谷快天的忠實追隨者，臺灣佛教中學林畢業後，成立「臺中佛教會館」，主張區分神佛、僧侶可同牧師一樣結婚、寺院制度要健全。

主張僧侶可以結婚，並且親自在佛教道場舉行本身的結婚典禮，而讓事件引發全臺儒教人士的猛烈抨擊。為此儒教仕紳甚至集結相關詩文成為「鳴鼓集」、發起「風俗匡正會」，雙方論戰達數年之久，是日據時代罕見的鬪佛事件。惟此事件並非儒教界的反佛，而是臺灣佛教在變革中尚未具社會基礎，對少數僧侶背離傳統的破戒行為，群起撻伐。日據時期由於殖民因素，其不能不受到日本佛教的影響，然而社會深具宗教傳統文化，在向日本佛教靠攏的過程中，有一條無法跨越的鴻溝。當然我們深究儒士團體對佛教團體的集體批判時完全忽略當時臺灣社會新崛起的風氣——爭取兩性平權關係，並不時流露出對僧侶的不屑和嘲諷，其中實包含儒生在失去傳統功名之路上所能分享的政治權力之苦悶，已難透過權力來制止佛教的異端言論與行為，只能透過極端的階層羞辱和嘲諷，來遂其目的。〔註57〕

　　除日本佛教前衛理念對僧侶的影響外，日據時期臺灣佛教婦女的培訓與教育，影響了臺灣本土佛教的性別生態。早期臺灣與大陸佛教婦女出家比例非常少，最主要是因為清代法律對婦女出家規定非常嚴格，要年滿四十歲以上才能出家，因為過了生育年齡，也較沒有性衝動。〔註58〕但到了日據時期，由於日本佛教的現代性，再加上臺灣社會受臺灣文化協會的啟蒙教育，在此影響下，日據時期臺灣本土相繼出現著名佛教婦女大本營的寺院，如大崗山龍湖庵永定師、大湖法雲寺覺力法師等的倡導。伴隨日本佛教的職業教育與佛學教育開辦，日據中期逐漸出現標榜新女性的現代專修道場，並出現許多開創新佛教寺院的佛教女強人，如中和圓通寺的妙清尼。也漸出現到日本就讀佛教大學的佛教婦女，像創辦法光佛教文化研究所的如學尼，及戰後一度出任圓通寺住持的的林金蓮。皇民化時期日本要求加速改造臺灣本土佛教，故大量的日本僧尼進駐臺灣佛教寺院，另一方面也加強吸收本島知識青年，訓練成為日本佛教各派的在臺的傳法者，其中釋如學禪師即被刻意栽培，師承近代日本曹洞宗禪師澤木興道的法嗣。但在戰後，大陸僧侶大批逃到臺灣，在戒嚴體制的權力結構下，長期由男性僧侶藉傳戒特權，壓制著實際人口占多數的出家女性，一直到政治解嚴後，中國佛教會的霸權時代宣告結束，佛教女性的開展空間才再度被打開。

〔註57〕 江燦騰，《臺灣近代佛教的變革與反思——去殖民化與臺灣佛教主體性確立的新探索》，頁116。

〔註58〕 江燦騰，《臺灣近代佛教的變革與反思——去殖民化與臺灣佛教主體性確立的新探索》，頁241。

第三節　日本神道信仰：戰前戰後兩樣情

　　當日本政府推動神道信仰與奉祀神宮大麻政策時，寺廟與臺灣人家庭正廳供奉的祖先神佛，便成了最大絆腳石，為了使神道信仰進入臺灣社會與家庭的精神中心，於是有所謂「正廳改善」及「寺廟整理」，這兩項運動不僅使臺灣人傳統信仰遭到嚴重破壞，也引發臺灣人極大的反彈。當時臺灣流行諺語：「慘得無佛可燒香」可說是貼切的形容。對神社奉齋精神的徹底普及，增田福太郎有較中肯的的論述，他認為並不意味著在臺寺廟的全廢，甚或地方神社、社祠的急增，最主要的還是在於臺灣人民需有臣民的自覺，以此發揚國體精神。〔註 59〕他甚至提出「內臺一如の精神（內臺如一精神）」，指出臺灣神社祭祀的日本神「大國魂命」可謂與本島人所敬畏的「城隍神」同為幽冥之神，城隍可說是大魂國命的延長，為守護臺灣的國土而來；他接著指出臺灣媽祖信仰其實與觀音信仰是表裡一體的；增田接著提到在臺灣街庄隨處可見的「土地公」，其實是與日本的稻荷神合而一致的；臺灣寺廟所祀的關公、保生大帝等，與日本所祀的功臣英雄並無二致；又如三山國王等自然崇拜神祇，與日本的自然神信仰是屬同源流。基於此他主張二者應達融合之境，故反對壓迫臺灣原有信仰。〔註 60〕

一、祭政一體下之國家神道信仰

　　明治維新不僅把長期處於鎖國體制的日本，從束縛中解放出來，也讓日本躍居世界強國舞台。1867 年明治天皇在倒幕派的支持下，登上皇位，並於 1868 年發表「王政復古大號令」，宣布新政府的誕生和人事安排，將一切權力收歸天皇，廢除幕府和將軍制。並先讓各藩「奉還版籍」，和平將藩主領有土地及人民的所有權收回，使之變身為朝廷地方官員（藩知事），接著以武力為後盾，通過「廢藩置縣」，強行廢除全國 216 個藩，解除舊藩主藩知事之職，讓日本成為政令歸一的統一國家。1889 年明治天皇更以御賜形式頒布「大日本帝國憲法」，根據這些條款，讓明治天皇以歷代天皇都不曾有過的巨大權力，成為國政總攬

〔註 59〕蔡錦堂，〈增田福太郎的寺廟與神社觀〉，輯於江燦騰主編，《臺灣宗教信仰》，臺北：東大圖書公司，2005 年，頁 82～83。

〔註 60〕增田福太郎，《臺灣の宗教》，臺北：南天書局，1996 年，頁 231～233。（1935 年初版）

者。〔註61〕而「國家神道」體制也就在近代天皇制下，把神社神道同皇室神道結合在一起，以宮中祭祀爲基準，將伊勢神宮和神社祭祀拼湊起來而形成。

其實日本神社神道是潛藏在日本民眾深層意識中的信仰，起源於日本人普遍信奉的萬物有靈觀念。從原始信仰到氏族保護神的氏神信仰，從宗教祭神的臨時性建築物到固定社殿，這就是今日神社的緣起。日本的神社又分爲產土神與勸請型神社，即鎮護土地之神與由大神社祭神分魂而來的神社。大神社主要有稻荷神社、天滿宮、八幡宮和伊勢神宮，其中稻荷信仰，由於日本是米食爲主的國家，故自古以來就是流行最廣、信奉最多的神社信仰。〔註62〕這點我們在臺灣神社中，稻荷神社的普遍設立可看出。

神道神社一向有「祭祀宗教」之稱，表明祭祀與神社同是支撐神道神社信仰的支柱。祭祀主體可分成宮廷祭祀、神宮祭祀、神社祭祀和家庭祭祀。而天皇也透過祭祀權，進一步成爲最高祭司，我們從古傳祭祀中的首位『嘗祭』，可看出天皇如何透過祭祀提高神力。嘗祭可分爲新嘗祭、大嘗祭和神嘗祭，新嘗祭是秋祭，是用豐收新穀向天神地祇敬獻，並於宮中由天皇親祭；大嘗祭是天皇即位以新穀祀天照大神爲主的眾神；神嘗祭是伊勢神宮以新穀祭祀神明的祭祀。天皇即透過新嘗祭不斷增添神力；透過大嘗祭則可獲得天照大神的「御靈質」，具備「現人神」的資格；神嘗祭則讓天皇通過伊勢神宮的祭祀來強化更新皇祖神威。〔註63〕

爲確立國家神道體制，明治政府靠一系列的行政力量，如刻意提高神社神道的社會地位、操作神社神道的結構變化與傳統、制約與導化其他宗教走向，以確立提升神社神道的主體地位，進而使之成爲維護天皇神權政治的精神力量。其中實行「神佛分離」是恢復天皇親政，確立國家神道體制的第一步。繼而明治政府開始對全國神社下手，面對龐大的神社祭祀群，明治政府先進行伊勢神宮爲頂點的神社序列重組，繼而宣布神社非宗教，而是國家祭祀，全面建立社格制度，及「祭政合一」的精神，從此神社全部由國家統管。〔註64〕確立伊勢神宮的宗主社的地位，是整編全國神社關鍵。伊勢神宮祭奉

〔註61〕張大拓，《宗教體制與日本的近現代化》，北京：宗教文化出版社，2006年，頁1～9。

〔註62〕同上註，頁14～15。

〔註63〕同上註，頁24～26。

〔註64〕將神社分爲官社和諸社，官社有官幣社與國幣社及大、中、小三等。諸社包括府社、縣社和鄉社三級，對於沒有固定祭神的神社稱之爲無格社。

天皇皇祖神天照大神，自天皇制確立，伊勢神宮便被賦予天皇家系氏神色彩，普通百姓只能止步於頭道門參拜，或透過神宮大麻來參拜，是庶民不得接近的天皇宗廟。並透過天照大神爲神道教眾神的中心地位，確認天皇萬世一系、神聖不可侵的「現人神」身份。

神道體系到了戰爭時期，更無限上綱推到極致。1937 年文部省向全國發行《國體之本義》，強化：「天皇皇位是唯一繼承天照大神神統的無上至尊之極位；天皇做爲現人神的人神觀，是國家永不動搖的根本法；萬世一系之天皇奉皇祖神神教統治日本是萬古不易之國體；日本做爲一個大家族國家，億兆一心，奉戴聖旨，發揮忠孝美德是國體之精華。」〔註 65〕藉此全國也掀起一輪鼓吹天皇崇拜的高潮，使之成爲一個神化天皇的造神運動。

二、臺灣神道信仰之發展

日據時期神社神道信仰隨著殖民者傳入臺灣，其中神道教的象徵建築物神社也陸續在臺灣興建。1897 年首先將祭祀鄭成功的延平郡王祠改建爲「開山神社」，以鄭成功母親田川氏爲日本人，祭祀鄭氏一來可爲日本統治臺灣的正統性找到詮釋理由；二可藉此籠絡臺灣民眾；三者藉此讓國家神道滲透到臺灣傳統信仰中。有關臺南縣知事磯貝靜藏開山神社建請案，如下：

> 先就本島之開化元勳中，尤爲忠烈之日本婦人所生之鄭成功廟予以更改社號爲開臺神社，並將社格列爲國幣社，更依舊將其母田川氏配祀其中，則不啻足以慰藉成功之忠魂，更可標榜其開臺之豐功偉業也。於今一旦掌握民意之所歸，將來有助於治化之處則亦多矣。
> 〔註66〕

有關鄭成功之社號社格事宜，拓殖務省回報：

> 蓋我帝國所奉祀之官、國幣社及府、縣社之祭神中，若由古今之儀式觀之，則可知對於我帝國盡忠，或對於我國家建立偉業之人，其奉祀於官、國幣社，而對於一州或一地方有功績之人，則奉祀於府、縣社。是故，由此觀之，鄭成功縱使對於我帝國未有可建偉業或能盡忠節之功績，然於本島入我帝國版圖之今日，若能表彰成功對於

〔註65〕張大拓，《宗教體制與日本的近現代化》，頁 70～71。

〔註66〕見溫國良編譯，《臺灣總督府公文類纂宗教史料彙編——明治 28 年 10 月至 35 年 4 月》，頁 113～114。

本島之功績，將本島人民一開始即稱道之開山王廟，改稱開山神社，
加列社格爲縣社。〔註67〕

有關開山神社之社司、社掌及祭典請示：

惟如本神社，本島自古以來即有祭典儀式，原先所存之舊慣習俗，若
依内地之慣例驟然將其改之，則恐有違民情、違反敬神旨意、或褻瀆
恩典之虞。是故，但請暫時將以往之住持（本島人中之僧侶）任用爲
社司，祭典等之情形亦依舊慣古例施行，不去干涉儀式。〔註68〕

從以上公文之往返，我們可知在殖民者與被殖民間位階從屬十分明晰。鄭成
功之開山王廟得以改建爲「開山神社」，是因考慮民意之所歸、視鄭氏爲日本
人、可強化統治臺灣的正統性、及有助於治化之處，並非其開臺之功。縱使
如此在社格的定位上，也只能列入地方性之縣社，而非全國位階，蓋臺灣不
過日本殖民之一隅。另外我們從祭典祭儀建請依古例一事，也可知神道信仰
尚無法真正進入臺灣人的生活與信仰中，故在統治之初，殖民者尚能以舊慣
溫存，便宜行事。

　　自開山神社改建起，殖民政府希望以天皇崇拜的國家神道，做爲協助其
殖民統治的工具，並利用神社的普及，涵化人民神道思想，早日同化臺灣人，
因而藉行政力量廣建神社。其次爲紀念 1895 年占領臺灣時爲皇族殉國死於臺
南的北白川宮能久親王，總督府於 1901 年以國費建設完成，象徵日本統治臺
灣的——臺灣神社，做爲臺灣第一神宮、臺灣總鎮守，也是日本統治臺灣時
期神社社格最高的官幣神社。總督府對神社興建與祭祀規劃：「使親王成爲臺
灣總鎮守之神，置總社於臺南，設支社於臺北，按月舉行小祭，春秋舉行大
祭，由陸海軍人、文官及本國人民率先敬奉之，以啓誘新移民。」〔註69〕

　　迄 1930 年臺灣各城市如基隆、新竹、台中、彰化、嘉義、臺南、高雄、
台東、花蓮等均已建有神社。神社中所祀以大國魂命、大己貴命、少彦名命
等日本神話中的開拓三神及北白川宮能久親王爲主。另外隨著日本移民漸
多，日本傳統神道信仰也在移民集中的聚落傳播開來。台中的稻荷社、基隆

〔註67〕 溫國良編譯，《臺灣總督府公文類纂宗教史料彙編——明治 28 年 10 月至 35
年 4 月》，頁 122～123。

〔註68〕 見溫國良編譯，《臺灣總督府公文類纂宗教史料彙編——明治 28 年 10 月至 35
年 4 月》，頁 128。

〔註69〕 見溫國良編譯，《臺灣總督府公文類纂宗教史料彙編——明治 28 年 10 月至 35
年 4 月》，頁 518～521。

末廣稻荷社、淡水稻荷社、臺北西門町稻荷社等。這些神社一般都由移民集資興建，帶有濃厚的日本神道性格，祭祀神靈亦多攸關農耕、稻作、商業等。這些神社社格較低，只被冠以社，而不被官方公認爲神社。〔註70〕

　　臺灣之神社及神道信仰，對臺灣民眾而言，是全新的外來宗教，由於官方之推展，民間才被動響應。但仍多由日本內地人在民間推動，而神社建築之奉獻者也大都爲日本內地人，我想這是因爲神社是身處異鄉的日本人，固有信仰之依藉，精神寄託與社會活動的網絡中心。這點我們可從台中神社設立後之參拜情形看出：

> 參拜者平日約有 30 名左右，但每月 1 日、15 日人數最多。本島人只是三三五五來此地參觀，而對神社拜殿行禮者極少，似乎並不瞭解神社的性質爲何。〔註71〕

這情形已是大正 7 年（1932 年），到昭和時期，由於皇民化運動，臺灣人對神社的參拜才較多，但相對於日本人而言，仍只佔少數。《臺灣日日新報》記載：「蓋從來在本島人間，多視臺灣神社祭典專屬內地人之祭，而與本島人無甚關係」。〔註72〕

　　1930 年起，因應戰爭時局，臺灣總督府推出「國有神社、家有神棚」的口號，除廣建神社外，也要求民眾參拜神社。爲落實神社教化目的，1934 年更提出「一街庄一神社」方針。此時全臺經官方認可的神社有 25 所，另有非公認的社 99 所。爲朝一街庄一神社的目標挺進，全臺掀起募集地方神社營造費用捐款風潮。由於臺灣神社信仰基本盤薄弱，神社建造非官方力量介入無法達成。至戰爭結束爲止，臺灣全島共有官幣社 2 所、國幣社 3 所、縣社 11 所、鄉社 20 所、無格社 30 所，加上臺灣護國神社、建功神社，共 68 所。〔註73〕離一街庄一神社尚有一段距離。

三、皇民化時期之神社參拜與正廳改善

　　1937 年起的皇民化運動中，「敬神尊皇」是一連串教化運動中，最爲重要的工作，亦即要求臺灣百姓要敬仰日本神道教的神，尊崇萬世一系的天皇。

〔註70〕蔡錦堂，《戰爭體制下的臺灣》，臺北：國立編譯館，2006 年，頁 26～27。
〔註71〕臺中廳編，《臺中廳行政事務並管內概況報告書（一）》，臺北：成文出版社，1985 年，頁 97。
〔註72〕《臺灣日日新報》，明治 38 年（1905）11 月 1 日，「祭典之熱鬧（一）」。
〔註73〕蔡錦堂，《戰爭體制下的臺灣》，臺北：國立編譯館，2006 年，頁 27～29。

故在 1919 年時，〈臺灣教育令〉頒布時，便以明令公學校在臺灣神社例祭日時（每年 10 月 28 日），應集合學生參拜或遙拜臺灣神社，並由校長進行有關神社的教誨。及至皇民化時代，神社參拜要求擴及青年會等各團體，參拜日也不僅限於例祭日，其他節日、遠足、畢業旅行時也會被要求至神社參拜。為鼓勵神社參拜，臺灣鐵道部還實施神社參拜車費打折、有些神社也發行紀念章來誘導。〔註 74〕

除神社參拜，更以「神宮大麻」的祭拜，來強化臺灣人之皇民信念。1899 年日本神道教，便向臺灣總督府建議，應使臺灣人接受以天照大神為祭神的伊勢神宮的大麻，做為「順民」的佐證。自此神宮大麻藉神道系統頒布，唯成效不彰，臺灣人根本不知神宮大麻為何物。1933 年總督府正式以行政力量介入神宮大麻的普及化運動，1936 年小林躋造總督除親自主持神宮大麻的頒布儀式，並動員警察、學校教員、各地神職人員，將大麻親自送到每個家庭，安置於神道式的神棚中，要求早晚祭拜。〔註 75〕此即「家有神棚」的政策，要求家家戶戶需於家中安置神棚（神龕），棚內祭祀日本三重縣的伊勢神宮之「神宮大麻」，藉著祭祀神宮大麻，使神道信仰進入每一個家庭。在官方強力介入下，迄 1941 年全島神棚突破 80 萬座，神宮大麻的頒布數量比日本頒布比例還高。

在小林躋造主持神宮大麻頒布儀式隔月，「正廳改善」運動的第一把大火隨即點燃。1936 年臺南州東石郡鹿草庄舉行臺灣人祖先牌位燒毀儀式。《臺灣日日新報》記載：

> 1224 座舊牌位堆積於焚燒場內，在官民的環視下，由僧侶舉行莊嚴的焚燒作業，儀式莊嚴。由於當局的苦心與部落民眾的自覺，三百年來的陋習、祭祀的浪費與衛生狀況終得改善，即日起部落民眾一律改以內地式新佛壇祭祀祖先，並行奉祀大麻，此事實值得大書特書。〔註 76〕

接著東石郡後，各地紛紛展開牌位焚燬運動，焚燒的不僅是祖先牌位，還包括神案上的諸神佛像。正廳改善除要求安置神棚、供奉神宮大麻外，臺灣人正廳祖先牌位與神桌上的神佛像處置，總督府皆聽由各地方官廳主導，故狀

〔註 74〕同上註，頁 30～31。
〔註 75〕同上註，頁 32～33。
〔註 76〕《臺灣日日新報》，昭和 11 年 12 月 5 日（1936）。

況與執行情形程度不一。有些地方只要求安置神宮大麻，並不要求更動祖先牌位，有些地方卻主張焚燒舊式牌位，改成日本「繰出式」（即一片一片可以取出之意）牌位，或改成神道式的「祖靈舍」牌位。〔註77〕因而各地執行報告也落差很大，如臺北州報告：「大部分家庭已整理，廳堂已不見神佛之像，但臺北、基隆市尚無充分執行，成績最差」；海山郡指示：「准予留置神像一尊，但不包括足以聯想起支那者。」；新竹州回報：「神像大都燒毀，亦有集中一廟者」。〔註78〕不僅各地正廳改善執行不一，雖神宮大麻的頒布數量大增，臺灣民眾表面雖礙於威權配合改善，但私底下仍維持祖先與傳統神佛的信仰與祭祀。

四、戰後去殖民化下面目全非的神道信仰

戰前統制者強力推行神道信仰，隨著戰爭結束，神社失去了他存在的意義，紛紛遭到遺棄與破壞，這些殖民遺跡正訴說著悲慘命運的歷程。日據時期神社建築，含括主殿、拜殿、社務所、手洗水舍、鳥居、神馬、石燈籠等，都是耗費鉅資興建，選用良匠良材，甚至遠由日本聘請名匠師設計，可見其對神社之重視。但光復後，臺灣各地的神社，在去殖民化及戰敗復員下，隨之破敗，或拆或毀或改建，大都僅餘殘磚破瓦任憑風吹雨淋，完整保存者並不多。就臺中神社而言，其建物中之石燈籠遺跡，歷經政權轉移，及意識型態的影響，都被抹去文字，再經由民間有意無意的損毀破壞，所存無幾。〔註79〕反倒是神社殘蹟中留下的石燈籠，觀其上頭刻文，大都為臺灣人奉獻捐助的。因民族情感，殖民遺跡戰前戰後兩樣情。其他臺灣各地神社所遺留遺跡，許多都被淹沒在在草叢中，成了廢墟。

除神社在戰後的悲慘命運，神道式神棚及所祀神宮大麻在戰後也一一被棄置，當然日本的天照大神更不會留在臺灣。唯一我們現在在廳堂還看得到的，是日本佛教「繰出式」祖先牌位，此神龕上部或背部可打開，裡面含數片記有祖先名諱、出生年月日的木片，可按祭日序列抽置，由於不佔空間又方便，有些家庭繼續使用到今日。

〔註77〕蔡錦堂，《戰爭體制下的臺灣》，臺北：國立編譯館，2006年，頁37。
〔註78〕蔡錦堂，《戰爭體制下的臺灣》，臺北：國立編譯館，2006年，頁39。
〔註79〕劉澤民，〈臺中神社石燈籠殘蹟及其相關人物〉，《臺灣文獻》，第56卷第4期，臺北：國史館臺灣文獻館，2005年12月，頁206～244。

第四節　廟會與戲劇：日本對廟會的利用與態度

　　殖民初期，爲避免騷動，當局對臺灣本土宗教避免干涉，甚至放任。大正年間各寺廟之迎神賽會、建醮、祭典之活動，非但未遭到禁止，反受到官方鼓勵，各地祭典地方首長亦親自參與，顯示對臺灣傳統宗教的懷柔策略。臺北霞海城隍祭典，1920 年後總督夫婦幾乎都親臨參觀迎神儀式。日本爲對臺灣進行宗教之同化，除透過各種方法強化臺灣人對日本神道與佛教的信仰外，也透過對臺灣宗教活動的認同或贊助，來籠絡與融合內台人民意識。

　　例如大正十四年（1925 年）日人中治稔郎氏融合日本天照大神與臺灣天上聖母信仰創立「天母教」，總部除主祀天照大神、媽祖外，另合祀關帝、府城隍，在舉行安座時曾以本島陣頭、鼓樂遊行，並曾至湄洲迎媽祖來臺奉祀，希望藉媽祖、城隍等島內人民崇拜的神明，來消除日台隔閡，以臺人慣習信仰來進行同化。〔註 80〕此外除了各大都市的大廟紛紛請神繞境以刺激商業外，官廳與公共工程的落成，也起而效尤，利用「熱鬧」，來增添公共建設落成典禮和神社祭典的歡樂氣氛。除對迎神賽會的支持外，日本當局對臺灣社會廟會戲劇活動是採消極放任態度的，這我們可從《臺灣民報》經常對警察及官方縱容歌仔戲的發展提出批判，甚至認爲這是殖民者有意使臺灣文化低落的陰謀。

一、寺廟祭典、迎神賽會與日本官方態度

　　臺灣寺廟大都爲先民從福建、廣東攜帶香火、神像至本省，逐漸發展起來的，其功能也從信仰中心，轉爲擴充具地方互助、治安、教化、娛樂、自治等功能，故本省寺廟特多，幾乎達一村一廟之數。從信仰到民俗活動，農閒之餘，各地民俗之祭神與賽會，也如火如荼的舉行各式祭典活動。迎神時，除神輿外，尚有鼓樂、旗、臺閣、軟棚等，儀式甚至長達數十日。迎神賽會的種類很多，或是廟宇落成，或是進香，或是繞境，或是建醮等，其規模大小，也有不同。一般而言區域性的祭典較之村落祭典，更易促成曲藝、陣頭的活絡。

　　日本據臺初期，兵馬倥傯之際，日本政府無暇顧及臺灣漢人的傳統宗教

〔註 80〕王見川，李世偉著，《臺灣民間的宗教與信仰》，臺北：博揚文化，2000 年，頁 273～274。

活動，故各地寺廟祭典及迎神賽會，得以保存。當時廟會神誕、作醮和祭祀活動仍然是絕大多數民眾年中的主要娛樂活動。待大正年間承平安定時代來臨，整體社會經濟力得到提升及活絡，各種宗教活動與民間祭典便隨之恢復，較以往更為興盛與頻繁，並有各種商業體系活動與之結合。各地寺廟陸續舉辦「熱鬧」（大拜拜和迎神賽會），甚至利用「熱鬧」場合來促進地方商業繁榮。例如北港朝天宮與霞海城隍都在這時期達到香火鼎盛盛況。《臺灣日日新報》報導：「北港朝天宮媽祖參詣者，年年皆五十萬至七十萬之多。往時進香皆徒步參詣，自縱貫鐵路開通，南北交通為之一變，……由是歲歲參詣者益增加。」〔註81〕鐵路開通，更強化南北信仰圈的擴大與繞境活動的盛況，原區域性藉迎神賽會帶動的商業活動，也因此蛻變為全島網絡，並演進成為臺灣整體經濟功能。例如霞海城隍祭典，便是藉宗教慶典，創造一個能帶動地方繁榮的環境。〔註82〕日本當局也常利用『熱鬧』，來增添公共建設落成典禮和神社祭典的歡樂氣氛。如「今年臺灣神社祭典，甚盛。……粧出蜈蚣閣一臺，外又藝妓棚六臺。」〔註83〕尤其官方各項公共建設相繼完成，需要藉助民間宗教活動，以吸引人潮，來達到宣揚日本政府施政成果。

我們由嘉義城隍廟的繞境活動可看到地方人士的參與及日本官方的認同。嘉義城隍廟原屬官廟，日據後廟宇經費無著，乃仿大稻埕霞海城隍繞境活動，倡議以迎神賽會來為廟宇找到出路。《臺灣日日新報》報導云：

> 嘉義城隍使司綏靖侯，自七年前，即為當地有力者提倡，……訪臺
> 北霞海城隍之例，逐年迎神繞境，鳩金建造旗幟、華蓋、萬人傘，
> 繞境市街，各神廟與仙仗及彩閣、蜈蚣閣諸故事，先後隨架。〔註84〕

當時繞境活動除參與神明增多，城隍廟本身，還包括市內友好廟宇的神明、陣頭、藝閣，以及外地來鬥熱鬧的神明、陣頭。另外受到臺南迎神賽會藝閣革新的影響，在藝閣型態上屢有創新，且引進品評制度。

> 城內布郊等盛裝詩藝閣七閣，到郡役所前，聽城隍廟評議員品
> 評，……由街人士各授予優勝及金牌，嘉義銀行對優等者，另授予
> 優勝旗及花紅五圓。眞木街長授以優勝旗、金牌於一等者，以為副

〔註81〕《臺灣日日新報》，大正6年（1917年）3月16日。
〔註82〕宋光宇，〈霞海城隍祭典與臺北大稻埕商業發展的關係〉，輯自宋光宇，《宗教文化論文集》（下），臺北：佛光人文社會學院，2002年，頁715〜771。
〔註83〕《臺灣日日新報》，明治40年（1907年）10月30日，「臺灣神社例祭狀況」。
〔註84〕《臺灣日日新報》，大正4年（1915年）9月9日。

賞。……南北人士蒞嘉觀光者，不下十萬人，神輿所過，觀客堵列。
〔註85〕

此次城隍祭典委員長是嘉義郡守河東田義一郎，副委員長是嘉義街長眞木勝太，這是日本官員首次擔任嘉義城隍廟祭典繞境活動負責人，可顯示嘉義城隍廟與迎神賽會受官方的認同。〔註86〕隨地方官的重視，嘉義城隍廟的繞境活動規模越來越大。一直到皇民化時期，官方才停止其祭典與繞境活動。

此外大正 4 年日本官方爲慶祝開山神社落成，也利用臺灣民間傳統迎神賽會來壯大官方聲勢。大正 4 年 5 月 11 日（1915 年），《臺灣日日新報》，記載：「臺南開山神社大祭，舁延平郡王像繞境。……是日，各街踵事增華，爭奇鬥豔。藝棚多至數十檯，各種其盛，臺南商家因此獲利。」。〔註87〕日本政府利用民間信仰活動來刺激商業，或慶祝國家慶典，或公共工程的竣工，在日據時代屢見不鮮。如 1916 年爲慶祝總督府新廈落成，舉辦實業共進會，爲了吸引人潮，當局特別請來北港媽祖到臺北會場。1919 年 3 月宜蘭鐵路築成，也議請北港、關渡兩聖母來宜蘭繞境，「蘭市各商郊及各街市，議請北港、關渡兩聖母來蘭，以備廳下各鄉村人民，乘此機會來市參詣，亦可觀覽開通式，使蘭市一番大熱鬧。」。〔註88〕大正 6 年（1917 年）6 月 18 日大稻埕商人爲慶祝日本殖民二十二週年，也特別推出化妝大遊行，各商社之廣告藝閣，熱鬧非凡。王詩琅的《艋舺歲時記事》，報導著大正 12 年 4 月間，皇太子裕仁到臺灣旅遊，臺北市各界被迫以藝閣、陣頭夜行表演到旅邸供其觀賞，其中陣頭大大小小共五十三陣。〔註89〕

二、現代化影響下的藝閣廣告化與商業化

大正年間（1912～1925 年），臺灣進入承平繁榮時期，商業發達，加上火車交通運輸方便，於是都市商家爲促進商品銷路，大都結合迎神賽會，來吸引各方人潮。尤其當時官方並未干預漢人寺廟祭典及迎神賽會活動，故宗教活動頻繁。大正 3 年（1914 年）6 月 7 日，《臺灣日日新報》，就這樣描述：

〔註85〕《臺灣日日新報》，大正 11 年 9 月 26 日（1922 年）。
〔註86〕王見川，李世偉著，《臺灣的寺廟與齋堂》，臺北：博揚文化，2004 年，頁 273。
〔註87〕《臺灣日日新報》，大正 4 年 5 月 11 日（1915 年）。
〔註88〕《臺灣日日新報》，大正 8 年 3 月 8 日（1919 年）。
〔註89〕黃文博，《臺灣藝陣傳奇》，臺北：臺原出版，1991 年，頁 21。

> 五月十三稻江城隍祭典，熱鬧非凡。……數日前，旅館即已充斥，
> 列車滿載不足，……稻江各街徹夜達旦，行人如織。……劇場妓館
> 利用機會吸引顧客。〔註90〕

為創造人潮，散播廣告，迎神賽會活動，是最佳途徑。大正 4 年（1915 年）
3 月 29 日，《臺灣日日新報》就報導臺南商家為振興商業，公議迎請媽祖，
云：「爾來市況蕭條，有協議於舊曆三月間，向北港迎請天后，以圖恢復市
況。」。〔註91〕至北港媽祖繞境是日，商況的確為之大振。至於散播廣告，
大正 8 年（1919 年）霞海城隍祭典，已出現帶有廣告意味的藝閣。大正 9 年
（1920 年），臺南各商家在媽祖繞境活動所出藝閣，廣告效果甚佳。「又各處
有迎神賽會，無不見其高麗蔘莊之旗幟，蓋李氏深知廣告之大有效力，故不
吝分幾分之利益，而時時為之也。」。〔註92〕為刺激藝閣之創新，還規劃評
審與會，評價各項港告藝閣之優勝。「慈濟宮保生大帝繞境，鼓樂、陣頭千
餘隊，詩意百餘閣，……鑑定人定為優賞。」。〔註93〕又大正 15 年（1926
年）5 月 24 日，《臺灣日日新報》，「五谷先帝繞境續聞」報導，提及這些參
與商家各出一臺詩藝閣，同業公會則出數臺，商家會將詩藝閣加以布置，除
華麗的設計外，也兼作自己商品的廣告，透過遊街走巷，達到宣傳與信仰的
雙重目的。〔註94〕

　　日據後期，有了汽車，原先以人力抬的「蜈蚣閣」變成用汽車運送的「藝
閣」，在強化廣告效用的年代，其宣傳色彩更濃。戰後在端正禮俗的風俗改善
及「去日本化」政策下，日據時期藝閣不再出現，及至解嚴後，在北港媽祖
繞境時，偶而會再現由幼童〔註95〕裝扮的藝閣，出現在繞境隊伍中。

三、知識份子眼中之廟會與戲劇

　　由於各種寺廟祭典及迎神賽會活動頻繁，雖可帶動民俗文化之發達及商
業活動之興盛，但所費甚巨，故各種反彈批判聲音，不絕於耳。

〔註90〕《臺灣日日新報》，大正 3 年（1914 年）6 月 7 日。
〔註91〕《臺灣日日新報》，大正 4 年（1915 年）3 月 29 日。
〔註92〕《臺灣日日新報》，大正 9 年（1920 年）5 月 15 日。
〔註93〕《臺灣日日新報》，大正 9 年（1920 年）6 月 7 日。
〔註94〕《臺灣日日新報》，大正 15 年（1926 年）5 月 24 日。
〔註95〕由於民間相信藝閣本身有一種厭氣，小孩扮演藝閣的戲中人物，會得神保佑，
　　　　帶來平安福氣，尤其健康不佳的小孩。

明治 38 年（1905 年）8 月 27 日，《臺灣日日新報》「清國學堂腐敗之原因」：

> 另各行省以建醮賽會之費，爲創設蒙學小學之資，吾知沿門開導，大聲疾呼，各惟充耳不聞而已矣。

明治 39 年（1906 年）3 月 3 日，《臺灣日日新報》「拾碎錦囊」：

> 分街釀金建醮，耗費不貲，熟知醮事甫完，而坤與旋震，壓斃多人，演出開臺以來，所未曾有之慘劇，可知禍福之口，不操於神鬼之手。

大正 14 年（1925 年）7 月 19 日，《臺灣民報》「看了稻江、萬華的迎神賽會」：

> 不過因爲幾個御用仕紳爲要瞞騙閣下，要討閣下等的歡心，故貼上「奉祝」的字條，……是眞正要使始政三十年紀念熱鬧，所以利用島人迷信心理，迎請媽祖的，其一是在祝賀始政紀念，而非在媽祖，若果如此，則帝國三十年的努力，竟不及一個木偶了！

「臺灣文化協會」成立後，對傳統廟宇民俗活動的迷信、鋪張、浪費等都毫不留情的加以評擊，對官方於迷信及迎神賽會的助長，其刊物《臺灣民報》也多所批判：

大正 14 年（1925 年）7 月 19 日，《臺灣民報》「看了稻江、萬華的迎神賽會」：

> 但諸君的一部爲何於臺灣人的迷信——如迎媽祖、建醮……等——不但不想撲滅，反而大鼓吹特鼓吹，用盡挑撥的手段？

大正 15 年（1926 年）5 月 23 日，《臺灣民報》「迷信的弊害」：

> 像每年作醮、迎城隍爺、媽祖等等開銷，至少也需千萬圓。小老百姓花費許多金錢，只想神明的保佑，而不知這是無理的希望，官吏們利用這弱點，要其依賴性質沒有改變，故就極力維護，鐵道部爲之減車料金，知事郡守課長們也出爲拈香參拜，內田總督更有徹底辦法，曾在臺南對神明求雨，說是愛護良民的啓見。

大正 13 年（1924 年）12 月 1 日，《臺灣民報》「對於稻江建醮的考察」：

> 向來聖廟文廟的祭典地方官參列是有的，未曾聽見參列於建醮，這可不是愈獎勵迷信的意味，空費民膏嗎？負要啓發臺灣的迷矇的責任，而反受此迷矇的感化，怎樣會得開化民眾的愚昧呢？

另外迎神賽會及酬神演戲衍生出的社會問題，也是文人仕紳撻伐之處。如澎湖地方舉人和生員們利用飛鸞訓示完成的鸞書《覺悟選新》卷七〈訓鄉規歌〉

中，就多次提到酬神演戲會引起一些不必要的紛爭。文中提到當時遊手好閒者平時喜歡村前村後看婦女，遇到迎神賽會時，通常會僱請妓女化裝成古人讓人抬著遊行。

> 可惡，可惡，真可惡。可惡民丁心不古。視鄉老，無能為，作閒遊，通社虎。身穿左衽衣褲，相牽手，沿鄉遍社看查某。無廉恥，不忠厚。心越大膽越粗，父母兄弟皆不顧。

同卷真武大帝的〈訓鄉規三字文〉，也提到每年三月媽祖和觀音誕辰，以及七月中原普渡時，各地都要請子弟班演戲，一般婦女喜歡外出看戲，招蜂引蝶。「三七月 二神誕 不必請 子弟班 恐少女 相聚盼 魂欲飛 魄欲散」。〔註96〕每逢神明生日，地方就會收丁口錢，僱請妓女裝扮歷史故事，坐在蜈蚣閣〔註97〕上遊行，由於婦女喜歡在這個時候來看戲，以致一些放浪子弟，得以大看特看婦女，平時少外出的良家婦女，在此時卻讓無聊男子品頭論足，難怪地方仕紳要藉乩文嚴厲譴責。

除放浪子弟，藉酬神演戲得以大看特看婦女，造成不良風氣外。迎神賽會時的武力拼鬥，也影響社會治安。乾隆時，朱景英遊歷臺灣對當時的迎神賽會，有深刻印象，並將之記錄於《海東札記》：「俗喜迎神賽會。如天后誕辰、中原普渡，醵金境內，倍極鋪排，導仗列仗，華侈異常。又有出金傭人加垂髫女子，裝扮故事，舁由市街，謂之抬閣，靡靡甚矣。」〔註98〕臺南知府唐贊袞在其《臺陽見聞錄》更提到：「當賽會之時，往往招攜妓女，裝扮雜劇，鬥豔爭妍，……他如民間出殯，亦喪禮也。正喪主哀痛迫切之時，而親友輒有招妓為之送殯者。」。〔註99〕從上文可知，抬閣不僅出現在迎神賽會，甚至喪禮也會請來表演。

往昔，村莊子弟會利用閒暇，練曲練拳，或組武館或組曲館，於迎神賽會時出陣表演，在神輿前，或舞獅或扮仙或演奏，這是民間娛樂也是社交活

〔註96〕宋光宇，〈蜈蚣閣、藝閣、電子花車：一個歷史的觀察〉，《歷史月刊》，第82期，1994年4月，頁74～85。

〔註97〕早期神明繞境是採徒步的，所以藝閣都是由人力肩扛。蜈蚣閣是利用兩根長大竹，上面紮上一兩張椅子或凳子，由女子扮成各歷史故事角色，坐在椅子上讓幾個大漢抬著遊行。由於每次遊行都有幾十臺這種轎子，長長隊伍很像多腳蜈蚣，因而叫蜈蚣閣，活動則叫抬閣。

〔註98〕宋光宇，〈蜈蚣閣、藝閣、電子花車：一個歷史的觀察〉，《歷史月刊》，第82期，頁74～78。

〔註99〕同上註。

動。不過臺灣各曲館、軒園子弟，在迎神賽會中各軒社之間常發生小規模的
拼鬥打架，「或以比鄰相爭，或近鄉以結怨，動輒以迎神相爭較勝，或無故多
殺生靈。」。像宜蘭在日據初期，西皮與福祿兩派相爭鬥，兩派人馬幾乎不能
相見，相見就打架，日本警察也莫可奈何，直到光復才沈寂下去。〔註100〕《臺
灣日日新報》載：「基隆西皮福祿賽會鬥奢之風。已成慣俗。而以爭迎媽祖爲
尤激烈。」〔註101〕

日據時期臺灣民間宗教迎神賽會活動，首先表現在民間戲曲活動的興
盛。連橫在《臺灣通史》卷二十三〈風俗志・演劇〉這樣描述：

> 臺灣演劇多以賽神，里坊間釀資合奏，村橋野店，日夜喧鬧，男女
> 聚觀，履舄交錯，頗有歡娛之象。〔註102〕

日據時期臺灣流行的戲劇據《臺灣慣習記事》紀錄，有八種：大人戲、查某
戲、囝仔戲、子弟戲、採茶戲、車鼓戲、皮猴戲、布袋戲。此外歌仔戲是日
據時期才開始出現和流行的戲劇。歌仔戲胎源自福建雜錦歌，來了臺灣後改
稱歌仔。日據時期歌仔戲大大流行於當時的主要宗教活動，迅速風靡整個臺
灣社會，戲園戲院、寺廟廣場、或臨時搭建的野台戲棚，都可看到他的蹤跡，
不但是祭祀節慶，連婚喪喜慶，也要請戲班演出。而村社民間以罰戲做爲違
規之懲罰，更是十分普遍。臺灣民諺有：「一枝放汝去，二枝打竹刺，三枝罰
棚戲。」亦即是偷一根甘蔗可原諒，偷吃兩根者以竹刺薄懲，偷吃三根則罰
戲一台。〔註103〕在此濃烈的民間戲曲環境下，官方和鄉紳也不甘落後，一些
地方仕紳或社團在日本官方慶典中，常以戲曲演出參與慶祝。歌仔戲由福建
傳入臺灣，由於具表演俚俗、唱白易懂的優勢，而能迎合當時下層民眾的審
美趣味。由小戲發展爲大戲，進而回傳原鄉閩南，這是日據時期兩岸戲劇交
流活動的另一件大事。

昭和初年，臺灣的外台戲仍以亂彈戲、四平戲、高甲戲、掌中戲爲主，
而內台演出市場幾乎已是歌仔戲與採茶戲的天下。〔註104〕惟廟宇的建醮與陣

〔註100〕宋光宇，〈解讀清末在臺灣撰作的善書──《覺悟選新》〉，輯自宋光宇，《宗
　　　　教文化論文集》（上），臺北：佛光人文社會學院，2002年，頁275。
〔註101〕《臺灣日日新報》，大正2年（1913年）5月15日，六版，第4649號，「愚
　　　　民鬥奢」。
〔註102〕連橫，《臺灣通史》，臺北：國立編譯館，1985年，頁585。
〔註103〕陳耕，《閩台民間戲曲的傳承與變遷》，福建：人民出版社，2005年，頁73。
〔註104〕徐亞湘，《日治時期中國戲班在臺灣》，臺北：南天書局，2000年，頁44。

頭演出，則少有歌仔戲的出現，這明顯的差異在建醮大事具神聖性，日據之歌仔戲被視爲「淫戲」，難登宗教殿堂。不僅建醮事拒絕歌仔戲，當時的仕紳與知識份子，亦對歌仔戲不滿，群起抨擊，呼籲官方禁止。這是因爲歌仔戲等新劇種，尚處發展階段，藝術性還很低，文化界人士長期從道德的角度對其進行批判。文化協會人士，《民報》中人士尤盛，其中民眾黨甚至將「反對歌仔戲」列入重要政策，其見報率大增。當時臺灣民報對其的批判不外「傷風敗俗」、「淫戲流行風紀大壞」，甚至以「毒比猛獸蛇蠍」視之，類似批評在當時《臺灣民報》至少在三十篇以上，不過這樣的論調並不影響歌仔戲的快速流傳。〔註105〕一般知識份子對歌仔戲缺乏理解的關懷，更遑論參與改良工作。能正向看待歌仔戲的大概只有少數知識份子，如連雅堂將其視爲鄉土文學一支，重新思索歌仔戲的魅力與功能。

　　大正 14 年（1925 年）12 月 3 日《臺灣日日新報》〈無腔笛〉一文云：「近來吾臺劇界如歌仔戲、採茶戲等，傷風敗俗多」。〔註106〕大正 15 年（1926 年）12 月 1 日《臺灣日日新報》〈羅東禁歌仔戲開演〉一文云：「劇有種種，其最礙社會風俗者歌仔戲是也。……村中男女青年，日夜被迷於戲園中者不少。」。〔註107〕昭和 2 年（1927 年）1 月 9 日，《臺灣民報》〈歌仔戲怎樣要禁〉一文，也力陳歌仔戲之禍害：

　　一、演員的人格卑劣。

　　二、歌詞很淫蕩，所用的樂器很低級，調子也很淫蕩。使一般男女
　　　　聽之，會挑發邪情，又所唱的歌詞也很邪淫。

　　三、表情很猥褻，在表演出每逢男女談話等表情過於猥褻，所用的
　　　　科白也多淫詞。

　　四、在演員中的男優多是不良分子，常有引誘挑發女觀客陷入迷途
　　　　，而女優多行密淫，迷惑男觀客的很多。〔註108〕

官方雖因歌仔戲含有猥褻內容，而查戲嚴格，但因歌仔戲普遍受到歡迎，仍具安撫人心效果，故日本當局對歌仔戲並未採強硬態度。直至七七事變，皇

〔註105〕翁聖峰，〈日據時期（1920～1932）臺灣的儒學與儒教——以《臺灣民報》爲分析場域〉，《臺灣文獻》，第 51 卷第 4 期，2000 年 12 月，頁 285～306。

〔註106〕《臺灣日日新報》，大正 14 年（1925 年）12 月 3 日，「無腔笛」。

〔註107〕《臺灣日日新報》，大正 15 年（1926 年）12 月 1 日，「羅東禁歌仔戲開演」。

〔註108〕《臺灣民報》，昭和 2 年（1926 年）1 月 9 日，「歌仔戲怎樣要禁」。

民化時期，歌仔戲與其他漢文化一樣遭受取締，戲院演出時，日警會坐在舞台旁臨場監督。當時臺灣歌仔戲只剩改良戲，改穿和服演皇民化劇，表面是皇民化劇，內容本質仍是歌仔戲，且因不被允許使用武場的鑼鼓（禁鼓樂政策），只好配上留聲機代替。〔註 109〕歌仔戲藝人呂福祿回憶日本警察監督情形：「當時戲班裡前一個小時確實是演日本劇，穿時裝的，但一旦等日本警察走了之後，鑼鼓聲立即大作。」〔註 110〕待太平洋戰爭爆發，更規定只能演出「水戶黃門」等日本戲。歌仔戲的演出不但受到很大的箝制，有時還被迫在露天場合，演出宣傳的樣版內容。此種環境讓戲班產生許多變通能力，中西樂器混用、新舊打扮雜陳等，反倒確立了日後歌仔戲中「胡撇仔戲」的風格形式。〔註 111〕

　　對於知識份子對歌仔戲的撻伐，除歌仔戲本身質素外，日據時期臺灣知識份子在面對日本現代化的優越，對現代性與文化的落後，有嚴重的自卑與焦慮。因此當他們發現本土傳統文化無法抵禦外來文化，甚至會成為社會進步的障礙，於是對傳統文化的批判是強烈的，其對舊詩是如此，對發展自民間下層社會的歌仔戲亦復如此。〔註 112〕

第五節　齋教的轉型與頓挫

　　所謂齋教是明末清初社會崩解混亂下一連串「救世主」運動中的三個重要支派——龍華教、金幢教、先天教。日據初期齋教仍延續清代傳統，屬秘密宗教，西來庵事件當局展開對宗教的調查，齋教不得不以更開放態度的「在家佛教」身份公開在大眾前，齋堂彼此有了連結，甚至出現與佛教同化現象及齋教的空門化。光復後，為代表地位和層次的提升，齋堂內聘出家師父主持堂務，甚至轉變成佛寺、道堂、私廟和民宅，新成立的齋堂少之又少，進而日漸萎縮。

〔註 109〕楊馥菱著，曾永義校閱，《歌仔戲史》，臺北：晨星出版社，2004 年，頁 97。

〔註 110〕同上註。

〔註 111〕胡撇仔戲係翻自外來語，閩南音近 OPERA，取其胡天胡地，胡來一氣的演出。迄今戲班有時會應觀眾需求，演出胡撇仔戲，穿傳統戲服，唱流行歌曲，演現代故事。見楊馥菱著，曾永義校閱，《歌仔戲史》，頁 99、112。

〔註 112〕徐亞湘，《日治時期臺灣戲曲史論——現代化作用下的劇種與劇場》，臺北：南天書局，2006 年，頁 29。

一、日據時期臺灣齋教發展與定位

　　日據時期有關臺灣齋教三派的組織、特性與定位，岡松參太郎在其舊慣調查與解讀上有頗爲精闢的論述，對齋教從雜教、邪教〔註113〕的定位中脫離，有其學術貢獻。岡松在其《臨時臺灣舊慣調查會第一部調查第二回報告書》中，如此定義齋教：「臺灣地區亦存在『雜教』，主要的約可分爲：齋教、巫覡跟卜筮三種，但只齋教屬佛教一派，尙能稟持佛說本義。」〔註114〕他不僅把齋教重新定位爲可與佛教並列的宗教之一，接著他對齋教發展沿革也有迄今仍屹立不搖的論述：

> 齋教又名持齋宗，爲佛教的一種，由禪宗臨濟派的變胎而來，係以不出家不著僧衣的俗人，而形成守持佛戒的教派。自古以來，以俗人而守持佛戒，並不乏其例，相對於稱比丘、比丘尼爲僧尼，彼等則被稱爲優婆夷、優婆塞。然而優婆夷、優婆塞只是皈依在家佛教信徒，本身並不自立教義，以及向他人弘法。可是到了明代由於佛教萎靡不振，導致有些俗家信眾不願只守持佛戒，彼等進而欲與僧尼比肩，便致力其教義，並向外弘法，或爲他人祈福。而此輩在家信徒因謹持佛戒，經常斷葷食素，故以吃齋或持齋相稱。官方雖視此輩爲邪教而展開鎮壓，終究無法根絕，清乾隆以來並逐漸傳入臺灣，當前共有龍華、先天、金幢三派，形成一具優勢的宗教。〔註115〕

岡松也進一步補充齋教特性：「不著法服、不剃頭髮、又能持佛戒；能一面持戒弘法，另一方面又從事生產和不空費國用；雖同佛寺一樣奉祀菩薩和舉行祭祀活動，但非由僧侶主持，並且其設置和管理限於持齋者團體本身；齋教信徒之間，互相稱爲齋友，一般人則稱爲齋公、齋姑。」〔註116〕

　　臺灣齋教分爲龍華、金幢、先天三派，皆由中國傳入。據連雅堂《臺灣通史》·〈宗教志〉對齋教三派的論述：

> 臺灣齋堂之設，從者頗多，其派有三：曰先天、曰龍華、曰金幢，

〔註113〕齋教在明清兩代被視爲邪教，故發佈諭告禁止民眾參與其活動。
〔註114〕江燦騰，《日據時期臺灣佛教文化發展史》，頁66。
〔註115〕江燦騰譯自岡松參太郎，《臨時臺灣舊慣調查會第一部調查第二回報告書（第二卷上）》，頁217。見江燦騰，《日據時期臺灣佛教文化發展史》，頁69。
〔註116〕見陳金田譯，岡松參太郎編纂，《臨時臺灣舊慣調查會第一部調查第三回報告書（第二卷上）》，臺中：臺灣省文獻委員會，1990年，頁333。

皆傳自惠能，而明代始分。先天之中，又分三乘，拋別家園，不事
配偶，專行教化，是爲上乘；在家而出家，在塵不染，是爲中乘；
隨緣隨俗，半凡半聖，是爲下乘。龍華之中亦分九品，一曰小乘，
二曰大乘，三曰三乘，四曰小引，五曰大引，六曰四偈，七曰清虛，
八曰太空，九曰空空。金幢之教，但稱護法，餘爲大眾。三派入臺，
以龍華爲首，金幢次之，先天最後。初乾隆季年，白蓮教作亂，蔓
延四省，用兵數載，詔毀天下齋堂。時郡治橇仔林有龍華之派聚徒
授經，乃改爲培英書院。道光以來，漸事傳播。迨咸豐間，有黃昌
成、李昌晉者，爲先天之徒，來自福建，昌成在南，建報恩堂於右
營埔，而昌晉往北，各興其教，至今頗盛。全臺齋堂，新竹爲多，
彰化次之，而又以婦女爲眾，半屬懺悔，且有守眞不字者。〔註117〕

明治 35 年（1902 年）臺南廳編的《南部臺灣誌》，將吃齋的三個教派視爲佛
教中的「持齋宗」，進一步將三派朝「齋教」的共識邁進，明治 40 年（1907
年）臺灣舊慣調查報告正式命名三者爲齋教。至日據初期，齋教龍華派即有
佛堂二百餘堂，聲勢之大，即可想見。

二、齋教與佛教各大教派之關係

　　齋教究屬佛教亦非佛教歷來學者爭論頗多，連雅堂《臺灣通史》宗教志
將其歸於佛教一類。「佛教之來，已數百年，其宗派多傳自福建，黃蘗之徒，
實授衣缽，而齋堂則多本禪宗。齋堂者，白衣之派也，維摩居士能證上乘，
故臺灣之齋堂頗盛」。〔註118〕齋教自己也強調是禪宗六祖惠能的法脈眞傳，並
以在家修行者及弘法者的優越性自居。

　　日據時期臺灣佛教主要法派的重要僧侶出身齋教者頗眾，如善慧、妙果、
玄精、玠宗、林德林法師等皆出身齋教。這種先皈依齋教再轉爲正式僧侶的
模式，在日據初期的臺灣佛教界相當普遍。其中基隆月眉山靈泉寺江善慧法
師的由齋教到大陸佛教進而加入日本曹洞宗，可謂最具代表性的例子。江善
慧俗名江清俊，基隆人，明治 29 年（1896 年）在源齋堂由張太空引進龍華派，
法名普傑，持齋禮佛甚虔。明治 35 年（1902 年）由善智法師攜同到福建湧泉
寺出家，受戒後返台籌建靈泉寺。明治 40 年（1907 年），加入日本曹洞宗，

〔註117〕連雅堂，《臺灣通史》下冊，宗教志，臺北：黎明文化，1987 年，頁 551。
〔註118〕連雅堂，《臺灣通史》下冊，宗教志，頁 551。

並晉山為靈泉寺住持。明治 44 年（1911 年）赴日本東京請大藏經，並在本山領受為日本曹洞宗佈教使。〔註 119〕臺南開元寺玄精法師俗姓蔡，明治 28 年（1895 年）曾皈依齋教龍華派，後渡海至湧泉寺禮傳芳和尚為師；苗栗大湖法雲寺第二任住持妙果法師，十八歲即皈依大溪齋明堂；玠宗法師，出身臺中霧峰林家，早年皈信齋教龍華派；連佛教的馬丁路德──林德林也出身臺中齋教龍華派慎齋堂，並且長期接受堂中的栽培和經濟支助。

　　另外日據時期幾個齋教領袖如黃玉階、廖炭、許林等皆與佛教相善。如黃玉階本人是齋教領袖（臺灣先天教最高領導人，擔任頂航一職），又與日本關係良好，〔註 120〕自然是建立日臺佛、齋關係的不二人選。如其曾擔任臺北真宗本願寺檀家總代囑託、與辜顯榮等捐款購地建曹洞宗東和禪寺、於鎮南山臨濟護國禪寺落成時題詩贈寺、擔任曹洞宗臺灣佛教青年會發起人、擔任佛教中學林副會長等，這些皆和他在政治立場上與日本官方合作，而取得日人信任有關。但當時這些領袖與日本佛教相善，並非媚日，而是透過與日人周旋應付，來謀求同胞的福祉。這裡可說明，即使齋教當時是強勢團體也能和正統佛教和諧共處，而不生正統與異端互斥現象。

三、西來庵事件後齋教的因應之道

　　西來庵事件主事者余清芳曾於事件前出入齋堂，積極聯絡齋友尋求支持，於是事件後齋堂紛紛受到牽連，《臺灣宗教沿革誌》中紀錄著日據時期宗教名人林學周對此事件的一段回憶：

> 當時各處仙公廟及齋堂，均被警察當局視為秘密機關。尤其是食菜人及鸞堂乩生，被捉者臺北、新竹兩地聞有百餘人，而被監視者不知凡幾。……僥倖是年四月六日，余清風本人持帶臺南陳耀文先生介紹狀來臺北時，曾與吾師陳太空同到林業試驗場專意欲訪於予，但因不在，被投下名片而去。……此事因歸任時，即被艋舺舊街警察署高等刑事中村彌太郎數次取調，故知事關身命……。〔註 121〕

引文中余清風即余清芳化名，陳太空即陳普星，本名陳火，是臺北地區齋教龍華派的領袖人物，事件後即積極參與親官方佛教組織及活動。陳耀文出生

〔註 119〕王見川，李世偉著，《臺灣的寺廟與齋堂》，臺北：博揚文化，2004 年，頁 158。
〔註 120〕《臺灣列紳傳》，將他列為臺北地區眾紳的第一人，也可說是全臺第一人。
〔註 121〕林學周，《臺灣宗教沿革誌》，臺北：佛教月刊社，1950 年，頁 2。

臺南擇賢堂，是臺南地區齋教先天派首領。這也是爲什麼事件後齋教人士個個深怕火燒己身。

　　西來庵事件這一以「齋教徒」爲聯絡對象的反抗運動，讓臺灣南北齋教徒或齋堂負責人，由於害怕被事件牽累，於是紛紛表態或是和日本佛教組織建立更密切的關係。身處風暴的陳耀文，即與曹洞宗佈教使籌組佛教統一會，以爲因應。《臺灣日日新報》對此報導：

> 本島佛教萎靡不振，而廟堂之中，又多迷信，漸失本來面目，是於社會上大有關係也。近者督府有約束寺廟之議，現已派員調查，於是臺南市報恩堂陳耀文居士，乃與曹洞宗金西、水尾兩禪師，籌設佛教統一會以謀革新。〔註122〕

在此次的統一組織後，陸續又有佛教青年會、佛教道友會的成立。臺南市齋堂，龍華、金幢、先天三派共十四堂，也聯合組織「愛國佛教會臺南齋心社宗教聯合會」，一面約束教徒勿參與盟會活動，一面請求日本曹洞宗之保護，並發佈《聯合約束章程》。這是繼西來庵事件前（1912年）「齋心社」組織的擴大，此時加入的齋堂已由原來七堂擴增爲十四堂。章程中強調要守法、納稅、安分作一良民、不參加教外結黨、或讓不軌之徒入會。同時規定會中的各齋堂要建立個人檔案，詳細登錄個人資料，以備稽查。〔註123〕可見其組織不僅在明志，也爲避免類似事件再發生。

　　大正九年（1920年）全島齋教徒首次擴大聯合組織，創立「臺灣佛教龍華會」，首任會長爲臺南新營地方望族廖炭（爲龍華教太空、白河大仙寺管理人）。會議中明白宣示學習日本佛教，斬斷與大陸本山的關係，來淨化宗風，建立自己的本山。這個宣示反應齋教徒主動配合形式積極日化的趨勢。並聘請臨濟宗僧侶東海宜誠擔任顧問，歸屬於臨濟宗派下。〔註124〕臺灣佛教龍華會形式上日化的宣示，是爲減低官方的干涉與迫害，尤其是皇民化時期，齋堂紛紛加入臺灣佛教龍華會，以求自保，希望能免於被拆毀或整理的命運。

　　中日戰爭爆發，臺灣佛教龍華會爲因應外在形式，主辦「時局佛教講習

〔註122〕《臺灣日日新報》，大正4年（1915年）10月19日。
〔註123〕江燦騰，《日據時期臺灣佛教文化發展史》，頁195～196。
〔註124〕王見川，〈略論日治時期「齋教」的全島性聯合組織──臺灣佛教龍華會〉，收錄於江燦騰著，《臺灣佛教百年史之研究》，頁219～243。

會」，程序中，先是一同敬禮、神宮遙拜、宮城遙拜、進而唱「君之代」，都可窺見皇民化的外衣。會中陳登元會長還鼓勵減私奉公，改除陋習迷信，省奢靡之費，以助國防。〔註125〕臺灣佛教龍華會如此積極的皇民化，並未喪失其原齋教精神，反成為齋堂躲避皇民化的護身符。當皇民化的「寺廟整理運動」如火如荼展開時，全國廟宇破壞甚多，但齋堂所受破壞並不多，這除了齋堂是佛教系統外，臺灣佛教龍華會及日本佛教的保護，也是主因。臺灣佛教龍華會的個案，反映了臺灣宗教組織團體在異族統治下的適應之道。戰後龍華會變成為歷史名詞，由臺灣佛教會取代，也注定日後天龍堂改為天龍寺空門化的結局。

四、戰後臺灣齋教的式微與困境

　　戰後臺灣正統佛教道場及教學研究機構急遽增加，其規模之大數量之多，已非齋教可比擬。相較日據時期，臺灣四大佛教法派住持大都出身齋教的榮景，戰後臺灣重要佛教組織，如慈濟功德會、佛光山、法鼓山、真佛宗等都不屬於齋教系統。在戰後的臺灣宗教界，齋教發展是面臨困境明顯式微了。對於齋教的式微原因，學者皆有不同看法與定見，以下舉其大要：

　　筆者指導教授宋光宇博士，在其一貫道研究書籍《天道鉤沈》中提到齋教的衰弱原因：

> 齋教本非佛教，自從日本人強制納入佛教後，就引起和尚入占齋堂現象。民國三十八年（1949年）大陸淪陷後，齋教又面臨新的困境，那就是無法再得到住在福州總壇的當代祖的升座任命，發生了齋堂主持人無法遞補的現象。再加上宗教寺廟管理辦法的實施，和尚就大批大批的進佔齋堂。如今只有少數齋堂還勉強維持以往的面貌，如臺南的德化堂、慎德堂，高雄的明善堂。但也與佛教有很深關係了。齋教於清代曾盛行於臺灣，及其衰微，所留下的空缺，正好由性質相近的一貫道所取代。〔註126〕

林萬傳先生在《先天道研究》一書中，也對先天道的日漸式微提出其看法：

> 七七事變後，臺灣大陸交通中斷，日本當局又在臺推行皇民化運動，著手整理臺灣寺廟，先天道佛堂亦在整理之列，其發展受挫。

〔註125〕同上註。

〔註126〕宋光宇，《天道鉤沈》，臺北：元祐出版社，1983年，頁22。

臺灣光復後，道教因正一派六十三代天師張恩溥之移駐臺灣弘法，
使臺灣成了正一道統之聖地。佛教因各地高僧之避難雲集臺灣弘
法，建精舍、叢林，創辦佛學院，弘揚佛法，造成了臺灣佛教前未
有的盛況。反之，先天道則大相逕庭，與大陸祖堂斷絕了聯繫。祖
堂無法像往昔，定期派員指導及授職，遂日漸衰微。

先天道不僅因源斷枯萎，且光復後又將他劃入佛教會，使他二度更
名，由日據時代的齋教先天派，再變為佛教先天派，隸屬佛教會之
節制，僧尼得以進駐其佛堂，喪失了俗家教團之獨立地位。此外同
樣標示先天的一貫道之輸入，對他的威脅更大。〔註 127〕

原則上宋光宇博士與林萬傳先生所持理由與見解大致相同，都認為齋教的式
微與齋教的空門化；兩岸阻隔總壇無法任命在臺主持；內地佛教、道教、一
貫道的雲集臺灣有極深關連。對此江燦騰博士則持不同意見，他認為日據時
期寺廟整理主要是針對道教民間信仰，運動對齋教影響有限，齋教數量並沒
有明顯減少；對齋教空門化的打擊，他認為齋教本來就是禪宗在家佛教的一
種新發展；對總壇無法任命在臺住持一說，他則以當時臺灣先天道的「地任」
黃監，光復後至去世在臺有十年之久，其位階足以擔任全臺齋教住持之升坐。
故他以為齋教之所以式微主因在專業人才培訓不足、齋教之社會介入不如人
間佛教，才是主因。〔註 128〕

　　筆者則以為，上述原因中齋教的空門化、內地佛教、道教、一貫道的雲
集臺灣與蓬勃發展、專業人才培訓不足、齋教之社會介入影響層面不如人間
佛教，都是齋教式微的原因之一。此外齋教發展有其歷史背景，臺灣早期許
多齋堂都是由大家族出資興建，目的在供給族內未婚或守寡親友以及其他族
內持齋禮佛婦女有個安養修行的場所。例如板橋林家「接源堂」、霧峰林家「靈
山寺」、〔註 129〕「慈覺院」、新竹鄭家「一善堂」、「淨業堂」、臺南翁家「慎德
齋堂」。〔註 130〕因漢人傳統，女子不婚是無法長期住在家裡，俗諺「厝內無奉

〔註 127〕林萬傳編著，《先天道研究》，臺南：靝巨書局，1985 年，頁 267～268。
〔註 128〕王見川、江燦騰編，《臺灣齋教的歷史觀察與展望》，臺北：新文豐出版，1994
　　　　年，頁 255～274。
〔註 129〕林氏家族成員中重要領袖，如林資彬、林獻堂都曾親自擔任靈山寺的管理要
　　　　職。
〔註 130〕張崑振，《臺灣的老齋堂》，臺北：遠足文化，2004 年，頁 156～157。

祀姑婆」，家中長輩為安頓族內婦女，於是出資興建齋堂。〔註131〕尤其這些望族婦人，或是守寡無子而開始吃齋禮佛，佛堂因而成為這些人修身養性安養天年的場所。加上清代法律對婦女出家規定極嚴，如未滿四十歲有意修行，以在家形式帶髮修行，不失為可行之道。而未婚、孀居或殘疾婦女，既不方便出家，又不能隨意進出佛寺，所以需另找場所安置其生活與宗教所需。故齋堂之齋友也以女性居多，可說是漢人傳統社會一個特殊的女性空間。戰後隨著女性自主意識的日漸抬頭，齋堂原來為安頓族內婦女的功能漸減，多少也影響到其後續發展。

第六節　儒教與鸞堂：依附屈服 VS.文化對抗

在儒家的傳統中包含著「華夷之辨」的民族思想，故割台初期儒生參與武裝抗日便是此一思想的激發。武裝抗日受到慘烈鎮壓後，儒生便將戰場轉到鄉間，書房、詩社成了新據點，維繫漢文化，使免於滅絕，成了儒生退而求其次的目標。〔註132〕另一方面，由於時移勢轉，日據時期儒教界為了得到日本當局的認同支持，使其感受到儒教的政治與社會效用，於是透過不同立論與行動來強化彼此關係，更藉此來維繫漢文化的命脈。相對的日本當局對儒教的政治效用，也感同身受，除翼贊佛教人士的祭孔活動外，還不時大費心機透過揚文會等來籠絡仕紳，公開宣誓建立儒教正統地位，並藉儒教進行文化統戰。雙方各取所需，讓臺灣儒教在「依附屈服」抑或「文化對抗」，顯的曖昧不清。

至於日據時期的鸞堂與善社，其功能不僅「宣講勸善」一途，日據時期的善社，不因日人同化與現代化的殖民政策，而斲喪生機，反能審查局勢，自我改造，以舊瓶換新酒的方式，對當時的社會議題建言。當然位於殖民政府下求存，除善社宣講呼應政府維新政策外，也有鸞堂積極配合政府，尤其是降筆會事件後，鸞堂受到明顯的壓抑。例如黃玉階的「普願社」在降筆會風潮時，一方面與降筆會劃清界限，一方面改變宣講內容，融入日本政府的維新政策，甚至宣講明治天皇的「教育敕語」，具體可徵為其「天然足運動」。

〔註131〕如淨業堂創建人是新竹鄭家鄭如蘭的妻子陳潤，由於婚後一直未曾生子，於是開始吃齋唸佛，並建立齋堂，特別在堂中供奉送子觀音。見張崑振，《臺灣的老齋堂》，頁159～160。

〔註132〕陳昭瑛，《臺灣與傳統文化》，臺北：臺灣大學出版，2005年，頁86。

日據時期，儒教人士外有日本政府的同化政策，內則需面對新文化人士提倡的新風潮，於是我們看到善社、鸞堂、詩社等儒教結社，為求生存發展，反在異族統制下更行興盛，並為維繫民間宗教及漢文化而周旋於日本政府間。

一、日本當局對儒教的籠絡與利用

統治之初日本人深知表面威壓，難以在心理上真正同化臺灣人，必須透過教育使之感化，並善加『利用』臺灣原有之儒教來籠絡、教育臺灣國民。明治 29 年（1896 年）11 月臺南縣知事磯貝靜藏在呈報民政局長水野遵時，便建議利用儒教：

> 中國係以儒教為人道之最高指導準則，尊敬孔子為至聖，任何人皆為熟知也，於臺灣亦同，需要實踐，總之，中等以上之臺灣人，無不信奉儒教，對於我人恭讀教育敕語即為忠孝之道，未見有與儒教有所差異，故臺灣人尊崇儒教，從另一角度來觀察之，亦可云暗中符合尊奉敕語之主旨。然而臺灣人不僅不要打破信奉儒教之思想，更要獎勵要求其實踐，施政者更不用說，對於其他人也應時常對孔子之神位表示敬意，表示日本亦同樣信奉儒教之意也，而且我國對於教育敕語及將其譯文揭示在講堂上，向學生以及其他之臺灣人表示，日本之大道乃與本來臺灣人所信奉者所同，信奉儒教即信奉日本之大道之意，應讓其有領悟，此即所謂利用儒教也。〔註133〕

由上文可之，在政治考量下，日本當局對儒教的態度是選擇性的合作與協助。

此外日本當局也深知，如能善用儒教仕紳，將有助於政權的穩定。這從種村保三郎對當局的建言便可見其因由：

> 持有舊政府時代之學位──舉人、貢生、秀才等等者，全島尚存不少。渠靠多年努力而獲得之功名，在新生臺灣等於一片廢紙而成無用，故其不平不滿，時有難以掩蔽者。渠輩概為地方指導者，具有相當勢力，漠然置之不理，洵為不可輕視之一大問題也。〔註134〕

這些仕紳遺老在舊王朝享有種種特權禮遇，諸如奔走公門、蓄養奴婢等，進到新王朝昔日參加科舉致仕風光不再，故不免有極深的文化失落感，其處境

〔註133〕《臺灣總督府公文類纂教育史料彙編與研究》（上），頁 164。乙種永久第三十卷，檔案號：V00100／A023。

〔註134〕種村保三郎，《臺灣小史》，臺北：東都書局株式會社，昭和十九年（1944 年）。

不只是政治遺民，更是文化遺民。在此背景下，日本當局開始安撫這些前朝社會領導階層，並透過他們的社會影響力來維持政局安定。如總督桂太郎頒發「紳章」給儒教仕紳；兒玉總督也在淡水館舉辦「揚文會」，刻意與儒教人士交好；甚至邀其擔任參事、街庄長、保正等；或給予鴉片、官鹽等專賣特權。這些舉動也獲得御用文人回報，大作歌功頌德之詩。〔註135〕《臺灣日日新報》漢文欄，更不時可見詩社成員歌頌殖民政策之作，這種文化籠絡作用，其功效不小。這可預見日後爲什麼總督府對臺灣民間儒教運動與詩社，情有獨鍾，互動頻頻往來密切，終日本據臺之末不絕。

面對日本當局對儒家的利用、籠絡，日據時期臺灣儒教與當時對岸中國儒教的惡劣處境一般，除需背負傳統文化包袱，尚需面對新文化人士對其保守、封建、落伍、千夫所指的衝擊，更甚者還需外抗殖民同化政策，可謂內外夾擊，處境尷尬。〔註136〕此交相逼迫的處境，又以大正時期更爲白熱化。爲因應此危機，儒教人士糾集同志，群結成社，以延續傳統漢文化與儒家思想爲己任，以致於在異族統治下，臺灣儒教結社活動反更加蓬勃興盛。日據時期儒教結社，可分爲學術性與宗教性兩類，學術性儒教，包含文社、詩社及各種新興儒教團體，他們尋各種既有政治、社會管道，鼓吹儒家思想學說，並獲得日本政府的支持。宗教性儒教，則包含善社與鸞堂，他們透過宣講形式宣揚儒家文化，對善社日本當局原則上多不干涉，但對鸞堂由於日人一向視扶乩爲迷信，加上受扶鸞戒煙及1915年西來庵事件影響，採禁抑態度，許多鸞堂或被監視或遭取締。〔註137〕

儒教團體所進行的活動大致爲下列幾項：祭祀孔聖先賢、孔教宣講、發行刊物、表揚忠孝節義者、鼓吹漢學並賦予儒家宗教化形象。鑑於日據初期孔廟遭受破壞，爲求對外推展儒家文化及教化活動，對內凝聚儒教人士的向心力，同時要創造一個神聖祭祀空間，於是孔廟的修復與興建，成了臺灣南北地方舊儒、仕紳、文人傾全力推動的大事。〔註138〕大正六年（1917年），臺北最大詩社瀛社提議組織「崇聖會」，推日人木村匡爲會長，顏雲年、謝汝詮爲副會長，而後聯絡大稻埕及艋舺舊科甲人書房教師紳商等成立「臺北祭

〔註135〕如第二次饗老典中，文士就有170人題詩祝頌。
〔註136〕五四時期的「打倒孔家店」便是反儒教的高峰，必欲除之而後快。
〔註137〕李世偉，〈日據時期臺灣的儒教運動〉（上），《臺北文獻》，第120期，1997年，頁95。
〔註138〕同前註，頁110。

聖委員會」，並於當年九月二十四日孔子誕辰之日，假臺北公學校大禮堂舉行祭孔典禮，活動受日本當局的大力支持，總督安東真美更擔任主祭官，事後更捐助五十圓，當日臺北文武百官皆到場。這是日本統治臺灣的第一次正式祭孔大典，爾後數年，臺北儒教人士經常借蓬萊公學校及龍山寺、保安宮舉行祭典。〔註139〕數千年來祭孔一向屬官祭，日據時期卻由民間團體倡導，原本只有官方才有的祭孔資格，也下放到民間來，於是各儒教團體也得各自舉行祭孔儀式。

　　除祭孔外，孔道宣講團也是儒教振興運動最主要的活動，藉宣講弘揚儒教、抵制新學，當時最著名的儒教宣講組織，是由臺北崇聖會組成的「孔教宣講團」。其宣講員皆是當時臺北地區知名的仕紳，如莊贊勳、連雅堂、葉鍊金等，當然為與日本當局交結應和，宣講團也常邀日本儒教人士尾崎秀實等演講。另外基隆「孔教會」、鹿港「德育會演講團」、嘉義「青年團」、宜蘭「孔道宣講團」皆是當時知名宣講團體。除宣講外，各地儒教團體也發行各種儒教刊物，如辜顯榮的《臺灣聖教報》、施梅樵的《孔教報》等，有些儒教刊物除教化外也刊載有善惡報應因果觀，近似善書，頗受民眾歡迎。在所有儒教運動中，臺灣儒教人士與中國互通聲息、遙相呼應時有所見。兩地儒教人士的往還互動，如新竹仕紳有鑑於漢學漸廢，特聘四川名師教授漢學並進而組成「篁聲吟社」，振興文教；黃純青也曾於昭和初赴大陸觀察中國儒教運動，回臺後並撰述「民國與孔教」等相關文章；南洋華商郭春秧更自創「錦茂孔聖大道會」，扶植廈門儒教團體。〔註140〕郭春秧在向東京內閣遊說成立「孔聖大道會」的理由是，希望藉儒教達成日支親善以及對抗西方列強。

　　日本當局對儒教的扶持，除文化籠絡外，社會教化的需求也是原因之一。儒教中「君君、臣臣、父父、子子」的倫理觀，日人認為有助於本島之統治，儒教的宣講活動，日人也認為有助於學校教育，而多鼓勵之。有關此點，我們不得不說這是日人對儒教教義的選擇性詮釋。其實日本儒教信仰初與中國有著相同準則，但隨著時間推移，日本儒教早已背離原來儒家基本精神，而至貌合神離。儒家思想價值中最高的準則為「仁」，一切美德均受仁的制約，如義若離仁則顯粗鄙、禮若離仁則變虛偽、智若離仁就淪為小聰明、信若離

〔註139〕《臺灣日日新報》，大正 6 年 9 月 26 日（1917 年），「臺北祀孔典禮」。
〔註140〕李世偉，〈日據時期臺灣的儒教運動〉（下），《臺北文獻》，第 121 期，1997年，頁 47～49。

仁則會是非不分、忠若離仁則變愚忠、勇若離仁則是匹夫之勇、恥若離仁往往變成病態的要面子。耐人尋味的是日本儒教五項美德為：忠誠、禮儀、勇敢、信義、節儉，仁被排除在外，而日本的行「仁義」通常是指強盜間認同的榮譽。中國儒家「皇帝不仁百姓可起而造反」，對萬世一系的天皇制，豈能接受，無怪乎仁要受此待遇了。對於孟子「民貴君輕」思想，更不見容於日本。於是日本的儒教價值觀，只剩下其合用的部分。而其在臺推動儒教，也是要臺灣人沐浴在「忠誠、禮儀、勇敢、信義、節儉」氛圍中。

除此更將儒教等同於天皇的教育敕語，以示其社會教化作用。為取代中國成為儒教正統地位，及儒教文化圈的龍頭地位，日本更於昭和十年（1935年）四月二十八日召開前所未有之「國際儒道大會」，動員朝野力量，大肆邀集鄰近儒教國家參與，其目的除建立國際儒教中心的企圖心，據以號召儒教地區的認同外，更在透過儒教精神結盟，來實現皇國精神，以有俾益其之統治。〔註141〕

二、善社與鸞堂的教化與濟世活動

儒教的另一宗教性團體——善社與鸞堂，則向臺灣民間社會發展，透過宣講勸善、大量善書、鸞書著作，來教化百姓接近民眾，從日據時期遍佈臺灣南北的善社與鸞堂，我們可看出儒教在民間社會的豐厚生命力。

在臺灣，宣講始於康熙六十年朱一貴事件後。清官員感受到社會教化的重要性，藍鼎元在〈與吳觀察論治臺灣事宜〉中就提到：「宜設立講約，朔望集紳衿耆庶於公所，宣講《聖諭廣訓》萬言書及古今善惡故事，以警迷頑之知覺。」〔註142〕善社宣講活動是地方知識份子的社會教育活動，在某種意義上跟宣講「聖諭」等量齊觀，都為官方所重視。正由於官方宣講聖諭流於形式，於是地方有心改革社會風氣的人士假借神明，自組善堂，以宣講聖諭和善書為責，用以彌補地方行政之不足。〔註143〕不過這種官方宣講到清末日趨沒落，日據時善社在南北各地設立，宣講內容除聖諭外，大量的加上因果報應故事，期以故事性、趣味性、通俗性來吸引聽眾。這種由傳統仕紳文人、

〔註141〕李世偉，〈日據時期臺灣的儒教運動〉（下），《臺北文獻》，頁61～62。
〔註142〕藍鼎元，〈與吳觀察論治臺灣事宜〉，《鹿州文集》。
〔註143〕宋光宇，〈解讀清末在臺灣操作的善書——《覺悟選新》，《中央研究院歷史語言研究所集刊》，65：3，1994年，頁673～723。

宗教界人士、富豪商人宣講善書的方式，也得到官方的認可，並加以改良利用，藉以協力改善臺民風俗習慣，對當時社會議題建言及宣揚日本政策，[註144] 許多善社主事者甚至於還獲得日本當局頒發「紳章」。[註145] 日據時期較著名的善社有：臺北普願社、普化堂（由先天道黃玉階倡設）、臺北勸善堂、士林宣講堂、臺北淳風社、臺北勸善堂、宜蘭勸善局（由進士楊士芳主持）、頭圍宣講堂、嘉義寶善堂、高雄意誠堂、同善社（由富商陳中和父子主持）等。[註146] 大致而言，善社任務在宣講善書、慈善救濟，運作較為單純。善社所以能得到官方、民間認可，主要在其：數量眾多，所費甚廉，且位於人群往來頻繁的公共場所，傳播便捷。

除原有宣講內容，善社也能結合社會議題與政策，其宣講功能「比之警官監督，一一周到」，可見善社不僅具傳播之效，其影響人心的潛力更是無窮。例如黃玉階的普願社，除宣講傳統的善書外，也開始宣講新的「聖諭」——明治天皇的教育敕語，同時該社也宣講日本相關的維新政策，如「天然足運動」，並將該會設於普願社內。對此日本當局也意識到這種傳統宣講形式的廣大作用，於是鼓勵拉長宣講時間，並加以改良利用。日據時期「宣講」活動儼然成了臺灣啟蒙運動的據點。

與善社不同，鸞堂是透過扶鸞降筆的形式著作鸞書，鸞書造成後，必需由宣講生公開宣講，以示功德圓滿。除宣講鸞書外，有些鸞堂也會施方濟世，具善社慈善救濟與醫療治病、問事消災功能。例如澎湖一新社善堂，原為善社，稱普勸社，光緒十三年改為「一新社」，光緒十七年再憑扶乩開堂號，稱「樂善社」，從此鸞堂、善社合一。[註147] 臺灣的扶鸞活動，在清中葉便出現，不過仍不脫士人間的游藝性質，至清末才出現許多以扶鸞為主要儀式的宗教團體——鸞堂，其參與成員（鸞生）大都為仕紳文人，崇祀「恩主公」，因此也有學者稱為「恩主公崇拜叢」，日人稱為「降筆會」。[註148] 剛開始日人為安定民心，對臺灣的寺廟原則上不加干涉，任其自由發展。後藤新平時仍採

〔註144〕如普願社除倡天然足運動外，更宣講明治天皇教育敕語。

〔註145〕如碧霞宮勸善局的呂桂芬、士林宣講堂的何慶熙、臺北勸善社張希袞等都授佩紳章。

〔註146〕李世偉，〈日治時期臺灣的宣講勸善〉，《臺北文獻》，第119期，1997年3月，頁115～118。

〔註147〕宋光宇，〈解讀清末在臺灣撰作的善書——《覺悟選新》〉，《中央研究院歷史語言研究所集刊》，65：3，1994年，頁673～723。

〔註148〕李世偉，〈日據時期臺灣的儒教運動〉（上），《臺北文獻》，頁98～99。

「舊慣溫存」，對舊有風俗採放任政策。其後日人的鴉片政策，喚醒臺灣仕紳文人，紛紛設堂傳授扶鸞祈禱降筆戒煙之法，一時南北各地鸞堂創建風起雲湧。鸞堂扶鸞戒煙，是當時鸞堂興盛的主因。

面對當局消極的鴉片戒癮態度，當時民間紛紛設立鸞堂，藉由扶鸞降筆宗教儀式，發起解煙運動。時值廣東盛行鸞堂祈禱降筆戒煙，樹杞林人彭樹滋在此時到廣東接受鸞堂扶鸞祈禱戒煙成功回臺。回來後設堂傳授鸞堂祈禱降筆戒煙之法，結果彭殿華及九芎林庄長等數十人鴉片癮者均戒煙成功。於是降筆會祈禱戒煙在各地大為盛行。我們知道鴉片戒除過程非常痛苦，如遇意志力薄弱者，常會半途放棄再靠鴉片煙來解除痛苦。鸞堂透過扶鸞祈禱進行戒煙方法，雖非科學療法，但其藉助神明靈威，信仰願力，以支持戒煙之決心，其在精神上的力量常超乎物質。況且有許多鸞生本身就精通漢醫，在扶鸞祈禱戒煙同時也佐以漢藥醫療，可說是身心兼具的綜合療法。

但至日據中期，因大正四年（1915 年）西來庵事件，日人一改其消極態度，積極的進行宗教調查。〔註149〕鸞堂也因余清芳的鸞生身份而遭到嚴屬管制，並將降筆會歸為巫覡、迷信之流，將鸞堂視為淫祠，〔註150〕如《臺灣慣習記事》及稱鸞堂乃是一種學者的降乩迷信，〔註151〕將取締行為合理化。而鸞堂也為求自保，紛紛以個人或團體名義加入佛教團體，如木柵指南宮、南庄勸化堂、美濃庄廣善堂等，覺修宮更冠上「臨濟宗大龍峒佈教所」外衣。〔註152〕面對這種高壓氣氛，鸞堂宗教活動被迫沉潛，不敢過於造次。

臺灣鸞堂的特色是行善和鸞堂不可二分，例如在鸞堂的功過格中，便充斥著鼓勵人推動慈善救濟工作的條文，再者扶鸞將人們行善所得的果報，藉由扶乩的顯示得到直接的印證，在鸞書中便充滿案證故事，而這特色除讓鸞堂在日人的打壓下仍能續存外，也讓善書取代經典成為書房教材。據梁其姿

〔註149〕由於西來庵為一鸞堂，余清芳又在各地鸞堂、齋堂串連起事，因此在事件後，日本警方便將這兩個宗教視為秘密宗教，據聞在臺北、新竹兩地的食菜人與鸞生，在事件後被捉拿的有百餘人。

〔註150〕增田福太郎在親自訪問過宜蘭、臺北鸞堂後，在其著作《臺灣本島人の宗教》一書中，反對丸井圭治郎對鸞堂的分類，而認為鸞堂乃儒流好學之士的結社，並稱其為儒教。

〔註151〕陳錦榮譯，《臺灣慣習記事》中譯本，第一卷第十一期，臺中：臺灣省文獻會，1984 年，頁 220。

〔註152〕李世偉，《日據時代臺灣儒教結社與活動》，臺北：文津出版社，1999 年，頁 119。

研究，臺灣在清代時江南許多義塾是採用《太上感應篇》或袁了凡《功過格》及其他因果報應書籍，取代小學作爲兒童啓蒙讀物。〔註153〕加上許多鸞堂是由書房所起，鸞生本身就是書房教師，因此以人性之所由，改良書房教材也就不足爲奇了。臺灣鸞堂的另一個特色是，日據時期鸞堂有許多仕紳文人投身其間，這使得鸞堂具有濃厚的文人化氣息。即使在皇民化時期，在同化政策下漢文被打壓，但鸞堂不僅活動如常，甚至還出版大量的鸞書，到太平洋戰爭，鸞書出版仍未停息。

許多鸞堂甚至就是地方仕紳原來的書房（或書院），例如籌建宜蘭新民堂的李望洋，曾任宜蘭仰山書院山長；宜蘭鑑民堂，原是百里鑑湖陳氏家族私廟，附於家族的書房登瀛書院中〔註154〕；頭圍喚醒堂，是吳春麟自己的書齋改設；淡水行忠堂，乃當地仕紳李宗範在其書齋明倫閣所設；基隆正心堂源自杜滾臣書齋；新竹復善堂，其主倡者彭殿華爲清代教師；苗栗西湖修省堂，前身爲雲梯書院；西湖重華堂前身爲重華書院；未信齋是由書房改建的鸞堂，由舉人林以佃設於宜蘭坎興街，供人問事；爲覺修宮撰鸞書《妙蘭因果錄》的杜仰山，原爲劍樓書房的教師。〔註155〕許多鸞堂更直接從書房中選任優秀學生擔任鸞生，此外鸞堂鸞生身份是進士、舉人、生員、童生者比比皆是，鸞生游走詩社、吟社、孔廟者，更不足奇，足見其濃厚儒士風格，鸞堂更藉由扶鸞方式並透過宣講，藉以教化庶民傳播漢學。故日本當局在宗教分類中，將其歸爲儒教結社。日據末期，臺灣的鸞堂逐漸整合在一起，號稱「儒宗神教」，這個名號也成爲現今鸞堂的通用總稱。

鸞堂、書房的角色互換，爲日後書房轉爲鸞堂提供一絕佳路徑。書房教室除供奉孔子神位外，常會懸掛文昌帝君或魁星，由於供奉文昌帝君，加上當時書房教師熱中於「扶乩」和宣講活動，日據時期能保留下來的書房幾乎都發展成爲寺廟，許多鸞生本身就是書房教師。著名的例子有臺北木柵指南宮、大龍峒的覺修宮、宜蘭市的碧霞宮、新民堂、宜蘭頭城的喚醒堂、淡水行忠堂等。〔註156〕七七事變後，日本當局禁止在臺灣開設漢文書房，爲延續中華傳統文化命脈，許多有識之士，則將書房登記爲文昌廟，以做爲保全書

〔註153〕轉引自前揭書，李世偉，《日據時代臺灣儒教結社與活動》，頁240。
〔註154〕登瀛書院由陳掄元兄弟所籌設，曾延聘張鏡光等名師教授諸生。
〔註155〕同前註，頁99。
〔註156〕宋光宇，《臺灣歷史》，頁88。

房辦法，因爲日本當局對宗教原則上是放任的，臺灣的許多假文昌廟包裝的書房，便這樣獲得倖存。也有許多儒士文人，爲了躲避日本警察的查緝，不敢在自己家中開館授徒，便利用鸞堂的後進教授漢文，對傳統漢文的保存與弘揚，具有不可抹滅的貢獻。

第五章　結　論

　　從以上三個主章節，醫療、教育、宗教三個文本，所分析論述臺灣民眾在遭遇異文化時，因不同的文化內涵，有不同的迎拒。攸關民生現代化的部分，如醫療衛生的改良、現代教育體系，臺灣人的接受程度相對較大。與文化價值有關的如宗教，臺灣人的接受程度則相對較小，或為求存而表面屈從，暗地裡仍有一套臺灣人自己的信仰中心。當然臺灣人在面對異文化，常是對現代化的追求與認同，而非對異族文化的全盤接受。當我們探討日據時期臺灣人對日本文化的迎拒，文本除醫療、教育、宗教外，還有許多日常生活的各個面向，都值得探討，但礙於時間，只能做為日後續行探討課題。以下僅就幾個日常生活層面，簡述臺灣人的文化認同與接受度，來補充說明上述章節證例不足的地方。

變與不變：文化認同的抉擇

　　在本文前言曾提到，日本在臺灣的殖民政府所推動政策，終究是要把臺灣人變成日本臣民。在這種情勢下，而有一連串干擾到臺灣漢人日常生活的施政措施。如曆法改制、廢漢文、寺廟整理、正廳改善等，但在戰後「去日本化」的大纛下，在日本人戰敗撤退後，他們苦心經營的日本文化，如神社信仰、過新曆年、日本戲劇等，也跟著被一一掃除。因為屬於精神層次的部分是不易撼動的。留下的大都是攸關民生現代化、物質性質的部分，如醫療衛生的改良、現代教育體系、時間觀念等。以下將就日本文化中，對臺灣人民的影響深淺，及其在文化認同上的抉擇，做一剖析：

以下先就不變的部分論述：

一、曆法改正

　　日據時期大正年間，日本殖民政府為要同化臺灣人，以臺灣之所以不能現代化乃迷信舊曆為由，為「移風易俗」，於是逐步倡導新曆年廢棄舊曆年。當時臺灣人民在官方威逼下，表面隨俗過新曆年，但私底下仍是過傳統年俗。

　　為推行「現代化」與將「中國舊曆年」以迷信加以污名化，乃在報紙大幅宣導日本內地過新年的各種慶祝活動，如日本忘年會的報導。臺北各界也在政府鼓勵下，仿照日本人交換名片以賀年的活動，發起「婦女名刺交換會」（1914 年元月）。〔註1〕並將過舊曆年與迷信劃上等號，如《臺灣日日新報》報導：「臺灣民曆雜祭祀、結婚、移徙、建築種種迷信。非不知其弊也，因襲已久，不能一朝一夕除耳。歐美人吉凶皆不用此種迷信，而國家富強，人民安寧。」〔註2〕當時也有仕紳附和鼓吹新曆，如漢紳黃純青就認為「實施新曆可以打破擇日之迷信」。日本當局其先倡導新行為，再批評舊曆的落後，力陳其阻礙現代化阻礙國家富強的理由。

　　接著總督府再拉攏仕紳來助其推動新政。在日本官方新年慶典時，會邀請地方仕紳跟日本人一起吃春宴並舉行「名刺交換會」，〔註3〕希望透過這些仕紳將新曆年的活動傳遞到地方。並著手改良舊曆，以日本本土習慣為標準，刪除不合日本國的習慣，完成日式的民曆，以方便日本人與臺灣人交流。在一番前置宣傳後，大正 8 年（1919 年）正式廢舊曆行新曆。當時《臺灣日日新報》記載著：

> 因實行改曆之事，各家門首皆植青松，集結七三五繩，氣象煥然一新，其事皆由壯丁團一手攬之，且喜機動由本島人之自覺也，可知同化上，尤進一步道上往來賀年及店頭互贈名刺者，又儼然與內地無異。〔註4〕

表面上，臺灣人民好像完全跟日本人一樣，開始學著在門口植青松，也到神

〔註1〕　宋光宇，「過新曆年？還是過舊曆年？：日據時代的曆法改正及其社會文化意義」，輯自宋光宇，《宋光宇宗教文化論文集》，臺北：佛光人文社會學院，2002年，頁 666。

〔註2〕　《臺灣日日新報》，大正 2 年（1913 年）12 月 27 日。

〔註3〕　名刺即日文的名片，讀做「mei-si」，明治後，大小官員開始使用名片，用以彰顯權位。過年的名刺交換會，接近今日的新春團拜。

〔註4〕　《臺灣日日新報》，大正 8 年（1919 年）1 月 2 日。

社參拜，並參加新年祝賀儀式。但實際是背地裡家家戶戶照常蒸年糕、拜神明、到廟裡上香、吃年夜飯，忙得不亦樂呼！對日本過年植門松一事，〔註5〕臺灣人依舊我行我素。《臺灣日日新報》對此不經意透出訊息：「門松帶雨而滋潤，繪昇平之景象，真熙皥之王民，是雖為陽曆之迎年，本島人墨守陰曆，多不與於此。」。〔註6〕《臺灣民報》甚至起而要求廢止門松，斥其為內地人無意義的舊俗。〔註7〕且強調過年豎立門松、結草繩，是趨於形式，且將招致民怨，「在臺人卻以結草繩為喪中行事，所以任你怎樣強制，不喜歡的東西，永遠是不能自心底歡喜出來。」。〔註8〕尤其是門上要結草繩（即注連繩，Shime-nawa，掛在門上，取意禍神不進，取其吉祥，他是按三五七股向左捻合，間加白紙穗，故亦稱七五三繩），剛好這個白色是臺灣人最討厭最忌諱的，是意含出殯喪事。〔註9〕

　　當初要過新曆年是為行現代化，如今七十年過去了，臺灣已現代化，但陰曆年依然存在，臺灣人迄今仍在過年貼春聯、吃發糕。顯示現代化關鍵不在過年；相對的日本政府費力推行新曆年，卻收不到成效，其原因是她忽略了傳統文化是不能橫加改變的。

二、改姓名

　　我們常在戲劇中聽到「大丈夫行不改名，坐不改姓」，對臺灣人來說，姓是一代一代傳下去的，歷史悠久，有其慎終追遠的意義。日本政府無視此種文化傳統，強要臺灣人改姓，雖透過物質配給和子弟教育機會優惠，來勸誘臺灣人改姓，但對臺灣人來說，對於祖先傳下來的姓名要改，在心裡實有說不出的抗拒，於是臺灣人的無言抗議，我們在改姓的過程中，臺灣人由於不願失去民族自尊，對祖先得以交代，改姓者可說用心良苦。皆設法保留與原姓名同音、同義或同淵源，的字，如戴（Tai）改成田井（Ta-i）；與日語音同，或藏有原姓，高改成高峰；或用堂號者，如陳改成潁川，林改成西河。這都是臺灣人在殖民時期的無奈。此改名運動迄 1943 年，不過達 1.6%，比率仍

〔註5〕 在日本人家裡，過年都會於門外置「松竹」裝飾，又稱門松，象徵長壽吉祥之物。其胎源於桃符，用以趨吉避凶。
〔註6〕 《臺灣日日新報》，明治 44 年（1911 年）1 月 3 日。
〔註7〕 《臺灣民報》，大正 12 年（1923 年）12 月 21 日，第 14 號。
〔註8〕 《臺灣民報》，大正 15 年（1926 年）1 月 17 日，第 88 號。
〔註9〕 杜武志，〈皇民化運動與臺灣文化〉，《臺北文獻》，直字第 139 期，2002 年 3月，頁 188。

相當小，顯然在各種誘惑下，臺灣人民仍有不易撼動的部分。〔註10〕

接著來看變的部分：

一、新時間制度的引進與生活作息的改變

　　雖然臺灣人民對過年與曆法，選擇舊曆年，但在時間「標準化」紀律與衡量時間習慣，卻無疑受日本人的影響。臺灣總督府開始正式運作後，為使官員都能知道正確時刻，總督府自 1895 年 6 月 27 日開始實施「午砲」，於每天十一時半由砲兵聯隊在校準時間後，於正午正式發砲提醒人們對時〔註11〕。當時官方上班都要在出勤簿上簽到，並要確保準時出勤。準時上下班、準時完成工作，原是官員規律性、與勤奮程度的衡量，但民眾當要與這樣一個趨向規律的政府接觸時，也必須接受這一套內規。除午砲制度，官方更透過各種管道，加強人們對於時間觀念的瞭解，以培養守時精神。如利用學校系統宣傳，培養學生新生活規律，透過上下課與休假，將時間與星期的概念注入孩童生活中。或結合各民間團體進行宣傳，甚至在廟會活動中都注入守時精神。至此時間觀從過去一日十二刻制，改成一日二十四小時一週七日的制度。

　　此外產業活動與交通運輸無形也強化新時間規律，如火車、汽車班次行車時刻表，對臺灣人新時間的觀念養成，有很大成效。至於過去農業社會人口，部分轉向產業部門，工廠的生產規律，與上下工時間，也見養成臺灣民眾衡量時間的意識與習慣。時間觀念由於是收關民生現代化的部分，故被臺灣人民所接受並進入生活裡。

二、收音機、媒體與傳播事業的引入

　　1928 年總督府交通局在板橋設立「送信所」負責發送訊號，另在淡水設「受信所」負責接收日本、中國方面電波。廣播節目自此漸漸進入臺灣人的生活中。廣播節目透過收音機，〔註12〕廣播內容有新聞、教育等方面，在皇民化時期，廣播體操更成為各村落晨間活動之一，官方則透過廣播做為動員媒介。到 1944 年時據《臺灣省五十一年來統計提要》，在收聽戶中臺灣人占

〔註10〕杜武志，〈皇民化運動與臺灣文化〉，《臺北文獻》，直字第 139 期，2002 年 3 月，頁 194。

〔註11〕呂紹理，《水螺響起——日治時期臺灣社會的生活作息》，臺北：遠流出版公司，1998 年，頁 54。

〔註12〕收音機之輸入始於大正末年，1925 年。

44%，計 4 萬餘戶，也就是說每 25 戶中，就有一戶擁有一台收音機。〔註13〕
1945 年 8 月 14 日的「玉音放送」，日皇更是透過收音機告知日本戰敗消息。
收音機也是攸關民生現代化的部分，屬物質生活性質，故也順利進入臺灣人
的生活中。除收音機廣播外，新聞報紙在日據時期也相當普遍，成為臺灣社
會訊息流通非常重要的工具。

研究課題之回應：同化於現代化或同化於異民族

　　誠如薩依德（Edward Said）在其《東方主義》一書指出的，所謂東方，
其實是由西方殖民者想像創造出來的。殖民者看待被殖民者時，只不過是依
照其權力支配的意志來塑造歷史想像，而這樣的想像，並不全然符合被殖民
者的願望。〔註14〕日本從對現代化的焦慮轉為與西方現代文明國家平起平坐
的地位，其文化優越感也同時被建構。相較其他亞洲國家，日本的確最早達
到現代化。但是當其在建構殖民論述時，日本卻將其優先性轉化為優越性，
對殖民地的臺灣來說，他們很容易誤認凡是日本文化就等同於科學與進步，
從而接受了日本文化是優越文化的說法。而這一錯置，也讓臺灣人在文化認
同上發生動搖，終而向日本文化傾斜，其文化認同也在現代化過程中逐步完
成。

　　不過在認同的過程，臺灣人並非全盤接受，也並非全然反抗的二元對
立。在殖民者的壓迫與被殖民的反抗當中，包含了廣大的模糊空間，許多不
反抗也不反對殖民統治的人，他們未必就是認同日本民族，他們可能是為吸
收殖民者所傳遞進來的現代元素，而對殖民者採取了較溫和的態度，而那些
激烈反抗殖民統治者，在某種程度上，其實也利用了現代性的許多資源，做
為對抗統治者的工具。如臺灣文化協會就認為，要脫離殖民統治困境，除現
代化別無他法。臺灣人在追求現代化的過程中，反能擺脫寄生式的現代化方
式，以現代文明的手段與知識，來向統治者爭取更多的現代文明。如許多出
身於殖民現代醫學教育的臺灣本土醫師，便是民族運動與文化運動的中堅人
物。

〔註13〕 臺灣省行政長官公署編，《臺灣省五十一年來統計提要》，頁 1146。
〔註14〕 薩依德（Edward W. Said），《東方主義》，臺北：立緒文化，1999 年，頁 1～
　　　　37。

　　被殖民者並非盲目且被動的接受統治，他們往往在與殖民者的接觸過程中，吸收各種現代知識，甚至反過頭來，主動積極的追求這些現代資源，如台中一中與公學校增建的要求，並將這些現代化元素，轉化爲掙脫統治的利器，可說是打著紅旗反紅旗。許多臺灣人是「同化於現代化」並非「同化於異民族（日本）」。臺灣人因殖民統治的差別性與壓迫性，而產生抵抗，其越要抵抗，就愈積極追求西方文明，愈是激烈抵抗，企求文明的志向也愈明顯。二次大戰結束前夕，臺灣超過 70%的就學率，與其說是統治者憑藉強大的權力，以強制手段或勸誘方式所達成，不如說是被統治者依臺灣社會重讀書的傳統，並願意承擔龐大教育經費的實力，以及渴望文明的心情，主動積極參與所獲得的成果。〔註 15〕殖民者的語言同化，對被殖民者而言，語言只是工具，藉以追求現代化的入門鎖，無關同化、認同與否。

　　而所謂傳統文化，一直是凝聚自己族群，團結對抗他者的主要手段和利器。日據時期便有一部份人爲彰顯漢民族的傳統、文化或歷史，而拒絕同化教育。大正時期臺灣也曾出現書房熱與漢文復興運動，也有企圖回歸傳統的知識份子，如洪棄生。在民間也有人堅持漢醫治療、只接受傳統先生媽的接生、或利用扶鸞祈禱戒煙，而排拒西醫。縱使殖民者利用強制的寺廟整理、正廳改善、來威脅利誘臺灣同胞向國家神道與日式佛教信仰靠攏，但臺灣民間的傳統信仰、祖先崇祀依舊，且在日據時期爲凝聚族群意識，臺灣民間之祠祀數量遽增，這是臺灣人在「文化認同」上的又一種表述。臺灣民間在對待殖民者與殖民者的文化，自有他的一套親疏法則，對自己傳統文化的保存，也在與殖民者的周旋中，找到延續生存的方法。

　　弔詭的是，日據時期支持傳統文化的臺灣仕紳，反而是所謂殖民協力者，而抗日份子卻經常是現代化的接受者，並常對臺灣傳統文化表現批判態度。臺灣傳統知識份子，常藉吟唱漢詩與儒教活動，與統治者相倡酬，在文化上有濃密關係，統治者對儒家與詩社，也表現獎勵扶掖態度。在統治者與被統治者擁有像漢詩和儒教等共同文化資產時，臺灣人利用這些傳統文化來凸顯「我性」，並藉以保存漢文化，而統治者則藉這些傳統文化籠絡這些仕紳。故在日據時期，語言與傳統文化，經常不是判斷或分析戰前臺灣人認同的傾向，所謂「漢賊不兩立」的歷史觀點，也無法做爲區分反抗、妥協，甚至認同傾向的標準。

〔註15〕陳培豐，《「同化」の同床異夢：日治時期臺灣的語言政策、現代化與認同》，頁 473。

認同的模糊性與曖昧性，終日本統治未曾改變過。反而是戰後，尤其是二二八事件後，在相互比較下，反觸發這些臺灣人以回憶過去方式，開始對日本的同化教育繫起懷念之情，甚至給予正面評價，繼而形成所謂殖民肯定論。一場沒有結論的殖民統治爭論，也不斷侵蝕耗損臺灣人民互信和理性的基礎。

續行研究課題：重新審視臺灣族群認同

作家吳濁流曾以《亞細亞的孤兒》主人翁太明在日據時期的五種身份來對照五種文化認同：「在臺灣的臺灣人」、「在日本的臺灣人」、「在中國的臺灣人」、「在中國的日本人」、「在中國的中國人」。作爲「在臺灣的臺灣人」，太明工作、愛情都受到歧視，在皇民化時期，更被強徵去作軍夫；作爲「在日本的臺灣人」，在留學生聚會中受到部分大陸留學生疑爲間諜；作爲「在中國的臺灣人」，終究擋不住政治浪潮淪爲階下囚；作爲「在中國的日本人」，在廣州面對敵視他的同胞，使他精神崩潰；作爲「在中國的中國人」，他認爲才能克服孤兒的處境。〔註16〕他想尋求沒有矛盾的生活，他想克服孤兒的困境。對當時的臺灣人而言，身份認同是矛盾的、曖昧的，這中間充滿被殖民者的無奈與辛酸，若非身處其境，實無法感同身受。因之當我們在看那一輩人的族群認同時，應包含更多的體諒，而非只有苛責。

派翠西亞・鶴見（E.P.Tsurumi）於 1969 年曾在臺灣就日本教育做訪談，其中有幾位的訪談紀錄甚爲有趣。「記得我曾經在小學校和一個日本小孩激烈的打鬥，我眞的揍他！他叫我清國奴我就揍他，我非常傷心，不是因爲清國奴是對臺灣人或中國人污辱性的稱呼而傷心，我傷心的是因爲我不是清國奴，我和他一樣都是徹底的日本人！那時我大概是這麼想的」〔註17〕與吳濁流及其他成長於日據時期的臺灣人一樣，日據時期臺灣人的族群認同是矛盾與困惑的。

移民之初，漢人與蕃人及漢人各地域間，不時有劇烈衝突。但當與客家人對立時，閩南地區各地域與血緣移民群體，似乎又忘卻他們之間的區別。

〔註16〕吳濁流，《亞細亞的孤兒》，臺北：遠景出版公司，1993 年。
〔註17〕E.Patricia Tsurumi 派翠西亞・鶴見著，林正芳譯，〈日本教育和臺灣人的生活〉，《臺灣風物》，第 47 卷第 1 期，1997 年 3 月，頁 69～70。

日據時期，許多抗日運動，都是打著回歸中國的旗號，相較於外來的日本人，在差別待遇下，於是有本島人（臺灣人）與內地人（日本人）的認同意識。日據後期，在皇民化運動下，許多臺灣人恐怕被同化了，因而加強他們的漢民族認同，如漢文振興運動。1945 年，日本戰敗臺灣重歸中國所有，此時部分接收人員私德不好，時與臺灣人發生衝突，加上語言與風俗習慣的隔閡，民怨日增，1947 年，終爆發二二八事件。日據時代的經驗及二二八事件成為年長者的集體記憶，外省人與本省人逐漸成為臺灣最明顯的人群區別。這種競爭關係與資源分享的改變，也造成臺灣各族群的認同整合，以與外來者對抗。〔註 18〕日據時期臺灣人以漢文化和日本文化對抗，光復初期，臺灣人反以日本文化和漢文化對抗，光復初期的日本情結，便是在這種條件下形塑。

臺灣老一輩的長輩，在看待日本文化，也是種選擇性的記憶，在殖民當時不論是對醫療、衛生或宗教政策，都衍生出許多怨懟與不平，對教育的差別與強制的皇民教育、對傳統祖先信仰被毀壞，也發出許多不平，何以最後只剩下美麗的共同記憶？這種認同變遷，是藉著重新選擇，以及選擇性失憶來達成，所有記憶被重新塑造，不愉快的殖民記憶被刻意隱藏，透過認同日本，做為反抗國民政府統治的意識武器。

另外，從以上章節的敘述，我們可清楚的看到，不論教育或醫療，在日據時期相對殖民者的政策，都有各種臺灣人自發的反殖民運動，且無論日本政府再怎麼強制威逼，臺灣人的生活語言、醫療行為、宗教信仰，大都依循原來模式。反而是光復後，許多日據時的生活方式與習慣，在國民政府刻意打壓下，反而被凸顯，呈現更清晰面貌。這與國民政府在光復後幾年，施政上的粗糙，讓臺灣人有再一次被殖民的假象，而引發種種對抗，「祖國」意象在這時，變的模糊了。

1946 年 10 月臺灣光復後的第二年，國民政府下令終止日文報刊的出版發行，停止使用日文（去日本化、去殖民化），同時以北京話取代日語，讓北京話以新國語之姿態君臨臺灣。這突如其來的斷裂無疑是致命的，當局給臺灣民眾適應語言轉換的時間太短，尤其對不懂中文的臺灣人，讓他們陷入無法掌握文字交流的尷尬境地。當時《新新月刊》上就寫道：「廢除日文時間尚早，政府決定 10 月 25 日起廢除日文的報章雜誌，果真如此，等於封閉本省人的耳目，不僅青年階層，甚至壯年一代都對行政效率低能的當局的這項措施，

〔註18〕王明珂，《華廈邊緣：歷史記憶與族群認同》，頁 375～385。

怨聲載道。就連當時強施高壓政策的日本當局，也是在中日戰爭爆發的翌年才禁止中文，而且僅限於教育方面，在文藝方面則無任何限制。」〔註19〕國民政府急於消除殖民者強加在被殖民者身上的文化烙痕，加上對臺灣獨特的歷史處境無知，對臺灣民眾生存狀態及對待文化問題的武斷專制，讓臺灣人情感深受傷害，也造成國民黨日後統治困境與時代悲劇。

「親日、媚日＝接受殖民者愚民式教育」之單線思考，造成臺灣人民的歧見與對立，如何跳脫既有觀點，重新審視臺灣現代化歷史，不再以親日及反日做爲國家認同的分水嶺，以更多元更寬容的態度面對臺灣社會的不同族群、不同聲音。這是本文未來要深化的研究課題，以文化主體爲文本，研究各文化在戰前、戰後的轉變，更細膩的從族群情感出發，讓族群認同有其更恢弘的時代視野與包容。

〔註19〕計璧端，〈日據臺灣的語言殖民和語言運動〉，《中國現代文學研究叢刊》，頁182。

參考書目

【官方文書、檔案】

1. 《大清律例匯輯便覽》，卷 10，戶律。
2. 《元臺北縣公文類纂》，明治 34 年，永久保存第 46 卷，降筆會案卷。
3. 王瑛曾，《重修鳳山縣志》，臺北：臺灣銀行經濟研究室，臺灣文獻叢刊第 146 種，1962 年。
4. 丸井圭治郎，《臺灣宗教調查報告書》，卷一，臺北：臺灣總督府，1919 年。(臺北：捷幼出版社，2006 年增定版)。
5. 周元文，《重修臺灣府志》，臺北：臺灣經濟研究室，臺灣文獻叢刊第 66 種，1960 年。
6. 佐倉孫三，《臺灣雜記》，臺灣歷史文獻叢刊，臺北：臺灣省文獻委員會，1996 年。
7. 林品桐譯，《臺灣總督府公文類纂教育史料彙編與研究》(上)，(明治 29 年 7 月至明治 34 年 12 月)，臺北：臺灣省文獻委員會，2001 年。乙種永久第三十卷，檔案號：V00100／A023。
8. 高拱乾，《臺灣府志》，臺北：臺灣經濟研究室，臺灣文獻叢刊第 65 種，1960 年。
9. 倪贊元，《雲林采訪冊》，收錄於劉萬枝校訂，《雲林縣采訪冊》，1968 年。
10. 黃叔璥，《臺海使槎錄》，臺灣文獻叢刊第 4 種。
11. 許賜慶編譯，總督府檔案專題翻譯(四)衛生系列之一，《臺灣總督府公文類纂衛生史料彙編》(明治 29 年 4 月至明治 29 年 12 月)，V00148／A005，臺灣省文獻會印行，2000 年。
12. 陳文達，《鳳山縣志》，臺北：臺灣經濟研究室，臺灣文獻叢刊第一二四種，1961 年。

13. 陳金田譯，岡松參太郎編纂，《臨時臺灣舊慣調查會第一部調查第三回報告書（第二卷上）》，臺中：臺灣省文獻委員會，1990 年。

14. 溫國良編譯，《臺灣總督府公文類纂宗教史料彙編——明治 28 年 10 月至 35 年 4 月》，臺北：臺灣省文獻委員會，1999 年。

15. 程大學譯，《日據初期之阿片政策（附錄保甲制度）》，第一冊，臺北：臺灣省文獻委員會，1978 年。

16. 劉良璧，《重修臺灣府志》，臺北：臺灣省文獻會，1977 年。

17. 臺北市文獻委員會編印，《日據前期臺灣北部施政紀實衛生篇大事記》，臺北市文獻委員會，1986 年。

18. 臺中廳編，《臺中廳行政事務並管內概況報告書（一）》，臺北市：成文出版社，1985 年。

19. 《臺灣教育碑》，臺灣歷史文獻叢刊，臺北：臺灣省文獻委員會，1994 年。

20. 臺灣總督府醫學專門學校編，〈畢業生任職統計〉，《臺灣總督府醫學專門學校一覽》，大正 11 年（1922 年）。

21. 《臺北廳誌》，1919 年。

22. 《臺灣行政法論》，1915 年。

23. 臺灣總督府編，《臺灣總督府民政事務成績提要（明治三十年度分）》，〈別表第二號：臺灣土人醫生員數表〉，臺北：成文出版社重印本。

24. 《臺灣省通志稿》，〈政事衛生篇〉，臺北：成文出版社，1952 年。

25. 《臺北州理蕃志（舊宜蘭廳上篇）》，明治 30 年。

26. 臺灣省行政長官公署統計室，《臺灣省五十一年來統計提要》，1946 年。

27. 臺灣總督府警務局衛生課編，《臺灣二於ケル阿片制度ノ現況》，臺北：臺灣總督府警務局，1932 年。

28. 臺灣慣習研究會，《臺灣慣習記事》，1 卷 10 號，明治 34 年 10 月 23 日，臺灣省文獻委員會，1984 年。

29. 臺灣慣習研究會，《臺灣慣習記事》，第 6 卷第 10 號，明治 39 年 10 月 13 日。中譯本，臺灣省文獻委員會發行，1992 年。

30. 臺灣省文獻會編譯，《臺灣慣習記事》，第 4 卷第 2 號，明治 37 年（1904 年）2 月 23 日。

31. 《臺灣總督府民政事務成績提要》，第 3 篇，臺灣總督府民政課，1907 年。

32. 臺灣教育會編，《臺灣教育沿革誌》，青史社，昭和 14 年（1939 年）。

33. 《臺灣總督府公文類纂》，永久甲乙種，追加二，第 17 門，教育及學術（請求番號 00316～24），官報，明治 31 年 11 月 25 日。

34. 臺灣總督府民政部總務局學務課，《臺灣總督府學事法規》，明治 35 年（1902）。

35. 臺灣省文獻會編，《臺灣省通志》，卷五，臺北：眾文圖書公司，1971 年。

36. 臺灣總督府編，《初等科國語》，卷三，臺北：臺灣總督府，昭和 18 年（1943 年）。

37. 臺灣總督府編，《初等科國語》，卷五，臺北：臺灣總督府，昭和 19 年（1944 年）。

38. 臺灣總督府編，《公學校用國語讀本》，卷 9，臺北：臺灣總督府，大正 2 年（1913 年）。

39. 《臺灣公立國民學校規則》，昭和 18 年（1943 年）3 月 23 日政府令第 45 號第 60 條。

40. 臺灣總督府編，《公學校用國語讀本》，卷 6，臺北：臺灣總督府，大正 2 年（1913 年）。

41. 臺灣總督府 1945 年編纂，山本壽賀子、曾培堂譯，《臺灣統治概要》，臺北：大社會文化，1999 年。

【日據時期報刊、雜誌】

1. 《台南新報》，1912 年。

2. 《南瀛佛教》，卷 12（1934 年）、卷 18（1940 年）。

3. 《詩報》，1932 年。

4. 《興南新聞》，1943 年。

5. 《臺灣日日新報》，1900 年～1941 年。

6. 《臺灣民報》，1923 年～1930 年。

7. 《臺灣新民報》，1910 年、1925 年、1928 年、1930 年、1930 年。

8. 《臺灣新報》，1896 年。

【中文專書】

1. 王世慶，《清代臺灣社會經濟》，臺灣研究叢刊，臺北：聯經出版公司，1994 年。

2. 王貴民，《中國禮俗史》，臺北：文津出版社，1993 年。

3. 王明珂，《華夏邊緣——歷史記憶與族群認同》，臺北：允晨文化實業公司，1997 年。

4. 王錦雀，《日治時期臺灣公民教育與公民特性》，臺北：臺灣古籍出版公司，2005 年。

5. 王曉波，《臺灣的殖民地傷痕新編》，臺北：海峽學術出版社，2002 年。

6. 王見川、李世偉，《臺灣的寺廟與齋堂》，臺北：博揚文化事業有限公司，2004 年。

7. ———，《臺灣的宗教與文化》，臺北：博揚文化事業有限公司，2003 年。

8. ———，《臺灣民間的宗教與信仰》，臺北：博揚文化事業有限公司，2000 年。

9. 王見川、江燦騰編，《臺灣齋教的歷史觀察與展望》，臺北：新文豐出版，1994 年。

10. 中央研究院近代史研究所「口述歷史」編輯委員會編，《日據時期臺灣人赴大陸經驗》，《口述歷史》，第 6 集，臺北：中央研究院近代史研究所，1995 年。

11. 中央研究院近代史研究所，《日據時期臺灣人赴大陸經驗》，《口述歷史》，第五集，臺北：中央研究院近代史研究所，1994 年。

12. 朱珮琪，《台籍菁英的搖籃——台中一中》，臺北：向日葵出版社，2005 年。

13. 江燦騰，《臺灣佛教百年史之研究》，臺北：南天書局，1996 年。

14. ———，《日據時期臺灣佛教文化發展史》，臺北：南天書局，2001 年。

15. ———，《臺灣近代佛教的變革與反思——去殖民化與臺灣佛教主體性確立的新探索》，臺北：東大圖書公司，2003 年。

16. 宋光宇，《臺灣歷史》，臺北：東大圖書公司，2000 年。

17. ———，《天道鉤沈》，臺北：元祐出版社，1983 年。

18. ———，《臺灣史》，北京：人民出版社，2007 年。

19. 呂紹理，《水螺響起——日治時期臺灣社會的生活作息》，臺北：遠流出版公司，1998 年。

20. ———，《展示臺灣：權力、空間與殖民統治的形象表述》，臺北：麥田出版公司，2005 年。

21. 杜聰明，《回憶錄》，臺北：龍文出版社，1989 年。

22. ———，《杜聰明言論集》第 1 輯，臺北：杜聰明博士獎學基金管理委員會，1955 年。

23. 杜純淑口述，曾秋美、尤美琪訪問整理，《杜聰明與我：杜純淑女士訪談錄》，臺北：國史館，2005 年。

24. 杜武志，《日治時期的殖民教育》，臺北：臺北縣立文化中心，1997 年。

25. 李兆忠，《曖昧的日本人》，香港：三聯書店，2006 年。

26. 李世偉，《日據時代臺灣儒教結社與活動》，臺北：文津出版社，1999 年。

27. 李鎮源編，《杜聰明教授在職二十五週年祝賀紀念集》，臺北：牧樟會，1947 年。

28. 李園會，《日據時期臺灣教育史》，臺北：國立編譯館，2005 年。

29. ———，《日據時期臺灣師範教育制度》，臺北：南天書局，1987 年。

30. ───，《日據時期臺灣初等教育制度》，臺北：國立編譯館，2005 年。

31. 李郁蕙，《日本語文學與臺灣──去邊緣化的軌跡》，臺北：前衛出版社，2002 年。

32. 何義麟，《跨越國境線──近代臺灣去殖民化之歷程》，臺北：稻鄉出版社，2006 年。

33. 吳文星，《日據時期臺灣社會領導階層之研究》，臺北：正中書局，1992 年。

34. 吳文星編譯，《臺灣慣習記事》（中譯本）第 3 卷下，臺北：臺灣省文獻委員會，1987 年。

35. 吳新榮，《吳新榮日記》，臺北：遠景出版公司，1981 年。

36. 吳濁流，《黎明前的臺灣》，臺北：遠行出版公司，1977 年。

37. ───，《亞細亞的孤兒》，臺北：遠景出版公司，1993 年。

38. ───，《臺灣文藝與我》，臺北：遠行出版公司，1977 年。

39. 吳密察，《日本觀察──一個臺灣的視野》，臺北：稻鄉出版社，2006 年。

40. 吳德功，《觀光日記》，輯於《臺灣文獻史料叢刊》，第一～九輯，臺北：臺灣銀行經濟研究室，2000 年，頁 19～4。

41. 林呈蓉，《近代國家的摸索與覺醒──日本與臺灣文明開化的進程》，臺北：吳三連臺灣史料基金會，2005 年。

42. 林瑞明主編，《賴和全集》（卷一：小說卷），臺北：前衛出版社，2000 年。

43. 林再復，《閩南人》，臺北：三民書局，1991 年。

44. 林文龍編，《臺灣詩餘拾遺》，臺灣省文獻委員會，1979 年。

45. 林進發，《臺灣統治史》，臺北：民眾論社，1935 年。

46. 林茂生，《日本統治下臺灣的學校教育》，臺灣：新自然主義股份有限公司，2000 年。

47. 林玫君，《日治時期臺灣登山活動之歷史圖像》，臺北：博揚文化事業有限公司，2006 年。

48. 林學周，《臺灣宗教沿革誌》，臺北：佛教月刊社，1950 年。

49. 林萬傳編著，《先天道研究》，臺南：靝巨書局，1985 年。

50. 林衡道，《臺灣歷史民俗》，臺北：黎明書局，1991 年。

51. 林美容，《媽祖信仰與臺灣社會》，臺北：博揚文化事業有限公司，2006 年。

52. ───，《臺灣人的社會與信仰》，臺北：自立晚報社文化出版部，1993 年。

53. 卓克華，《寺廟與臺灣開發史》，臺北：揚智文化公司，2006 年。

54. ──，《從寺廟發現歷史》，臺北：揚智文化公司，2004 年。

55. 周婉窈，《海行兮的年代：日本殖民統治末期臺灣史論集》，臺北：允晨文化實業公司，2004 年。

56. 查忻，《旭日下的十字架：1930 年代以降日本軍國主義興起下的臺灣基督長老教會學校》，臺北：稻鄉出版社，2007 年。

57. 若林正丈、吳密察主編，《跨界的臺灣史研究──與東亞史的交錯》，臺北：播種者文化，2004 年。

58. 邱晨波編，《中藥新編──中藥科學研究提要》，上海：衛生出版社，1956 年。

59. 洪有錫、陳麗新著，《先生媽、產婆與婦產科醫師》，臺北：前衛出版社，2002 年。

60. 范燕秋，《疫病、醫學與殖民現代性：日治臺灣醫學史》，臺北：稻鄉出版社，2005 年。

61. 徐亞湘，《日治時期中國戲班在臺灣》，臺北：南天書局，2000 年。

62. ──，《日治時期臺灣戲曲史論──現代化作用下的劇種與劇場》，臺北：南天書局，2006 年。

63. ──，《臺灣日日新報與臺南新報戲曲資料選編》，臺北：宇宙出版社，2001 年。

64. 張恆豪編，《賴和集》（臺灣作家全集，短篇小說卷，日據時代 1），臺北：前衛出版社，1992 年。

65. 張炎憲、翁佳音編，《陋巷清士王詩琅選輯》，臺北：稻鄉出版社，2000 年。

66. 張德麟主編，《臺灣漢文化之本土化》，臺北：前衛出版社，2003 年。

67. 張大拓，《宗教體制與日本的近現代化》，北京：宗教文化出版社，2006 年。

68. 張崑振，《臺灣的老齋堂》，臺北：遠足文化事業有限公司，2004 年。

69. 張珣、江燦騰合編，《臺灣本土宗教研究的新視野和新思維》，臺北：南天書局，2003 年。

70. 莊永明，《韓石泉醫生的生命故事》，臺北：遠流出版公司，2005 年。

71. ──，《台灣醫療史──以台大醫院為主軸》，臺北：遠流出版公司，1998 年。

72. 許雪姬等註解，林獻堂著，《灌園先生日記（一～十二）》，中央研究院臺灣史研究所、近代史研究所，2006 年。

73. 許雪姬、洪秋芬編纂，〈張麗俊先生《水竹居主人日記（一～十）》〉，中央研究院近代史研究所，2000 年。

74. 連雅堂，《臺灣通史》，上冊、下冊，宗教志，臺北：黎明文化事業公司，1987年。

75. 郭廷以，《近代中國史綱》，香港：中文大學出版，1989年。

76. 陳永興，《臺灣醫療發展史》，臺北：新自然主義股份有限公司，2003年。

77. 陳水逢，《日本近代史》，臺北：臺灣商務印書館，1992年。

78. 陳水源，《臺灣歷史的軌跡》（上）（下），臺北：晨星出版社，2000年。

79. 陳芳明，《殖民地摩登：現代性與臺灣史觀》，臺北：麥田出版公司，2004年。

80. 陳昭瑛，《臺灣儒學：起源、發展與轉化》，臺北：正中書局，2001年。

81. ───，《臺灣與傳統文化》，臺北：臺灣大學出版，2005年。

82. 陳聰明撰稿，《棟花盛開時的回憶──日治時期畢業紀念冊展圖錄》，第一冊，總論／課程篇，臺北：國史館臺灣文獻館，2005年。

83. ───，《棟花盛開時的回憶──日治時期畢業紀念冊展圖錄》，第二冊，學校建築篇／校歌校旗篇，臺北：國史館臺灣文獻館，2005年。

84. ───，《棟花盛開時的回憶──日治時期畢業紀念冊展圖錄》，第三冊，制服篇／「修學」旅行篇／時局篇／「內地進學」篇，臺北：國史館臺灣文獻館，2005年。

85. 陳培豐，《「同化」の同床異夢：日治時期臺灣的語言政策、現代化與認同》，臺北：麥田出版公司，2006年。

86. 陳君愷，《日據時期臺灣醫生社會地位之研究》，臺北：臺灣師大專刊，第22期，1992年。

87. 陳柔縉，《臺灣西方文明初體驗》，臺北：麥田出版公司，2005年。

88. 陳耕，《閩台民間戲曲的傳承與變遷》，福建：人民出版社，2005年。

89. 黃金麟，《歷史、身體、國家：近代中國的身體形成（1895～1937）》，臺北：聯經出版公司，2000年。

90. 黃武達，《日治時代1895～1945，臺北市之近代都市計畫》，臺北：臺灣都市史研究室，1997年。

91. 黃昭堂著，黃英哲譯，《臺灣總督府》，臺北：前衛出版社，1995年，頁83。

92. 黃通、張宗漢、李昌槿合編，《日據時代臺灣之財政》，臺北：聯經出版公司，1987年。

93. 黃新憲，《閩台教育的交融與發展》，大陸：福建人民出版社，2005年。

94. 黃文博，《臺灣藝陣傳奇》，臺北：臺原出版社，1991年。

95. 曹永和，《臺灣早期歷史研究續集》，臺北：聯經出版公司，2000年。

96. 連橫，《臺灣通史》，卷十一，教育志，臺北：幼獅書局，1977年。

97. 傅大為，〈臺灣的半殖民醫療——從馬偕博士談帝國勢力下清末北臺灣的傳道醫療〉，輯自經典雜誌編著，《臺灣醫療四百年》，臺北：經典雜誌，2006 年。

98. 董宜秋《帝國與便所：日治時期臺灣便所興建及污物處理》，臺北：國立編譯館，2005 年。

99. 楊碧川，《後藤新平傳——台灣現代化的奠基者》，臺北：一橋出版社，1996 年。

100. 楊馥菱著，曾永義校閱，《歌仔戲史》，臺北：晨星出版有限公司，2004 年。

101. 葉石濤、鍾肇政主編，《光復前臺灣文學前集》（3.豚），臺北：遠景出版公司，1997 年。

102. 葉榮鐘，《日據下臺灣政治社會運動史》，下冊，臺北：晨星出版社，2000 年。

103. 楊肇嘉，《臺灣鴉片問題》，東京：新民會，1930 年。

104. 經典雜誌編，《臺灣教育 400 年》，臺北：經典雜誌，2006 年。

105. 劉明修，《臺灣統治阿片問題》，東京：山川出版社，1983 年。

106. 《覺悟選新》，卷七，臺北：澎湖一新社聖真寶殿樂善堂，1972 年。

107. 鄭政誠，《認識他者的天空——日據時期原住民觀光行旅》，臺北：博揚文化事業有限公司，2005 年。

108. 戴國煇，《臺灣史探微：現實與歷史的相互往還》，臺北：南天書局，1999 年。

109. ——，《臺灣史研究》，臺北：遠流出版公司，1985 年。

110. ——，《臺灣史對話》，臺北：遠流出版公司，2002 年。

111. 戴新民發行，《中醫學》，臺北：啟業書局，1989 年。

112. 賴永祥，《教會史話》，第一輯、第二輯，臺北：臺灣教會公報社，1992 年。

113. 臺灣基督長老教會，《臺灣基督長老教會百年史》，臺北：臺灣基督長老教會，1965 年。

114. 臺北醫專編，《創立廿五周年紀念祝賀記事》，臺北：臺北醫專，1925 年。

115. 國家圖書館編，《臺灣歷史人物小傳——明清暨日據時期》，臺北：國家圖書館編，2003 年。

116. 蔡禎雄，《日據時代臺灣初等學校體育發展史》，臺北：師大書苑，1997 年。

117. 蔡慧玉編，《走過兩個時代的人——台籍日本兵》，臺北：中央研究院臺灣史籌備處，1997 年。

118. 蔡錦堂，《戰爭體制下的臺灣》，臺北：國立編譯館，2006 年。

119. 蔡相煇，《臺灣的祠祀與宗教》，臺北：臺原出版社，1989 年。

120. 蔡相煇，《臺灣的王爺與媽祖》，臺北：臺原出版社，1989 年。

121. 闞正宗，《臺灣佛教一百年》，臺北：東大圖書公司，1999 年。

122. 羅香林，《流行於贛閩粵及馬來西亞之真空教》，香港：中國學會，1962 年。

123. 藍鼎元，《鹿洲全集》，大陸：廈門大學出版社，1995 年。

【學位論文】

1. 吳文星，《日據時期臺灣社會領導階層之研究》，臺北：國立臺灣師範大學歷史研究所博士論文，1986 年。

2. 范燕秋，《日本帝國發展下殖民地臺灣的人種衛生（1895～1945）》，臺北：國立政治大學歷史研究所博士論文，2001 年。

3. 施懿琳，《日據時期鹿港民族正氣詩歌研究》，臺北：臺灣師範大學國文研究所碩士論文，1986 年。

4. 許佩賢，《塑造殖民地少國民——日據時期臺灣公學校教科書之分析》，臺北：臺灣大學歷史研究所碩士論文，1994 年。

5. ———，《臺灣近代學校的誕生——日本時代初等教育體系的成立（1895～1911）》，臺北：臺灣大學歷史研究所博士論文，2001 年。

【日文專書及譯本】

1. 小田俊郎，《臺灣醫學五十年》，日本東京：醫學書院，1974 年。

2. 小曾戶洋著，蔡毅編譯，《中國傳統文化在日本》，北京：中華書局，2002 年。

3. 山崎繁樹、野上矯介，《1600～1930 臺灣史》，臺北：武陵出版社，1998 年。

4. 中橋德五郎，〈殖民政策衛生〉，《臺灣大觀（一）》，臺北：成文出版社，1985 年。

5. 中村孝志著，《荷蘭時代臺灣史研究（下卷）社會、文化》，臺北：稻鄉出版社，2002 年。

6. 北岡伸一著，魏建雄譯，《後藤新平傳》，臺北：商務印書館，2005 年，14。

7. 井出季和太著，郭輝編譯，《日據下之臺政》（一）（二）（三），臺北：臺灣省文獻委員會，1956 年。

8. 片岡嚴著、陳金田譯，《臺灣風俗誌》，臺北：眾文圖書公司，1996 年。

9. 金關丈夫主編，日文版《民俗臺灣》雜誌。林川夫編譯，《民俗臺灣》第 1 輯，臺北：武陵出版社，1990 年。

10. 佐藤源治，《臺灣教育の進展》，臺北：成文出版社，1943 年。

11. 松井利彥，《軍醫森鷗外──統帥權と文學》，東京：楓櫻社，1991 年。

12. 林川夫編輯翻譯，《民俗臺灣》第一輯，臺北：武陵出版社，1990 年。

13. 南博著，邱淑雯譯，《日本人論：從明治維新到現代》，臺北：立緒文化事業有限公司，2005 年。

14. 武內貞義，《臺灣》，臺北：臺灣日日新報社，昭和 4 年（1929 年）。

15. 竹越與三郎，《臺灣統治志》，臺北：南天書局，1997 年。（1905 年東京初版）

16. 持地六三郎，《臺灣殖民政策》，臺北：南天書局，1988 年。（1912 年東京二版）

17. 金關丈夫等著，《臺灣文化論叢》（第一輯）（第二輯），臺北：南天書局，1995 年。

18. 陳豔紅，《「民俗臺灣」與日本人》，臺灣：致良出版社，2006 年。

19. 曾景來，《臺灣宗教と迷信陋習》，臺北：南天書局，1995 年。（1939 年初版）

20. 鈴木斗人，《臺灣の保甲制度》，臺灣總督府警務局，1940 年。

21. 鈴木清一郎，《臺灣舊冠婚葬祭と年中行事》，昭和九年（1934 年）。馮作民譯，《臺灣舊慣習俗信仰》，臺北：眾文圖書公司，2000 年。

22. 鈴木大拙著，陶剛譯，《禪與日本文化》，臺北：桂冠圖書公司，1992 年。

23. 幣原坦，《殖民地教育》，東京：同文館，1912 年。

24. 湖島克弘著，黃蔡玉珠、孫愛維、鄭誼寧譯，《杜聰明與阿片試食官》，臺北：玉山社出版事業股份有限公司，2001 年。

25. 種村保三郎，《臺灣小史》，臺北：東都書局株式會社，昭和十九年（1944 年）。

26. 增田福太郎，《民族信仰を中心として》，臺北：南天書局，1996 年。（1942 年東京初版）

27. ───，《臺灣の宗教》，臺北：南天書局，1996 年。（1935 年初版）

28. 樺山資英傳刊行會編，《樺山資英傳》，臺灣大學圖書館所藏，1942 年。

【英文專書及譯本】

1. Chih-ming Ka，Japanese Colonialism in Taiwan，1895～1945，Taipei：SMC Publishing Inc.，1996。

2. Rev. W. Campbell，Sketches Formosa，Taipei：SMC Publishing，1996。

3. Ramon H. Myers ＆ Mark R. Peattie，The Japanese Colonial Empire，1895
   ～1945，Taipei：SMC Publishing，1984。

4. Tsurumi，E. Patricia，Japanese Colonial Education in Taiwan：1895～1945，
   England：Harvard University Press，1977。

5 Clifford Geertz（柯利佛格‧格爾茨）著，韓莉譯，《文化的解釋》，南京：
   譚林出版社，1999 年。

6. Douglas L. Fix & Charlotte Lo（費德廉、羅效德）編譯，《看見十九世紀
   臺灣——十四位西方旅行者的福爾摩沙故事》（Curious investigations：
   19th-century American and European impressions of Taiwan），臺北：大雁文
   化圖書公司，2006 年。

7. Edward W. Said（薩依德）著，王志弘、王淑燕、郭菀玲、莊雅仲、游美
   惠、游常山譯，《東方主義》（Orientalism），臺北：立緒文化事業有限公
   司，1999 年。

8. George Leslie Mackay（馬偕）原著，林晚生漢譯，鄭仰恩教授校注，《福
   爾摩沙紀事：馬偕臺灣回憶錄》（From Far Formosa：the island，it's people
   and missions），臺北：前衛出版社，2007 年。

9. Herbert P. Bix（賀柏特‧畢克斯）著，林添貴譯，《裕仁天皇》（Hirohito and
   the Making of Modern Japan），臺北：時報出版公司，2003 年。

10. Leo T.S.Ching（荊子馨）著，鄭力軒譯，《成為「日本人」：殖民地臺灣
    與認同政治》（Becoming 『Japanese』：Colonial Taiwan and the Politics of
    Identity Formation），臺北：麥田出版社，2006 年。

11. Ruth.Benedict（潘乃德）著，黃道琳譯，《菊花與劍》（The Chrysanthemum
    and the Sword），臺北：桂冠圖書公司，1983 年。

12. Robert Bellah（貝拉）著，王曉山譯，《德川宗教》（Tokugawa Religion：
    The Cultural Roots of Modern Japan），牛津大學出版，1994 年。

13. Tonio Adam andrade（歐陽泰）著，鄭維中譯，《福爾摩沙如何變成臺灣
    府？》（How Taiwan Became Chinese：Dutch，Spanish，and Han Colonization
    in the Seventeenth Century），臺北：遠流出版公司，2007 年。

【中日期刊論文】

1. 大濱郁子，〈「書房義塾相關規程」（府令）之制訂過程與臺灣公學校設置
   之關連〉，《臺灣文獻》，臺北：國史館臺灣文獻館，第 56 卷第 2 期，頁
   278～304。

2. 中村孝志著，卞鳳逵譯，〈大正南進與臺灣〉，《中村孝志教授論文集——
   日本南進政策與臺灣》，臺北：稻鄉出版社，2002 年，頁 1～74。

3. 王維資，〈歷史編撰的臺灣：1920 年代殖民論述與國家敘事〉，《當代》，
   第 212 期，臺北，2005 年 4 月，頁 56～65。

4. 王世慶，〈日據初期臺灣之降筆會的戒煙運動〉，《臺灣文獻》，臺北：臺灣省文獻委員會，第 37 卷第 1 期，1986 年，頁 111～151。

5. 王見川，〈略論日治時期「齋教」的全島性聯合組織——臺灣佛教龍華會〉，收錄於江燦騰著，臺北：《臺灣佛教百年史之研究》，頁 219～243。

6. 王志平、吳敏霞，〈日據初期日本在臺灣的宗教調查及其宗教政策——以佛教調查爲中心的考察〉，《臺灣研究集刊》，第 89 期，大陸，2005 年，頁 55～60。

7. 石婉舜，〈「黑暗時期」顯影：「皇民化運動」下的臺灣戲劇〉，《民俗曲藝》，第 159 期，臺北，2008 年 3 月，頁 7～81。

8. 江燦騰，〈徘徊在殖民與去殖民之間——臺灣本土佛教近百年來的變革滄桑史〉，《當代》，第 173 期，臺北，2002 年 1 月，頁 14～29。

9. ———，〈日本在臺殖民統治初期的宗教政策與法治化的確立〉（上）（下），《臺北文獻》，第 134、135 期，臺北，2000 年 12 月、2001 年 3 月，頁 257～303、121～172。

10. 加藤春城，〈國民學校の教科書について〉，《臺灣教育》，臺灣教育會編，臺北，昭和 16 年 6 月（1941 年）。

11. 杜聰明、黃文、王耀東，〈臺灣阿片癮之統計調查（第六報告）再受矯正治療鴉片癮者之一般情形〉，《臺灣醫學會雜誌》，第 52 卷第 9 號，臺北，1953 年，頁 600。

12. ———，〈臺灣二於ケル阿片癮者ノ統計的調查（第二報告）〉，《臺灣醫學會雜誌》，第 34 卷第 6 號，臺北，1935 年，頁 137～138。

13. 杜武志，〈皇民化運動與臺灣文化〉，《臺北文獻》，直字第 139 期，臺北，2002 年 3 月，頁 163～214。

14. 宋光宇，〈解讀清末在臺灣操作的善書——《覺悟選新》〉，《中央研究院歷史語言研究所集刊》，65：3，臺北，1994 年，頁 673～723。

15. ———，〈蜈蚣閣、藝閣、電子花車——一個歷史的考察〉，《歷史月刊》，第 82 期，臺北，1994 年 10 月，頁 74～85。

16. ———，〈霞海城隍祭典與臺北大稻埕商業發展的關係〉，輯自《宗教文化論文集》（下），臺北：佛光人文社會學院，2002 年，頁 715～771。

17. 呂紹理，〈日據時期臺灣社會的休閒生活與商業活動〉，收入黃富三編《臺灣傳統商業論文集》，臺北：中央研究院臺灣史研究所，1999 年，頁 357～398。

18. 李世偉，〈身是維摩不著花——黃玉階之宗教活動〉，《臺北文獻》，臺北：臺灣省文獻委員會，第 117 期，1996 年，頁 157～176。

19. ———，〈日據時期臺灣的儒教運動〉（上），《臺北文獻》，臺北，第 120 期，1997 年，頁 93～131。

20. ———，〈日據時期臺灣的儒教運動〉（下），《臺北文獻》，第 121 期，臺北，1997 年，頁 43～82。

21. ———，〈日治時期臺灣的宣講勸善〉，《臺北文獻》，第 119 期，臺北，1997 年 3 月，頁 111～192。

22. 李永熾，〈中國意識、臺灣意識與歷史思惟〉，《當代》，第 224 期，臺北，2006 年 4 月，頁 18～31。

23. 汪思涵，〈日據時期臺灣民間狀況與殖民地近代性〉，《東南學術》，第 2 期，大陸，2006 年，頁 115～127。

24. 何義麟，〈皇民化期間之學校教育〉，《臺灣風物》，第 36 卷第 4 期，臺北，1986 年 12 月，頁 47～88。

25. 周婉窈，〈實學教育、鄉土愛與國家認同——日治時期臺灣公學校第三期「國語」教科書的分析〉，《臺灣史學研究》，第 4 卷第 2 期，臺北：中央研究院臺灣史研究所籌備處，1999 年 6 月，頁 7～55。

26. ———，〈失落的道德世界：日本殖民統治時期臺灣公學校修身教育之研究〉，《臺灣史研究》，第 8 卷第 2 期，臺北，2001 年 12 月，頁 1～62。

27. ———，〈歷史的統合與建構——日本帝國圈內臺灣、朝鮮和滿州的國史教育〉，《臺灣史研究》，第 10 卷第 1 期，臺北：中央研究院臺灣史研究所籌備處，2003 年 6 月，頁 33～84。

28. ———，〈日據末期「國歌少年」的統治神話及其時代背景〉，《歷史月刊》，第 32 期，臺北，1990 年，頁 81～85。

29. ———，〈寫實與規範之間——公學校國語讀本插畫中的臺灣人物形象〉，《台大歷史學報》，第 34 期，臺北，2004 年 12 月，頁 87～147。

30. 周婉窈、許佩賢，〈臺灣公學校制度、教科和教科書總說〉，《臺灣風物》，第 53 號第 4 期，臺北，2003 年，頁 119～145。

31. 吳文星，〈日據時代臺灣書房之研究〉，《思與言》，第 16 卷第 3 期，臺北，1978 年，頁 62～89。

32. ———，〈東京帝國大學與臺灣「學術探檢」之展開〉，《臺灣史研究一百年：回顧與研究》，臺北：中研院臺灣史研究所籌備處，1997 年，頁 23～40。

33. ———，〈日據時期臺灣的教育與社會領導階層之塑造〉，《第一屆歷史與中國社會變遷研討會論文集》，臺北：中央研究院三民主義研究所，1982 年，頁 426。

34. ———，〈日據時期臺灣總督府推廣日語教育初探（上）〉，《臺灣風物》，第 37 卷第 1 期，臺北，1987 年 3 月，頁 1～83。

35. ———，〈日據時期臺灣總督府推廣日語運動初探（下）〉，《臺灣風物》，第 37 卷第 4 期，臺北，1987 年，頁 52～86。

36. 吳宜，〈日據時期的臺灣儒教運動〉，《史海鉤沉》，第 1 期，大陸，2004年，頁 53～55。

37. 吳欣芳，〈評呂紹理《展示臺灣——權力、空間與殖民統治的形象描述》〉，《臺灣東亞文明研究學刊》，第 2 卷第 2 期，臺北，2005 年 12 月，頁 303～312。

38. 吳叡人，〈福爾摩沙意識型態——試論日本殖民統治下臺灣民族運動「民族文化」論述的形成（1919～1937）〉，《新史學》，第 17 卷 2 第期，臺北，2006 年 6 月，頁 127～218。

39. 吳學明，〈臺灣齋堂個案研究〉，《人文學報》，臺北：國立中央大學，第 28 期，2003 年 12 月，頁 125～166。

40. 林清月，〈阿片癮者ノ研究二就テ〉，《臺灣醫學會雜誌》，第 65 號，臺北，1908 年，頁 81～124。

41. 林金龍，〈臺灣阿片癮者之統計調查（第七報告）〉，《臺灣醫學會雜誌》，第 53 卷第 11 號，臺北，1954 年，頁 80。

42. 林呈蓉，〈從日本的殖民統治談臺灣人國家意識的形成〉，《當代》，第 237 期，臺北，2007 年 8 月，頁 24～36。

43. 林佩欣，〈日本時代的宗教〉，《臺灣歷史學會通訊》，第 15 期，臺北，2202年 12 月，頁 1～6。

44. 林春菊，〈從流行文化看日據時期臺灣內台歌仔戲的崛起〉，《興大人文學報》，第 36 期，臺北，2006 年 3 月，頁 593～614。

45. 邱坤良，〈日據時期的臺灣戲劇〉，《歷史月刊》，第 37 期，臺北，1991年 2 月，頁 82～87。

46. 邱雅芳，〈殖民地醫學與疾病敘事——賴和作品的再閱讀〉，《臺灣文獻》，55：4，臺北：國史館臺灣文獻館，2004 年，頁 276～309。

47. ———，〈越界的神話故事——吳鳳傳說從日據末期到戰後初期的承接過程〉，《臺灣文學》，第 56 卷第 4 期，臺北，頁 122～153。

48. 邱淑雯，〈「文化變容」的取徑：殖民史研究的另類觀點〉，《當代》，第 154 期，臺北，2000 年 6 月，頁 106～117。

49. 若林正丈著，許佩賢譯，〈試論如何建立日治時期臺灣政治史的研究——戰後日本政治史〉，收入黃富三、古偉瀛、蔡采秀主編，《臺灣史研究一百年：回顧與研究》，臺北：中央研究院臺灣史研究所籌備處，1997 年，頁 273～284。

50. 若林正丈，〈黃呈聰における「待機」の意味〉，《臺灣近現代史研究》，第 2 號，臺北，1979 年 8 月。

51. 范燕秋，〈鼠疫與臺灣之公共衛生 1896～1917〉，《國立中央圖書館臺灣分館館刊》，第 1 卷第 3 期，臺北，1995 年，頁 59～84。

52. ————，〈日治前期臺灣公共衛生之形成（1895～1920）：一種制度面的觀察〉，《思與言》，第 33 卷第 2 期，臺北，1995 年 6 月，頁 215～258。

53. ————，〈醫學與殖民擴張——以日治時期臺灣瘧疾研究爲例〉，《新史學》，第 7 卷第 3 期，臺北，1996 年，頁 133～173。

54. ————，〈新醫學在臺灣的實踐（1898～1906）：從後藤新平《國家衛生原理》談起〉，《新史學》，第 9 卷第 3 期，臺北，1998 年，頁 49～86。

55. 計璧端，〈日據臺灣的語言殖民和語言運動〉，《中國現代文學研究叢刊》，第 1 期，北京，2004 年，頁 175～200。

56. 洪惟仁，〈小川尚義與高本漢漢語語音研究之比較——兼論小川尚義在漢語研究史上應有的地位〉，《臺灣史研究》，第 1 卷第 2 期，大陸，1994 年 12 月。

57. 胡台麗，〈吳鳳之死〉，《民生報》，臺北，1980 年 11 月 9 日。

58. 脇村孝平，〈植民地統治と公眾衛生——インドと台灣〉，《思想》，第 878 號，日本東京，1997 年 8 月，頁 44～47。

59. 徐亞湘，〈日治時期來臺上海京班研究〉，《暨大學報》，第 3 卷第 1 期，臺北，1999 年 3 月，頁 1～24。

60. 翁聖峰，〈日據時期（1920～1932）臺灣的儒學與儒教——以《臺灣民報》爲分析場域〉，《臺灣文獻》，第 51 卷第 4 期，臺北，2000 年 12 月，頁 285～306。

61. 黃蘭翔，〈日據初期臺北市的市區改正〉，《臺灣社會研究季刊》，第 18 期，臺北，1995 年 2 月，頁 201～211。

62. 黃秀政，〈書院與臺灣社會〉，《臺灣文獻》，第 31 卷第 3 期，臺北，1980 年 9 月，頁 15～19。

63. 黃新憲，〈日據時期臺灣書房探微〉，《教育評論》，第 5 期，2004 年，大陸，頁 89～93。

64. ————，〈伊澤修二與臺灣殖民教育的發端〉，《東南學術》，第三期，大陸，2005 年，頁 154～163。

65. ————，〈日據時期臺灣公學校論〉，《東南學術》，第六期，大陸，2006 年，頁 161～168。

66. ————，〈日據時期臺灣女子中等教育的若干問題探討〉，《教育評論》，第 3 期，大陸，2005 年，頁 83～90。

67. 黃美娥，〈日治時期臺灣詩社林立的社會考察〉，《臺灣風物》，第 47 卷第 3 期，臺北，1997 年 9 月，頁 43～88。

68. 黃慧貞，〈日治時期臺灣上流階層之休閒活動與興趣選擇——以臺灣人士圖鑑爲中心〉，《臺灣風物》，第 56 卷第 4 期，臺北，2006 年 12 月，頁 91～129。

69. 許賜慶，〈明治時期臺灣總督府中央衛生行政組織之變革〉，收錄於總督府檔案專題翻譯（十）衛生系列之二，《臺灣總督府公文類纂衛生史料彙編》（明治 30 年 1 月至明治 34 年 12 月），臺灣省文獻會印行，臺北，2001年，頁 251～275。

70. 許雪姬，〈日治時期臺灣人的海外活動——在滿州的臺灣醫生〉，《臺灣史研究》，第十一卷第二期，臺北：中央研究院臺灣史研究所，2004 年 12月，頁 1～73。

71. 許佩賢、周婉窈，〈臺灣公學校與國民學校國語讀本總解說〉，收錄於《日治時期臺灣公學校與國民學校國語讀本解說・總目次・索引》，臺北：南天書局，2003 年，頁 3～44。

72. 張苙雲，〈從不穩定的口碑到主要的求醫場所：臺灣西醫的制度信任建構〉，《國家科學委員會研究彙刊：人文及社會科學》，第 8 卷第 1 期，臺北，1998 年 1 月，頁 161～182。

73. 張君豪，〈黑雲蔽日——日治時期朴子的鼠疫與公共建設〉，《臺灣風物》，第 51 卷 3 第期，臺北，2000 年，頁 13～72。

74. 傅大為，〈對「亞細亞的新身體」的一種詮釋——從底層與邊緣來看臺灣的醫療近代性〉，《當代》，第 221 期，臺北，2006 年 1 月，頁 32～41。

75. 陳培豐，〈重新解析殖民地臺灣的國語「同化」教育政策——以日本的近代思想史為座標〉，《臺灣史研究》，臺北：中央研究院臺灣史研究所籌備處，第 7 卷第 2 期，2000 年 12 月，頁 1～49。

76. ———，〈殖民地臺灣國語「同化」教育的誕生——伊澤修二關於教化文明與國體的思考〉，《新史學》，第 12 卷第 1 期，臺北，2001 年 3 月，頁115～153。

77. 陳其南，〈一則捏造的神話——「吳鳳」〉，《民生報》，7 版，臺北，1980年 7 月 28 日。

78. 陳君愷，〈光復之疫：臺灣光復初期衛生與文化問題的巨視性觀察〉，《思與言》，第 31 卷第 1 期，臺北，1993 年 3 月。

79. 陳小沖，〈日據時期臺灣教育發展論述〉，《臺灣研究集刊》，第 3.4 期，大陸，1995 年，頁 152～159。

80. 楊曉，〈對日據時期臺灣『殖民地教育論』的再認識〉，《臺灣研究集刊》，第 1 期，大陸，2004 年，頁 73～82。

81. 游鑑明，〈日據時期臺灣的產婆〉，《近代中國婦女史研究》，1，1993.06，頁 50～53。

82. ———，〈近代中國女子體育觀初探〉，《新史學》，第 7 卷第 4 期，臺北，1996 年，頁 119～158。

83. ———，〈日治時期臺灣學校女子體育的發展〉，《中央研究院近代史研究所集刊》，第 33 期，臺北，2000 年，頁 1～75。

84. 臺灣教育會,〈後藤長官の訓示〉,《臺灣教育會雜誌》,第 27 號,臺北,明治 37 年 6 月（1904 年）,頁 1〜7。

85. 廖漢臣,〈臺灣文學年表〉,《臺灣文獻》,第 15 卷第 1 期,臺北,1964 年,頁 260。

86. 駒込武,〈殖民地教育と異文化認識──「吳鳳傳說」の變容過程〉,《思想》,第 802 期,臺北,1991 年,頁 104〜126。

87. 劉士永,〈一九三〇年代以前日治時期臺灣醫學的特質〉,《臺灣史研究》,第 4 卷第 1 期,臺北,1999 年,頁 97〜148。

88. 劉澤民,〈臺中神社石燈籠殘蹟及其相關人物〉,《臺灣文獻》,第 56 卷第 4 期,臺北：國史館臺灣文獻館,2005 年 12 月,頁 206〜244。

89. 賴麟徵譯,〈明治七年牡丹社事件醫誌〉,《臺灣史料研究》,第 5 號,臺北,1995 年 2 月,頁 85〜110。

90. 薛菁,〈日據時期臺灣教育的雙重性〉,《福州師專學報》,第 20 卷第 4 期,大陸,2000 年 8 月,頁 60〜63。

91. 蔡錦堂,〈日本據臺初期公學校《國語》教科書之分析〉,收入《中國與亞洲國家關係史學術研討會論文集》,臺北：淡江大學歷史學系,1993 年,頁 241〜244。

92. ───,〈增田福太郎的寺廟與神社觀〉,輯於江燦騰主編,《臺灣宗教信仰》,臺北：東大圖書公司,2005 年,頁 64〜84。

93. 蔡相煇,〈現代化與臺灣民間信仰〉,收於《臺灣文獻》,第 51 卷第 2 期,臺北：臺灣省文獻委員會,2000 年 6 月,頁 231〜243。

94. 戴國煇著,陳鵬仁譯,〈伊澤修二與後藤新平〉,《近代中國》,第 149 期,臺北,2001 年 6 月,頁 199〜214。

95. 鍾兆雲,〈日據時期的臺灣反『皇民化』運動〉,《史海存眞》,第 181 期,大陸,2005 年 6 月,頁 17〜23。

96. 謝仕淵,〈日治前期（1895〜1922）臺灣初等教育體操科內容之分析──以兵式體操的內容與普通體操的關係爲爲中心〉,《臺灣教育史研究會通訊》,第 13 期,臺北,2001 年,頁 2〜8。

97. ───,〈日本時期臺灣公學校運動會與地方社會〉,《臺灣歷史學會會訊》,第 16 期,臺北,2003 年 5 月,頁 18〜30。

98. ───,〈殖民統治與身體政治：以日治初期臺灣公學校體操科爲例（1895〜1916）〉,收錄於若林正丈、吳密察主編,《跨界的臺灣史研究──與東亞史的交錯》,臺北：播種者文化,2004 年,頁 277〜312。

99. 顧忠華,〈臺灣的現代性──誰的現代性？哪種現代性？〉,《當代》,第 221 期,臺北,2006 年 1 月,頁 66〜89。

100. 龔放，〈日據時期臺灣高等教育評析〉，《臺灣研究集刊》，第 2 期，大陸，1998 年，頁 61～69。

101. ———，〈日據時期臺灣教育政策的演變〉，《臺灣研究集刊》，第 3 期，大陸，1996 年，頁 75～83。

附　錄

日據時期臺灣醫療、教育、宗教大事年表

西曆	日本年號	月	日	與醫療、教育、宗教關連事件
1895	明治 28 年	4	14	中日簽訂馬關條約，臺灣割讓予日本
		5	21	任命伊澤修二為代理學務部長
		6	17	於臺北城舉行總督府始政典禮
		6	26	學務部遷至芝山巖
		6	20	日本政府於大稻埕創設「大日本臺灣病院」
		7	2	臺灣總督下設衛生事務所主管臺灣衛生事物
		7	16	伊澤招募 7 名臺灣人開始教授國語（日語）
		9	7	發佈軍人及軍屬軍夫鴉片禁食令
		10	17	第一批國語傳習所學生畢業
		12	18	臺語講習所開始授課
1896	明治 29 年	1		芝山巖事件
		4		大日本臺灣病院改名「臺北病院」
		4		日本內務省衛生局長後藤新平受聘為總督府衛生顧問
		4	13	芝山巖學堂改稱國語學校附屬芝山巖學堂
		5	21	在臺各派日僧共組「大日本臺灣佛教會」
		5		安平發生鼠疫
		5	28	設臺北國語學校，並於芝山巖設第一附屬學校，於艋舺設第二附屬學校，於大龍峒設第三附屬學校，並於全臺設十四處國語傳習所
		5	28	公布「臺灣醫業規則」
		6		公布公醫規則
		9		公布「臺灣總督府國語學校規則」
		10		臺北流行鼠疫，制訂臺灣傳染病預防規則
		11	2	設立第二避病院於臺北東門外

西曆	日本年號	月	日	與醫療、教育、宗教關連事件
1897	明治 30 年	1	4	第二附屬學校遷移祖師廟
		3	4	公布臺灣鴉片令施行規則，規定鴉片專賣
		4	12	臺北病院設醫學講習所，爲臺灣現代醫學教育濫觴
		5		臺北病院改稱臺北醫院
		7	21	公布「國語學校官制」
		7	30	任命兒玉喜八爲學務部長
1898	明治 31 年	1	28	
		3	2	發佈私立學校設置廢止規則後藤新平任總督府民政局長
		6		臺北舉行饗老典
		7	28	臺北病院從大稻埕遷移至新北門街（今常德街）
		7	10	「臺灣公學校令」公布
		11		發布書房義塾相關規程
1899	明治 32 年	4	1	設立臺灣第一所醫事學校——臺灣總督府醫事學校
		6	7	發布醫學校規則
		6	25	任命木村匡爲學務課長
		10	2	臺北師範學校創立
		11	26	日本赤十字會臺灣分部成立
1900	明治 33 年	1	11	大稻埕醫師黃玉階成立天然足會，推動婦女纏足解放
		3	15	總督府在臺北淡水館舉行「揚文會」
1901	明治 34 年	6	16	臺灣教育會成立
		7	23	公布「臺灣醫生許可規則」加強漢醫管理
		10		臺灣神社創建
		10	25	「臨時臺灣舊慣調查會規則」公布
		10	28	臺灣神社祭典
1902	明治 35 年	3	20	廢止臺中、臺北兩師範學校
		8		成立臺灣醫學會，推高木友之擔任會長
		9		《臺灣醫學會雜誌》創刊
1903	明治 36 年	10	10	日本設立臨時防疫課
		12	17	任命持地六三郎兼任學務課長
1904	明治 37 年	4	16	公布臺灣小學校及公學校教員免許令
1905	明治 38 年	11		公布「大清潔法施行規則」，分春秋兩季實施
1906	明治 39 年	6		醫學校增加公醫養成、熱帶學研究

西曆	日本年號	月	日	與醫療、教育、宗教關連事件
1907	明治 40 年	2	26	公布臺灣公學校令
1908	明治 41 年	2	17	臺北流行天花
		4	1	小學校義務教育開始實施
1909	明治 42 年	1	21	黃玉階創斷髮會，獎勵剪除辮髮
		9	15	紫雲玄範申請設立成德學院
		11	30	總督府公布廢止陰曆
1910	明治 43 年	1		英人巴爾頓著手臺灣食用水衛生工程之建設
		5	28	曹洞宗大本山臺北別院舉行開堂儀式
1911	明治 44 年	2	10	黃玉階、謝汝銓設立「斷髮不改裝會」
		4	19	公布「臺灣小學校兒童身體檢查規則」
		10	16	任命限本繁吉爲代理學務部長
1912	大正元年	1		基隆月眉山靈泉寺開辦「愛國佛教講習會」
		12	26	臺北馬偕醫院開幕，首任院長爲宋雅各
1913	大正 2 年			林覺力來臺主持「觀音山法雲禪寺創建工程」
		1		總督府廢止公文書的漢文翻譯
		4	9	發布國語學校附屬公學校規程
1914	大正 3 年	5	2	實施「臺灣傳染病預防令」
		3	9	私立淡水中學校設立
1915	大正 4 年	3		堀內次雄繼任臺北醫學校校長
		5		設立錫口養生院，爲本島結核專門病院
		5	1	公立臺中中學創校
		6	16	臺北廳設立風俗改良會
		8	3	西來庵事件
		11	2	全省宗教調查主任會議於民政長官官邸舉行
1916	大正 5 年			齋教聯合曹洞宗等組「佛教臺灣青年會」
		1	13	公布「臺灣醫生令」
		4		第二次宗教調查
		12	15	批准私立靜修女學校設立
1917	大正 6 年	2	6	批准臨濟宗鎮南中學林之設立
		4	11	臺灣佛教中學林開辦
		10	6	「崇文社」創立
1918	大正 7 年	2	26	召開鼠疫平息慶祝會
		4	1	公布「臺灣總督府師範學校官制」
		4	2	於臺灣總督府醫學校內增設醫學專門部，收日籍學生
		9	28	舉行臺南孔廟落成典禮及春秋大祭

西曆	日本年號	月	日	與醫療、教育、宗教關連事件
1919	大正 8 年	1	31	敕令第 1 號公布「臺灣教育令」
		3	4	公布醫學專門專科學校官制
		4	1	公布總督府商業專門學校官制
		7		霍亂大流行
1920	大正 9 年	3	13	制訂日台共學相關處理程序
		7	16	《臺灣青年》創刊
1921	大正 10 年	4	24	臺灣公學校令廢止
		8		整合島內各研究機構設立中央研究所
		10	17	臺灣文化協會創會
1922	大正 11 年	2	5	臺北師範事件
		2		廢止醫學專門學校規則，臺日人共學
		2	6	敕令第 20 號公布「臺灣教育令」
		11		批准臺南神學校、長老教中學、長老教女學校設立
		12	16	杜聰明取得京都大學醫學博士，為本島第一位博士
1923	大正 12 年	4	15	《臺灣民報》於東京創刊
1924	大正 13 年	4	25	總督府招待全島詩人大會出席者
		9	1	全島小公學校聯合運動會舉行
1925	大正 14 年	3		東亞佛教大會召開
		11		錫口養生院改稱松山療養所
1926	昭和元年	4	10	公布青年訓練所令
1927	昭和 2 年	6	12	基隆中學校創校典禮
		7	10	蔣渭水阻民眾黨，反對鴉片販售
1928	昭和 3 年	3	17	公布臺北帝國大學組織規則
		10		公布污物掃除法
1929	昭和 4 年	1		實施新鴉片令
		8	13	蓋樂生院收容痲瘋病患
1930	昭和 5 年	1	15	設立臺北更生院，為鴉片癮者戒毒所
		10	27	霧社山胞群起攻擊霧社公學校
1931	昭和 6 年	10	8	臺北孔廟供奉大典
1932	昭和 7 年	6	24	發布臺北帝國大學學位規定
1933	昭和 8 年	1	20	發布日臺人通婚法
1934	昭和 9 年			
1935	昭和 10 年	10		始政四十週年紀念博覽會

西曆	日本年號	月	日	與醫療、教育、宗教關連事件
1935	昭和 10 年	12		發佈新設醫學部於臺北帝國大學，醫學專門學校改稱附屬醫學專門部
1936	昭和 11 年	1		臺灣總督府臺北醫學專門學校改制爲「臺北帝國大學附屬醫學專門部」
1937	昭和 12 年	6		新聞中之漢文欄取消
1938	昭和 13 年	4	1	臺北醫院改爲臺北帝國大學醫學部附屬醫院，小田俊郎任第一任院長
1939	昭和 14 年			
1940	昭和 15 年	2		改「姓名」運動展開
1941	昭和 16 年	3 4 8	26 18	赤十字病院落成 敕令第 255 號公布「國民學校令」 皇民奉公會成立 公布「臺灣醫師考試規則」
1942	昭和 17 年	1 11	15 1	組臺灣奉公醫師團 廢止醫師令
1943	昭和 18 年	3 3 5	9 23	敕令第 114 號公布「臺灣教育令」改正 義務教育開始實施 《熱帶醫學研究》創刊
1944	昭和 19 年	3 4 8		發布學生動員實施要綱 二次世界大戰多所醫院被炸，台大醫院被迫遷移 公布學生勤勞令和女子挺身隊勤勞令
1945	昭和 20 年	5 8	22 14	公布「戰時教育令」 日本戰敗歸還臺灣